INTELIGÊNCIA SOCIAL

Daniel Goleman

Inteligência social

A ciência revolucionária das relações humanas

TRADUÇÃO
Renato Marques

5ª reimpressão

OBJETIVA

Grafia atualizada segundo o Acordo Ortográfico da Língua Portuguesa de 1990, que entrou em vigor no Brasil em 2009.

Título original
Social Intelligence: The Revolutionary New Science of Human Relationships

Capa
Thiago Lacaz

Imagens de miolo
Robert Bull

Preparação
Fernanda Villa Nova

Índice remissivo
Probo Poletti

Revisão
Ana Maria Barbosa
Clara Diament

Dados Internacionais de Catalogação na Publicação (CIP)
(Câmara Brasileira do Livro, SP, Brasil)

Goleman, Daniel
Inteligência social : A ciência revolucionária das relações humanas / Daniel Goleman ; tradução Renato Marques. — 1ª ed. — Rio de Janeiro : Objetiva, 2019.

Título original: Social Intelligence : The Revolutionary New Science of Human Relationships.
ISBN 978-85-470-0091-2

1. Emoções – Aspectos sociais 2. Empatia 3. Inteligência social 4. Relações humanas 5. Relações interpessoais I. Marques, Renato. II. Título.

19-27291 CDD-158.2

Índice para catálogo sistemático:
1. Inteligência social : Relações interpessoais : Psicologia aplicada 158.2

Cibele Maria Dias – Bibliotecária – CRB-8/9427

EDITORA SCHWARCZ S.A.
Praça Floriano, 19, sala 3001 — Cinelândia
20031-050 — Rio de Janeiro — RJ
Telefone: (21) 3993-7510
www.companhiadasletras.com.br
www.blogdacompanhia.com.br
facebook.com/editoraobjetiva
instagram.com/editora_objetiva
twitter.com/edobjetiva

Para os meus netos

Sumário

PARTE IV: AS VARIEDADES DO AMOR

PARTE V: CONEXÕES SAUDÁVEIS

PARTE VI: CONSEQUÊNCIA SOCIAL

Prólogo
Desvendando uma nova ciência

Nos primeiros dias da segunda invasão norte-americana ao Iraque, um grupo de soldados se dirigia a uma mesquita para falar com o clérigo-chefe do vilarejo. O objetivo era pedir sua ajuda para organizar a distribuição de suprimentos de emergência. Entretanto, uma multidão se reuniu em torno dos soldados, temendo que fossem prender seu líder espiritual ou destruir a mesquita, um local sagrado.

Centenas de muçulmanos devotos os cercaram, balançando os braços no ar e gritando enquanto avançavam contra o pelotão fortemente armado. O oficial comandante, tenente-coronel Christopher Hughes, pensou rápido.

Munido de um megafone, ordenou que os soldados se "pusessem sobre um joelho".

Em seguida, ordenou-lhes que apontassem os rifles para o chão.

Sua próxima ordem foi: "Sorriam".

Diante disso, o estado de espírito da multidão mudou. Algumas pessoas continuavam berrando, mas a maior parte retribuía o sorriso. Alguns deram tapinhas nas costas dos soldados, que, obedecendo às ordens de Hughes, começaram a recuar bem devagar, ainda sorrindo.[1]

Esse movimento perspicaz foi o ápice de uma vertiginosa série de cálculos sociais realizados em frações de segundo. Hughes teve de ler o nível de hostilidade da multidão e sentir o que a acalmaria. Teve de apostar na disciplina de seus homens e na força da confiança que depositavam nele.

E teve de arriscar todas as fichas em um único gesto preciso que pudesse romper as barreiras linguísticas e culturais – culminando nessas decisões no calor do momento.

Aliada à aptidão para ler pessoas, essa calibrada impetuosidade distingue autoridades policiais excepcionais – e certamente oficiais militares lidando com agitações civis.[2] Não importa a nossa opinião pessoal sobre a campanha militar em si, esse incidente destaca o brilhantismo social do cérebro mesmo em um momento tenso e caótico.

Hughes contornou aquela situação adversa graças aos mesmos circuitos neurais em que nos apoiamos quando nos deparamos com um desconhecido potencialmente suspeito e logo decidimos fugir ou interagir. Esse radar interpessoal salvou um número incontável de vidas ao longo da história – e continua sendo fundamental para a nossa sobrevivência.

Em circunstâncias menos urgentes, os circuitos sociais do nosso cérebro nos guiam em todas as situações, seja em uma sala de aula, no quarto ou numa loja de departamentos. Esses circuitos são acionados quando dois apaixonados entreolham-se e trocam o primeiro beijo, ou quando alguém sente escorrer pelo rosto as lágrimas que tentou sufocar. São responsáveis pela animação de uma conversa com um amigo que nos revigora.

Esse sistema neural opera em qualquer interação em que a sintonia e o timing sejam essenciais. Dá a um advogado a certeza de que deseja determinada pessoa no júri; a um negociador, a intuição de que aquela é a oferta final da outra parte; ao paciente, a sensação de que pode confiar no médico. É o responsável pela magia de uma reunião em que todos param de folhear documentos, silenciam e prestam atenção no que alguém está dizendo.

E hoje a ciência pode detalhar os mecanismos neurais envolvidos nesses momentos.

O CÉREBRO SOCIÁVEL

Neste livro, pretendo descortinar uma ciência emergente que quase todos os dias revela espantosos insights sobre nosso mundo interpessoal.

A revelação mais fundamental dessa nova disciplina é: fomos programados para nos conectar.

A neurociência descobriu que o próprio desenho do cérebro o torna *sociável*, inexoravelmente atraído a uma íntima conexão cérebro a cérebro sempre que interagimos com alguém. Essa ponte neural nos permite afetar o cérebro — e, portanto, o corpo — de todas as pessoas com as quais interagimos, exatamente como elas fazem conosco.

Mesmo nossas interações mais rotineiras atuam como reguladores no cérebro, preparando nossas emoções, algumas desejáveis, outras não. Quanto mais forte a nossa ligação emocional com alguém, maior é a força mútua. Nossas trocas mais potentes ocorrem com as pessoas com quem passamos mais tempo no dia a dia, ano após ano — sobretudo aquelas com as quais mais nos importamos.

Durante essas conexões neurais, nosso cérebro se envolve em um tango emocional, uma dança de sentimentos. Nossas interações sociais operam como moduladores, algo como termostatos interpessoais que continuamente redefinem aspectos-chave de nossa função cerebral à medida que orquestram nossas emoções.

Os sentimentos resultantes têm consequências de longo alcance, que se alastram em ondas por todo o corpo, enviando cascatas de hormônios que regulam os sistemas biológicos, do coração às células do sistema imunológico. Talvez o mais impressionante seja o fato de que hoje a ciência rastreia conexões entre os relacionamentos mais estressantes e o funcionamento de genes específicos que regulam o sistema imunológico.

De maneira até surpreendente, portanto, nossos relacionamentos moldam não apenas a nossa experiência, mas também a nossa biologia. A conexão cérebro a cérebro permite que os relacionamentos mais fortes nos modelem no que diz respeito tanto a questões triviais, como se achamos graça das mesmas piadas, quanto profundas, como que genes são (ou não) ativados nas células T — os soldados de infantaria do sistema imunológico que travam uma batalha constante contra bactérias e vírus invasores.

Essa conexão é uma faca de dois gumes: os relacionamentos saudáveis têm um impacto benéfico sobre nossa saúde, ao passo que os tóxicos podem atuar como um veneno de efeito lento em nosso organismo.

Praticamente todas as principais descobertas científicas nas quais me baseei neste livro vieram à tona depois da publicação de *Inteligência emocional*, em 1995, e continuam surgindo em um ritmo acelerado. Quando escrevi *Inteli-*

gência emocional, meu foco era um conjunto essencial de habilidades humanas que existem *dentro* de nós como indivíduos, nossa capacidade de gerenciar as emoções e nosso potencial interior para relacionamentos positivos. Aqui, o quadro geral se amplia da psicologia de uma só pessoa — as capacidades que um indivíduo traz dentro de si — para a psicologia de duas pessoas: o que acontece quando nos conectamos.[3]

Minha intenção é que este livro seja um volume complementar ao *Inteligência emocional*, explorando o mesmo terreno da vida humana de um ponto de vista diferente, que permita a compreensão de uma fatia mais ampla de nosso mundo pessoal.[4] Os holofotes se voltam para os momentos efêmeros que surgem quando interagimos. Eles adquirem consequências ainda mais profundas à medida que constatamos como, por meio de sua soma total, criamos uns aos outros.

Nossa investigação ocupa-se de perguntas como: O que torna um psicopata perigosamente manipulador? Podemos fazer um trabalho melhor para ajudar nossos filhos a se transformar em adultos felizes? O que torna um casamento uma base construtiva? Relacionamentos podem nos proteger de doenças? De que modo um professor ou líder capacita o cérebro de alunos ou trabalhadores a dar o seu melhor? O que pode ajudar grupos divididos pelo ódio a conviver em paz? E o que esses insights sugerem para o tipo de sociedade que podemos construir — e qual sua verdadeira importância em nossas vidas?

CORROSÃO SOCIAL

Hoje, ao mesmo tempo que a ciência revela o quanto são crucialmente importantes os relacionamentos construtivos, as conexões humanas parecem estar sob cerco cada vez mais cerrado. A corrosão social tem muitas faces.

- Uma professora de pré-escola no Texas pede a uma menina de seis anos que guarde os brinquedos, e a criança entra em modo pirraça total: gritando e batendo em sua cadeira, depois engatinhando para debaixo da mesa da professora e dando chutes tão ferozes que as gavetas caem. O acesso de raiva marca uma epidemia de incidentes de selvageria entre crianças da pré-escola, todos documentados em um único distrito escolar de Fort Worth, Texas.[5] Os acessos de raiva ocorreram não apenas entre os estudantes mais pobres, mas também entre os de classe alta. Há quem explique a escalada de violência entre as crianças pequenas como uma consequência do estresse econômico, que obriga os pais a trabalharem mais, fazendo com que os filhos fiquem muito tempo nas creches depois do horário escolar ou sozinhos em casa, e quando os pais voltam para casa estão exasperados, os nervos à flor da pele. Outros apontam para dados que mostram que, mesmo pequenas, 40% das crianças norte-americanas de dois anos de idade assistem a pelo menos três horas de televisão por dia — período em que não interagem com pessoas que podem ajudá-las a aprender a conviver melhor com os outros. Quanto mais tempo assistem à TV, mais indisciplinadas tornam-se ao chegar à idade escolar.[6]

- Em uma cidade alemã, um motociclista se envolve em uma colisão e é lançado à pista. Ele fica ali, deitado no asfalto. Os pedestres passam por ele e os motoristas o encaram enquanto esperam o sinal abrir, mas ninguém o ajuda. Por fim, depois de quinze longos minutos, uma pessoa no banco do passageiro de um carro parado no sinal desce o vidro da janela e pergunta ao motociclista se ele se machucou, oferecendo o celular para pedir ajuda. Quando o incidente é transmitido pela emissora de TV que encenou o acidente, o escândalo é geral: na Alemanha, todas as pessoas que tiram a carteira de habilitação recebem um treinamento em primeiros socorros, exatamente para momentos como esse. De acordo com o comentário do médico do pronto-socorro de um hospital: "As pessoas simplesmente se afastam quando veem outras em perigo. Parecem não se importar".

- Em 2003, os lares compostos por um único indivíduo tornaram-se a estrutura mais comum nos Estados Unidos. E se antes as famílias reuniam-se à noite, hoje crianças, pais, mães e cônjuges têm cada vez mais dificuldade de passar tempo juntos. *Bowling Alone* [Jogando boliche sozinho], a aclamada análise de Robert Putnam sobre o esgarçamento do tecido social dos Estados Unidos, apontou para um declínio de duas décadas no "capital social". Uma das maneiras de se avaliar o capital social de uma sociedade consiste no número de reuniões públicas realizadas e de participações das pessoas em clubes e associações. Embora na década de 1970 dois terços dos norte-americanos pertencessem a organizações que realizavam encontros regulares aos quais eles compareciam, na década de 1990 essa quantidade havia se reduzido em cerca de um terço. Esses números, Putnam alegou, refletiam a perda de conexão humana na sociedade norte-americana.[7] Desde então, proliferou um novo tipo de organização, cujo número de membros saltou de cerca de 8 mil na década de 1950 para mais de 10 mil no final da década de 1990.[8] Porém, ao contrário dos antigos clubes, essas novas organizações mantêm as pessoas à distância. A participação ocorre por e-mail ou mala direta, e a atividade principal se resume a enviar dinheiro, não em se reunir.

Há também elementos desconhecidos nas formas como os humanos de todo o mundo estão se conectando — e se desconectando — à medida que a tecnologia oferece mais variedade de comunicação nominal em situações de efetivo isolamento. Todas essas tendências sinalizam o lento desaparecimento de oportunidades para que as pessoas se conectem. Essa inexorável "tecnoinfiltração" é tão traiçoeira que até hoje ninguém calculou seus custos sociais e emocionais.

TRAIÇOEIRA DESCONEXÃO

Vejamos a difícil situação de Rosie Garcia, gerente de uma das mais movimentadas confeitarias do mundo, a Hot & Crusty, na Estação Grand Central, em Nova York. As multidões de passageiros que transitam pelo terminal nos dias úteis garantem a formação de imensas filas no estabelecimento. Mas Rosie constata que um número cada vez maior de clientes parece estar totalmente distraído, o olhar perdido fitando o nada. Ela pergunta, "O que você deseja?", e eles não respondem.

Ela insiste, "Em que posso ajudar?", e continuam sem notá-la.

Só quando berra, "O *que você deseja?*", consegue chamar a atenção.[9]

Não é que os fregueses sejam surdos; é que seus ouvidos estão tampados pelos pequenos fones de ouvido dos iPods. As pessoas estão entorpecidas, perdidas entre uma enorme quantidade de músicas de suas playlists personalizadas, alheias ao que se passa ao redor — e, obviamente, desligadas de todos que passam por elas.

É claro que muito antes de o iPod, o Walkman e o celular abduzirem as pessoas que caminham pela rua, bloqueando o contato genuíno com a agitação da vida, o processo foi iniciado pelo automóvel — que proporciona um modo de passar por um espaço público em total isolamento, garantido por um invólucro de vidro, meia tonelada ou mais de aço e o som relaxante de um rádio. Antes que o carro se tornasse um lugar-comum, os meios típicos de deslocamento — caminhar, montar a cavalo ou ser transportado em um carro de boi — mantinham as pessoas em contato próximo com o mundo humano ao redor.

Essa cápsula individual criada pelos fones de ouvido intensifica o isolamento social. Mesmo quando o usuário tem uma interação, um encontro cara a cara, os ouvidos tampados fornecem uma desculpa para tratar a outra pessoa como um objeto, algo de que se desviar, e não alguém a quem reconhecer ou, pelo menos, notar. Embora a vida de pedestre ofereça a chance de cumprimentar uma pessoa que se aproxima ou de passar alguns minutos batendo papo com um amigo, o usuário do iPod pode facilmente ignorar qualquer um, olhando através das pessoas como se fossem invisíveis, em um descomunal esnobismo.

Sem dúvida, sob a perspectiva do usuário do iPod, ele *está* se relacionando com alguém — com o cantor, a banda ou a orquestra plugada a seu ouvido. O coração do ouvinte e o do artista batem no mesmo compasso. Mas essas pessoas virtuais nada têm a ver com as que estão a meio metro de distância — pessoas a cuja existência o absorto ouvinte tornou-se, em essência, indiferente. Ao sugar as pessoas para uma realidade virtual, a tecnologia as torna insensíveis àqueles que estão realmente próximos. O autismo social resultante soma-se à crescente lista de consequências humanas involuntárias da contínua invasão da tecnologia em nossa vida cotidiana.

A constante conectividade digital significa que até mesmo quando estamos de férias o trabalho nos espreita. Uma pesquisa realizada com trabalhadores norte-americanos revelou que, no período de férias, 34% das pessoas entram tanto em contato com o escritório que acabam voltando ao trabalho tão estressadas — ou mais — quanto estavam ao sair de férias.[10] O e-mail e o celular penetram barreiras essenciais erguidas em torno do tempo pessoal e da vida familiar. O celular pode tocar durante um piquenique com as crianças, e, mesmo em casa, Mamãe e Papai podem estar ausentes da família enquanto, toda noite, verificam diligentemente suas mensagens eletrônicas.

Na verdade, as crianças nem percebem — estão fixadas nos próprios e-mails, jogos on-line ou telas de TV em seus quartos. Um relatório francês de uma pesquisa de âmbito mundial realizada em 72 países revelou que, em 2004, as pessoas passavam uma média de três horas e 39 minutos por dia diante da televisão; o Japão encabeçava a lista, com quatro horas e 25 minutos; os Estados Unidos, perdendo por uma pequena margem, ficaram em segundo lugar.[11]

A televisão, como o poeta T.S. Eliot alertava em 1963, quando a nova mídia se alastrava pelos lares, "permite que milhões de pessoas ouçam a mesma piada ao mesmo tempo e, ainda assim, continuem solitárias".

A internet e o e-mail têm igual impacto. Um levantamento realizado junto a 4830 pessoas nos Estados Unidos revelou que, para muitos, a internet substituiu a televisão como forma de utilizar o tempo livre. A matemática do processo: para cada hora que as pessoas passam usando a internet, o contato pessoal com amigos, colegas de trabalho e familiares diminui 24 minutos. Estamos perdendo o contato pessoal. Como diz o renomado pesquisador sobre a internet Norman Nie, diretor do Instituto Stanford para o Estudo Quantitativo da Sociedade: "Não se pode receber um abraço ou um beijo pela internet".[12]

NEUROCIÊNCIA SOCIAL

Este livro revela descobertas esclarecedoras no emergente campo da neurociência social. No entanto, quando iniciei as pesquisas para a sua elaboração, nem sequer sabia da existência dessa área de estudos. De início, chamaram-me a atenção um artigo acadêmico aqui, uma notícia ali, tudo apontando para uma compreensão científica mais apurada da dinâmica neural das relações humanas:

- Uma recém-descoberta classe de neurônios, a célula fusiforme, age com mais velocidade do que qualquer outra, orientando nossas decisões sociais repentinas — e descobriu-se serem mais abundantes no cérebro humano do que em qualquer outra espécie.

- Uma variedade diferente de células cerebrais, os neurônios-espelho, é capaz de detectar tanto os movimentos que a outra pessoa está prestes a fazer quanto seus sentimentos, e instantaneamente nos prepara para imitar os movimentos e sentir junto.

- Quando os olhos de uma mulher encontram diretamente os olhos de um homem que a considera atraente, o cérebro masculino libera dopamina, substância química indutora do prazer — mas o mesmo não ocorre quando ela olha para outra direção.

Todas essas descobertas proporcionaram um isolado retrato do funcionamento do "cérebro social", o circuito neural que é acionado quando interagimos. Nenhuma delas em si contava a história toda. Porém, tomadas em conjunto, tornaram visíveis os contornos de uma nova disciplina.

Somente muito tempo depois de eu ter começado a traçar as linhas entre esses pontos isolados, entendi o padrão oculto que os conecta. Deparei-me por acaso com o nome "neurociência social" para esse campo quando lia sobre uma conferência científica que havia sido realizada sobre o tema na Suécia, em 2003.

Ao pesquisar as origens do termo "neurociência social", o uso mais antigo que encontrei remontava ao início da década de 1990, pelos psicólogos John Cacioppo e Gary Berntson, à época os profetas solitários dessa destemida nova ciência.[13] Quando falei recentemente com Cacioppo, ele recordou: "Havia entre os neurocientistas um bocado de ceticismo com relação a estudar qualquer coisa que estivesse fora do crânio. A neurociência do século XX acreditava que o comportamento social era simplesmente complexo demais para ser estudado".

"Hoje", acrescenta Cacioppo, "podemos começar a decifrar de que maneira o cérebro conduz o comportamento social e, por sua vez, como nosso mundo social influencia o nosso cérebro e nossa biologia." Atualmente diretor do Centro para a Neurociência Cognitiva e Social da Universidade de Chicago, Cacioppo testemunhou uma drástica mudança: o campo tornou-se um tópico científico de interesse prioritário para o século XXI.[14]

Esse novo campo já começou a resolver alguns antigos quebra-cabeças científicos. Por exemplo, parte das pesquisas iniciais de Cacioppo revelou ligações entre o envolvimento em um relacionamento turbulento e picos dos hormônios do estresse a níveis que danificam certos genes que controlam células de combate a vírus. Uma peça que faltava nessa trajetória eram os caminhos neurais que poderiam transformar problemas de relacionamento nessas consequências biológicas — um dos focos da neurociência social.

A emblemática parceria de pesquisa nesse novo campo se dá entre psicólogos e neurocientistas, que em conjunto utilizam equipamentos de imagens por ressonância magnética funcional (IRMf), método que até então era utilizado para a obtenção de diagnósticos clínicos em ambiente hospitalar. A ressonância magnética (IRM) utiliza poderosos ímãs para produzir um retrato impressionantemente detalhado do cérebro; os profissionais da área referem-se às máquinas de IRM como ímãs (a exemplo da frase "No nosso laboratório há três ímãs"). A ressonância magnética funcional (IRMf) acrescenta enorme capacidade computacional, graças à qual é possível gerar o equivalente a um vídeo mostrando quais partes do cérebro são ativadas durante alguns momentos humanos, como ao ouvir a voz de um velho amigo. A partir desses estudos surge uma profusão de respostas para perguntas como: O que acontece no cérebro de uma pessoa no momento em que ela contempla o ser amado, ou no cérebro de uma pessoa tomada pela intolerância, ou, ainda, de uma pessoa montando uma estratégia para vencer uma competição?

O cérebro social é a soma dos mecanismos neurais que orquestram nossas interações, bem como nossos pensamentos e sentimentos a respeito das pessoas e dos nossos relacionamentos. A notícia mais reveladora aqui talvez seja a de que o cérebro social representa o único sistema biológico do nosso organismo que nos mantém em contínua sintonia com o estado interno das pessoas com as quais convivemos, e, por sua vez, é influenciado por ele.[15] Todos os outros sistemas biológicos, dos nossos gânglios linfáticos ao baço, regulam sua atividade principalmente como reação aos sinais que se originam dentro do corpo, não do lado de fora da nossa pele. Os caminhos do cérebro social são únicos em sua sensibilidade ao mundo como um todo. Sempre que ocorre uma conexão cara a cara (ou voz a voz, ou pele a pele) com outra pessoa, nossos cérebros sociais se entrosam.

Nossas interações sociais desempenham um papel relevante na remodelação do nosso cérebro por meio da "neuroplasticidade", o que significa que experiências repetidas esculpem a forma, o tamanho e o número de neurônios e suas ligações sinápticas. Ao conduzir repetidamente o cérebro a determinado registro, nossos relacionamentos mais importantes podem, aos poucos, moldar uma circuitaria neural. Com efeito, conviver diariamente com pessoas que nos magoam e enfurecem, ou com quem nos acalenta, ao longo dos anos pode moldar nosso cérebro.

Essas novas descobertas revelam que nossos relacionamentos exercem sobre nós impactos sutis, porém poderosos e duradouros. Essa notícia pode ser indesejada para pessoas cujos relacionamentos tendem a ser negativos. Mas o mesmo achado também aponta para as possibilidades reparadoras de nossas conexões pessoais em qualquer momento da vida.

Portanto, o modo como nos conectamos com os outros tem uma importância inimaginável.

O que, tendo em mente esses novos insights, nos leva a especular o que poderia significar ser inteligente com relação ao mundo social.

AGINDO COM SABEDORIA

Por volta de 1920, pouco depois da primeira explosão de entusiasmo sobre os então recentes testes de QI, o psicólogo Edward Thorndike criou a formulação original de "inteligência social". Uma das definições foi "a capacidade de entender e gerenciar homens e mulheres", habilidades de que todos precisamos para viver bem no mundo.

Mas essa definição por si só permite também que a pura manipulação seja considerada uma marca de talento interpessoal.[16] Mesmo hoje em dia algumas descrições de inteligência social não oferecem distinções entre as aptidões imaturas de um trapaceiro e as atitudes genuinamente afetuosas que enriquecem os relacionamentos saudáveis. Sob minha perspectiva, ser simplesmente manipulador — valorizar apenas o que funciona para uma pessoa à custa dos outros — não deve ser visto como demonstração de inteligência social.

Em vez disso, deveríamos pensar em "inteligência social" como uma abreviação, um termo que resume ser inteligente não apenas *a respeito* de nossos relacionamentos, mas também *em* nossos relacionamentos.[17] Esse conceito amplia o foco de inteligência social da perspectiva de uma pessoa para a de duas: o que vem à tona quando uma pessoa se envolve em um relacionamento. Expandir nosso foco dessa maneira nos permite olhar além do indivíduo, a fim de tentar entender o que realmente ocorre quando as pessoas interagem

— e olhar além de nossos estreitos e egoístas interesses pessoais e enxergar também os interesses do outro.

Essa perspectiva mais ampliada nos leva a considerar, dentro do escopo da inteligência social, capacidades que enriquecem os relacionamentos pessoais, como empatia e preocupação. Assim, neste livro considero um segundo princípio, mais abrangente, que Thorndike também propôs para a nossa aptidão social: "agir com sabedoria nos relacionamentos humanos".[18]

A agilidade social do cérebro exige que sejamos sábios, que percebamos como não apenas nossos próprios estados de ânimo, mas também nossa biologia, são impulsionados e moldados por outras pessoas em nossa vida — e isso, por sua vez, exige que avaliemos a maneira como afetamos as emoções e a biologia das outras pessoas. De fato, podemos avaliar um relacionamento em termos do impacto de uma pessoa sobre nós e do impacto que exercemos sobre ela.

A influência biológica que passa de pessoa para pessoa sugere uma nova dimensão de uma vida bem vivida: condutas que sejam benéficas, mesmo no nível mais sutil, às pessoas com as quais nos relacionamos.

Os relacionamentos em si assumem um novo significado, e por isso precisamos refletir sobre eles sob uma ótica radicalmente diferente. As implicações vão além de um interesse teórico passageiro: elas nos instigam a reavaliar o modo como vivemos.

No entanto, antes de investigarmos essas imensas implicações, vamos voltar ao começo da história: a surpreendente facilidade com que nossos cérebros se entrosam, espalhando nossas emoções como se fossem um vírus.

Parte I

Programados para nos conectar

1. A economia emocional

Certo dia, atrasado para uma reunião no centro de Manhattan, eu buscava um atalho. Tentei cortar caminho atravessando o vestíbulo do andar térreo de um arranha-céu; meu plano era usar uma porta de saída que eu avistara do outro lado, julgando que me daria um caminho mais rápido pelo quarteirão.

Mas assim que cheguei ao saguão, onde ficavam as fileiras de elevadores, um guarda uniformizado veio correndo na minha direção, gritando e agitando os braços: "O senhor não pode passar por aí!".

"Por que não?", perguntei, intrigado.

"Propriedade particular! É propriedade particular!", respondeu ele aos berros, visivelmente agitado.

Aparentemente eu havia invadido sem querer uma zona de segurança, embora não houvesse sinalização. "Seria bom", sugeri, arriscando uma frágil tentativa de introduzir um pouco de lógica, "se houvesse uma placa na porta dizendo 'Proibida a entrada'."

Meu comentário o deixou ainda mais irritado. "Cai fora! Sai daqui!", vociferou ele.

Abalado, bati em retirada às pressas, a raiva do guarda ainda reverberando em minhas vísceras enquanto eu percorria as quadras seguintes.

Quando pessoas despejam sobre nós seus sentimentos tóxicos — explodindo de raiva ou fazendo ameaças, demonstrando repulsa ou desprezo —, ativam em nós circuitos que provocam essas mesmas emoções aflitivas. A atitude delas tem poderosas consequências neurológicas: emoções são contagiosas. "Pegamos" emoções fortes da mesma maneira como contraímos uma infecção por rinovírus — e por causa desse contágio podemos vir a ter o equivalente emocional de um resfriado.

Toda interação contém um subtexto emocional. Em todas as nossas ações, sejam quais forem, podemos fazer com que a outra pessoa se sinta um pouco melhor, ou até muito melhor, ou um pouco pior — ou muito pior, como aconteceu comigo. Além do que ocorre no momento, podemos conservar um estado de ânimo que permanece conosco muito depois de ter acabado o embate direto — um agradável resplendor emocional (ou a desagradável recordação de um ataque de raiva, no meu caso).

Essas transações tácitas alavancam o que equivale a uma economia emocional, o produto total de ganhos e perdas interiores que vivenciamos com uma pessoa, em determinada conversa ou em um dia qualquer. Ao final do dia, em larga medida, o equilíbrio dos sentimentos que intercambiamos determina que tipo de dia tivemos — "bom" ou "ruim".

Participamos dessa economia interpessoal quando uma interação social resulta em uma transferência de sentimentos — praticamente sempre. Esse judô interpessoal apresenta inúmeras variações, mas todas se resumem à nossa capacidade de alterar o estado de ânimo de outra pessoa, e ela, o nosso. Quando o faço franzir o cenho, evoco em você uma pitada de preocupação; quando você me faz sorrir, me sinto feliz. Nessa troca clandestina, as emoções passam de uma pessoa para outra, de fora para dentro — com sorte, para melhor.

Um aspecto negativo do contágio emocional ocorre quando somos afetados por um estado tóxico simplesmente por estarmos próximo da pessoa errada, na hora errada. Eu fui uma vítima involuntária da fúria do segurança. Como a fumaça inalada por um fumante passivo, o vazamento de emoções pode transformar um espectador em uma vítima inocente do estado tóxico de outrem.

Em situações como aquela que passei com o segurança, ao confrontarmos a raiva de outra pessoa, nosso cérebro automaticamente faz uma varredura para detectar sinais de um perigo maior. A hipervigilância resultante é impulsionada em grande medida pela amígdala, área do cérebro em forma de amêndoa que diante do perigo desencadeia a reação de luta, fuga ou inércia.[1] De toda a gama de sentimentos, o medo é o que a instiga de forma mais intensa.

Quando ativado por um alerta, o extenso circuito da amígdala recruta pontos-chave do cérebro, guiando nossos pensamentos, atenção e percepção na direção do que nos provocou medo. Instintivamente nos tornamos mais atentos ao rosto das pessoas ao redor, em busca de sorrisos ou de testas franzidas que nos propiciem uma noção de como interpretar melhor os sinais de perigo ou que possam indicar as intenções de alguém.[2]

Essa vigilância aumentada, impulsionada pela amígdala, exacerba nossa atenção às pistas emocionais fornecidas por outras pessoas. Por sua vez, esse foco intensificado evoca os sentimentos delas em nós, facilitando o contágio. E, assim, os nossos momentos de apreensão aumentam nossa suscetibilidade às emoções da outra pessoa.[3]

Em termos mais gerais, a amígdala atua como um radar do cérebro, chamando a atenção para qualquer coisa que possa ser nova, intrigante ou tão importante que valha a pena aprender. A amígdala coordena o sistema de alerta inicial do cérebro, esquadrinhando tudo o que acontece, sempre vigilante aos eventos marcados pela emoção — em especial as potenciais ameaças. Embora o papel da amígdala como sentinela e gatilho de situações de perigo não seja novidade para a neurociência, sua função social, como parte do sistema cerebral para contágio emocional, só foi revelada recentemente.[4]

O ATALHO* CENTRAL DE CONTÁGIO

Um homem a quem os médicos chamam de Paciente X sofreu dois derrames que destruíram as conexões entre os olhos e o restante do sistema cerebral responsável pela visão no córtex visual. Embora os olhos pudessem captar os sinais, o cérebro não conseguia decifrá-los, nem sequer registrar sua chegada. O Paciente X ficou completamente cego — pelo menos era o que parecia.

Submetido a testes nos quais era apresentado a formas variadas, como círculos e quadrados ou fotografias de rostos de homens e mulheres, ele não

* *Low road*, no original, significa "estrada baixa" em seu sentido literal, mas também é uma expressão para se referir a um comportamento inescrupuloso ou uma conduta imoral, "por baixo do pano", um "atalho" que parece "o caminho mais fácil" ou mais rápido. No livro, é usada em contraposição à expressão *high road*, a "estrada principal", esta sim o "caminho certo". (N. T.)

fazia a menor ideia do que tinha diante dos olhos. Entretanto, quando os médicos lhe mostravam imagens de pessoas com expressão de raiva e alegria, ele subitamente conseguia deduzir as emoções representadas, a uma velocidade muito maior do que a casual. Mas como?

Escaneamentos cerebrais registrados enquanto o Paciente X adivinhava os sentimentos revelaram uma via alternativa aos habituais percursos da visão, que fluem dos olhos para o tálamo, local por onde todos os sentidos entram no cérebro, e daí para o córtex visual. A segunda rota envia informações diretamente do tálamo para a amígdala (o cérebro tem um par, a amígdala direita e a amígdala esquerda). A amígdala, então, extrai o significado emocional da mensagem não verbal, seja de um franzir de testa, uma repentina mudança de postura ou uma alteração no tom de voz — microssegundos antes mesmo de sabermos para o que estamos olhando.

Embora a amígdala tenha uma sensibilidade apurada para esse tipo de mensagem, o arranjo de seus componentes não proporciona acesso direto aos centros da fala; nesse sentido, a amígdala é, literalmente, muda. Quando registramos um sentimento, em vez de alertar as áreas verbais, onde as palavras podem expressar o que sabemos, sinais de nossos circuitos cerebrais imitam essa emoção em nosso corpo.[5] Assim, o Paciente X não estava *vendo* as emoções nos rostos, mas *sentindo*-as, uma condição chamada "cegueira afetiva".[6]

Em cérebros intactos, a amígdala usa essa mesma rota para ler o aspecto emocional de tudo o que percebemos — a euforia no tom de voz de alguém, um indício de raiva no olhar, uma postura de melancólica derrota — e depois processa essas informações subliminarmente, abaixo do alcance do entendimento consciente. Esse entendimento inconsciente e reflexivo sinaliza a emoção preparando em nós o mesmo sentimento (ou uma reação à emoção, como o medo ao detectarmos raiva) — um mecanismo-chave para que "captemos" o sentimento de outra pessoa.

O fato de que podemos desencadear *qualquer* emoção em outra pessoa — e ela em nós — atesta o poderoso mecanismo por meio do qual os sentimentos de uma pessoa se espalham para outras.[7] Esses contágios são a principal transação da economia emocional, o intercâmbio de sentimentos que acompanha toda interação humana, não importa qual seja o tema em questão.

Vejamos, por exemplo, o caixa de um supermercado local cuja conversa fiada e bem-humorada contagia todos os clientes. Ele está sempre fazendo as pessoas rirem — até os clientes mais tristes saem sorrindo. Pessoas como esse operador de caixa agem como o equivalente emocional dos *zeitgebers*, as forças da natureza cujo compasso arrasta consigo nossos ritmos biológicos.

Esse contágio pode ocorrer com muitas pessoas de uma só vez, o que é evidente quando os olhos de uma plateia no cinema se enchem de lágrimas diante de uma cena trágica de um filme, ou de forma mais sutil quando o clima de uma reunião fica um pouco mais tenso. Embora possamos perceber as consequências visíveis desse contágio, de modo geral não sabemos como as emoções se espalham.

O contágio emocional exemplifica o que podemos chamar de "atalho" do cérebro em ação. Essa estrada secundária, o atalho, é o circuito que opera abaixo da nossa consciência, automaticamente e sem esforço, a uma imensa velocidade. A maior parte das coisas que fazemos parece ser comandada por colossais redes neurais que atuam nesse atalho — principalmente em nossa vida emocional. Quando ficamos encantados com um rosto atraente, ou percebemos o sarcasmo em um comentário, é graças a esse atalho.

Por outro lado, a "estrada principal" atravessa os sistemas neurais que atuam de forma mais metódica, passo a passo, com esforço deliberado. Estamos conscientes da estrada principal, que nos dá pelo menos algum controle sobre nossa vida interior, algo que o atalho nos nega. Quando ponderamos sobre maneiras de abordar a pessoa que nos atrai, ou refletimos para formular uma resposta engenhosa ao sarcasmo, é a estrada principal que percorremos.

Podemos definir o atalho como uma via "aquosa", gotejando de emoção, ao passo que a estrada principal é relativamente "seca", serena e racional.[8] No atalho trafegam sentimentos brutos, na estrada principal há uma compreensão ponderada acerca do que está acontecendo. O atalho nos permite sentir de imediato o que a outra pessoa está sentindo; a estrada principal pode pensar sobre o que sentimos. Em geral, as duas se entrosam perfeitamente. Nossa vida social é regida pelo intercâmbio desses dois modos (para mais detalhes, ver apêndice A).[9]

Uma emoção pode passar silenciosamente de uma pessoa para a outra sem que nenhuma das duas perceba de forma consciente, porque o circuito que propicia esse contágio está no atalho. Tornando bem simples: o atalho utiliza o circuito neural que atravessa a amígdala e nódulos automáticos similares, enquanto a estrada principal envia dados ao córtex pré-frontal, o centro executivo do cérebro, que contém nossa capacidade de intencionalidade — podemos pensar sobre o que está acontecendo conosco.[10]

As duas vias registram informações em velocidades muito diferentes. O atalho é mais rápido do que apurado; a estrada principal, embora mais lenta, pode nos ajudar a chegar a uma visão mais precisa do que está acontecendo.[11] O atalho é veloz e sujo; a estrada principal é lenta, mas cautelosa. Nas palavras de John Dewey, filósofo do século XX, uma é "pá-pum, age primeiro e pensa depois", enquanto a outra é mais "cuidadosa e observadora".[12]

O diferencial de velocidade entre esses dois sistemas — o emocional imediato é várias vezes mais rápido em tempo cerebral do que o mais racional — permite-nos tomar decisões instantâneas das quais mais tarde poderíamos nos arrepender ou precisar justificar. Depois que o atalho reage, às vezes tudo o que a estrada principal pode fazer é tirar o máximo proveito das coisas. Como observou Robert Heinlein, autor de ficção científica: "O homem não é um animal racional, mas um racionalizante".

GATILHOS DE HUMOR

Em visita a certa região do país, lembro-me de ter ficado agradavelmente surpreso com o tom amigável da voz na gravação telefônica que me informava: "Não foi possível completar sua ligação com o número chamado".

A cordialidade daquela insípida mensagem gravada, acredite se quiser, proporcionou-me uma sensação muito boa — em grande parte devido aos anos de irritação com aquela mesma mensagem na versão da voz computadorizada da companhia telefônica da região onde eu morava. Por algum motivo, os técnicos que programaram essas mensagens haviam decidido que um tom irritante e intimidador seria o mais adequado, talvez como punição imediata para o erro de discagem.

Acabei por me ressentir com o tom ofensivo dessas mensagens gravadas — que me trazia à mente a imagem de uma pessoa excessivamente intrometida, crítica e afetada. Eu sempre ficava de mau humor, mesmo que só por um instante.

O poder emocional de sinais tão sutis como esse pode ser surpreendente. Vejamos um inteligente experimento realizado com voluntários na Universidade de Würzburg, Alemanha.[13] Estudantes ouviam uma voz gravada lendo o mais insípido material intelectual, uma tradução para o alemão de *Investigação sobre o entendimento humano*, do filósofo inglês David Hume. A fita vinha em duas versões, alegre ou triste, mas com inflexões tão sutis que as pessoas não tinham consciência da diferença a não ser quando explicitamente aguçavam os ouvidos para detectá-las.

Por mais suaves que fossem essas nuances, os estudantes saíam das sessões um pouco mais contentes ou ligeiramente mais melancólicos do que estavam antes de ouvir a fita. No entanto, não faziam ideia de que seu humor havia mudado, muito menos tinham ciência dos motivos.

A mudança de estado de ânimo ocorria mesmo quando os estudantes realizavam uma tarefa que os distraía — encaixar pinos de metal em buracos num tabuleiro de madeira — durante a sessão. Ao que parece, a distração criava estática para a estrada principal, dificultando a compreensão intelectual dos excertos filosóficos. Mas não reduzia nem um pouco o grau de contágio dos humores: o atalho continuava escancarado.

Uma das formas pelas quais os estados de ânimo diferem das emoções mais brutas, os psicólogos nos dizem, tem a ver com a inefabilidade de suas causas: embora normalmente saibamos o que disparou uma emoção imediata, muitas vezes nos vemos em determinado humor ou outro sem saber quais são suas causas. O experimento de Würzburg sugere, contudo, que nosso mundo pode estar repleto de gatilhos de humor dos quais não temos consciência — tudo, desde a música ambiente melosa no elevador ao tom de voz amargo de uma pessoa.

Por exemplo, vejamos as expressões que identificamos no rosto das pessoas. Pesquisadores suecos descobriram que a mera visão da fotografia de um rosto sorridente induz a fugaz atividade que repuxa os músculos da boca para formar um sorriso.[14] De fato, sempre que fitamos uma fotografia de alguém cujo rosto demonstra uma forte emoção, como tristeza, nojo ou alegria, nossos músculos faciais começam automaticamente a espelhar a expressão facial do outro.

Essa imitação reflexiva nos abre a sutis influências emocionais daqueles que nos cercam, acrescentando mais uma pista ao que equivale a uma ponte que une os cérebros das pessoas. Aquelas especialmente sensíveis assimilam esse contágio de forma mais rápida do que outras, enquanto indivíduos mais impermeáveis podem passar incólumes até mesmo pelas interações mais tóxicas. De qualquer forma, essa transação geralmente passa despercebida.

Imitamos a alegria de um rosto sorridente repuxando os músculos faciais de modo a esboçar um sorriso sutil, embora possamos não estar conscientes de que vimos o sorriso alheio. Esse ligeiro sorriso imitado pode não ser óbvio a olho nu, mas cientistas que monitoram os músculos faciais rastrearam claramente esse espelhamento emocional.[15] É como se nosso rosto estivesse sendo pré-ajustado, preparando-se para exibir a emoção como um todo.

Essa imitação tem várias consequências biológicas, uma vez que nossas expressões faciais desencadeiam em nós os sentimentos que exibimos. Podemos instigar qualquer emoção ajustando de forma intencional os músculos faciais para aquele sentimento: é só apertar um lápis entre os dentes para forçar o rosto a formar um sorriso, o que evoca sutilmente um sentimento positivo.

Edgar Allan Poe teve uma compreensão intuitiva desse princípio. Ele escreveu: "Quando desejo descobrir se uma pessoa é boa ou perversa, ou o que está pensando em determinado momento, amoldo meu rosto de acordo com a mesma expressão facial estampada no rosto dela, reproduzindo-a com a maior precisão possível, e depois espero para ver que pensamentos ou sentimentos surgem em minha mente ou em meu coração, para corresponder à expressão alheia ou a ela equiparar-se".[16]

EMOÇÕES CONTAGIANTES

A cena: Paris, 1895. Um punhado de almas corajosas aventura-se em uma exibição realizada pelos irmãos Lumière, pioneiros da fotografia. Pela primeira vez na história, os irmãos estão apresentando ao público "imagens em movimento", um filme — inteiramente mudo — retratando a chegada de um trem a uma estação, cuspindo fumaça e avançando na direção da câmera.

A reação da plateia: as pessoas berram, aterrorizadas, ou enfiam-se sob as poltronas.

Ninguém nunca havia visto imagens em movimento. Totalmente ingênua, a plateia nada pode fazer além de registrar como "verdadeiro" o sinistro espectro na tela. Esses primeiros momentos em Paris talvez tenham sido o mais mágico e poderoso evento da história do cinema, porque a compreensão de que aquilo que o olho viu era uma mera ilusão ainda não fora registrada por nenhum dos espectadores. No que dizia respeito ao público — e ao sistema perceptivo de seu cérebro —, as imagens na tela *eram* realidade.

Como observou um crítico de cinema: "A impressão dominante de que *isso é real* constitui grande parte do poder primitivo da forma de arte", mesmo hoje.[17] Esse senso de realidade continua seduzindo cinéfilos porque o cérebro responde à ilusão criada pelo filme com o mesmo circuito que responde à própria vida. Até mesmo as emoções passadas na tela são contagiosas.

Alguns dos mecanismos neurais envolvidos nesse contágio da-tela-para-o--espectador foram identificados por uma equipe de pesquisadores israelenses, que exibiu trechos do filme *Três homens em conflito*, um faroeste-espaguete da década de 1970, para voluntários de exames de ressonância magnética funcional. No que talvez seja o único artigo nos anais da neurociência a reconhecer a contribuição de Clint Eastwood, os pesquisadores chegaram à conclusão de que o filme brincava com o cérebro dos espectadores, como se fosse um manipulador neural.[18]

Assim como acontecera com os espectadores em pânico na Paris de 1895, o cérebro das pessoas nesse estudo agiu como se a história imaginária mostrada na tela estivesse *acontecendo de fato com elas*. Quando a câmera se aproximava rapidamente para dar um close em um rosto, as regiões de reconhecimento facial do cérebro dos espectadores eram acionadas. Quando na tela mostrava-se um prédio ou uma paisagem, ativava-se uma área visual diferente, responsável por assimilar o meio físico que nos cerca.

Quando a cena mostrava movimentos delicados da mão, entrava em ação a região do cérebro que comandava o tato e o movimento. E, nas cenas mais eletrizantes — tiroteios, explosões, reviravoltas surpreendentes no enredo —, os centros da emoção entravam em ação a pleno vapor. Em suma, os filmes a que assistimos recrutam nosso cérebro.

As pessoas de uma plateia compartilham esse teatro de marionetes neural. No decorrer do filme, tudo o que ocorria no cérebro de um espectador acontecia, no mesmo ritmo, no cérebro dos outros, instante a instante. A ação na tela coreografava uma dança interna idêntica em todas as pessoas que assistiam ao filme.

De acordo com uma máxima das ciências sociais, "Uma coisa é real se for real em suas consequências". Quando o cérebro reage a cenários imaginados da mesma maneira que reage aos cenários reais, o imaginário tem consequências biológicas. O atalho nos leva de carona na viagem emocional.

A única grande exceção a essa manipulação de teatro de marionetes está nas áreas do córtex pré-frontal da estrada principal, que abrigam os centros executivos do cérebro e facilitam o pensamento crítico (inclusive o raciocínio "*É só um filme*") e que não participam dessa coordenação. Por isso, hoje em dia já não corremos em pânico quando um trem na tela avança em nossa direção, apesar de o medo que sentimos avolumar-se dentro de nós.

Quanto mais relevante ou impressionante o acontecimento, maior a atenção que o cérebro mobiliza.[19] Dois fatores que amplificam a resposta cerebral a qualquer realidade virtual, como em um filme, são o "ruído" perceptual e os momentos emocionalmente fortes, como cenas com gritos ou choro. Não é de surpreender que tantos filmes mostrem cenas de violência — elas deslumbram o cérebro. E a própria imensidão da tela — criando pessoas de tamanho descomunal à nossa frente — em si é registrada como ruidosa sonoridade sensorial.[20]

No entanto, os estados de ânimo são tão contagiantes que podemos captar um sopro de emoção em coisas tão efêmeras quanto o vislumbre de um sorriso ou um franzir de sobrancelhas, ou tão maçantes quanto a leitura de um trecho de um tratado filosófico.

RADAR PARA A INSINCERIDADE

Duas mulheres que não se conheciam tinham acabado de assistir a um doloroso documentário, um filme sobre as pungentes consequências do bombardeio nuclear de Hiroshima e Nagasaki durante a Segunda Guerra Mundial. As duas haviam ficado profundamente perturbadas com o que viram, um misto de repulsa, raiva e tristeza brotou no interior delas.

Mas quando começaram a falar sobre como se sentiram, algo estranho aconteceu. Uma das mulheres se expressou com total franqueza acerca dos sentimentos de aflição, ao passo que a outra sufocou as emoções, fingindo indiferença. De fato, a primeira mulher teve a impressão de que a segunda, estranhamente, não esboçou reação emocional alguma; quando muito, parecia um tanto distraída e distante.

Esse era exatamente o rumo que a conversa deveria tomar: as duas eram voluntárias de um experimento realizado na Universidade Stanford sobre as consequências sociais da repressão emocional; uma das mulheres tinha sido instruída a ocultar os verdadeiros sentimentos.[21] De forma compreensível, a que manifestou abertamente os próprios sentimentos sentiu-se "desconectada" da parceira durante a conversa — sem dúvida, teve a sensação de que a outra era uma pessoa que não queria como amiga.

A mulher que reprimiu os verdadeiros sentimentos parecia tensa e pouco à vontade durante a conversa, distraída e preocupada. Era evidente que sua pressão arterial subia continuamente à medida que a conversa avançava. O sufocamento de sentimentos tão perturbadores cobra um preço fisiológico; a elevação de sua pressão arterial refletiu esse esforço emocional.

Mas aqui está a grande surpresa: a mulher que revelou com honestidade suas emoções apresentou o mesmo aumento da pressão arterial do que a que reprimiu os sentimentos. A tensão não era apenas palpável, mas também contagiosa.

A franqueza é a resposta-padrão do cérebro: nossa fiação neural transmite qualquer mínima alteração de humor aos músculos da face, tornando nossos sentimentos instantaneamente visíveis. A exibição de emoções é automática e inconsciente; por isso, sufocá-las exige esforço consciente. Dissimular o que se sente — tentar ocultar nosso medo ou raiva — requer esforço ativo, e raramente é uma empreitada bem-sucedida.[22]

Por exemplo, uma amiga me disse que "simplesmente sabia", desde a primeira vez em que eles conversaram, que não deveria ter confiado em um homem para quem sublocou um apartamento. Como era de esperar, na semana marcada para ela retomar a posse do imóvel, o locatário se recusou a sair. Enquanto isso, ela ficou sem moradia. Teve de enfrentar todo o emaranhado legislativo que protege os direitos do inquilino, o que acabou por transformá-la em uma sem-teto enquanto seu advogado lutava para conseguir de volta seu próprio apartamento.

Ela estivera com o homem apenas uma vez, no dia em que ele foi conhecer o imóvel. "Alguma coisa nele me dizia que ele me causaria problemas", lamentou-se depois.

Essa "alguma coisa nele" reflete o funcionamento do circuito específico de estrada-principal-e-atalho que serve como nosso sistema de alerta inicial para a detecção de insinceridade. Especializado em desconfiança, esse circuito difere do circuito da empatia e da conexão. Sua existência sugere a importância de se detectar a duplicidade nas relações humanas. A teoria da evolução nos diz que nossa capacidade de perceber quando devemos desconfiar é tão essencial para a sobrevivência humana quanto nossa capacidade de confiar e cooperar.

O radar neural específico envolvido foi revelado em um estudo no qual imagens cerebrais de voluntários foram registradas enquanto eles assistiam a vários atores contando, um a um, uma história trágica. Uma forte diferença surgiu nas regiões neurais específicas ativadas, dependendo da expressão facial do ator que narrava a história. Se o rosto do ator mostrava uma expressão adequada de tristeza, a amígdala do ouvinte e os circuitos relacionados a esse sentimento eram ativados.

Porém se o ator estivesse sorrindo enquanto contava a história triste — uma incompatibilidade emocional —, o cérebro do ouvinte ativava um local especializado em vigilância para ameaças sociais ou informações conflitantes. Nesse caso, os ouvintes mostravam ostensiva antipatia para com o ator que contava a história.[23]

De forma automática e compulsiva, a amígdala esquadrinha todas as pessoas que encontramos para saber se são confiáveis: *É seguro me aproximar deste cara? Ele é perigoso? Posso confiar nele ou não?*. Pacientes neurológicos com danos significativos na amígdala são incapazes de fazer julgamentos sobre o grau de confiabilidade de uma pessoa. Quando veem a fotografia de um homem que pessoas normais consideram altamente suspeito, esses pacientes o classificam no mesmo grau de um indivíduo que as outras pessoas consideram merecedor de sua confiança.[24]

Nosso sistema de alerta para saber em quem podemos confiar ou não opera em dois ramos: o principal e o secundário, o atalho.[25] A estrada principal entra em cena quando intencionalmente fazemos um julgamento sobre uma pessoa para determinar se ela é ou não confiável. Mas uma avaliação contínua conduzida pela amígdala ocorre fora de nossa consciência, independentemente de pensarmos de forma consciente sobre a questão. O atalho trabalha para nos manter seguros.

A DERROCADA DE UM CASANOVA

Giovanni Vigliotto fazia um extraordinário sucesso como dom-juan; seu charme lhe rendia uma conquista romântica atrás da outra. Bem, não exatamente uma atrás da outra: na verdade, ele foi casado com várias mulheres ao mesmo tempo.

Ninguém sabe ao certo quantas vezes Vigliotto se casou. Mas talvez tenham sido cem esposas ao longo de sua carreira romântica – e parece ter sido *mesmo* uma carreira. Vigliotto ganhava a vida casando-se com mulheres ricas.

Essa carreira só foi detida quando Patricia Gardner, uma de suas supostas conquistas, o levou aos tribunais por bigamia.

Durante o julgamento, ficou implícito o que fazia as mulheres suspirarem por Vigliotto. Gardner admitiu que uma das coisas que a atraiu no charmoso bígamo foi o que chamou de "seu traço de honestidade": ele a olhava diretamente nos olhos, sorrindo mesmo quando contava a maior mentira.[26]

Como Gardner, os especialistas em emoções leem muita coisa no olhar fixo de uma pessoa. Normalmente, dizem-nos, desviamos o olhar para o chão quando estamos tristes, para longe quando sentimos repulsa e para baixo ou para longe quando sentimos culpa ou vergonha. A maioria das pessoas sente isso de forma intuitiva, por essa razão a sabedoria popular nos aconselha a verificar se uma pessoa conversa conosco "olhando-nos nos olhos" como medida para saber se devemos desconfiar de sua sinceridade.

Como muitos vigaristas, Vigliotto parecia saber muito bem disso, e era habilidoso o suficiente para encarar as vítimas românticas com um olhar aparentemente sincero.

Ele estava tramando alguma coisa – mas talvez fosse mais a tentativa de estabelecer uma conexão do que uma mentira. O olhar do tipo "acredite-no-que-estou-dizendo" revela na verdade pouca coisa sobre a sinceridade das pessoas, segundo Paul Ekman, especialista internacional em detectar mentiras com base na conduta das pessoas.

Ao longo dos anos estudando as maneiras como expressamos emoções por meio de nossos músculos faciais, Ekman ficou fascinado pelas formas com que podemos detectar mentiras. Seu olhar aguçado para as sutilezas faciais detectou discrepâncias entre a máscara das falsas emoções das pessoas e o vazamento do que realmente sentiam.[27]

O ato de mentir demanda atividade consciente e intencional na estrada principal, que lida com os sistemas de controle executivo que mantêm nossas palavras e ações suavemente nos eixos. Ekman aponta que os mentirosos prestam mais atenção à escolha de palavras, censurando o que dizem, e menos à escolha da expressão facial.

Esse sufocamento da verdade exige tanto esforço mental quanto tempo. Quando uma pessoa responde a uma pergunta contando uma mentira, começa a resposta cerca de dois décimos de segundo depois que a pessoa que diz a verdade. Esse atraso corresponde ao esforço para formular bem a mentira e gerenciar os canais emocionais e físicos através dos quais a verdade poderia inadvertidamente vazar.[28]

A mentira bem contada exige concentração. A estrada principal é o local onde se dá esse esforço mental, mas a atenção é uma capacidade limitada, e contar uma mentira exige uma dose adicional. Essa alocação extra de recursos neurais deixa a área pré-frontal menos provida de meios para realizar outra tarefa: inibir demonstrações involuntárias de emoção que possam revelar a mentira.

As palavras podem, sozinhas, trair uma mentira. No entanto, com muita frequência, o indício de que uma pessoa pode estar mentindo será uma discrepância entre as palavras e sua expressão facial, como ocorre quando alguém nos garante que está "tudo ótimo", mas sua voz vacilante revela angústia.

"Não há um detector de mentiras infalível", disse-me Ekman. "Mas é possível detectar pontos de tensão" — pontos falhos nos quais as emoções da pessoa não correspondem às palavras. Esses sinais de esforço mental extra exigem investigação: as razões para a falha podem ir do simples nervosismo à mentira mais descarada.

Os músculos do rosto são controlados pelo atalho; a escolha de mentir, pela estrada principal. Em uma mentira emocional, o rosto desmente o que está sendo dito. A estrada principal oculta; o atalho revela.

Os circuitos do atalho oferecem múltiplas pistas na ponte silenciosa que nos conecta cérebro a cérebro. Esses circuitos nos ajudam a navegar desviando dos baixios de nossos relacionamentos, detectando em quem devemos confiar e a quem devemos evitar — ou espalhando bons sentimentos como se fossem uma infecção.

AMOR, PODER E EMPATIA

No fluxo interpessoal de emoções, o poder é importante. Acontece nos casais. Um dos parceiros empreende uma substancial mudança emocional para convergir com o outro: o parceiro que tem menos poder.[29] A avaliação do poder relativo no âmbito de um casal suscita questões complexas. Porém, em um relacionamento amoroso o "poder" só pode ser medido em termos práticos, como, por exemplo, qual dos parceiros tem mais influência sobre como o outro se sente a respeito de si mesmo, ou qual deles tem mais a dizer na tomada de decisões conjuntas sobre questões como finanças ou detalhes da vida cotidiana — como ir ou não a uma festa.

Sem dúvida, os casais negociam tacitamente qual dos parceiros terá mais poder em que área: um pode ser dominante em finanças; o outro, talvez nos compromissos sociais. No entanto, na esfera das emoções é o parceiro com menos poder quem faz os maiores ajustes internos em sua convergência emocional.

Esses ajustes podem ser sentidos de forma mais patente se um dos parceiros assumir intencionalmente uma posição emocional neutra, como no caso da psicoterapia. Desde a época de Freud, os psicoterapeutas notaram que seus próprios corpos espelham as emoções que os pacientes estão sentindo. Se um paciente chora ao evocar uma lembrança dolorosa, o terapeuta sente os olhos se encherem de lágrimas; se o paciente está aterrorizado com uma recordação traumática, sensações de medo revolvem na boca do estômago do terapeuta.

Freud observou que entrar em sintonia com o próprio corpo dá aos psicanalistas uma janela para o mundo emocional dos pacientes. Embora a maioria das pessoas consiga detectar emoções expressas abertamente, os grandes psicoterapeutas dão um passo à frente, captando emoções subentendidas de pacientes que sequer haviam permitido que esses sentimentos aflorassem na própria consciência.[30]

Somente cerca de um século depois de Freud notar essas sutis sensações compartilhadas é que os pesquisadores desenvolveram um método sólido para monitorar as mudanças simultâneas na fisiologia de duas pessoas durante uma conversa trivial.[31] O revolucionário avanço veio com os novos métodos estatísticos e a capacidade computacional, que permitiram aos cientistas analisar um número imenso de dados, a exemplo de ritmo cardíaco e afins, durante uma interação ao vivo.

Esses estudos revelaram, por exemplo, que, quando um casal briga, o corpo de cada parceiro tende a imitar as perturbações no outro. À medida que o conflito se estende, um afeta o outro em uma escalada dos estados de raiva, mágoa e tristeza (uma descoberta científica que não é surpresa para ninguém).

Mais interessante foi o que os pesquisadores de relações conjugais fizeram em seguida: gravaram fitas de vídeo com brigas de casais, depois convidaram desconhecidos para assistir a essas fitas e adivinhar que emoções um dos parceiros estava sentindo conforme a briga avançava.[32] À medida que os voluntários opinavam, sua própria fisiologia acompanhava a dos protagonistas da fita a que estavam assistindo.

Quanto maior o vigor com que o corpo de um desses voluntários desconhecidos *imitava* o da pessoa a quem ele estava observando, mais exata era a sua noção do que aquela pessoa sentia — um efeito mais acentuado para emoções negativas como raiva. A empatia — sentir as emoções do outro — parece ser fisiológica e mental em igual medida, fundamentada no compartilhamento do estado interior da outra pessoa. Essa dança biológica ocorre sempre que *qualquer pessoa* sente empatia por outra — a pessoa que sente empatia partilha sutilmente do estado psicológico da pessoa com a qual entrou em sintonia.

As pessoas cujo próprio rosto mostrou as expressões mais fortes foram as mais precisas no julgamento dos sentimentos alheios. O princípio geral: quanto mais semelhante é o estado fisiológico de duas pessoas em dado momento, mais facilmente podem sentir os sentimentos uma da outra.

Quando nos sintonizamos com alguém, é inevitável sentirmos as mesmas coisas que essa pessoa, ainda que de forma sutil. Apresentamos tamanha semelhança que as emoções dela entram em nós — mesmo quando não queremos que isso aconteça.

Em suma, as emoções que captamos têm consequências. E isso nos fornece um bom motivo para entender como mudá-las para melhor.

2. Uma receita para a conexão

Uma sessão de psicoterapia está em pleno andamento. O psiquiatra está sentado em uma poltrona de madeira, rígido e formal. Deitada no divã de couro, a paciente exala um ar de derrota. Os dois não estão na mesma sintonia.

O psiquiatra cometeu uma gafe terapêutica, uma interpretação equivocada do que a paciente acabou de dizer. Ele apresenta um pedido de desculpa: "Eu estava preocupado de estar fazendo algo prejudicial ao tratamento".

"Não...", tenta falar a paciente.

O terapeuta a interrompe e faz outra interpretação.

A paciente começa a responder, mas o terapeuta fala por cima e a atropela.

Quando finalmente consegue falar, a paciente começa a reclamar de tudo que ela teve de aguentar da mãe ao longo dos anos — uma indireta sobre o que o terapeuta acabara de fazer.

E assim a sessão se arrasta, fora de sintonia.

Mudemos a cena para o meio de outra sessão, com um paciente e um psicoterapeuta diferentes em plena harmonia.

O Paciente Número 2 acaba de contar ao terapeuta que na noite anterior pediu a namorada de muitos anos — agora sua noiva — em casamento. O terapeuta passara meses ajudando-o a investigar cuidadosamente e superar seus medos de intimidade, de modo a desenvolver a coragem para se comprometer com o casamento. Assim, os dois compartilham desse momento de triunfo. Estão bem-humorados, terapeuta e paciente silenciosamente exultantes.

A conexão é tão consistente que a postura e os movimentos de um espelham os do outro, como se fossem intencionalmente coreografados: assim que o terapeuta descruza uma perna e cruza a outra, o paciente faz o mesmo.

Existe algo de singular nessas duas sessões de terapia, ambas gravadas em vídeo: entre o terapeuta e o paciente há duas caixas retangulares de metal, empilhadas como se fossem caixas de som; das caixas saem fios que terminam em um clipe de metal que cada um deles usa na ponta do dedo. Os fios conectados no terapeuta e no paciente alimentam um fluxo de registros que revelam mudanças sutis no nível de transpiração de ambos enquanto eles falam.

As sessões eram parte de um estudo da dança biológica oculta que ocorre furtivamente como o componente subterrâneo das interações cotidianas.[1] As gravações em vídeo das sessões de psicoterapia descrevem aquelas leituras contínuas como uma linha ondulada que representa as duas pessoas: azul para o paciente, verde para o terapeuta. As linhas ondulam conforme os altos e baixos das emoções.

Durante os dissonantes e ansiosos diálogos da primeira sessão, as duas linhas movimentam-se como pássaros agitados, com altos e baixos em trajetórias independentes. Ambas traçam um retrato da desconexão.

Já durante a conexão harmônica da segunda sessão, as linhas voam como pássaros em formação, um gracioso balé de movimentos coordenados. Quando duas pessoas estão conectadas, revelam linhas deslizantes, a própria fisiologia entra em sintonia.

Essas sessões de terapia são métodos de vanguarda para estudar a atividade cerebral — de outro modo invisível — enquanto as pessoas se relacionam. Embora a resposta de transpiração pareça ser algo distante do cérebro, um pouco de engenharia reversa do sistema nervoso central nos permite formular uma suposição fundamentada sobre que estruturas cerebrais estão fazendo o quê durante esses tangos interpessoais.

Esse cálculo neural foi realizado por Carl Marci, psiquiatra da Escola de Medicina de Harvard que chefiou o estudo, carregando consigo uma maleta repleta de equipamentos de monitoramento pelos consultórios de solícitos terapeutas de toda a região de Boston. Marci juntou-se a um seleto grupo de pioneiros que estão encontrando maneiras criativas de transpor o que outrora era uma barreira impenetrável à ciência cerebral: o crânio. A neurociência estudava apenas um cérebro de cada vez. Atualmente, porém, dois estão sendo analisados ao mesmo tempo, o que revela um dueto neural entre cérebros até então inimaginável nas interações das pessoas.

Marci extraiu de seus dados o que ele chama de "algoritmo da empatia", uma interação específica da resposta de transpiração de duas pessoas enquanto se conectam de modo harmônico. Esse algoritmo reduz a uma equação matemática o padrão exato da fisiologia de duas pessoas completamente conectadas, quando uma se sente compreendida pela outra.

O BRILHO DA SIMPATIA

Lembro-me de ter sentido essa conexão harmônica anos atrás na sala de Robert Rosenthal, meu professor de métodos estatísticos, nos meus tempos de aluno de pós-graduação de psicologia em Harvard. Bob (como todos o chamavam) tinha a reputação de ser o professor mais simpático do departamento. Sempre que um de nós ia a sua sala, não importava o motivo nem a ansiedade inicial, saía de lá com a sensação de ter sido ouvido, compreendido e — quase como em um passe de mágica — de estar melhor.

Bob tinha o dom de levantar o astral das pessoas. Não é de admirar que fosse tão hábil em disseminar o bom humor: os elos não verbais que conectam as pessoas eram o território de sua pesquisa científica. Anos mais tarde, Bob e um colega publicaram um artigo de importância histórica revelando os ingredientes básicos da magia dos relacionamentos, a receita para a conexão.[2]

Só há conexão entre pessoas; nós a reconhecemos toda vez que uma interação se torna agradável, cativante e prazerosa. Mas a importância da conexão harmônica vai muito além desses fugazes momentos de alegria. Quando as pessoas estão conectadas, podem ser mais criativas juntas e mais eficientes na tomada de decisões — seja um casal definindo o itinerário de uma viagem de férias ou o alto escalão administrativo da empresa desenvolvendo a estratégia de negócios.[3]

A conexão harmônica nos faz sentir bem, gerando o brilho da simpatia, um senso de amizade em que uma pessoa sente o afeto, a compreensão e a sinceridade da outra. Esses sentimentos mútuos de afeição fortalecem os laços entre elas, por mais temporários que sejam.

Essa conexão especial, conforme Rosenthal descobriu, sempre envolve três elementos: atenção mútua, compartilhamento de sentimentos positivos e um dueto não verbal bem coordenado. Quando esses três fatores surgem ao mesmo tempo, catalisamos a conexão.[4]

A atenção recíproca é o primeiro ingrediente essencial. Quando duas pessoas prestam atenção ao que a outra diz e faz, elas geram uma sensação de interesse mútuo, um foco conjunto que resulta em uma espécie de cola perceptiva. Essa atenção de mão dupla instiga sentimentos compartilhados.

Um indicador de conexão harmônica é a empatia mútua: os dois parceiros sentem na pele que, por vivenciar os mesmos sentimentos, são compreendidos. Era essa a nossa sensação quando conversávamos com Bob — ele estava presente de corpo e alma, prestava a máxima atenção. Isso evidencia uma diferença entre a mera desenvoltura social e a conexão total; quem tem desembaraço social sente-se à vontade, mas não tem a sensação de que a outra pessoa está sintonizada com seus sentimentos.

Rosenthal cita um estudo em que as pessoas foram divididas em pares. Em cada dupla, um dos participantes trabalhava em sigilo com os pesquisadores e tinha o que parecia um dedo quebrado e enfaixado. Em dado momento, a pessoa parecia machucar de novo o dedo quebrado. Se, no momento do novo ferimento, acontecesse de a outra pessoa estar olhando diretamente nos olhos a suposta vítima, ela se contraía, imitando sua expressão de dor. Mas as pessoas que não estavam olhando para a vítima eram muito menos propensas a se encolher de susto, embora estivessem cientes da dor.[5] Quando nossa atenção está dividida, saímos um pouco de sintonia e deixamos de perceber detalhes cruciais — sobretudo os emocionais. Olhar a outra pessoa nos olhos abre um caminho para a empatia.

A atenção por si só não basta para estabelecer uma conexão. O ingrediente seguinte é uma boa sensação, provocada em grande medida pelo tom de voz e pela expressão facial. Por construírem um senso de positividade, as mensagens não verbais que enviamos podem ser mais importantes do que aquilo que dizemos. Notavelmente, em um experimento em que gerentes transmitiram a funcionários uma avaliação desfavorável, mas o fizeram exibindo sentimentos afetuosos por meio da voz e da expressão facial, as pessoas que receberam as críticas tiveram uma sensação positiva quanto à interação como um todo.[6]

A coordenação, ou sincronia, é o terceiro ingrediente-chave para a conexão na fórmula de Rosenthal. Nós nos coordenamos de forma mais sólida por meio de sutis canais não verbais, como o ritmo, o timing de uma conversa e nossos movimentos corporais. As pessoas harmonicamente conectadas são entusiásticas, expressam livremente suas emoções. Suas reações rápidas e espontâneas assemelham-se a uma dança bem coreografada, como se o chamado e a resposta da interação tivessem sido propositalmente planejados. Os olhos delas se encontram, seus corpos se aproximam, elas puxam as cadeiras para perto — até mesmo os narizes ficam mais próximos durante uma conversa habitual. Elas ficam à vontade nos momentos de silêncio.

Sem coordenação, a conversa trará uma sensação de desconforto, com respostas fora de hora e pausas estranhas. As pessoas se inquietam ou ficam paralisadas pela indiferença. Esses desencontros destroem a conexão.

EM SINCRONIA

Em um restaurante de uma cidadezinha, há uma garçonete pela qual todos adoram ser servidos. Ela tem um extraordinário talento para detectar o estado de ânimo e o ritmo dos clientes, entrando em sincronia com eles.

Ela é comedida e discreta com o homem bebericando um drinque a uma mesa de um canto escuro. Por outro lado, é simpática e descontraída com o barulhento grupo de colegas de trabalho que se reúnem às gargalhadas na hora do almoço. Com a jovem mãe de duas criancinhas hiperativas, ela entra logo no jogo, encantando os pequenos com caretas e piadas. É compreensível que essa garçonete seja, de longe, a que ganha mais gorjetas.[7]

A garçonete sensível à sintonia personifica o princípio de que entrar em sincronia gera benefícios interpessoais. Quanto mais duas pessoas sincronizam inconscientemente seus movimentos e maneirismos durante sua interação, mais sentimentos positivos terão com relação ao seu encontro — e a respeito uma da outra.

O poder sutil dessa dança foi revelado em um conjunto de engenhosos experimentos realizados com alunos da Universidade de Nova York que se ofereceram como voluntários para o que acreditavam ser a avaliação de um novo teste psicológico. Um de cada vez, sentavam-se na companhia de outro aluno — na verdade, um cúmplice dos pesquisadores — e examinavam uma série de fotografias para o suposto teste.[8] O cúmplice foi instruído a sorrir ou não, a balançar o pé ou coçar o rosto enquanto avaliavam as fotos.

Tudo o que o cúmplice do experimento fazia os voluntários tendiam a imitar. Quando coçava o rosto, o outro também coçava; o sorriso era retribuído com outro sorriso. Entretanto, o cuidadoso interrogatório posterior revelou que os voluntários não tinham ideia de que haviam imitado o parceiro quando movimentaram o pé ou coçaram o rosto; tampouco haviam notado os maneirismos coreografados.

Em outra parte do mesmo experimento, quando o cúmplice dos pesquisadores imitava intencionalmente os movimentos e gestos da pessoa com a qual estava conversando, não era apreciado. Por outro lado, quando o cúmplice se mostrava espontâneo em suas imitações, os voluntários o consideravam mais simpático.[9] Ao contrário do que dizem os conselhos dos livros populares sobre a questão, imitar *intencionalmente* uma pessoa — reproduzir a posição de seus braços, digamos, ou assumir sua postura — não aumenta a conexão. Essa sincronia mecânica e falsa não funciona.

Os psicólogos sociais constataram reiteradas vezes que, quanto mais duas pessoas realizam naturalmente movimentos emparelhados — simultâneos, em um ritmo similar ou coordenados de outra forma —, mais abundantes são seus sentimentos positivos.[10] Observar à distância dois amigos conversando, sem ouvir o que estão dizendo, é a melhor maneira de observar o fluxo não verbal de sua conversa: uma elegante orquestração de movimentos, um tranquilo revezamento de quem fala e quem ouve, até mesmo a coordenação dos olhares.[11] Um professor de teatro pediu que seus alunos assistissem a filmes inteiros sem som, a fim de estudar essa dança silenciosa.

Uma lente científica pode revelar o que os olhos não conseguem detectar: a maneira como, quando um amigo fala, a respiração do outro sutilmente se ajusta em um ritmo complementar.[12] Estudos em que amigos, durante uma conversa, usaram sensores para monitorar os padrões de respiração revelaram que a respiração do que ouvia de modo geral espelhava a do que falava, inalando o ar quando o outro exalava, ou respirando ao mesmo tempo.

Essa sincronia respiratória se intensifica à medida que se aproxima o momento da troca de falantes. E, durante os frequentes momentos de frivolidade nas conversas entre amigos íntimos, o emparelhamento é ainda maior: ambos começam a rir praticamente ao mesmo tempo e, durante a risada, o ritmo da respiração se alinha de modo impressionante.

A coordenação propicia um amortecedor social durante uma interação cara a cara: contanto que a sincronia continue por meio do entrelaçamento dos movimentos, um momento conversacional que de outra forma pareceria embaraçoso ainda assim será tranquilo. Essa reconfortante harmonização tende a continuar nas horas mais difíceis, como as longas pausas, interrupções e falas sobrepostas. Mesmo quando a conversa cessa ou descamba para o silêncio, a sincronia física mantém a noção de que a interação persiste. A sincronia telegrafa uma compreensão ou acordo tácito entre falante e ouvinte.

Uma conversa desprovida dessa sincronia física tranquilizadora tem de ser ainda mais suave em sua coordenação verbal para ser harmoniosa. Por exemplo, quando a pessoa não pode ver o interlocutor — em uma ligação telefônica ou ao interfone —, o padrão de fala e o revezamento na hora de falar e ouvir tendem a se tornar mais estudadamente coordenados do que quando as duas estão fisicamente presentes.

A mera correspondência de posturas é surpreendentemente importante nos ingredientes da conexão. Por exemplo, um estudo monitorou as alterações posturais entre alunos em uma sala de aula. Quanto mais suas posturas se assemelhavam às dos professores, mais forte era a conexão que sentiam e maior seu nível geral de envolvimento. Com efeito, a equivalência de posturas pode proporcionar uma rápida leitura da atmosfera da sala de aula.[13]

Entrar em sincronia pode ser um prazer visceral e, quanto maior o grupo, melhor. A expressão estética da sincronia do grupo pode ser vista na alegria universal da dança ou dos movimentos conjuntos em um ritmo. O mesmo deleite na sincronização em massa impele braços a se agitarem nas "olas" que se alastram por arquibancadas de estádios.

A fiação responsável por essa ressonância parece incorporada ao sistema nervoso humano: mesmo no útero, os bebês sincronizam seus movimentos com os ritmos da fala humana, embora não com outros sons. Crianças de um ano de idade combinam o tempo e a duração de seus balbucios com o compasso da fala da mãe. A sincronia entre o bebê e a mãe, ou entre duas pessoas que acabam de se conhecer, envia a mensagem: "Estou acompanhando você" — um implícito "continue, por favor".

Essa mensagem mantém o envolvimento da outra pessoa. Quando duas pessoas se aproximam do fim de uma conversa, perdem a sincronia, o que envia o sinal tácito de que chegou a hora de encerrar a interação. E se, antes de tudo, a interação delas nunca entrou em sincronia — uma interrompia a outra o tempo todo, ou quando não conseguem se entrosar —, cria-se uma sensação de desconforto.

Qualquer conversa opera em dois níveis: a estrada principal e o atalho. A estrada principal trafega na racionalidade, nas palavras e nos significados. Mas o atalho expressa a vitalidade espontânea que corre sob as palavras, mantendo coesa a interação por meio de uma conexão que se faz sentir de imediato. A sensação de conexão depende menos do que é dito e mais do elo emocional implícito, íntimo e direto.

Essa conexão subterrânea não deveria ser mistério: sempre mostramos nossos sentimentos através de expressões faciais, gestos, olhares espontâneos e afins. Nesse nível sutil entabulamos uma constante e silenciosa conversa, uma espécie de pensamento em voz alta que oferece uma narrativa nas entrelinhas, permitindo à outra pessoa saber como nos sentimos instante a instante para que ela possa, assim, se ajustar.

Toda vez que duas pessoas conversam, podemos ver esse minueto emocional acontecendo na dança do erguer de sobrancelhas, nos rápidos movimentos das mãos, nas fugazes expressões faciais, no ágil ajuste do ritmo das palavras, nos desvios de olhares, entre outras coisas. Essa sincronia nos permite nos entrosar e nos conectar e, se o fizermos bem, sentir uma ressonância emocional positiva com a outra pessoa.

Quanto maior a sincronia, mais semelhantes são as emoções das duas pessoas; entrar em sincronia gera uma equivalência emocional. Por exemplo, quando um bebê e a mãe passam ao mesmo tempo de um baixo nível de energia e vigilância a um nível mais elevado, o prazer que compartilham aumenta gradualmente. A própria capacidade de ressoar dessa maneira, mesmo em bebês, aponta para uma fiação cerebral subjacente que torna toda essa sincronicidade muito natural.

OS CRONÔMETROS INTERNOS

"Pergunte-me por que eu não sei contar piada."
"Tudo bem! Por que você não...?"
"Meu timing é péssimo."

Os melhores comediantes exibem um senso de ritmo natural, um timing que faz com que suas piadas funcionem. Como músicos de orquestra que examinam uma partitura, os profissionais do mundo da comédia conseguem analisar com precisão qual a duração de uma pausa antes de contar o desfecho da piada (ou exatamente quando interromper, como na piada acima). Saber o ritmo exato garante que a piada será engenhosamente contada.

A natureza adora o bom timing. As ciências descobrem sincronias de uma ponta à outra do mundo natural, sempre que um processo natural acarreta outro ou oscila no ritmo de outro. Quando estão fora de sincronia, as ondas se anulam; quando estão em sincronia, elas se amplificam.

No mundo natural, esse ajuste ocorre com tudo – das ondas do mar aos batimentos cardíacos; no âmbito interpessoal, nossos ritmos emocionais se entrelaçam. Quando um *zeitgeber* humano nos transporta para uma amplitude de otimismo, nos faz um favor. E quando fazemos o mesmo por outra pessoa, passamos adiante esse favor.

Para testemunhar esse entrelaçamento, basta observar qualquer demonstração de virtuosismo musical. Os próprios músicos parecem extasiados, influenciando um ao outro como se fossem um só, no ritmo da música. Porém, sob essa sincronia visível, os músicos estão conectados de uma maneira que o público não tem como saber: por seus cérebros.

Se durante esse arrebatamento fosse possível medir a atividade neural de dois desses músicos, a análise revelaria uma notável sincronicidade. Por exemplo, quando dois violoncelistas tocam a mesma passagem musical, os ritmos da descarga neuronal no hemisfério direito de seu cérebro estão extraordinariamente próximos. A sincronia dessas zonas para a habilidade musical é muito maior *entre* os cérebros dos dois do que *entre* os hemisférios direito e esquerdo dentro de cada cérebro.[14]

Sempre que nos virmos em tamanha harmonia com outra pessoa, podemos agradecer ao que os neurocientistas chamam de "osciladores", sistemas neurais que agem como relógios, redefinindo continuamente a taxa dessa descarga de acordo com a periodicidade do sinal de entrada.[15] Esse sinal pode ser tão simples quanto o ritmo no qual um amigo passa para as mãos de outro o prato que acabou de lavar para que ele possa secá-lo, ou tão complexo quanto os movimentos de um pas de deux bem coreografado.

Embora no dia a dia achemos normal essa coordenação, sofisticados modelos matemáticos foram desenvolvidos para descrever os algoritmos que permitem esses microencaixes.[16] Essa matemática neural se aplica sempre que ajustamos nossos movimentos ao mundo externo, não apenas com outras pessoas, mas também, digamos, quando interceptamos a bola em alta velocidade numa partida de futebol ou quando rebatemos uma bola de beisebol arremessada a 150 quilômetros por hora.

Os semitons rítmicos e a sincronia fluida até mesmo das interações mais simples podem ser tão extraordinariamente complexos quanto a coordenação improvisada do jazz. Se essa coordenação fosse válida, digamos, apenas para assentir com a cabeça, não seria surpresa — mas o entrosamento vai muito além. Vejamos as várias formas de engrenar os movimentos.[17] Quando duas pessoas estão absortas em uma conversa, os movimentos do corpo parecem acompanhar o próprio ritmo e estrutura das falas. Análises quadro a quadro de conversas entre duas pessoas revelam como os movimentos de cada uma pontuam o ritmo do diálogo, as ações da cabeça e das mãos coincidindo com os pontos de ênfase e hesitação na fala.[18]

É extraordinário que essas sincronias entre corpo e fala ocorram em uma fração de segundo. Uma vez que se entrelaçam enquanto conversamos com alguém, nossos próprios pensamentos não conseguem monitorar a complexidade da dança. O corpo é como uma marionete do cérebro, e o relógio cerebral anda em milissegundos ou mesmo em microssegundos — ao passo que nosso processamento consciente de informações e nossos pensamentos a respeito seguem trotando logo atrás, em segundos.

No entanto, fora do escopo da consciência, nosso corpo entra em sincronia com os sutis padrões da pessoa com quem interagimos. Até mesmo uma nesga de visão periférica oferece informações suficientes sobre uma ligação corpo a corpo para estabelecer a oscilação acoplada, uma sincronia interpessoal tácita.[19] É possível notar isso em duas pessoas que caminham lado a lado: em questão de minutos, ambas estarão movendo os braços e as pernas em perfeita harmonia, como dois pêndulos que balançam livremente e entram, por fim, em sincronia.

Osciladores ecoam o equivalente neural da cantiga em *Alice no País das Maravilhas*, que pergunta: "*Você quer, ou não quer, quer ou não quer hoje comigo dançar?*". Quando estamos com outra pessoa, esses cronômetros nos colocam em inconsciente sincronia, com a desenvolta facilidade com que dois namorados se aproximam para um abraço ou enlaçam as mãos no exato instante em que começam a caminhar rua afora. (Por outro lado, uma amiga me disse que, quando ia a um encontro, se na hora de caminhar ao lado do rapaz ela errava o passo, logo ficava alerta, pois poderia haver problemas mais adiante.)

Qualquer conversa exige que o cérebro efetue cálculos extraordinariamente complexos, em que osciladores norteiam a contínua cascata de ajustes que nos mantêm em sincronia. A partir dessa microssintonia flui uma conexão, à medida que participarmos de uma fatia da experiência do nosso parceiro de conversa. Assim, muito facilmente, iniciamos uma ligação cérebro a cérebro, em parte porque viemos praticando essa rumba silenciosa ao longo da vida, desde que aprendemos os movimentos básicos.

A PROTOCONVERSA

Imagine uma mãe segurando seu bebê. A mãe faz uma afetuosa "carinha de beijo", fazendo um beicinho. Diante disso, o bebê franze os lábios para dentro, em uma expressão um tanto séria.

A mãe abre a boca em um meio sorriso, e o bebê relaxa os lábios, sugerindo que vai abrir a boca em uma risada, e mãe e filho se unem em um sorriso ligeiro.

Em seguida, o bebê abre um largo sorriso, balançando a cabeça de um lado para o outro, quase galanteador.

A interação leva menos de três segundos. Não aconteceu muita coisa, mas sem dúvida ocorreu uma comunicação. Esse tipo rudimentar de entrosamento é chamado de "protoconversa", o protótipo de toda interação humana, a comunicação em seu nível mais básico.

Na protoconversa, osciladores entram em ação. A microanálise revela que os bebês e as mães cronometram com precisão o início, o término e as pausas em seu linguajar infantil, criando um acoplamento de ritmo. Um capta e coordena o que faz com a regulagem do tempo do outro.[20]

Essas "conversas" são não verbais, recorrendo às palavras apenas como efeitos sonoros.[21] Nós nos engajamos em uma protoconversa com o bebê através do olhar, do toque e do tom de voz. As mensagens são transmitidas por meio de sorrisos e balbucios, em especial pelo linguajar materno, ou "manhês" — o complemento adulto ao balbucio do bebê.

Mais parecida com uma canção do que com uma frase, o manhês emprega a prosódia, tons melódicos de fala que transcendem a cultura e são basicamente os mesmos, quer a mãe fale mandarim, urdu ou inglês. O linguajar materno sempre ressoa afável e divertido, em geral alto (cerca de trezentos hertz, para ser exato) e curto, simplificado, com picos agudos curtos, uma cadência melódica com suaves variações de entonação.

Quase sempre a mãe sincroniza sua linguagem materna com carícias e afagos no bebê, em um ritmo repetido e periódico. Seu rosto e seus movimentos de cabeça estão em sincronia com as mãos e a voz, e o bebê, por sua vez, responde com sorrisos, balbucios e movimentos de mandíbula, lábios e língua sincronizados com o movimento das mãos. Essas piruetas entre mães e bebê são curtas, durando poucos segundos ou até milésimos de segundo — e terminam quando ambos ajustam seu estado de ânimo, em geral feliz. Mãe e bebê entram no que parece ser um dueto de partes sincronizadas ou alternadas, ritmadas por um adágio constante de cerca de noventa batidas por minuto.

Essas observações científicas são meticulosamente realizadas por meio do tedioso exame de vídeos com infinitas horas de interações de mães e filhos, por psicólogos do desenvolvimento, como Colwyn Trevarthen, da Universidade de Edimburgo. Os estudos de Trevarthen fizeram-no o maior especialista mundial em protoconversa, um dueto em que os dois participantes, segundo sua descrição, "buscam harmonia e contraponto em uma só batida para criar uma melodia".[22]

Contudo, mais do que definir uma espécie de melodia, os dois estão tendo uma discussão que se concentra em um tema central: emoções. A frequência dos toques da mãe e o tom de sua voz dão ao bebê a mensagem reconfortante de seu amor — resultando, de acordo com Trevarthen, em uma "conexão imediata, não verbalizada, desprovida de conceitos".

O intercâmbio desses sinais forja um elo com o bebê por meio do qual se pode deixá-lo feliz e animado, calmo e quieto — ou frustrado e choroso. Durante uma protoconversa feliz, mãe e filho sentem-se alegres e em sintonia. Mas quando a mãe ou o bebê deixa de cumprir sua parte na conversa, os resultados são muito diferentes. Se a mãe, por exemplo, presta pouca atenção ou responde sem entusiasmo, o bebê reage retraindo-se. Se as respostas da mãe ocorrem fora do timing, o bebê fica desnorteado, depois aflito. E se o bebê não responde, a mãe é quem fica inquieta.

Essas sessões são uma espécie de tutorial: a protoconversa marca a primeira aula do bebê sobre como interagir. Aprendemos a nos sincronizar emocionalmente muito antes de termos palavras para expressar esses sentimentos. As protoconversas continuam sendo nosso modelo mais básico de interação, uma consciência tácita que, sem alarde, nos coloca em compasso quando nos conectamos com outra pessoa. A capacidade de entrar em sincronia — a mesma de quando éramos bebês — nos serve ao longo da vida, guiando-nos em todas as interações sociais.

E, assim como os sentimentos foram o principal tópico de nossas protoconversas quando bebês, permanecem a pedra angular da comunicação na idade adulta. Esse diálogo silencioso acerca de sentimentos é o substrato sobre o qual se constroem todos os outros contatos e segundas intenções de qualquer interação.

3. Wi-fi neural

Assim que me acomodei em um assento no metrô em Nova York, um daqueles momentos ambíguos, talvez sinistros, da vida urbana ocorreu: ouvi um grito bem atrás de mim, vindo da extremidade oposta do vagão.

Eu estava de costas para a fonte do grito, mas de frente para um cavalheiro cujo rosto de repente adquiriu uma aparência de ligeira ansiedade.

Minha mente acelerou a fim de compreender o que estava acontecendo e o que eu deveria fazer – se é que deveria. Era uma briga? Alguém estava correndo loucamente no metrô? O perigo vinha em minha direção?

Ou era somente um grito agudo de alegria, talvez um grupo de adolescentes se divertindo à beça?

Logo tive minha resposta, a partir do rosto do homem posicionado onde era possível ver o que acontecia: seu semblante preocupado foi se acalmando e ele retomou a leitura do jornal. Percebi que, o que quer que estivesse acontecendo lá atrás, estava tudo bem.

Minha apreensão inicial foi apaziguada ao ver seu rosto relaxar. Em momentos como o de meu repentino alerta no metrô, nós nos tornamos instintivamente mais atentos ao rosto das pessoas ao nosso redor, em busca de sorrisos ou testas franzidas que nos forneçam uma melhor noção de como interpretar sinais de perigo ou que possam anunciar as intenções de alguém.[1]

Na pré-história humana, um bando primitivo, com seus numerosos olhos e ouvidos, poderia ser mais vigilante aos perigos do que um indivíduo isolado. E, no mundo selvagem em que os primeiros humanos habitavam, essa capacidade de multiplicar sentinelas — e um mecanismo cerebral sintonizado para captar automaticamente sinais de perigo e mobilizar o medo — sem dúvida era de grande valor para a sobrevivência.

Embora em situações de ansiedade extrema possamos ser tomados por nosso próprio medo, incapazes de nos sintonizar, de maneira geral o raio de ação da ansiedade intensifica as transações emocionais, de modo que as pessoas que se sintam ameaçadas e ansiosas sejam especialmente propensas a captar as emoções alheias. Em um desses primitivos agrupamentos humanos, a expressão aterrorizada de uma pessoa que tivesse avistado um tigre à espreita seria suficiente para provocar o mesmo pânico em quem visse essa expressão — e levaria todos a correrem para um lugar seguro.

Examinemos este rosto por um momento:

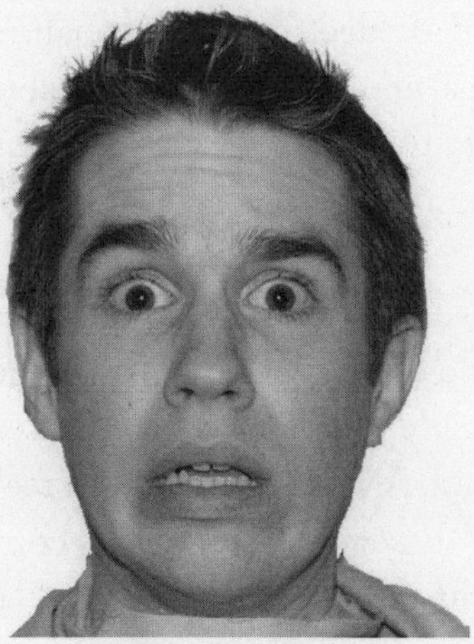

A amígdala reage instantaneamente a essa fotografia, e quanto mais forte a emoção exibida, mais intensa a reação da amígdala.[2] Quando olharam para fotografias desse tipo durante uma sessão de IRMf, o cérebro das pessoas se comportou como se *elas* estivessem assustadas, embora em um grau mais brando.[3]

Quando duas pessoas interagem cara a cara, o contágio se alastra via múltiplos circuitos neurais operando em paralelo dentro do cérebro de cada uma. Esses sistemas de tráfego de contágio emocional funcionam em todo o espectro de sentimentos, da tristeza à alegria, passando pela ansiedade.

Momentos de contágio representam um extraordinário evento neural: a formação de uma ligação funcional entre dois cérebros, um circuito de retroalimentação [*feedback loop*] que atravessa a barreira pele e crânio entre os corpos. Em termos de sistemas, durante essa conexão os cérebros "acoplam-se", com a saída de um tornando-se a entrada de dados que impulsiona os mecanismos e engrenagens do outro, o que temporariamente forma o equivalente a um circuito intercerebral. Quando duas entidades se conectam em um circuito de retroalimentação, se a primeira muda, a segunda também se altera.

Quando as pessoas se retroalimentam, o cérebro envia e recebe um fluxo contínuo de sinais que lhes permitem criar uma harmonia tácita — e, se o fluxo correr na direção certa, amplificará a ressonância dos sinais. Esse circuito permite que sentimentos, pensamentos e ações se sincronizem. Enviamos e recebemos estados internos para o que der e vier — sejam o riso e a ternura, ou a tensão e o rancor.

Na física, a propriedade decisiva da ressonância é a vibração simpática, a tendência de uma parte a amplificar sua taxa de vibração pelo emparelhamento ao ritmo no qual a outra parte vibra. Essa ressonância produz a maior e mais prolongada resposta possível entre as duas partes que interagem — um reflexo do resplendor.

Os cérebros ligam-se em circuito fora da nossa consciência, sem que se exija atenção ou intenção especial. Embora possamos intencionalmente tentar imitar uma pessoa a fim de fomentar proximidade, essas tentativas tendem a resultar em algo esquisito. A sincronia funciona melhor quando é espontânea, não construída a partir de segundas intenções como a bajulação ou qualquer outra intenção consciente.[4]

É o automatismo do atalho que permite sua rapidez. Por exemplo, a amígdala detecta sinais de medo no rosto de alguém com uma velocidade notável, captando-os em 33 milésimos de segundo e, em algumas pessoas, em menos de dezessete milissegundos (menos de dois centésimos de segundo).[5] Essa leitura rápida atesta a enorme velocidade do atalho, tão rápido que a mente consciente continua alheia a essa percepção (embora possamos sentir a vaga sensação de inquietude resultante).

Podemos não perceber de forma consciente como estamos nos sincronizando, mas, ainda assim, nos entrosamos com excepcional facilidade. Esse dueto social espontâneo é o trabalho de uma classe especial de neurônios.

ESPELHOS NEURAIS

Eu devia ter apenas dois ou três anos de idade, mas a lembrança continua vívida em minha memória. Eu estava caminhando por um dos corredores do supermercado da minha cidade, ao lado de minha mãe, quando uma senhora me avistou — uma criancinha fofa que mal sabia andar — e abriu um sorriso afetuoso.

Ainda me lembro que minha própria boca me surpreendeu ao se movimentar involuntariamente para retribuir o sorriso. Tive a sensação de que, de alguma forma, meu rosto tinha se tornado uma espécie de marionete, manipulado por misteriosos fios que puxaram os músculos ao redor de minha boca e inflaram minhas bochechas.

Senti claramente que o meu sorriso era involuntário — não vinha de dentro de mim, mas de fora.

Sem dúvida, essa reação involuntária sinalizava em meu cérebro de menino a atividade do que conhecemos como "neurônios-espelho". Os neurônios-espelho fazem exatamente o que o nome descreve: refletem uma ação que observamos em outra pessoa, levando-nos a imitar essa ação ou ter o impulso de fazê-lo. Esses neurônios do tipo faça-o-que-ele-fizer propiciam um mecanismo cerebral que explica a letra da velha canção: "Quando você sorri, o mundo inteiro sorri com você".

As pistas principais do atalho certamente passam através desse tipo de neurônio. Temos múltiplos sistemas de neurônios-espelho, e com o passar do tempo outros vão sendo descobertos. Parece haver uma infinidade de sistemas neurais que ainda não foram mapeados. E eles explicam uma enorme fatia da vida, desde o contágio emocional e a sincronia social até a maneira como as crianças aprendem.

Os neurocientistas se depararam acidentalmente com essa rede wi-fi neural em 1992. Estavam mapeando a área sensório-motora do cérebro dos macacos, usando eletrodos tão finos que podiam ser implantados em células cerebrais isoladas e vendo quais células eram acionadas durante um movimento específico.[6] Os neurônios nessa área demonstraram ser extraordinariamente precisos; por exemplo, alguns neurônios só eram ativados quando o macaco segurava algo na mão; outros, quando despedaçava o objeto.

Mas a descoberta realmente inesperada ocorreu numa tarde quente, quando o pesquisador-assistente voltou de um intervalo tomando um sorvete. Os cientistas ficaram impressionados ao verem uma célula sensório-motora ativada quando um macaco observou o assistente levar a casquinha com sorvete à boca. Ficaram perplexos ao constatar que um conjunto diferente de neurônios parecia ser ativado quando o macaco simplesmente *observava* outro macaco — ou um dos cientistas — fazer determinado movimento.

A partir dessa primeira observação dos neurônios-espelho nos macacos, os mesmos sistemas foram descobertos no cérebro humano. Em um excepcional estudo no qual um finíssimo eletrodo monitorou um único neurônio de uma pessoa acordada, o neurônio se ativava quando a pessoa previa a dor — uma alfinetada — e quando apenas *via* outra pessoa receber uma alfinetada — um retrato neural de empatia primordial em ação.[7]

Muitos neurônios-espelho atuam no córtex pré-motor, que comanda atividades que vão da fala e dos movimentos à simples intenção de agir. Como são adjacentes aos neurônios motores, sua localização significa que as áreas do cérebro que iniciam um movimento podem prontamente começar a se ativar, ainda quando observamos outra pessoa realizar aquele mesmo movimento.[8] Quando ensaiamos mentalmente uma ação — por exemplo, quando treinamos para uma palestra que teremos de proferir, ou imaginamos o movimento do corpo para dar uma tacada de golfe —, os mesmos neurônios se ativam no córtex pré-motor, como se já tivéssemos pronunciado as palavras ou desferido a tacada. Para o cérebro, simular um movimento é o mesmo que executá-lo, exceto pelo fato de que a execução efetiva é de alguma forma bloqueada.[9]

Nossos neurônios-espelho disparam quando observamos outra pessoa, por exemplo, coçar a cabeça ou enxugar uma lágrima, de modo que uma parte do padrão do disparo neuronal em nosso cérebro imita o dela. Isso mapeia dentro de nossos próprios neurônios motores as informações idênticas àquelas que estamos vendo, deixando-nos participar das ações da outra pessoa como se estivéssemos executando aquela ação.

O cérebro humano abriga diversos sistemas neuronais, não apenas para imitar ações, mas também para ler intenções, para extrair as implicações sociais do que alguém faz, ou para ler emoções.[10] Por exemplo, quando voluntários se submetem a um exame de IRMf assistindo a um vídeo que mostra alguém sorrindo ou franzindo a testa, as áreas do cérebro ativadas nos espectadores são em sua maior parte as mesmas que estão ativas na pessoa que demonstra a emoção, embora não tão extremas.[11]

Os neurônios-espelho tornam as emoções contagiosas, permitindo que os sentimentos que testemunhamos fluam através de nós, o que nos ajuda a entrar em sincronia e acompanhar o que está acontecendo. "Sentimos" o outro na acepção mais ampla da palavra: sentindo seus sentimentos, seus movimentos, suas sensações e suas emoções à medida que agem dentro de nós.

A habilidade social depende dos neurônios-espelho. Em primeiro lugar, ecoar o que observamos em outra pessoa nos prepara para dar uma resposta rápida e adequada. Em segundo, os neurônios reagem ao mero indício de que há uma *intenção* de se movimentar e nos ajudam a monitorar qualquer motivação que possa estar em jogo.[12] Sentir o que outra pessoa pretende — e por quê — propicia informações sociais valiosas, deixando-nos um passo à frente do que acontecerá em seguida, como camaleões sociais.

Os neurônios-espelho parecem ser essenciais para a forma como as crianças aprendem. Há muito tempo a aprendizagem imitativa é reconhecida como um importante caminho do desenvolvimento infantil. Contudo, as descobertas sobre neurônios-espelho explicam como as crianças conseguem obter o domínio apenas pela observação. Ao observarem, entalham no próprio cérebro um repertório de emoções, comportamentos e mecanismos de funcionamento do mundo.

Os neurônios-espelho humanos são muito mais flexíveis e diversos do que os dos macacos, refletindo nossas sofisticadas habilidades sociais. Ao imitar o que outra pessoa faz ou sente, os neurônios-espelho criam uma sensibilidade compartilhada, trazendo para dentro de nós o que está do lado de fora: para entender o outro, nós nos tornamos — pelo menos um pouco — parecidos com o outro.[13] Essa sensação virtual do que a outra pessoa vivencia amolda-se a uma noção emergente na filosofia da mente: a de que entendemos os outros ao traduzir suas ações para uma linguagem neural que nos prepara para as mesmas ações e nos permite ter experiências semelhantes.[14]

Entendo a ação do outro criando em meu próprio cérebro um modelo dela. Conforme explica Giacomo Rizzolatti, o neurocientista italiano que descobriu os neurônios-espelho, esses sistemas "nos permitem compreender a mente dos outros não por meio do raciocínio conceitual, mas por simulação direta: sentindo, não pensando".[15]

Esse disparo de circuitos paralelos em dois cérebros nos leva a instantaneamente alcançar um senso compartilhado do que conta em dado momento.

Isso cria um imediatismo, uma noção de compartilhamento do momento. Neurocientistas chamam esse estado mutuamente reverberante de "ressonância empática", uma ligação cérebro a cérebro que forma um circuito de duas pessoas por meio do atalho.

Os sinais externos desses elos internos foram detalhados por um psiquiatra norte-americano trabalhando na Universidade de Genebra, Daniel Stern, que durante décadas fez observações sistemáticas de mães e filhos. Cientista desenvolvimentista na tradição de Jean Piaget, Stern também investiga as interações de adultos, como a de psicoterapeutas com seus pacientes, ou de casais de namorados.

Stern conclui que nosso sistema nervoso "é construído de modo a ser captado pelo sistema nervoso dos outros, para que possamos vivenciar as experiências dos outros como se estivéssemos sentindo na nossa própria pele".[16] Nesses momentos, ressoamos com as experiências alheias, e as outras pessoas, com as nossas.

Stern acrescenta que não podemos mais "ver nossas mentes como entidades tão independentes, separadas e isoladas"; em vez disso devemos encará-las como "permeáveis", interagindo continuamente como se estivessem ligadas por um elo invisível. Em um nível inconsciente, estamos em constante diálogo com qualquer pessoa com quem interagimos, todos os nossos sentimentos e movimentos sintonizados com os dessas pessoas. Pelo menos nesse momento a nossa vida mental é uma criação conjunta, em uma matriz de duas pessoas interconectadas.

Os neurônios-espelho asseguram que, no momento em que alguém vê outra pessoa estampar no rosto uma emoção, imediatamente sofrerá a ação do mesmo sentimento. E assim nossas emoções são vivenciadas não apenas por nós, isoladamente, mas também por aqueles ao nosso redor — de maneira tanto implícita quanto explícita.

Stern sugere que os neurônios do mimetismo entram em ação toda vez que sentimos o estado de espírito de outra pessoa e ecoamos seus sentimentos. Essa conexão intercerebral faz com que corpos se movimentem em uníssono, pensamentos percorram as mesmas estradas e emoções fluam na mesma toada. À medida que os neurônios-espelho constroem uma ponte entre os cérebros, criam um dueto tácito que abre caminho a transações sutis, mas poderosas.

A VANTAGEM DO ROSTO FELIZ

Quando conheci Paul Ekman, na década de 1980, ele acabara de passar um ano fitando o espelho e aprendendo a controlar voluntariamente cada um dos cerca de duzentos músculos da face. Isso exigiu uma heroica pesquisa científica: teve de aplicar em si mesmo leves choques elétricos a fim de localizar alguns músculos faciais de difícil detecção. Depois de dominar essa proeza de autocontrole, conseguiu mapear com precisão a forma como diferentes agrupamentos desses músculos se movem para exibir cada uma das principais emoções e suas variações.

Ekman identificou dezoito tipos de sorrisos, todas as várias permutações dos quinze músculos faciais envolvidos. Para citar apenas alguns: um sorriso triste reveste uma expressão de infelicidade, como um comentário da pessoa que aguentou firme e levou na esportiva um período de tristeza. Um sorriso cruel mostra que a pessoa desfruta da raiva e da maldade. E há também o sorriso presunçoso que era a marca registrada de Charlie Chaplin, calcado em um músculo que as pessoas em geral não conseguem mover por vontade própria — um sorriso, na definição de Ekman, "que sorri do ato de sorrir".[17]

Claro que também existem os genuínos sorrisos de prazer ou diversão espontâneos. Estes são os sorrisos com mais probabilidade de provocar outro em retribuição. Essa ação sinaliza o trabalho dos neurônios-espelho dedicados a detectar sorrisos e provocar outros sorrisos.[18] É como diz o provérbio tibetano: "Quando você sorri para a vida, metade do sorriso é para o seu rosto e a outra metade para o de alguma outra pessoa".

Os sorrisos levam vantagem sobre todas as outras expressões emocionais: o cérebro humano prefere rostos sorridentes e os reconhece com mais rapidez e prontidão do que as expressões negativas — efeito conhecido como "vantagem do rosto feliz".[19] Alguns neurocientistas sugerem que o cérebro tem um sistema para sentimentos positivos que se mantém preparado para entrar em atividade, fazendo com que as pessoas estejam em um estado de ânimo positivo com mais frequência do que com o negativo e que tenham uma perspectiva mais positiva com relação à vida.

Isso implica que a natureza tende a fomentar relacionamentos positivos. Apesar do lugar de imenso destaque que a agressividade ocupa nas questões humanas, não estamos inatamente preparados para desgostar das pessoas logo de cara.

Mesmo entre pessoas totalmente desconhecidas, um momento de diversão, ou até de tolice, forma uma repercussão instantânea. No que talvez seja um outro exemplo de psicologia tentando provar o óbvio, duplas de pessoas desconhecidas foram incumbidas da tarefa de brincar juntas em uma série de jogos bobos. Durante uma dessas brincadeiras, uma pessoa tinha de falar através de um canudo enquanto instruía a outra — cujos olhos estavam vendados — a mexer uma bolinha de espuma macia para a frente e para trás. Invariavelmente, os desconhecidos caíam na gargalhada com a imperícia mútua.

Contudo, quando os desconhecidos entretinham-se com os mesmos jogos bobos sem a venda nos olhos e o canudo, jamais abriam um só sorriso. Por sua vez, as duplas que riam sentiam uma forte e imediata sensação de intimidade, mesmo depois de terem passado apenas alguns minutos juntas.[20]

De fato, o riso pode ser a distância mais curta entre dois cérebros, uma irrefreável propagação infecciosa que desenvolve um vínculo social imediato.[21] Vejamos duas adolescentes soltando risinhos juntas. Quanto mais as duas melhores amigas adolescentes se tornam divertidas e brincalhonas, mais sincronia, animação e felicidade sentem juntas — em outras palavras, elas ressoam.[22] O que para os pais pode parecer uma terrível algazarra, para as adolescentes envolvidas é um dos momentos de maior vínculo.

GUERRAS DE MEMES

Desde a década de 1970, as canções de rap glorificam a vida dos bandidos, com suas armas e drogas, violência entre gangues, misoginia, e o entusiasmo de cafetões e trapaceiros por ostentação. Mas isso parece estar mudando, assim como mudou a vida dos que escrevem essas letras.

"Parece que o hip-hop tem tratado basicamente de festas, armas e mulheres", reconheceu Darryl McDaniels, o DMC do grupo de rap Run-DMC. Mas McDaniels, que prefere rock clássico a rap, acrescenta: "Tudo bem se você estiver em uma boate, mas, das nove da manhã até a hora de dormir, a música não me diz nada".[23]

Sua reclamação anuncia o surgimento de um novo tipo de rap, que abrange uma visão de vida mais saudável, ainda que corajosamente franca. Um desses rappers reformados, John Stevens (conhecido como a "Lenda"), admite: "Eu não me sentiria à vontade fazendo música que glorifica a violência ou coisas do gênero".[24]

Assim, a Lenda, tal qual seu colega Kanye West, voltou-se para letras em uma chave positiva, misturando autocrítica confessional com irônicos comentários sociais. Essa sensibilidade repleta de nuances reflete sua experiência de vida, que seguiu caminhos marcadamente diferentes daqueles da maior parte dos astros de *gangsta rap** do passado. Stevens formou-se pela Universidade da Pensilvânia, e Kanye é filho de uma professora universitária. Kayne observou: "Minha mãe é professora, e eu também sou uma espécie de professor".

Ele tem alguma razão. As letras de rap, como qualquer poema, ensaio ou reportagem, podem ser vistas como sistemas de entrega para "memes", ideias que se disseminam de mente para mente, de forma muito parecida como fazem as emoções. A noção de um meme tem por modelo o gene: uma entidade que se duplica ao ser transmitida de uma pessoa para outra.

Os memes com força particular, como "democracia" ou "higiene", nos levam a agir de maneira específica; são ideias de impacto.[25] Alguns memes opõem-se naturalmente a outros, e quando isso ocorre, entram em guerra — uma batalha de ideias.

Os memes parecem adquirir poder do atalho, por meio de sua associação com fortes emoções. Uma ideia é importante para nós na medida em que nos instiga — e é exatamente isso que as emoções fazem. A força de atalho das letras de rap (ou de qualquer canção), robustecida pelas batidas oscilantes e cativantes, pode aumentar ainda mais — sem dúvida mais do que se fosse lida em uma folha de papel.

Talvez um dia os memes possam vir a ser entendidos como neurônios-espelho em ação. Seu registro inconsciente rege boa parte do que fazemos, principalmente quando estamos no "piloto automático". Mas o sutil poder dos memes de nos fazer agir é evasivo, difícil de ser detectado.

Ponderemos sobre o surpreendente poder dos memes de preparar as interações sociais.[26] Em um experimento, um grupo de voluntários ouviu uma

* A palavra *gangsta* é um derivativo de *gangster* ("bandido"). *Gansgta rap* é a vertente mais violenta do rap, cujas letras tratam da vida urbana e em especial de armas, drogas, criminalidade e sexo; o gênero sofre acusações de promover a criminalidade, o machismo e o desrespeito às autoridades. (N. T.)

lista de dicas verbais, palavras que se referiam a indelicadezas, como "rude" e "detestável", ao passo que outro grupo ouviu palavras como "atencioso" e "bem-educado". Em seguida, foram apresentados a uma situação em que tinham de transmitir uma mensagem a alguém que estava conversando com outra pessoa. Duas de cada três pessoas do grupo preparado para a grosseria intrometeram-se e interromperam a conversa, ao passo que oito das dez pessoas preparadas para a cordialidade esperaram os dez minutos até que a conversa terminasse antes de dar o recado.[27]

Em outra forma de preparação, uma pista despercebida pode levar a surpreendentes sincronicidades. De que outra maneira explicar o que aconteceu quando minha esposa e eu visitamos uma ilha tropical? Certa manhã, observamos uma maravilha no horizonte distante: um navio surpreendentemente gracioso de quatro mastros navegando. Minha esposa sugeriu que eu tirasse uma fotografia, então peguei a câmera e tirei a foto. Era a primeira vez que eu tirava uma fotografia desde que tínhamos chegado, dez dias antes.

Algumas horas depois, quando saímos para almoçar, decidi levar a câmera, enfiando-a em uma mochila. Ao caminharmos na direção de um restaurante em uma praia próxima, ocorreu-me mencionar que eu tinha levado a câmera. Mas, do nada, antes que eu pudesse abrir a boca, minha esposa perguntou:

"Você trouxe a câmera?"

Era como se ela tivesse acabado de ler minha mente.

Essas sincronias parecem originar-se do equivalente verbal ao contágio emocional. Nossas linhas de pensamento e sequências de pensamentos conectados são como trens de associações correndo sobre trilhos fixos, circuitos de aprendizagem e memória. Assim que um desses trens é preparado, mesmo por uma simples menção, o trilho desperta no inconsciente, além do alcance de nossa atenção ativa.[28] Nas famosas palavras do dramaturgo russo Anton Tchékhov, nunca coloque uma arma pendurada na parede no segundo ato de uma peça se não for para usá-la até o final do terceiro — pois a plateia terá a expectativa de disparos.

Uma vez que o simples ato de pensar em uma ação prepara a mente para realizá-la, esse preparo nos orienta em nossa rotina diária sem que tenhamos de fazer um esforço mental pensando no que devemos fazer em seguida — algo como uma lista mental de afazeres. Ver a escova de dentes sobre a pia do banheiro de manhã nos leva a pegá-la automaticamente e começar a escovar os dentes.

Esse ímpeto de representar nos guia em todos os lugares. Quando alguém nos sussurra algo, sussurramos de volta. Fale sobre uma corrida de Fórmula 1 com alguém dirigindo em uma estrada, e ele vai acelerar o carro. É como se um cérebro implantasse no outro sentimentos, pensamentos e impulsos semelhantes.

De modo parecido, encadeamentos paralelos de pensamento podem levar duas pessoas a pensar, fazer ou dizer praticamente a mesma coisa no mesmo momento. Quando de repente minha esposa e eu nos sintonizamos em um pensamento idêntico, provavelmente alguma percepção momentânea compartilhada disparou um encadeamento de associações idêntico, trazendo a câmera à mente.

Essa intimidade mental pressagia uma proximidade emocional; quanto mais satisfeito e comunicativo é um casal, mais exata é sua leitura mental mútua.[29] Quando conhecemos bem uma pessoa ou temos forte conexão, as condições são quase ideais para uma confluência interna de pensamentos, sentimentos, percepções e lembranças.[30] Entramos no que equivale a uma fusão mental, em que tendemos a perceber, pensar e sentir da mesma maneira que a outra pessoa.

Essa convergência ocorre até mesmo quando desconhecidos tornam-se amigos. Vejamos o exemplo de dois universitários que terão de dividir o mesmo dormitório. Pesquisadores de Berkeley recrutaram novos colegas de quarto e monitoraram suas reações emocionais ao assistir separadamente a alguns filmes curtos. Um dos filmes era uma comédia hilária com Robin Williams; o outro, um dramalhão mostrando um garoto que chorava pela morte do pai. Ao ver esses filmes pela primeira vez, os novos colegas de quarto reagiram de forma diferente, como faria qualquer outra dupla de desconhecidos. No entanto, sete meses depois, quando os pesquisadores os convidaram para assistir novamente a filmes semelhantes, suas reações haviam convergido de maneira impressionante.[31]

A LOUCURA DAS MULTIDÕES

Eles são chamados de "*superhooligans*", gangues de torcedores do futebol que espalham tumultos e provocam brigas generalizadas em partidas na Europa. A fórmula de um arruaceiro do futebol é a mesma, não importa o país. Uma gangue pequena e unida de *hooligans* chega ao estádio com horas de antecedência e inicia a bebedeira, cantando as músicas do time e se divertindo ruidosamente.

Depois, à medida que as multidões começam a se aglomerar para o jogo, as gangues passam a agitar as bandeiras de seu clube, entoando cânticos provocativos para hostilizar o adversário, o que se alastra pelas arquibancadas. Os *superhooligans* ocupam os pontos nos quais os torcedores de seu time se misturam com os da equipe adversária, e as músicas transformam-se em ameaças diretas. Chega o momento crítico, quando o líder da gangue ataca um torcedor rival, incitando outros a se juntar. E tem início o conflito generalizado.

Essa fórmula de violenta histeria em massa vem se repetindo desde o início da década de 1980, com trágicas consequências.[32] Em uma multidão bêbada e beligerante, há as condições ideais para a centelha da violência: o álcool desinibe os controles neurais sobre os impulsos; assim, no momento em que o líder dá o exemplo para a primeira selvageria, o contágio influencia o resto da multidão.

Em seu estudo *Massa e poder*, Elias Canetti observa que o que aglutina uma massa de indivíduos em uma multidão é o domínio exercido por uma "única paixão" que todos compartilham — uma emoção comum que leva à ação em conjunto: o contágio coletivo.[33] Um estado de ânimo pode tomar um grupo com muita rapidez, em uma extraordinária exibição do alinhamento paralelo de subsistemas biológicos que colocam todos do agrupamento em sincronia fisiológica.[34]

A rapidez das mudanças na atividade das multidões é suspeitosamente semelhante à coordenação entre os neurônios-espelho, mas em maior escala. A tomada de decisões da multidão se dá em questão de segundos — provavelmente o tempo necessário para que ocorra a transmissão da sincronia dos neurônios-espelho de pessoa para pessoa (embora isso ainda seja matéria de especulação).

O contágio do grupo em suas formas mais serenas pode ser testemunhado em qualquer grande apresentação artística na qual atores ou músicos criem um efeito de campo, manipulando as emoções do público como instrumentos. Peças, concertos e filmes nos permitem adentrar um campo de emoções compartilhado por um grande número de desconhecidos. Ligar-se em circuito de retroalimentação com um grupo em um registro otimista é, como gostam de dizer os psicólogos, "inerentemente reforçativo" — ou seja, faz com que todos se sintam bem.

O contágio das multidões ocorre até mesmo nos menores grupos, como três pessoas sentadas frente a frente em silêncio durante alguns minutos. Na ausência de uma hierarquia de poder, a pessoa com o semblante mais emocionalmente expressivo estabelece o tom compartilhado pelo grupo.[35]

O contágio se infiltra em praticamente qualquer agrupamento coordenado de pessoas. Vejamos o exemplo de um experimento sobre processos decisórios de alto risco no qual um grupo se reuniu para decidir o valor da bonificação de fim de ano a ser pago a cada funcionário de uma empresa. Cada pessoa na reunião estava tentando obter o maior bônus possível para um ou outro funcionário, ao mesmo tempo que almejava a melhor distribuição possível para o grupo como um todo.

As prioridades conflitantes geraram tensão, e no fim da reunião todos estavam aflitos. Porém, em uma reunião de outro grupo com objetivo idêntico, todos saíram sentindo-se bem com o resultado.

As duas reuniões foram simulações de negócios feitas em um estudo, hoje clássico, realizado na Universidade Yale, no qual voluntários foram colocados em grupos incumbidos de tomar decisões sobre a bonificação.[36] Ninguém sabia que um dos participantes em cada uma das reuniões era, na verdade, um tarimbado ator cuja atribuição secreta era adotar uma postura de confronto e pessimismo com alguns membros dos grupos e solícita e otimista com os outros.

Qualquer que fosse a direção de suas emoções, sua liderança era seguida; os membros do grupo mostravam uma nítida mudança no humor, tornando-se ora chateados, ora animados. Mas nenhum dos membros do grupo parecia saber por que seu estado de ânimo havia mudado. De modo inconsciente, estavam sendo enredados em uma alteração de humor.

Os sentimentos que permeiam um grupo podem enviesar a forma como seus membros processam as informações e, consequentemente, as decisões que tomam.[37] Isso sugere que, ao tomar uma decisão conjunta, qualquer grupo deveria prestar atenção não apenas ao que está sendo dito, mas também às emoções compartilhadas no ambiente.

Essa convergência evidencia um magnetismo sutil e inexorável, uma força semelhante ao empuxo gravitacional que leva as pessoas a pensarem e a se sentirem de maneira parecida a respeito de coisas em geral, em toda espécie de relacionamentos íntimos — entre familiares, colegas de trabalho e amigos.

4. Um instinto para o altruísmo

Certa tarde, no Seminário Teológico de Princeton, quarenta estudantes esperavam para fazer um breve sermão, pelo qual seriam avaliados. Metade escolheu tópicos bíblicos aleatórios. A outra metade optou pela parábola do Bom Samaritano, que, passando por uma estrada, parou para ajudar um desconhecido à beira da morte, um homem ferido ignorado por pessoas supostamente mais "piedosas".

Os seminaristas trabalharam juntos em uma sala; a cada quinze minutos, um deles saía e se dirigia a outro prédio para proferir seu sermão. Nenhum deles sabia que estava participando de um experimento sobre altruísmo.

No caminho, passavam por uma porta em cuja soleira havia um homem caído, gemendo de dor. Dos quarenta estudantes, 24 passaram direto, ignorando os melancólicos lamentos. E aqueles que pertenciam ao grupo que ponderava sobre as lições do Bom Samaritano não estavam entre os mais propensos a parar e ajudar.[1]

Para os seminaristas, o tempo era importante. Entre os dez que acreditavam estar atrasados para o sermão, somente um parou; entre outros dez que acreditavam ter tempo de sobra, seis ofereceram ajuda.

Dos muitos fatores em jogo no altruísmo, um dos mais decisivos parece ser simplesmente reservar um pouco de tempo para prestar atenção: nossa empatia é mais forte quando chegamos a ponto de nos concentrar totalmente em uma pessoa e assim nos conectarmos com ela em termos emocionais. É claro que as pessoas diferem em sua capacidade, disposição e interesse em prestar atenção — uma adolescente mal-humorada pode ignorar a reclamação da mãe e, um minuto depois, dedicar completa atenção ao telefonema de uma amiga. Os seminaristas que passavam correndo para dar seu sermão aparentemente não estavam dispostos ou eram incapazes de dispensar sua atenção ao homem que gemia de dor talvez por estarem presos aos próprios pensamentos e à premência da pressa; por isso nunca chegaram a se sintonizar com ele, muito menos a ajudá-lo.[2]

Nas ruas movimentadas das cidades do mundo inteiro é menos provável que as pessoas notem, cumprimentem ou ofereçam ajuda a alguém, em razão do que vem sendo chamado de "transe urbano". Sociólogos sugeriram que, em ruas apinhadas, tendemos a entrar em um estado de introspecção, como forma de nos proteger da sobrecarga de estímulos do turbilhão ao nosso redor. Inevitavelmente, a estratégia exige uma compensação: absortos, nós nos fechamos para as envolventes necessidades dos que estão à nossa volta, como se fossem meras distrações. Como disse um poeta, confrontamos "atordoados e ensurdecidos o ruído da rua".

Além disso, as barreiras sociais fecham nossos olhos. Um desalentado sem-teto que pede esmolas na rua de uma grande cidade dos EUA talvez não receba atenção nenhuma de um transeunte que, por sua vez, alguns passos adiante, vai parar de boa vontade para atender à solicitação de uma mulher bem-vestida e simpática que recolhe assinaturas para um abaixo-assinado de cunho político. (Obviamente, dependendo das simpatias de cada um, a atenção que dispensamos pode ser inversa: empatia em relação ao sem-teto, mas nenhuma atenção ao apelo político.) Em suma, nossas prioridades, socialização e infinidade de outros fatores sociais e psicológicos podem nos levar a direcionar ou inibir nossa atenção ou as emoções que sentimos — e, assim, nossa empatia.

O simples fato de prestarmos atenção nos permite construir uma conexão emocional. Sem atenção, a empatia não tem chance.

QUANDO SE DEVE PRESTAR ATENÇÃO

Comparemos esses eventos no Seminário de Princeton com o que aconteceu na hora do rush na cidade de Nova York quando eu me dirigia à estação de metrô da Times Square depois de um dia de trabalho. Como sempre, uma contínua torrente humana descia às pressas as escadas de concreto, correndo para chegar a tempo no trem.

Mas então vi uma cena perturbadora: esparramado nos degraus, um homem maltrapilho, sem camisa, imóvel e de olhos fechados.

Ninguém parecia notá-lo. Na pressa de chegar em casa, as pessoas simplesmente passavam por cima do corpo.

No entanto, chocado com a cena, parei para ver qual era o problema. E, no momento em que parei, aconteceu algo impressionante: outras pessoas também pararam.

Quase que no mesmo instante formou-se um pequeno círculo de pessoas preocupadas em torno do homem. De forma igualmente espontânea, os mensageiros da misericórdia começaram a se espalhar — um homem foi até o quiosque de cachorro-quente para comprar comida; uma mulher correu para buscar uma garrafa de água; outra chamou um segurança do metrô, que, por sua vez, pediu ajuda pelo rádio.

Em questão de minutos o homem foi reanimado e agora estava comendo alegremente enquanto esperava por uma ambulância. Soubemos que ele só falava espanhol, não tinha dinheiro e vinha zanzando pelas ruas de Manhattan, morrendo de fome. E havia desmaiado de fome bem ali, na escadaria do metrô.

O que fez a diferença? Em primeiro lugar, prestar atenção. Quando parei para saber o que tinha acontecido, aparentemente tirei os passantes do transe urbano e chamei sua atenção para o homem. Ao entrarmos em sintonia com o sofrimento dele, nos mobilizamos para ajudá-lo.

Sem dúvida, todos nós, cidadãos íntegros a caminho de casa depois do trabalho, estávamos suscetíveis às silenciosas suposições a respeito do homem na escada, estereótipos construídos ao longo das vezes em que passamos por centenas de mendigos que, é triste dizer, habitam as ruas de Nova York e de tantos outros centros urbanos modernos. Os moradores das metrópoles aprendem a administrar a angústia de ver uma pessoa em situação tão difícil, simplesmente desviando a atenção.

Creio que meu próprio reflexo pessoal de desviar a atenção tinha sido alterado por conta de um artigo que havia escrito pouco tempo antes para o *New York Times* sobre como o fechamento de hospitais psiquiátricos tinha convertido as ruas da cidade em alas psiquiátricas. No trabalho de pesquisa para o artigo, passei vários dias em uma van com funcionários de uma entidade de assistência social que prestava auxílio aos sem-teto, levando-lhes alimentos, oferecendo-lhes abrigo e persuadindo os doentes mentais que havia entre eles — uma proporção surpreendentemente alta — a irem até as clínicas a fim de receber medicação. Depois disso, passei muito tempo enxergando com outros olhos os moradores de rua.

Em outros estudos que utilizaram a situação do Bom Samaritano, os pesquisadores constataram que as pessoas que param para ajudar normalmente afirmam que, ao verem o sofrimento do outro, também sofrem — acometidas por uma empática sensação de ternura.[3] Assim que uma pessoa notava a outra a ponto de sentir empatia, eram altas as probabilidades de que ofereceria ajuda.

O mero fato de saber que uma pessoa ofereceu ajuda pode ter um impacto excepcional, induzindo uma afetuosa sensação de ânimo. Os psicólogos usam o termo "elevação" para a radiante sensação de bem-estar provocada quando testemunhamos a bondade alheia. Elevação é o estado que as pessoas reiteradamente relatam quando contam o que sentem ao testemunhar um ato espontâneo de coragem, tolerância ou compaixão. A maior parte das pessoas se vê comovida, até mesmo emocionada.

Os atos citados com mais frequência no que se refere à elevação são ajudar os pobres ou doentes ou prestar socorro a alguém em uma situação difícil. Entretanto, essas boas ações não precisam ser tão complexas como dar abrigo a uma família inteira, nem tão abnegadas como o exemplo de Madre Teresa em sua obra junto aos pobres de Calcutá. A simples preocupação pode provocar um pouco de elevação. Em um estudo realizado no Japão, por exemplo, as pessoas relataram prontamente situações de *kandou*, momentos em que a comoção é muito grande — ver um membro de uma gangue perigosa levantar-se para dar o lugar para um homem idoso no metrô.[4]

A pesquisa sugere que a elevação pode ser contagiosa. Quando alguém testemunha um ato de bondade, isso geralmente desperta nela o impulso de realizar uma boa ação também. Talvez esses benefícios sociais sejam uma das razões pelas quais os relatos míticos ao redor do mundo estejam repletos de personagens que salvam outros por meio de atos corajosos. Os psicólogos especulam que ouvir uma história que relate ações bondosas — quando contada com vivacidade — tem o mesmo impacto emocional de ver o ato em si em primeira mão.[5] O fato de que essa elevação pode ser contagiosa sugere que ela trafega pelo atalho.

SINTONIA FINA

Em uma visita de cinco dias ao Brasil com meu filho, notamos que as pessoas que conhecíamos pareciam mais amigáveis a cada dia. A mudança era impressionante.

A princípio, sentimos certa indiferença ou reserva por parte dos brasileiros que conhecemos. Mas no terceiro dia a atitude dessas pessoas passou a ser perceptivelmente mais calorosa.

No quarto dia, o calor humano nos acompanhava por toda parte. Ao fim da nossa viagem, nós nos despedimos abraçando as pessoas no aeroporto.

Os brasileiros tinham mudado? Certamente não. O que se dissipou foi a nossa própria tensão como gringos em uma cultura desconhecida. Nossa reserva defensiva nos fechara inicialmente aos modos abertos e amigáveis dos brasileiros – e talvez isso tenha sido um sinal para que se mantivessem à distância.

No início da viagem – como um aparelho de rádio mal sintonizado –, estávamos preocupados demais em assimilar a simpatia das pessoas que conhecíamos. Depois que relaxamos e conseguimos entrar em sintonia com os que estavam ao nosso redor, foi como se tivéssemos encontrado a estação certa, ajustado o aparelho receptor ao comprimento da onda do aparelho transmissor – o calor humano estava lá o tempo todo. Enquanto estamos ansiosos ou preocupados, não registramos o brilho nos olhos do outro, um esboço de sorriso ou um tom de voz cordial – os canais básicos e mais importantes para enviar mensagens de amizade.

Uma explicação técnica para essa dinâmica realça os limites da atenção propriamente dita. A memória de trabalho, ou memória de curto prazo, que é a quantidade de memória que conseguimos manter em nossa atenção em um dado momento, reside no córtex pré-frontal, a cidadela da estrada principal. Esse circuito desempenha um papel importante na alocação da nossa atenção, administrando os bastidores de uma interação. Por exemplo, ele vasculha a nossa memória em busca do que dizer ou fazer, e até mesmo presta atenção aos sinais que chegam e alteram nossas respostas de forma correspondente.

Enquanto as adversidades se avolumam, essas múltiplas demandas sobrecarregam cada vez mais nossa capacidade de prestar atenção. Os sinais de preocupação da amígdala inundam regiões-chave do córtex pré-frontal, manifestando-se como inquietações que roubam a atenção de qualquer outra coisa com a qual estivermos lidando. O desgaste sobrecarrega a atenção: o simples fato de ser um gringo tenso provocará isso.

A natureza valoriza a comunicação harmoniosa entre membros de determinada espécie, esculpindo o cérebro para um melhor ajuste — às vezes, na hora. Em certos peixes, por exemplo, durante a corte, o cérebro da fêmea secreta hormônios que temporariamente remodelam seus circuitos auditivos, a fim de aprimorar a sintonia deles com as frequências dos chamados do macho.[6]

Algo semelhante pode ser observado em um bebê de dois meses de vida que detecta a aproximação da mãe: ele fica instintivamente quieto, acalma um pouco a respiração, volta-se na direção dela e olha para o seu rosto, focando na boca ou nos olhos da mãe e orientando os ouvidos para quaisquer sons que venham dela, o tempo todo fazendo uma expressão que os pesquisadores chamam de "testa franzida e queixo caído". Cada um desses movimentos amplifica a capacidade perceptiva do bebê no sentido de sintonizar o que a mãe diz ou faz.[7]

Quanto mais atentos somos, mais intensamente sentiremos o estado interior do outro: faremos isso com mais rapidez e a partir de pistas mais sutis, em circunstâncias mais ambíguas. De modo inverso, quanto maior o estresse, menos esmerada a nossa capacidade de sentir empatia.

Em suma, a introspecção, em todas as suas formas, impossibilita a empatia e principalmente a compaixão. Quando nos concentramos em nós mesmos, nosso mundo se contrai, ao passo que nossos problemas e preocupações avultam. Mas quando voltamos o foco de nossa atenção para os outros, nosso mundo se expande. Nossos problemas são relegados à periferia da mente e, assim, parecem menores, enquanto aumentamos nossa capacidade de conexão — ou ação compassiva.

COMPAIXÃO INSTINTIVA

• Um rato de laboratório, suspenso no ar por um arreio, guincha e luta para escapar. Ao avistar o ratinho em perigo, um de seus colegas de gaiola também fica inquieto e dá um jeito de socorrê-lo, pressionando uma alavanca que abaixa a vítima em segurança até o chão.

• Seis macacos *rhesus* foram treinados a puxar correntes para conseguir alimento. Em um dado momento, um sétimo macaco, à vista dos outros, recebe um doloroso choque sempre que um deles puxa a corrente. Ao ver a dor do macaco que leva o choque, quatro dos macacos *rhesus* originais começam a puxar uma corrente diferente, que lhes fornece uma quantidade menor de comida, mas não causa choques no outro macaco. O quinto macaco para de puxar qualquer corrente durante cinco dias inteiros, e o sexto, durante doze dias — ou seja, ambos passam fome para impedir que o sétimo macaco leve choques.

• Praticamente desde o nascimento, quando um bebê vê ou ouve outro chorando, ele começa a chorar como se também estivesse aflito. Mas raramente chora quando ouve uma gravação do próprio choro. Depois de cerca de catorze meses de vida, os bebês não apenas choram ao ouvir outro chorar, mas também tentam aliviar de alguma forma o sofrimento do outro bebê. Quanto mais velha a criança vai ficando, menos chora e mais tenta ajudar.

Ratos de laboratório, macacos e bebês compartilham um impulso automático, que fixa sua atenção no sofrimento alheio, desencadeia neles sofrimentos semelhantes e os impele a tentar ajudar. Por que a mesma resposta é encontrada em espécies tão diferentes? É simples: a natureza conserva, preservando o que funciona, para ser usado repetidas vezes.

No desenho do cérebro, os traços vitoriosos são compartilhados entre várias espécies. O cérebro humano tem comprovadamente algumas características de arquitetura neural em comum com outros mamíferos, em especial com o dos primatas. A similaridade entre as espécies com relação à empatia em momentos de aflição, associada ao impulso de ajudar, sugere fortemente um conjunto semelhante de circuitos subjacentes no cérebro. Ao contrário dos mamíferos, os répteis não mostram o mínimo sinal de empatia, chegando inclusive a devorar os próprios filhotes.

Embora as pessoas também possam ignorar alguém em apuros, essa insensível frieza parece sufocar um impulso mais primordial e automático de ajudar o semelhante em aflição. Observações científicas apontam para um sistema de respostas inato, embutido no cérebro humano — sem dúvida envolvendo neurônios-espelho —, que é acionado quando vemos outra pessoa sofrendo, o que nos faz sentir de imediato a mesma coisa que ela está sentindo. Quanto mais tomamos parte do sentimento dela, maior nossa vontade de ajudá-la.

É provável que esse instinto de compaixão potencialmente ofereça benefícios na adequação evolutiva — definida de forma apropriada em termos de "sucesso reprodutivo", ou seja, quantos dos filhos vivem para ter sua própria prole. Há mais de um século, Charles Darwin propôs que a empatia, o prelúdio para a ação compassiva, é um poderoso auxílio à sobrevivência na caixa de ferramentas da natureza.[8] A empatia lubrifica a sociabilidade, e nós, humanos, somos um animal social por excelência. Uma nova forma de pensar atesta que nossa sociabilidade foi a estratégia de sobrevivência fundamental das espécies de primatas, inclusive a nossa.

As vantagens da amizade podem ser vistas hoje na vida dos primatas, habitando um mundo brutal semelhante ao da Pré-História, quando relativamente poucos humanos sobreviviam até a idade reprodutiva. Vejamos, por exemplo, o caso dos mil e poucos macacos que habitam Cayo Santiago, uma ilha remota no Caribe: todos descendem de um único bando transplantado para lá desde a Índia, sua terra natal, na década de 1950. Esses macacos *rhesus* vivem em pequenos grupos. Quando chegam à adolescência, as fêmeas ficam e os machos partem para encontrar seu lugar em outro grupo.

Essa transição contém perigos reais: quando os jovens machos tentam entrar em uma trupe desconhecida, até 20% deles morrem em combates. Cientistas extraíram amostras de líquido raquidiano de cem macacos na puberdade. Descobriram que os primatas mais sociáveis apresentam os menores níveis de hormônio do estresse e uma função imunológica mais forte e — mais importante — são os mais capazes para abordar os macacos da nova trupe, relacionar-se com eles ou desafiá-los. Esses macacos jovens mais sociáveis são os que têm as maiores chances de sobreviver.[9]

Outro dado importante acerca dos primatas vem dos babuínos selvagens que vivem nos arredores do monte Kilimanjaro, na Tanzânia. Para esses babuínos, a infância é repleta de perigos: em um ano bom, cerca de 10% dos bebês morrem; em épocas ruins, até 35% morrem. Contudo, quando os biólogos observaram as mães, descobriram que eram das mais sociáveis — as que passavam mais tempo no *grooming*, uma espécie de limpeza mútua, ou socializando de alguma forma com as outras fêmeas — os bebês com as maiores chances de sobrevivência.

Os biólogos citam dois motivos pelos quais a sociabilidade da mãe pode ajudar os filhotes a sobreviver. Em primeiro lugar, elas são membros de um grupo restrito de primatas que podem ajudar-se entre si para defender os bebês de perseguições ou encontrar os melhores alimentos e abrigos. Em segundo, quanto mais participam do *grooming*, mais relaxadas e saudáveis tendem a ser. As fêmeas de babuínos sociáveis acabam sendo mães melhores.[10]

Nossa atração natural pelos outros talvez remonte às condições de escassez que moldaram o cérebro humano. Podemos concluir de imediato que o pertencimento a um grupo tornaria mais provável a sobrevivência em condições calamitosas — e como um indivíduo sozinho, competindo contra um grupo por recursos escassos, poderia estar em uma fatal desvantagem.

Uma característica com esse poderoso valor de sobrevivência pode gradualmente modelar o próprio circuito cerebral, uma vez que tudo que se mostra mais eficaz na disseminação dos genes às gerações futuras torna-se cada vez mais difuso no pool genético.

Se a sociabilidade proporcionou aos humanos uma estratégia vitoriosa na Pré-História, também o fizeram os sistemas cerebrais por meio dos quais a vida social opera.[11] Não é surpresa alguma que a nossa inclinação à empatia, o dispositivo de conexão essencial, tenha tanta potência.

UM ANJO NA TERRA

Uma colisão frontal destruiu tanto o carro dela que o automóvel parecia uma folha de papel amarrotada. Com dois ossos da perna direita fraturados e presa nas ferragens, ela ficou ali, em estado de choque, com dor, impotente e confusa.

Um transeunte — cujo nome ela jamais conseguiu descobrir — aproximou-se e se ajoelhou ao seu lado. Segurou sua mão, tranquilizando-a enquanto a equipe de resgate tentava tirá-la dos destroços do acidente. Apesar de sua dor e ansiedade, o desconhecido a ajudou a se manter calma.

Em suas próprias palavras, ela definiu: "Foi meu anjo na Terra".[12]

Nunca saberemos exatamente que sentimentos levaram esse "anjo" a se ajoelhar ao lado da mulher para reconfortá-la. Mas essa compaixão depende daquele primeiro passo decisivo: a empatia.

A empatia implica algum grau de compartilhamento emocional – um pré-requisito para compreender verdadeiramente o mundo interior da outra pessoa.[13] Os neurônios-espelho, de acordo com um neurocientista, são "aquilo que nos dá a riqueza da empatia, o mecanismo fundamental que faz com que ver alguém machucado realmente nos machuque".[14]

Constantin Stanislavski, o russo que criou o famoso método de treinamento de atores, viu que um ator que "vivesse" um papel, entrando de fato no personagem, poderia evocar as próprias lembranças emocionais do passado para suscitar um sentimento vigoroso no presente. Mas essas lembranças, ensinou Stanislavski, não precisam limitar-se a nossas experiências pessoais. Um ator pode também basear-se nas emoções alheias por meio de um pouco de empatia. O lendário professor de teatro aconselhou: "Devemos estudar as outras pessoas e nos aproximar emocionalmente delas o máximo possível, até que a empatia para com elas se transforme em sentimentos próprios".[15]

O conselho de Stanislavski foi presciente. Mais tarde, estudos de imagens cerebrais revelaram que, quando respondemos à pergunta "Como você está se sentindo?", ativamos praticamente o mesmo circuito neural que é acionado quando a pergunta é: "Como *ela* está se sentindo?". O cérebro atua de maneira quase idêntica quando percebemos e avaliamos nossos sentimentos e os dos outros.[16]

Quando se pede a uma pessoa que imite a expressão facial de felicidade, medo ou nojo de outra pessoa, isso ativa os mesmos circuitos envolvidos quando elas simplesmente observam a pessoa (ou quando elas mesmas sentem espontaneamente essa emoção). Stanislavski entendeu que esses circuitos se ativam com maior vigor quando a empatia se torna intencional.[17] No momento em que notamos uma emoção em outra pessoa, então literalmente sentimos junto com ela. Quanto maior nosso esforço ou quanto mais intensos os sentimentos expressos, mais fortes os sentimos em nós mesmos.

De maneira esclarecedora, a palavra alemã *Einfühlung*, transposta pela primeira vez para a língua inglesa em 1909 como o neologismo "empatia", pode ser traduzida de forma mais literal como "sentir-se em", sugerindo uma imitação interior dos sentimentos da outra pessoa.[18] Na definição de Theodore Lipps, que importou o termo para o inglês, "quando observo um artista de circo em uma corda bamba, sinto-me dentro dele". É como se experimentássemos as emoções da outra pessoa dentro de nós. E o fazemos: os neurocientistas dizem que quanto mais ativos os sistemas de neurônios-espelho em uma pessoa, mais forte é sua empatia.

Na psicologia atual, a palavra "empatia" tem três sentidos distintos: *conhecer* os sentimentos do outro; *sentir* o que o outro sente; e *responder compassivamente* ao seu sofrimento. Essas três variedades de empatia parecem descrever uma sequência 1-2-3: presto atenção à pessoa, sinto o que está sentindo e agirei para ajudá-la.

Todas as três encaixam-se bem no que a neurociência aprendeu sobre o funcionamento do cérebro quando nos sintonizamos com outra pessoa, conforme Stephanie Preston e Frans de Waal observam em uma importante teoria que associa percepção e ação interpessoal.[19] Esses dois cientistas são singularmente adequados para defender o argumento: Preston foi pioneira no uso dos métodos da neurociência social para estudar a empatia em humanos; De Waal, diretor do centro Living Links [Elos Vivos] do Centro de Pesquisa sobre Primatas Yerkes, há décadas extrai, a partir da observação sistemática de primatas, lições para o comportamento humano.

Preston e De Waal argumentam que, em um momento de empatia, tanto as nossas emoções quanto os nossos pensamentos são preparados para ser análogos aos da outra pessoa. Quando ouvimos um grito amedrontado de alguém, espontaneamente pensamos no que poderia estar provocando seu medo. De uma perspectiva cognitiva, compartilhamos uma "representação" mental, um conjunto de imagens, associações e pensamentos sobre seu problema.

O movimento da empatia para a ação atravessa os neurônios-espelho; a empatia parece ter evoluído a partir do contágio emocional e, assim, compartilha seus mecanismos neurais. A empatia primordial não é calcada em nenhuma área especializada do cérebro, mas envolve muitas delas, dependendo do que é o objeto da nossa empatia. Nós nos colocamos no lugar da outra pessoa para compartilhar o que ela está vivenciando.

Preston descobriu que se uma pessoa relembra um momento feliz de sua vida e depois imagina um momento semelhante da vida de um de seus amigos mais próximos, nesses dois atos mentais o cérebro ativa um circuito praticamente idêntico.[20] Em outras palavras, para entender o que outra pessoa vivencia — ter empatia com ela —, utilizamos a mesma fiação cerebral que é ativada durante a nossa própria experiência.[21]

Toda comunicação requer que aquilo que é importante para o emissor também seja importante para o receptor. Compartilhando pensamentos, além de sentimentos, dois cérebros lançam mão de uma taquigrafia que os sintoniza na mesma página imediatamente, sem ter de desperdiçar tempo ou palavras para explicar em detalhes quais são os problemas em pauta.[22]

O espelhamento ocorre sempre que nossa percepção acerca de alguém ativa automaticamente em nosso cérebro uma imagem ou sensação do que a pessoa está fazendo ou sentindo.[23] O que está na mente do outro ocupa a nossa. Confiamos nessas mensagens internas para captar o que poderia estar acontecendo com a outra pessoa. Afinal, o que "significam" um sorriso ou uma piscadela, um olhar fixo ou um franzir de testa, além de pistas sobre o que está acontecendo na mente da outra pessoa?

UM DEBATE ANTIGO

Hoje, as pessoas costumam lembrar-se do filósofo do século XVII, Thomas Hobbes, por sua afirmação de que a vida em estado de natureza — na ausência de qualquer governo forte — seria "asquerosa, brutal e curta", uma guerra de todos contra todos. Apesar dessa visão dura e cética, o próprio Hobbes tinha um lado afável.

Certo dia, caminhando pelas ruas de Londres, ele se deparou com um velho doente que pedia esmolas. Com o coração enternecido, Hobbes logo deu ao homem uma esmola generosa.

Quando um amigo lhe perguntou se ele teria feito a mesma coisa caso não existisse uma máxima religiosa ou princípio filosófico sobre ajudar os necessitados, Hobbes respondeu que sim. Sua explicação: ele próprio havia sentido dor ao ver o sofrimento do homem, e, assim como dar esmola aliviaria algum sofrimento do homem, "também me aliviaria".[24]

O episódio sugere que temos um pouco de interesse pessoal em aliviar o sofrimento alheio. Uma escola de teoria econômica moderna, acompanhando a linha de pensamento de Hobbes, alega que as pessoas doam para caridade em parte pelo prazer que têm em imaginar o alívio das pessoas beneficiadas ou, em parte, pelo seu próprio alívio ao mitigar o seu próprio sofrimento empático.

Versões contemporâneas dessa teoria tentaram reduzir os atos de altruísmo a gestos de interesse pessoal disfarçado.[25] De acordo com uma versão, a compaixão oculta um "gene egoísta" que tenta maximizar suas chances de ser passado adiante ao reunir obrigações ou favorecer parentes próximos que o carregam.[26] Essas explicações podem ser suficientes em casos especiais.

Contudo, outro ponto de vista oferece uma explicação mais imediata – e universal: como escreveu o sábio chinês Mengzi (ou Mêncio) no século III a.C., muito antes de Hobbes: "Todo homem tem uma mente que não suporta ver o sofrimento de outrem".[27]

Hoje a neurociência corrobora a posição de Mengzi, acrescentando os dados que faltavam a esse antigo debate. Quando vemos uma pessoa em situação de dificuldade, circuitos semelhantes reverberam em nosso cérebro, uma espécie de ressonância empática inata que se torna o prelúdio da compaixão. Quando uma criança pequena chora, o cérebro de seus pais reverbera de maneira muito similar, o que por sua vez os instiga automaticamente a fazer alguma coisa para aliviar o sofrimento da criança.

Nosso cérebro foi pré-ajustado para a bondade. Automaticamente agimos para ajudar uma criança gritando de medo; automaticamente queremos segurar no colo um bebezinho sorridente. Esses impulsos emocionais são "predominantes": evocam reações instantâneas, não premeditadas. O fato de que esse fluxo da empatia para a ação ocorre de maneira tão rápida e automática sugere a existência de um circuito dedicado a essa mesma sequência. Sentir a aflição instiga o ímpeto de ajudar.

Quando ouvimos um grito angustiado, isso ativa as mesmas partes do nosso cérebro que vivenciam essa angústia, bem como o córtex pré-motor, um sinal de que estamos nos preparando para agir. De maneira similar, ouvir uma pessoa contar uma história triste em tom doloroso ativa o córtex motor do ouvinte – que guia os movimentos –, bem como a amígdala e os circuitos relacionados à tristeza.[28] Em seguida esse estado compartilhado sinaliza a área motora do cérebro, onde preparamos nossa resposta para a ação relevante. Nossa percepção inicial nos prepara para a ação: ver nos coloca em prontidão para agir.[29]

As redes neurais para a percepção e a ação compartilham um código comum na linguagem do cérebro. Esse código compartilhado permite que qualquer coisa que percebamos conduza quase que de imediato à reação apropriada. Ver uma expressão emocional, ouvir um tom de voz ou ter nossa atenção dirigida a determinado tópico dispara instantaneamente os neurônios que essa mensagem indica.

Esse código compartilhado fora previsto por Charles Darwin, que em 1872 escreveu um tratado acadêmico sobre as emoções que permanece muito respeitado pelos cientistas.[30] Embora Darwin tenha escrito sobre a empatia como um fator de sobrevivência, uma popularizada e errônea leitura de suas teorias da evolução enfatizou a "natureza rubra em dentes e garras" (como o poeta Tennyson descreveu a imagem da cruel e implacável eliminação dos mais fracos), uma noção endossada pelos "darwinistas sociais", que deformaram o pensamento evolucionista para racionalizar a cobiça.

Darwin via cada emoção como uma predisposição para agir de maneira singular: medo, paralisar ou fugir; raiva, lutar; alegria, abraçar; e assim por diante. Hoje, estudos de imagens cerebrais mostram que, no nível neural, Darwin tinha razão. Sentir *qualquer* emoção provoca o correlato estímulo à ação.

O atalho torna interpessoal esse vínculo entre sentir e agir. Por exemplo, quando vemos uma pessoa expressando medo — mesmo que seja apenas pelos movimentos do corpo ou a forma como se mantém parado —, nosso próprio cérebro ativa o circuito do medo. Juntamente com esse contágio instantâneo, as áreas do cérebro que se preparam para ações temerosas também são ativadas. E isso ocorre repetidamente a cada emoção — raiva, alegria, tristeza etc. O contágio emocional, portanto, faz mais do que apenas disseminar sentimentos — ele prepara automaticamente o cérebro para a ação adequada.[31]

Uma regra geral da natureza assevera que um sistema biológico deve usar uma quantidade mínima de energia. Aqui o cérebro alcança essa eficiência ativando os mesmos neurônios enquanto ambos percebem e executam uma ação. Essa economia se repete entre os cérebros. No caso especial de uma pessoa em dificuldade, o elo percepção-ação faz com que entrar em ação para ajudar seja a tendência natural do cérebro. Sentir *junto com* o outro nos incita a agir *pelo outro*.

Decerto, alguns dados sugerem em muitas situações que as pessoas tendem a ajudar entes queridos em vez de ajudar um estranho. Mesmo assim, a sintonia emocional com um desconhecido em apuros nos move a ajudar essa pessoa da mesma maneira como ajudaríamos nossos entes queridos. Por exemplo, em um estudo observou-se que, quanto mais tristes as pessoas ficavam com as sofridas condições de vida de um órfão, maior era a probabilidade de doarem dinheiro ou até mesmo oferecerem à criança um abrigo temporário — a despeito da distância social que detectassem.

A preferência por ajudar pessoas semelhantes a nós desaparece quando nos vemos diante de uma pessoa em agonia ou em apuros. Em um encontro direto com essa pessoa, o elo primordial cérebro a cérebro nos faz vivenciar seu sofrimento como se fosse nosso — e imediatamente nos prepara para ajudar.[32] Esse confronto direto com o sofrimento já foi a regra nas relações humanas, no vasto período em que as interações se davam sempre a centímetros ou poucos metros de distância, e não através das distâncias artificiais da vida moderna.

Voltando ao dilema do por que — se o cérebro humano contém um sistema projetado para nos sintonizar com o sofrimento alheio e nos preparar para ajudar — nem sempre ajudamos. As respostas possíveis são múltiplas, enumeradas por incontáveis experimentos na psicologia social. No entanto, a resposta mais simples talvez seja que a vida moderna conspira contra essa atitude: em larga medida nos relacionamos à distância com as pessoas necessitadas. Essa separação significa que vivenciamos uma empatia "cognitiva", e não o imediatismo do contágio emocional direto. Ou pior, sentimos apenas compaixão — temos pena da pessoa, mas não vivenciamos sua aflição.[33] Esse relacionamento mais distante enfraquece o impulso inato de ajudar.

Preston e De Waal apontam: "Na atual era de e-mails, deslocamentos de casa para o trabalho, mudanças frequentes e cidades-dormitório, a balança é cada vez mais inclinada contra a percepção automática e exata do estado emocional do outro, sem a qual a empatia se torna impossível". As distâncias sociais e virtuais da vida moderna criaram uma anomalia na convivência humana, embora hoje vejamos isso como regra. Essa separação emudece a empatia, na ausência da qual o altruísmo cambaleia.

Há muito argumenta-se que nós, humanos, somos por natureza dotados de compaixão e empatia, apesar dos ocasionais elementos de maldade, mas enxurradas de más notícias ao longo da história contradisseram essa alegação, e poucas evidências científicas sólidas a corroboraram. Mas façamos a seguinte experiência de pensamento: imaginemos o número de oportunidades que pessoas ao redor do mundo hoje *poderiam* ter de cometer um ato antissocial, de estupro ou assassinato a um simples gesto grosseiro e desonesto. Façamos desse número o denominador de uma fração. Agora, no numerador, coloquemos o número de atos antissociais que *efetivamente* ocorrerão hoje.

Essa proporção entre maldade potencial e maldade concretizada beira o zero em qualquer dia do ano. E se, no lugar do numerador, colocarmos o número de atos de benevolência praticados em um dia qualquer, a proporção entre bondade e crueldade será sempre positiva. (No entanto, a notícia chega até nós como se essa relação fosse invertida.)

Jerome Kagan, de Harvard, propõe esse exercício mental para apresentar um argumento simples acerca da natureza humana: a soma total de bondade supera imensamente a de maldade. "Embora herdem um viés biológico que lhes permite sentir raiva, ciúme, egoísmo e inveja e ser grosseiros, agressivos ou violentos", observa Kagan, "os humanos herdam uma tendência biológica ainda mais forte para a bondade, a compaixão, a cooperação e o amor — especialmente em relação aos necessitados." Esse senso ético inerente, acrescenta Kagan, "é uma característica biológica de nossa espécie".[34]

Com a descoberta de que a nossa fiação neural tende a colocar a empatia a serviço da compaixão, a neurociência dá à filosofia um mecanismo para explicar a ubiquidade do impulso altruísta. Em vez de tentar explicar atos altruístas, os filósofos poderiam contemplar o enigma das inúmeras vezes em que os atos cruéis estão ausentes.[35]

5. A neuroanatomia de um beijo

O casal se lembra nitidamente do primeiro beijo, um marco lendário em seu relacionamento.

Amigos por anos, encontraram-se certa tarde para tomar chá. Durante a conversa, ambos reconheceram como era difícil encontrar a pessoa certa. Esse momento do diálogo foi pontuado por uma longa pausa em que seus olhos se fixaram um no outro e eles se entreolharam por um ou dois segundos.

Em seguida, ao se despedirem, já do lado de fora do estabelecimento, trocaram outro olhar. Do nada, ambos tiveram a sensação de que uma força misteriosa unia seus lábios em um beijo.

Nenhum dos dois reivindica ter tomado a iniciativa do beijo, mas, mesmo depois de alguns anos, os dois se recordam claramente da sensação de terem sido impelidos a esse gesto romântico.

Aqueles demorados olhares talvez tenham sido um prelúdio neural necessário para o beijo. Hoje a neurociência nos diz algo semelhante à ideia poética de que os olhos são as janelas da alma: os olhos oferecem vislumbres dos sentimentos mais íntimos de uma pessoa. Mais especificamente, os olhos contêm terminações nervosas que levam direto a uma estrutura cerebral fundamental para a empatia e a reciprocidade de emoções, a área orbitofrontal do córtex pré-frontal.

Quando nossos olhos se fixam nos olhos de alguém, criamos uma conexão. Para reduzir um momento romântico a um aspecto de sua neurologia, quando duas pessoas se olham, interligam suas regiões orbitofrontais, especialmente sensíveis a estímulos e deixas como o contato visual. Esses caminhos sociais desempenham um papel decisivo no reconhecimento do estado emocional do outro.

Assim como no mercado imobiliário, a localização tem muita importância na topografia do cérebro. O córtex orbitofrontal (COF), localizado bem atrás e acima das órbitas dos olhos (daí o prefixo "orbito"), ocupa uma posição estratégica: a junção da parte mais elevada dos centros emocionais e da parte mais baixa do cérebro pensante. Se o cérebro fosse como um punho, o córtex rugoso estaria mais ou menos onde estão os dedos, os centros subcorticais estariam na parte inferior da palma — e o córtex orbitofrontal, no ponto exato onde os dois se encontram.

O COF conecta diretamente, neurônio a neurônio, três importantes regiões do cérebro: o córtex ("ou cérebro pensante"), a amígdala (gatilho de muitas reações emocionais) e o tronco cerebral (as zonas "reptilianas" para a resposta automática). Essa estreita conexão sugere uma ligação rápida e poderosa, um acoplamento que facilita a coordenação instantânea de pensamento, sentimento e ação. Essa rodovia neural entrelaça informações do atalho dos centros emocionais, do corpo e dos sentidos e pistas da estrada principal que encontram significado nesses dados, criando os planos intencionais que guiam nossas ações.[1]

Esse enlace das regiões cortical da parte superior do cérebro e subcorticais inferiores faz do COF um ponto de encontro essencial entre a parte superior e a inferior, um epicentro para dar sentido ao mundo social ao nosso redor. Reunindo nossas experiências internas e externas, o COF realiza um cálculo social instantâneo que nos diz como nos sentimos em relação à pessoa com quem estamos, como ela se sente a nosso respeito e o que fazer a seguir de acordo com a reação dela.

Sutileza, conexão e interações tranquilas dependem em grande parte desse circuito neural.[2] Por exemplo: o COF contém neurônios que são ajustados para detectar as emoções no rosto de alguém ou para provocá-las a partir de seu tom de voz e conectar aquelas mensagens sociais com a experiência visceral: as duas pessoas sentem que gostam uma da outra.[3]

Esses circuitos rastreiam a significação afetiva — o que alguma coisa, ou alguém, significa para nós em termos emocionais. Quando mães de recém-

-nascidos viram fotos de seus bebês ou de bebês desconhecidos, as leituras de imagem (IRMf) revelaram que o COF se iluminava em reação aos retratos de seus próprios filhos, mas não em relação às crianças dos outros. Quanto maior é a atividade do COF delas, mais fortes são os seus sentimentos de amor e afeto.[4]

Em termos técnicos, o circuito do COF atribui um "valor hedonista" a nosso mundo social, permitindo-nos saber que gostamos dessa mulher, odiamos aquele grupo de pessoas e adoramos aquele rapaz. E, assim, o COF responde a perguntas essenciais sobre os antecedentes de um beijo.

O COF avalia também a estética social, a exemplo de como nos sentimos com relação ao cheiro de uma pessoa, um sinal primitivo que evoca extraordinariamente uma forte predileção ou aversão (uma reação biológica subjacente ao sucesso de toda *parfumerie*). Lembro que um amigo certa vez me disse que, para amar uma mulher, ele tinha de gostar do sabor do beijo dela.

Mesmo antes de essas percepções inconscientes chegarem à consciência, antes de estarmos inteiramente cientes dos sentimentos subterrâneos se agitando em nós, já teremos começado a agir sobre eles. Daí a autopropulsionada qualidade desse beijo.

É claro que outros circuitos neurais também estão envolvidos. Os osciladores adaptam e coordenam o ritmo de nossos disparos neurais e movimentos motores quando encontramos um objeto em movimento. Aqui provavelmente estavam trabalhando com afinco, guiando as duas bocas para se unirem em velocidade e trajetória certas, para que, em vez de dentes rangendo em colisão, houvesse um suave encontro de lábios. Mesmo no primeiro beijo.

A VELOCIDADE DO ATALHO

Veja como um professor que conheço escolheu a sua assistente, a pessoa junto da qual passa a maior parte das horas de seu dia de trabalho:

"Entrei na sala de espera onde ela estava sentada e imediatamente senti minha fisiologia se acalmar. No mesmo instante soube que seria fácil conviver com ela. É claro que examinei seu currículo e outras coisas. Mas desde aquele primeiro momento tive a convicção de que era a pessoa que eu deveria contratar. Nunca me arrependi nem um minuto sequer."

Perceber por intuição se gostamos ou não de uma pessoa que acabamos de conhecer equivale a deduzir se nos conectaremos com ela ou se pelo menos nos daremos bem à medida que o relacionamento se desenvolver. Mas, dentre todas as pessoas em torno das quais poderíamos potencialmente nos aproximar por amizade, parceria nos negócios ou casamento, como separamos as que nos atraem das que nos provocam no máximo indiferença?

Ao que tudo indica, boa parte desse processo decisório ocorre em questão de instantes quando conhecemos alguém. Em um estudo revelador, alunos de um curso universitário passaram apenas de três a dez minutos no primeiro dia de aula conhecendo um colega, um desconhecido. Logo depois, os alunos avaliaram a probabilidade de permanecerem apenas como conhecidos que se cumprimentam ou de se tornarem amigos próximos ao longo do curso. Nove semanas depois constatou-se que essas primeiras impressões previram com notável precisão o rumo real que tomaria o relacionamento dos participantes.[5]

Quando fazemos esse tipo de julgamento instantâneo, dependemos em grande medida da operação de um singular conjunto de neurônios: as células fusiformes, com um grande bulbo em uma das extremidades e uma longa e grossa extensão. Atualmente os cientistas suspeitam que as células fusiformes são o segredo da velocidade da intuição social. Elas propiciam o aspecto "instantâneo" aos julgamentos instantâneos.

O segredo está no formato afuselado: o corpo é cerca de quatro vezes maior do que o de outras células cerebrais; de um ramo muito longo e largo originam-se os dendritos e axônios que atuam como fiação de célula a célula. A velocidade da transmissão de um neurônio para outras células aumenta com o tamanho dos compridos braços que se projetam para outros neurônios. As gigantescas dimensões da célula fusiforme asseguram a transmissão em altíssima velocidade.

As células fusiformes engendram conexões especialmente densas entre o COF e a parte mais elevada do sistema límbico, o córtex cingulado anterior (ou CCA). O CCA direciona nossa atenção e coordena nossos pensamentos, nossas emoções e a reação do corpo a nossos sentimentos.[6] Essa ligação cria uma espécie de centro de comando neural. A partir dessa junção decisiva, as células fusiformes se estendem para partes amplamente diversas do cérebro.[7]

As específicas substâncias químicas cerebrais que esses axônios transmitem sugerem seu papel determinante na conexão social. As células fusiformes são ricas em receptores de serotonina, dopamina e vasopressina. Essas substâncias químicas do cérebro desempenham papéis importantes nos vínculos com os outros, no amor, no bom e mau humor e no prazer.

Alguns neuroanatomistas desconfiam de que as células fusiformes são fundamentais para aquilo que torna a nossa espécie singular. Nós, humanos, temos cerca de mil vezes mais delas do que nossos primos primatas mais próximos, os macacos, que possuem apenas poucas centenas. Nenhum outro cérebro de mamífero parece conter células fusiformes.[8] Alguns especulam que as células fusiformes podem ser as responsáveis pelo fato de algumas pessoas (ou espécies de primatas) terem maior consciência social ou serem mais sensíveis do que outras.[9] Exames de imagens do cérebro constataram uma atividade do CCA mais acentuada em pessoas com maior consciência interpessoal — capazes não só de avaliar com precisão uma situação social, mas também de sentir como outras pessoas na mesma situação a perceberiam.[10]

As células fusiformes concentram-se em uma área do COF que se ativa durante as nossas reações emocionais às outras pessoas — especialmente nos casos de empatia instantânea.[11] Por exemplo: quando uma mãe ouve o filho pequeno chorar, ou quando sentimos o sofrimento de um ente querido, imagens cerebrais mostram que essa zona se ilumina. Ela também é ativada em momentos carregados de emoção, como ao olharmos para a foto de alguém que amamos, acharmos alguém atraente ou julgarmos se estamos sendo tratados com justiça ou sendo enganados.

O outro local onde é possível encontrar células fusiformes em abundância é uma área do CCA que desempenha papel igualmente fundamental na vida social. Ela guia nossa demonstração e reconhecimento de expressões faciais e é ativada quando sentimos emoções intensas. Por sua vez, essa área tem fortes conexões com a amígdala, o gatilho para muitos sentimentos, e o local em que nossos primeiros julgamentos emocionais têm início.[12]

Esses neurônios perigosamente rápidos parecem ser os responsáveis por algumas das altas velocidades do atalho. Por exemplo, mesmo antes de conseguirmos formular uma palavra para expressar o que estamos percebendo, já sabemos se gostamos ou não daquilo.[13] As células fusiformes talvez ajudem a explicar como o atalho pode oferecer um julgamento instantâneo de "gostar" ou "não gostar", milésimos de segundos antes de percebermos exatamente o que é "aquilo".[14]

Esses julgamentos feitos em um piscar de olhos podem ser mais relevantes quando se trata de pessoas. As células fusiformes entretecem o que equivale ao nosso sistema de orientação social.

ELE VIU O QUE ELA VIU

Pouco depois de se casar, Maggie Verver, a heroína do romance A *taça de ouro*, de Henry James, visita o pai, viúvo de longa data, em uma casa no campo onde estão hospedados outros convidados. Entre eles, mulheres disponíveis que parecem interessadas em seu pai.

Em uma rápida troca de olhares com o pai, Maggie logo compreende que ele, que na companhia da filha levara uma vida austera de solteirão enquanto ela crescia, agora se sentia livre para casar de novo.

E, nesse mesmo momento, pelo olhar da filha o pai percebe que ela entendeu perfeitamente o que ele sente, mas nada disse. Sem proferir uma palavra, com Maggie ali parada, Adam, o pai, tem a sensação de que "viu o que ela viu".

Nesse diálogo silencioso, "o rosto dela não era capaz de afastar-se do dele; ela tinha visto, sobretudo, à sua maneira apressada, o que ambos estavam vendo".

O desenrolar desse breve momento de reconhecimento mútuo de duas pessoas em lados opostos de uma sala ocupa várias páginas no início do romance. E o restante da longa narrativa conta as repercussões desse único momento de entendimento compartilhado, e Adam por fim se casa novamente.[15]

O que Henry James descreveu com maestria foi a riqueza dos insights da mente da outra pessoa que conseguimos intuir a partir da mais ínfima percepção: em um vislumbre, uma única expressão pode nos mostrar muita coisa. Esses julgamentos sociais podem surgir tão espontaneamente, em parte por causa dos circuitos neurais, que fazem com que pareçam sempre "ligados", sempre prontos a agir. Mesmo quando o resto do cérebro está dormente, quatro áreas neurais permanecem ativas, como motores nervosos em marcha lenta, de prontidão para uma resposta rápida. De forma reveladora, três dessas quatro áreas prontas-para-entrar-em-ação estão envolvidas em fazer julgamentos sobre as pessoas.[16] Essas zonas neurais em ponto morto incrementam sua atividade quando pensamos sobre as pessoas ou observamos pessoas interagindo.

Um grupo da Universidade da Califórnia (UCLA) liderado por Marco Iacoboni, um dos descobridores dos neurônios-espelho, e Matthew Lieberman, um dos fundadores da neurociência social, investigou essas zonas em um estudo de ressonância magnética funcional.[17] A investigação concluiu que a atividade-padrão do cérebro — o que acontece automaticamente quando nada mais está acontecendo — parece ser ponderar sobre nossos relacionamentos.[18]

A taxa metabólica mais elevada dessas redes "sensíveis a pessoas" revela a especial relevância conferida ao mundo social no desenho do cérebro. Refazer nossa vida social pode ser considerada a atividade favorita do cérebro durante seu tempo ocioso e paralisado, algo como seu programa televisivo de maior audiência. Na verdade, é apenas quando o cérebro se volta para uma tarefa impessoal, a exemplo de somar os canhotos de um talão de cheques, que esses circuitos "de pessoas" se aquietam.

Em contraste, as áreas correspondentes que julgam os objetos têm de acelerar para entrar em funcionamento. Isso talvez explique por que fazemos julgamentos sobre pessoas cerca de um décimo de segundo mais rápido do que sobre as coisas — essas partes do cérebro levam uma contínua vantagem. Em qualquer interação social, esse mesmo circuito entra subitamente em ação, fazendo julgamentos do tipo "gosto" ou "não gosto" que preveem os rumos do relacionamento entre as duas pessoas, ou até mesmo se haverá algum relacionamento.

A progressão da atividade cerebral começa com uma decisão rápida envolvendo o cingulado, que se espalha via células fusiformes para áreas densamente interligadas, em especial o COF. Essas redes do atalho se estendem amplamente para os circuitos reverberantes através de todas as áreas emocionais. Essa rede suscita uma sensação geral que, com a ajuda da estrada principal, pode se transformar em uma reação mais consciente — seja uma ação direta ou apenas uma compreensão silenciosa, como no caso de Maggie Verver.

O circuito cingulado do COF entra subitamente em ação toda vez que escolhemos a melhor resposta dentre muitas possibilidades. Esse circuito avalia tudo o que vivenciamos, atribuindo valor — apreço ou aversão, "gosto" ou "não gosto" —, e assim molda a nossa própria noção de significado, do que é importante. Esse cálculo emocional, argumentam alguns, representa o sistema de valor fundamental que o cérebro usa para organizar nosso funcionamento, ainda que seja apenas para decidir nossas prioridades a qualquer momento. Isso dá a esse nódulo neural importância essencial em nossa tomada de decisões sociais — as suposições que fazemos continuamente para determinar nosso sucesso ou fracasso nos relacionamentos.[19]

Consideremos a impressionante velocidade cerebral dessas compreensões na vida social. No primeiro momento de uma interação com alguém, essas áreas neurais fazem seu julgamento inicial contra ou a favor em apenas um vigésimo de segundo.[20]

Em seguida há o problema de como reagiremos à pessoa em questão. Assim que é registrada com firmeza no COF, a decisão de gostar ou não gostar guia a atividade neural ali por mais um quinto de segundo. Perto dali, as áreas pré-frontais, operando em paralelo, oferecem mais informações sobre o contexto social, usando uma sensibilidade mais refinada — por exemplo, quais reações são apropriadas ao momento.

O COF, calcado em dados como contexto, atinge um equilíbrio entre um impulso primal (*saia daqui*) e o que funciona melhor (*dê uma desculpa aceitável para ir embora*). Vivenciamos o que o COF decide não como um entendimento consciente das regras que norteiam a decisão, mas como uma sensação de "retidão".

Em suma, o COF ajuda a guiar o que fazemos assim que ficamos sabendo como nos sentimos a respeito de alguém. Ao inibir o impulso bruto, o COF orquestra as ações que nos servem — no mínimo, evitando que façamos ou digamos algo de que possamos nos arrepender.

Essa sequência acontece não apenas uma única vez, mas de forma contínua, durante qualquer interação social. Nossos mecanismos primordiais de orientação social, além disso, fiam-se em um fluxo de inclinações emocionais rudimentares: se gostamos de uma pessoa, um repertório entra em ação; se a detestamos, outro, completamente diferente, vem à tona. E se nossos sentimentos mudarem à medida que a interação avançar, o cérebro social ajusta de forma correspondente o que dizemos e o que fazemos.

O que acontece durante esses instantes é vital para uma vida social satisfatória.

ESCOLHAS DA ESTRADA PRINCIPAL

Conheço uma mulher para quem é inquietante ficar perto da própria irmã, cujo transtorno mental fez com que ela se tornasse propensa a ataques de raiva. Ainda que às vezes as duas sejam afetuosas e próximas entre si, do nada a irmã adota uma postura totalmente belicosa, lançando acusações paranoicas.

Na definição da minha amiga: "Toda vez que ficamos próximas, acabo saindo magoada".

Em consequência, minha amiga passou a se afastar do que a seu ver é uma experiência de "agressão emocional": não retorna de imediato os telefonemas da irmã e já não passa com ela tanto tempo como antes. E, se ouve na secretária eletrônica um recado da irmã em tom de voz zangado, espera um dia ou dois antes de ligar para ela, de modo a lhe dar tempo para se acalmar.

Contudo, ela gosta da irmã e quer manter-se perto. Dessa forma, quando conversam e a irmã a ataca, ela faz questão de se lembrar do transtorno mental, o que a ajuda a não levar aquela raiva para o lado pessoal. Seu judô mental interno a protege, como um escudo, de um contágio tóxico.

Embora a natureza automática do contágio emocional nos deixe vulneráveis a contrair emoções angustiantes, esse é apenas o começo da história. Temos também a capacidade de tomar decisões e atitudes estratégicas para conter o contágio quando necessário. Se um relacionamento se torna destrutivo, essas táticas mentais podem criar uma distância emocional protetora.

O atalho opera em hipervelocidade, num estalar de dedos. Mas não estamos à mercê de tudo o que chega até nós tão rapidamente. Quando a conexão instantânea do atalho nos causa dor, a estrada principal pode nos proteger.

A estrada principal nos dá opções de escolha principalmente por meio da fiação nos circuitos ligados ao COF. Uma torrente de mensagens move-se em vaivém em centros de atalho, que originam nossas reações emocionais iniciais, inclusive o simples contágio. Enquanto isso, o COF manobra a conexão de um fluxo paralelo mais acima para desencadear nossa reflexão acerca dessa reação. Esse ramal superior nos permite oferecer uma resposta mais nuançada, que leva em consideração uma compreensão refinada do que está acontecendo. Essas rotas paralelas gerenciam todas as interações, e o COF é a estação comutadora entre elas.

O atalho, com suas ligações ultrarrápidas dos neurônios-espelho, opera como uma espécie de sexto sentido, incitando-nos a sentir algo com outra pessoa, embora estejamos apenas de forma muito vaga cientes dessa sintonia. O atalho dispara um estado emocional de empatia sem uma reflexão interveniente: empatia primordial instantânea.

Por outro lado, a estrada principal se abre à medida que monitoramos as mudanças de humor e intencionalmente prestamos atenção à pessoa com quem estamos conversando, para entender melhor o que aconteceu. Isso faz entrar em cena o nosso cérebro pensante, em especial os centros pré-frontais. A estrada principal acrescenta enorme flexibilidade ao repertório muito mais fixo e limitado do atalho. À medida que os milésimos de segundo se passam e a estrada principal ativa seu vasto arsenal de ramificações neurais, as possibilidades de resposta aumentam exponencialmente.

Assim, embora a rota secundária nos proporcione conexão emocional instantânea, a via superior gera uma noção social mais sofisticada, que, por sua vez, norteia uma resposta apropriada. Essa flexibilidade é calcada nos recursos do córtex pré-frontal, o centro executivo do cérebro.

As lobotomias pré-frontais, um modismo psiquiátrico nas décadas de 1940 e 1950, desconectavam cirurgicamente o COF das outras regiões do cérebro. (A "cirurgia" era quase sempre primitiva, o equivalente médico a inserir uma chave de fenda atrás do globo ocular, penetrando e seccionando o cérebro manteigoso.) Na época, os neurologistas tinham pouca ideia de quais eram as funções específicas das zonas cerebrais e menos ideia ainda sobre o COF. Mas descobriram que, após a lobotomia, pacientes antes agitados ficavam serenos, um enorme benefício do ponto de vista dos que administravam os tumultuados hospícios que abrigavam os pacientes psiquiátricos.

Embora as habilidades cognitivas de um paciente lobotomizado permanecessem intactas, observavam-se dois "efeitos colaterais", então misteriosos: as emoções dos pacientes ficavam entorpecidas ou até mesmo ausentes por completo, e eles se tornavam desorientados em situações sociais novas. Hoje a neurociência sabe que isso acontece porque o COF orquestra o intercâmbio entre o mundo social e nossos sentimentos, dizendo-nos como agir. Sem essa matemática interpessoal, os pacientes lobotomizados ficavam completamente confusos em qualquer situação social diferente.

FÚRIA NA ESTRADA ECONÔMICA

Digamos que você e um desconhecido recebam dez dólares para dividir da maneira como acharem melhor. O desconhecido lhe oferece dois dólares, é pegar ou largar. A decisão de pegar o dinheiro parece perfeitamente razoável, o que qualquer economista diria.

Mas se você aceitar os dois dólares, a pessoa que fez a oferta ficará com oito. Ou seja, razoável ou não, a maioria das pessoas se mostra indignada com a proposta — e, se lhe oferecerem apenas um dólar, furiosas.

Isso acontece repetidas vezes quando as pessoas jogam o que os economistas denominam Jogo do Ultimato, no qual um parceiro faz propostas que o outro só pode aceitar ou rejeitar. Se todas as ofertas forem rejeitadas, ambos acabam sem nada.

Uma oferta muito baixa aqui pode desencadear o equivalente econômico de um ataque de raiva no trânsito.[21] Usado há muito tempo em simulações de tomada de decisões econômicas, o Jogo do Ultimato fundiu-se com a neurociência por meio do trabalho de Jonathan Cohen, diretor do Centro de Estudos do Cérebro, Mente e Comportamento da Universidade Princeton. Seu grupo estuda parceiros que disputam uma partida do Jogo do Ultimato enquanto seu cérebro é escaneado.

Cohen foi um dos pioneiros da "neuroeconomia", a análise das forças neurais ocultas que conduzem as tomadas de decisões racionais e irracionais em nossa vida econômica — uma arena na qual a estrada principal e o atalho desempenham, ambos, um papel vigoroso. Muitas dessas pesquisas giram em torno das áreas do cérebro que estão ativas durante situações interpessoais com implicações imediatas para a compreensão das forças irracionais que movem os mercados econômicos.

"Se o primeiro sujeito oferece apenas um dólar", diz Cohen, "a resposta do outro talvez seja 'Vá para o inferno'. Mas, de acordo com a teoria econômica padrão, isso seria irracional, porque um dólar é melhor do que nada. Esse resultado leva os economistas à loucura, porque suas teorias pressupõem que as pessoas sempre tentarão maximizar suas recompensas. Na verdade, por vezes as pessoas estarão dispostas a sacrificar o equivalente a um mês de salário apenas para punir uma oferta injusta."

Quando o Jogo do Ultimato é disputado em somente uma rodada, ofertas baixas invariavelmente provocam raiva. No entanto, quando se permitem várias jogadas, então é provável que na negociação dois ou mais participantes cheguem a uma barganha satisfatória.

O Jogo do Ultimato faz mais do que apenas colocar uma pessoa contra a outra; ele cria dentro de cada uma delas um cabo de guerra na junção da estrada principal e do atalho em seus sistemas cognitivo e emocional. A estrada principal depende principalmente do córtex pré-frontal, essencial ao pensamento racional. A área orbitofrontal, como vimos, fica na parte inferior da área pré-frontal, policiando sua fronteira com os centros emocionalmente impulsivos do atalho, a exemplo da amígdala, localizada na parte central do cérebro.

Observando quais circuitos neurais estão em funcionamento durante essa transação microeconômica, quando a estrada principal e o atalho estão em conflito, Cohen conseguiu separar a influência do córtex pré-frontal racional da impulsividade da resposta "vá para o inferno" do atalho — nesse caso, a ínsula, que em algumas emoções pode reagir com a mesma vigorosa ênfase da amígdala. Quanto mais poderosa a reatividade do atalho, mostram os exames realizados por Cohen, menos racionais serão as reações dos jogadores de uma perspectiva econômica. Todavia, quanto mais ativa a área pré-frontal, mais equilibrado será o resultado.[22]

Em um ensaio intitulado "The Vulcanization of the Brain" [A vulcanização do cérebro] (uma referência ao personagem de *Jornada nas Estrelas*, o hiper-racional dr. Spock, do planeta Vulcano), Cohen se debruça sobre a interação do processamento neural abstrato da estrada principal, em que a informação avaliada como a favor ou contra é analisada de modo meticuloso e deliberativo, com as operações do atalho, onde as emoções e predisposições para agir de forma precipitada se fortalecem. O que prevalece, argumenta ele, depende da impetuosidade da área pré-frontal, essa mediadora da racionalidade.

Ao longo do desenvolvimento do cérebro humano, o tamanho do córtex pré-frontal foi em larga medida o que nos diferenciou dos outros primatas, cujas áreas pré-frontais são significativamente menores. Ao contrário de outras partes do cérebro, especializadas em tarefas específicas, esse centro executivo leva um pouco mais de tempo para executar suas funções. No entanto, como um impulsionador cerebral multiuso, a área pré-frontal é espetacularmente flexível, capaz de se envolver com empenho em uma gama maior de tarefas do que qualquer outra estrutura neural.

"O córtex pré-frontal", disse-me Cohen, "mudou o mundo humano de tal modo que nada é mais o mesmo em termos físicos, econômicos ou sociais."

Mesmo quando o gênio humano descarrega uma vertiginosa série de realidades em constante evolução — carros que bebem gasolina e guerras de petróleo, fazendas de confinamento e superabundância de calorias, e-mails e roubos de identidade —, nosso inventivo circuito pré-frontal nos possibilita contornar os próprios perigos que ajudou a criar. Muitos desses perigos e tentações originam-se dos anseios mais primitivos do atalho à medida que ele confronta a explosão de oportunidades de prazer e ofensa criadas pela estrada principal. Sobreviver a elas depende em igual medida da estrada principal.

Como diz Cohen: "Temos acesso mais fácil a tudo o que desejamos, como açúcar e gordura. Mas temos de equilibrar nossos interesses de curto e longo prazos".

Esse equilíbrio se dá por meio do córtex pré-frontal, que exerce o poder de dizer "não" ao impulso — sufocando aquela vontade de comer uma segunda rodada de musse de chocolate — ou de revidar com violência uma desfeita.[23] Nesses momentos, a estrada principal domina o atalho.

NÃO AO IMPULSO

Um homem de Liverpool, na Inglaterra, diligentemente jogava, semana após semana, os mesmos números na loteria nacional: 14, 17, 22, 24, 42 e 47.

Certo dia, enquanto assistia à televisão, viu que sua sequência de números venceu o prêmio de 2 milhões de libras.

Porém, naquela semana, pela primeira vez ele se esquecera de renovar o bilhete a tempo; sua aposta tinha expirado poucos dias antes.

Esmagado pela decepção, ele se matou.

Essa tragédia foi citada em um artigo científico sobre a experiência do arrependimento a respeito de uma decisão ruim.[24] Esses sentimentos mexem com o COF, causando pontadas de remorso e, muito provavelmente, a autorrecriminação que tanto desestabilizou o pobre apostador da loteria. Mas pacientes com lesões em circuitos importantes do COF não apresentam esses sentimentos de remorso; por pior que tenha sido sua decisão, não demonstram consciência pesada e se mostram completamente indiferentes e imperturbáveis diante das oportunidades perdidas.

O COF exerce uma modulação verticalizada, "de cima para baixo", da amígdala, a fonte de incontroláveis ondas e impulsos emocionais.[25] Como crianças pequenas, os pacientes que apresentam lesões nesses circuitos inibidores normalmente perdem a capacidade de sufocar impulsos emocionais — não conseguem, por exemplo, evitar imitar a expressão mal-humorada de alguém. Desprovida desse mecanismo de segurança emocional, a indisciplinada amígdala tem rédeas soltas.

Esses pacientes também não se perturbam com o que outras pessoas considerariam gafes sociais humilhantes. São capazes de cumprimentar um desconhecido com um abraço e um beijo ou contar uma piada escatológica, do tipo que uma criança de três anos acharia divertidíssima. Com alegria despreocupada, revelam para qualquer um que estiver por perto os detalhes mais constrangedores sobre si mesmos, sem perceber que estão cometendo algo que pode ser considerado inconveniente.[26] Embora saibam explicar racionalmente as normas sociais adequadas do decoro e das boas maneiras, são indiferentes a essas regras quando as violam. Com o COF prejudicado, a estrada principal parece impotente para guiar o atalho.[27]

O COF também sai dos eixos dessa forma naqueles veteranos de guerra que, ao verem uma cena de batalha no noticiário vespertino ou ouvirem o cano de descarga de um caminhão, são invadidos por uma enxurrada de lembranças traumáticas de seus próprios pesadelos de tempo de guerra. A culpada é a hiperativa amígdala, que dispara ondas de pânico em uma reação equivocada a pistas que lembram vagamente o trauma original. Costumeiramente o COF avaliaria esses sentimentos primitivos de medo e esclareceria que a pessoa está apenas vendo um programa de televisão ou ouvindo o cano de descarga de um caminhão, e não o barulho das armas inimigas.

Enquanto é refreada e controlada pelos sistemas da estrada principal, a amígdala não pode desempenhar o papel de malvada vilã do cérebro. O COF contém uma das séries de neurônios capazes de inibir as ondas impelidas pela amígdala, que podem simplesmente dizer "não" aos impulsos límbicos. À medida que o circuito do atalho envia impulsos emocionais primais (*Estou com vontade de* gritar ou *Ela está me deixando tão nervoso que eu quero dar o fora daqui*), o COF os avalia em termos de uma compreensão mais sofisticada do momento (*Estou em uma biblioteca* ou *É só o nosso primeiro encontro*) e os modula de acordo com cada situação, atuando como um freio emocional.

Quando esses freios falham, agimos de maneira inadequada. Examinemos os resultados de um estudo no qual alguns estudantes universitários que não se conheciam reuniram-se em um laboratório e lá foram distribuídos "virtualmente" em pares em uma sala de bate-papo on-line para se conhecer.[28] Cerca de uma entre cinco dessas conversas pela internet rapidamente se converteu em diálogos de espantoso teor sexual, com termos explícitos, discussões detalhadas de atos sexuais e solicitações diretas de sexo.

Mais tarde, quando o pesquisador que coordenava as sessões do experimento leu as transcrições, ficou perplexo. A sua impressão ao conduzir os estudantes até os cubículos era a de que todos pareciam comedidos, discretos e invariavelmente bem-educados — em completo desacordo com sua desinibida licenciosidade on-line.

Supõe-se que nenhum deles teria ousado descambar para diálogos de teor sexual tão descarado se estivessem conversando cara a cara com uma pessoa que haviam acabado de conhecer. Esta é exatamente a questão: durante interações pessoais nós nos conectamos, recebendo um fluxo contínuo de feedback, em especial das expressões faciais e do tom de voz do interlocutor, que instantaneamente nos dizem quando estamos ou não no caminho certo.

Algo semelhante às conversas sexuais inoportunas no laboratório é documentado desde os primórdios da internet: é o *flaming*,* em que adultos fazem comentários infantis e ofensivos on-line.[29] Normalmente a estrada principal nos mantém dentro dos limites. Mas na internet não há o tipo de feedback de que o COF necessita para ajudar a nos manter socialmente nos trilhos.

PENSANDO BEM

Que tristeza! Aquela pobre mulher de pé ali sozinha, na frente da igreja, chorando de soluçar. Lá dentro deve estar acontecendo o velório. Deve sentir uma falta terrível do ente que perdeu...

* *Flaming* é o ato de publicar mensagens ofensivas, provocantes ou picantes (*flames* — chamas ou labaredas) a fim de suscitar reações hostis no contexto de uma discussão na internet; seus praticantes são chamados de *flamers* ou *trolls*. (N. T.)

Pensando bem, não é um funeral. Há uma limusine branca decorada com lindas flores diante da igreja — é um casamento! Que lindo...

Foram esses os pensamentos de uma mulher ao examinar a fotografia de outra chorando junto a uma igreja. Primeiro, seu olhar de relance sugeria um funeral, e ela se sentiu assolada de tristeza, os olhos encheram-se de lágrimas de compaixão.

Todavia, um segundo olhar mudou por completo o impacto da foto. Ver a mulher como alguém que foi assistir a um casamento e imaginar aquela cena feliz converteu sua tristeza em alegria. Quando alteramos nossas percepções, podemos mudar nossas emoções.

Esse pequeno fato da vida cotidiana foi desconstruído em mecanismos cerebrais por meio de um estudo de imagens cerebrais realizado por Kevin Ochsner.[30] Com apenas trinta e poucos anos, Ochsner já se tornou uma figura de destaque nessa disciplina incipiente. Quando o visitei em sua bem-arrumada sala, um oásis de ordem no antigo edifício Schermerhorn Hall, uma coelheira mofada que abriga o Departamento de Psicologia da Universidade Columbia, ele me explicou seus métodos.

Na pesquisa de Ochsner, um voluntário do Centro de Pesquisas de IRMf da universidade deita-se, totalmente imóvel, sobre uma maca no tubo comprido e escuro do equipamento de ressonância magnética. Por cima da cabeça dessa alma prestativa coloca-se algo parecido com uma gaiola, que detecta as ondas de rádio emitidas pelos átomos no cérebro. Um vestígio de contato humano é propiciado por um espelho engenhosamente colocado em um ângulo de 45 graus sobre a gaiola, que reflete uma imagem projetada da extremidade da maca, onde os pés do voluntário se estendem para fora do enorme aparelho.[31]

Está longe de ser um ambiente natural, mas o cenário possibilita meticulosos mapas das reações do cérebro a um estímulo específico, seja a fotografia de uma pessoa acometida do mais abjeto terror, ou, por meio de fones de ouvido, a risada de um bebê. Estudos de imagens usando esses métodos permitiram aos neurocientistas mapear com precisão inaudita as zonas do cérebro que se entrelaçam em uma ação orquestrada durante a enorme variedade de interações cara a cara.

No estudo de Ochsner, mulheres viam uma foto e se deixavam invadir pelos primeiros pensamentos e sentimentos que lhes ocorriam. Em seguida, eram instruídas a repensar intencionalmente sobre o que poderia ter acontecido, reconcebendo a cena de uma maneira que fosse menos perturbadora.

E então vinha a mudança de cena — de um funeral para uma cerimônia de casamento. Com esse segundo pensamento, os mecanismos neurais da mulher abafavam os centros emocionais que haviam provocado tristeza. Mais especificamente, a sequência neural transcorria mais ou menos assim: a amígdala direita, um gatilho de emoções aflitivas, fazia uma avaliação emocional automática e ultrarrápida do que estava acontecendo na foto — um funeral — e ativava o circuito da tristeza.

Essa primeira resposta emocional ocorre de forma tão rápida e espontânea que, quando a amígdala dispara suas reações e ativa outras áreas do cérebro, os centros corticais do raciocínio ainda nem sequer terminaram de analisar a situação. Junto com os sentimentos supersensíveis suscitados pela amígdala, os sistemas que servem de ponte entre os centros emocionais e cognitivos verificam e refinam essa reação, acrescentando mais sabor emocional ao que percebemos. E assim formamos nossa primeira impressão (*Que tristeza! Ela está chorando em um funeral*).

A reavaliação intencional da foto (*É um casamento, não um funeral!*) substituiu o pensamento inicial por um novo, e o primeiro fluxo de sentimento negativo por uma dose mais feliz, iniciando uma enxurrada de mecanismos que aquietaram a amígdala e circuitos afins. O estudo de Ochsner sugere que, quanto maior o envolvimento do córtex cingulado anterior (CCA), mais bem-sucedido é o processo de repensar no que tange a alterar para melhor os estados de ânimo. Além disso, quanto maior a atividade em certas áreas pré-frontais, mais contida se torna a amígdala durante a reavaliação.[32] Quando a estrada principal fala mais alto, tira o microfone do atalho.

Quando intencionalmente nos identificamos com uma situação inquietante, a estrada principal pode gerenciar a amígdala por meio de um dos vários circuitos pré-frontais. A estratégia mental específica que empregamos durante a avaliação determina quais desses circuitos são ativados. Um circuito pré-frontal é despertado quando vemos a aflição de outra pessoa — como o sofrimento de um paciente gravemente doente — de maneira objetiva e clinicamente distanciada, como se não tivéssemos conexão pessoal (a estratégia típica dos profissionais da saúde).

Um circuito diferente é ativado quando reavaliamos a situação do paciente; por exemplo, esperando o melhor e refletindo que o paciente não padece de uma doença terminal, tem uma constituição forte e, muito provavelmente, vai se recuperar.[33] Mudando o significado do que percebemos, alteramos também seu impacto emocional. Como disse Marco Aurélio milênios atrás, o sofrimento "não se deve à coisa em si, mas à avaliação que fazes dela; e isto está em teu poder anular a qualquer momento".

Os dados que vêm à tona com a reavaliação oferecem uma impressão equivocada e generalizada: a de que praticamente não temos opção alguma em nossa vida mental, porque grande parte do que pensamos, sentimos e fazemos ocorre automaticamente, em um "piscar de olhos".[34]

"A ideia de que tudo é feito 'no automático' é deprimente", observa Ochsner. "A reavaliação altera nossa resposta emocional. Quando a fazemos de modo intencional, conquistamos o controle consciente de nossas emoções."

O mero fato de nomearmos para nós mesmos as emoções que sentimos pode acalmar a amígdala.[35] Essa reavaliação tem uma miríade de implicações para os nossos relacionamentos. Em primeiro lugar, afirma nossa capacidade de repensar sobre reações negativas irrefletidas em relação a alguém, analisar com mais cuidado a situação e substituir uma atitude impensada por outra mais adequada a nós — e também ao outro.

A estrada principal para a escolha também significa que somos livres para reagir como quisermos, mesmo com relação ao contágio indesejado.[36] Em vez de, digamos, sermos inundados por alguém que esteja histérico de medo, podemos permanecer calmos e socorrer essa pessoa. Se alguém ao nosso lado explode de agitação e não queremos compartilhar disso, podemos nos proteger contra o contágio, mantendo-nos resolutamente no estado de ânimo de nossa escolha.

A panóplia completa da vida nos habilita a infinitas permutas. Ao reagir a qualquer uma delas, o atalho nos oferece uma primeira opção, mas a estrada principal pode decidir o nosso destino final.

David Guy tinha dezesseis anos quando sofreu o primeiro ataque de medo de falar em público. Aconteceu na aula de língua inglesa, quando a professora lhe pediu para ler em voz alta sua redação semanal.

A mente de David foi invadida por uma torrente de imagens de seus colegas. Embora David já quisesse se tornar um escritor e estivesse experimentando novas técnicas literárias, seus colegas não davam a mínima para a escrita. Sentiam o típico desprezo adolescente pela ambição, e seu sarcasmo era impiedoso.

David estava desesperado para evitar o que imaginava ser uma atitude de inevitável crítica e zombaria dos colegas. E então se viu incapaz de proferir uma única palavra. Seu medo de falar em público era paralisante: o rosto ficou corado, as palmas das mãos começaram a suar e o coração batia tão rápido que mal conseguia respirar. Quanto mais tentava, mais opressor era o domínio do pânico.

O medo de falar em público permaneceu nele. Embora tenha sido eleito representante de turma no último ano do ensino médio, ele recusou quando se deu conta de que, caso aceitasse, teria de fazer um discurso. Mesmo anos mais tarde, depois de ter publicado seu primeiro romance já com trinta e poucos anos, David ainda evitava falar em público e recusava ofertas para fazer leituras públicas de seu livro.[37]

Em seu pavor de falar em público, David Guy tem muita companhia. Pesquisas mostram que essa é a mais comum das fobias, afligindo um em cada cinco norte-americanos. Mas o medo de ficar diante de uma plateia é apenas uma entre as várias formas assumidas pela "fobia social", como o manual de diagnóstico psiquiátrico denomina essas ansiedades em situações públicas. Outras formas variam desde conhecer pessoas novas ou falar com um desconhecido até comer em público ou usar banheiros coletivos.

E, exatamente como no caso de David, o primeiro episódio muitas vezes ocorre na adolescência, embora o medo continue por toda a vida. As pessoas fazem de tudo para evitar a situação temida, pois a simples possibilidade de enfrentar a circunstância que infunde medo já provoca um acesso de ansiedade.

O medo de falar em público como o de David pode ter um extraordinário poder biológico. O olho da mente precisa apenas visualizar o escárnio de uma plateia e a amígdala já se ativa, fazendo o corpo responder com um esmagador ataque de hormônios do estresse. A mera imaginação de David presumindo a zombaria dos colegas foi o suficiente para que tivesse início sua tempestade psicológica.

Esses medos aprendidos são adquiridos em parte em circuitos centrados na amígdala, que Joseph LeDoux gosta de chamar de "Central do Medo" do cérebro.[38] LeDoux conhece intimamente o terreno neural da amígdala, pois vem estudando esse aglutinado de neurônios há décadas no Centro de Ciência Neural da Universidade de Nova York. LeDoux descobriu que as células na amígdala, onde as informações sensoriais são registradas, e as áreas adjacentes que adquirem o medo realmente disparam novos padrões no momento em que um medo é aprendido.[39]

Nossas lembranças são, em parte, reconstruções. Toda vez que recuperamos uma lembrança, o cérebro a reescreve um pouco, atualizando o passado de acordo com nossas preocupações e compreensão atuais. No nível celular, explica LeDoux, resgatar uma lembrança significa que ela será "reconsolidada", sua composição química ligeiramente alterada por uma nova síntese proteica que ajudará a armazená-la de novo depois de ser atualizada.[40]

Assim, sempre que trazemos à mente uma lembrança, ajustamos sua própria química: da próxima vez que a recuperarmos, essa lembrança virá à tona já com as modificações que fizemos da última vez. Os detalhes específicos da nova consolidação dependem do que aprendemos ao recordá-la. Se tivermos apenas uma intensificação do mesmo medo, aprofundaremos nosso temor.

Mas a estrada principal pode levar razão ao atalho. Se no momento do medo dissermos a nós mesmos algo que nos acalme, então essa mesma lembrança será recodificada com menos poder sobre nós. Gradativamente, conseguiremos trazer à memória a antes temida lembrança sem sentir de novo a onda de aflição. Neste caso, diz LeDoux, as células de nossa amígdala se reprogramam, de modo que percamos o condicionamento inicial de medo.[41] Um dos objetivos da terapia, portanto, pode ser visto como a gradual alteração dos neurônios do medo aprendido.[42]

Às vezes, os tratamentos efetivamente expõem a pessoa ao que provoca seu medo, seja lá o que for. As sessões de exposição começam com o relaxamento do paciente, muitas vezes por meio de alguns minutos de respiração abdominal lenta. Em seguida, a pessoa confronta a situação ameaçadora, em uma cuidadosa gradação, culminando com sua versão mais intensa.

Uma policial de trânsito da cidade de Nova York confidenciou que tinha ficado furiosa com um motorista que a xingara de "cadela vagabunda". Assim, durante a terapia de exposição a que se submeteu, essas palavras foram repetidas, primeiro em um tom de voz uniforme, depois com maior intensidade emocional e, por fim, acrescidas de gestos obscenos. A exposição terá sido bem-sucedida quando, a despeito do quão desagradáveis forem as palavras repetidas, ela conseguir manter-se relaxada — e, supostamente, quando voltar a trabalhar nas ruas, conseguir impor calmamente uma multa de trânsito apesar dos insultos.[43]

Às vezes os terapeutas não medem esforços para recriar o cenário que desencadeia a ansiedade social, ainda que na segurança do ambiente terapêutico. Um terapeuta cognitivo conhecido por sua habilidade no tratamento da ansiedade usa grupos de terapia como plateia-teste para os pacientes em tratamento para superar o medo de falar em público.[44] O paciente ensaia métodos e contrapensamentos de relaxamento para enfrentar ideias que provocam a ansiedade. Enquanto isso, o terapeuta instrui o grupo a agir de maneiras que serão especialmente difíceis para o paciente, o que vai de fazer comentários maldosos até parecer entediado ou desaprovar o que o paciente diz.

Certamente, a intensidade da exposição deverá ser mantida dentro de limites com os quais o paciente consiga lidar. Uma mulher prestes a enfrentar uma dessas plateias hostis pediu licença para ir ao toalete — onde trancou a porta e se recusou a sair. Por fim ela foi persuadida a continuar o tratamento.

LeDoux sugere que simplesmente rever algo doloroso do passado com alguém que nos ajude a enxergar uma perspectiva diferente pode gradualmente mitigar parte do sofrimento, recodificando as lembranças perturbadoras. Essa pode ser uma das razões para o alívio que surge quando paciente e terapeuta reveem os problemas: a conversa em si pode alterar a maneira de o cérebro registrar o que está errado.

Diz LeDoux: "É algo parecido com o que acontece naturalmente quando remoemos uma preocupação em nossa mente e chegamos a uma nova perspectiva". Usamos a estrada principal para fazer a reengenharia do atalho.[45]

Como dirá qualquer neurocientista, a expressão "o cérebro social" não se refere a uma saliência da frenologia ou a um nódulo cerebral específico. Antes, diz respeito a um conjunto especial do circuito que é orquestrado quando as pessoas se relacionam entre si.[46] Embora algumas estruturas cerebrais desempenhem um papel de relevo no manejo dos relacionamentos, nenhuma zona importante parece ser exclusivamente dedicada à vida social.[47]

Alguns especulam que essa ampla dispersão de responsabilidade neural para nossa vida social pode ser devida ao fato de que foi apenas com a chegada dos primatas, já quando a natureza estava quase terminando o processo de esculpir o cérebro na Pré-História ancestral, que os grupos sociais se tornaram uma parte fundamental de nosso repertório para a sobrevivência. Ao criar um sistema para administrar essa oportunidade tardia, a natureza parece ter se empenhado para se virar com as estruturas cerebrais disponíveis à época, formando a partir da fusão de partes preexistentes um conjunto coeso de caminhos para lidar com as dificuldades desses complexos relacionamentos.

O cérebro utiliza toda e qualquer parte da anatomia para realizar incontáveis tarefas. Mas pensar na atividade cerebral em termos de uma função específica, como a interação social, propicia aos neurocientistas uma maneira tosca de entender a complexidade, de resto assustadora, dos 100 bilhões de neurônios, com seus cerca de 100 trilhões de interconexões — a mais abundante densidade de conectividade conhecida pela ciência. Esses neurônios são organizados em módulos que se comportam mais ou menos como um intrincado móbile giratório, no qual a atividade em uma parte pode reverberar através de todo o sistema.

Outra complicação: a natureza economiza. Por exemplo, a serotonina é um neurotransmissor que gera sensações de bem-estar no cérebro. Os antidepressivos da classe dos ISRS (sigla de *inibidores seletivos da recaptação de serotonina*) são conhecidos por elevar o nível de serotonina disponível, melhorando, assim, o humor. Mas a mesma substância, a serotonina, regula também o intestino. Cerca de 95% da serotonina do organismo ocorre no trato digestivo, onde sete diferentes tipos de receptores de serotonina gerenciam atividades que vão desde iniciar o fluxo de enzimas digestivas até os movimentos intestinais propriamente ditos.[48]

Assim como uma molécula idêntica pode regular tanto a digestão quanto a felicidade, praticamente todos os tratos neurais que se combinam no cérebro social lidam com uma série de atividades. Mas quando trabalham em conjunto, digamos, para executar uma interação cara a cara, as extensas redes do cérebro social criam um conduíte neural em comum.[49]

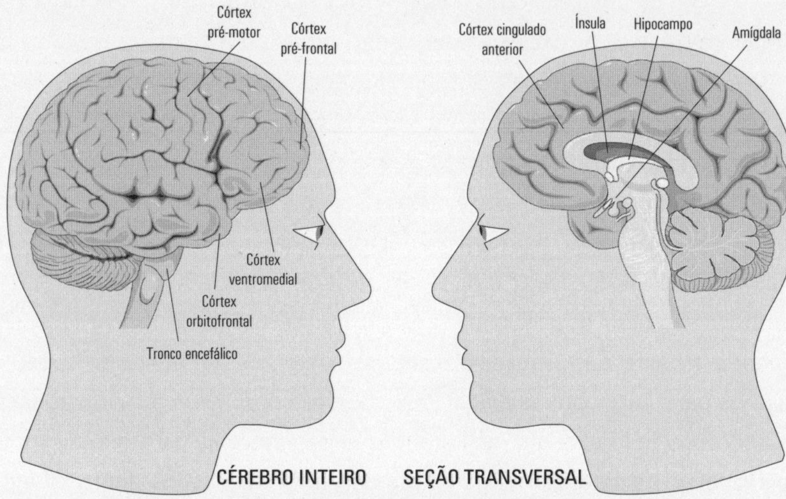

Algumas das principais áreas no circuito neural do cérebro social

A maior parte do mapeamento do cérebro social foi realizada por meio de exames de imagens. Mas, tal qual um turista em Paris por apenas alguns dias, as imagens cerebrais inevitavelmente concentram-se em áreas de interesse imediato, em vez de acessar todos os pontos importantes. Isso significa o sacrifício dos detalhes mais sutis. Assim, por exemplo, imagens por IRMf destacam uma superestrada social que conecta o córtex orbitofrontal à amígdala, mas deixam escapar as especificidades de catorze ou mais núcleos distintos na amígdala, cada um deles com funções diferentes. Ainda há muito a se aprender nessa nova ciência (para mais detalhes, ver o Apêndice B).

6. O que é inteligência social?

Três meninos de doze anos caminham rumo a um campo de futebol para a aula de educação física. Dois deles, de compleição atlética, andam atrás – dando risadinhas de desprezo – do terceiro, um colega de classe um tanto rechonchudo.

"Então quer dizer que você vai *tentar* jogar futebol", diz um dos dois sarcasticamente ao terceiro, a voz deixando transparecer o desdém.

É um momento que, dado o código social dos meninos dessa faixa etária, pode facilmente descambar para uma briga.

O menino gordinho fecha os olhos por um momento e respira fundo, como que se fortalecendo para o confronto que está por vir.

Em seguida ele se vira para os outros dois e responde, a voz calma e prosaica: "É, eu vou tentar... mas não sou muito bom nisso".

Depois de uma pausa, ele acrescenta: "Mas sou ótimo em artes... consigo desenhar muito bem qualquer coisa que você me mostrar...".

Depois, apontando para o antagonista, diz: "Agora você... *você é muito bom em* futebol, realmente fantástico! Eu gostaria de ser tão bom quanto você um dia, mas não sou! Talvez eu consiga melhorar um pouco se continuar tentando".

O primeiro menino, agora desarmado e deixando de lado o desdém, diz em um tom amigável: "Bem, você não é tão ruim de bola *assim*. Talvez eu possa te ensinar alguns macetes pra você jogar melhor".

Essa breve interação exemplifica uma magistral demonstração de inteligência social em ação.[1] O que poderia ter facilmente acabado em briga agora talvez floresça em amizade. O artista rechonchudo aguentou firme — não apenas em meio às turbulentas correntes sociais do ensino fundamental, mas em uma luta sutil: em um cabo de guerra invisível entre os cérebros dos dois meninos.

Ao manter a calma, o aspirante a artista resistiu ao impulso de reagir com um ataque de raiva às sarcásticas provocações do colega e, em vez disso, trouxe o outro menino para dentro dos limites do espaço mais amigável de seu raio de ação emocional. É uma demonstração da mais alta ordem de jiu-jítsu neural, transformando a química emocional compartilhada dos meninos de um âmbito hostil para um positivo — puro brilhantismo de relacionamento.

"A inteligência social manifesta-se abundantemente na creche, no jardim de infância, no parquinho, nos quartéis, nas fábricas e nas lojas, mas se esquiva das condições formais padronizadas dos laboratórios de testes", foi o que observou Edward Thorndike, o psicólogo da Universidade Columbia que foi o primeiro a propor o conceito, em um artigo publicado em 1920 na *Harper's Monthly Magazine*.[2] Thorndike notou que a eficiência interpessoal era de importância vital para o sucesso em muitas áreas, sobretudo na liderança. "O melhor mecânico de uma fábrica", escreveu ele, "pode fracassar no cargo de contramestre por falta de inteligência social."[3]

Porém, no final da década de 1950, David Wechsler, o influente psicólogo que criou o que ainda hoje é um dos mais utilizados testes de avaliação de QI do mundo, desprezou a inteligência social, considerando-a meramente uma "inteligência geral aplicada a situações sociais".[4]

Hoje, meio século depois, chegou a hora de a "inteligência social" passar por uma reconsideração, à medida que a neurociência começa a mapear as áreas do cérebro que regulam as dinâmicas interpessoais [para detalhes, ver o Apêndice C].

Uma compreensão mais integral da inteligência social exige que incluamos as aptidões "não cognitivas" — o talento, por exemplo, que possibilita que uma enfermeira sensível, sem ter de pensar nem por um momento no que fazer, consiga acalmar uma criança pequena e interromper o seu choro com um simples e certeiro toque tranquilizante.

Os psicólogos debatem sobre quais habilidades humanas são sociais e quais são emocionais. Não é surpresa alguma: os dois domínios se misturam, uma vez que o território social do cérebro se sobrepõe a seus centros emocionais.[5] "Todas as emoções são sociais", de acordo com Richard Davidson, diretor do Laboratório de Neurociência Afetiva na Universidade de Wisconsin. "Não é possível separar a causa de uma emoção do mundo dos relacionamentos — são nossas interações sociais que impulsionam nossas emoções."

Meu próprio modelo de inteligência emocional incorporava a inteligência social sem dar muita importância para esse fato, como fazem outros teóricos nesse campo.[6] Mas por fim percebi que simplesmente inserir a inteligência social no âmbito da inteligência emocional tolhe uma nova maneira de pensar sobre a aptidão humana para relacionamentos, ignorando o que ocorre durante as nossas interações.[7] Essa miopia deixa de fora a parte "social" da inteligência.

Os ingredientes da inteligência social que aqui proponho podem ser organizados em duas categorias amplas: consciência social — o que sentimos em relação aos outros — e aptidão social — o que fazemos com essa consciência.

INTELIGÊNCIA SOCIAL

Consciência social

A consciência social refere-se a um espectro que se estende de sentir instantaneamente o estado interno da outra pessoa, compreender os sentimentos e pensamentos dela, a "entender" situações sociais complicadas. Inclui:

- *Empatia primordial*: Sentir com os outros; detectar sinais emocionais não verbais.
- *Sintonia*: Ouvir com total receptividade; sintonizar-se com o outro.
- *Precisão empática*: Compreender os pensamentos, sentimentos e intenções da outra pessoa.
- *Cognição social*: Saber como funciona o mundo social.

Aptidão social

Simplesmente sentir como os outros sentem, ou saber o que pensam ou pretendem, não garante interações frutíferas. A aptidão social baseia-se na consciência social para permitir interações tranquilas e eficazes. O espectro da aptidão social inclui:

- *Sincronia*: Interagir calmamente no nível não verbal.
- *Apresentação pessoal*: Apresentar-se de maneira eficaz.
- *Influência*: Moldar o resultado das interações sociais.
- *Preocupação*: Importar-se com as necessidades alheias e agir de acordo.

Tanto os domínios da consciência social quanto os da aptidão social abrangem desde capacidades básicas do atalho até as articulações mais complexas da estrada principal. Por exemplo, a sincronia e a empatia primordial são puramente capacidades do atalho, ao passo que a exatidão e a influência empática misturam a estrada principal e o atalho. E por mais "suaves" que algumas dessas capacidades possam parecer, já há uma quantidade surpreendente de testes e escalas para avaliá-las.

EMPATIA PRIMORDIAL

O homem tinha ido até a embaixada a fim de obter um visto. Enquanto conversava com ele, o entrevistador percebeu uma coisa estranha: quando indagado sobre o motivo de querer o visto, um olhar momentâneo de repugnância perpassou o rosto do homem.

Alerta, o entrevistador pediu ao candidato para esperar alguns minutos e foi até outra sala consultar um banco de dados da Interpol. O nome do homem figurava na lista de fugitivos, procurado pela polícia em vários países.

A detecção por parte do entrevistador daquela expressão fugaz mostra um dom para a empatia primordial, a imediata capacidade de sentir as emoções alheias. Uma habilidade do atalho, essa variedade de empatia ocorre — ou deixa de ocorrer — de maneira rápida e automática. Para os neurocientistas, essa empatia intuitiva e visceral é ativada, em grande parte, por neurônios-espelho.[8]

Embora possamos parar de falar, não conseguimos parar de enviar sinais (nosso tom de voz, nossas expressões fugazes) sobre o que sentimos. Mesmo quando as pessoas tentam suprimir todos os sinais de suas emoções, os sentimentos encontram uma maneira de se externar. Nesse sentido, quando se trata de emoções, não somos capazes de *não* nos comunicar.

Um teste adequado de empatia primordial avaliaria as rápidas e espontâneas leituras de atalho dessas pistas não verbais. Para fazer isso bem, o teste deveria nos levar a reagir a uma descrição de outra pessoa.

A primeira vez que me deparei com esse teste foi quando eu estava às voltas com a pesquisa para a minha dissertação. Duas outras alunas da pós-graduação que trabalhavam numa sala mais adiante no mesmo corredor pareciam estar se divertindo muito mais. Uma era Judith Hall, hoje docente da Universidade Northeastern; a outra era Dane Archer, atualmente na Universidade da Califórnia, campus de Santa Cruz. Na época, ambas eram alunas de Robert Rosenthal na psicologia social. As duas estavam envolvidas na gravação de uma série de fitas de vídeo, protagonizadas por Hall, que hoje estão entre os medidores de sensibilidade interpessoal mais utilizados.

Archer gravava enquanto Hall recriava uma gama de situações que iam da devolução de um produto defeituoso a uma loja até uma conversa sobre a morte de um amigo. O teste, denominado Perfil de Sensibilidade Não Verbal (PONS, na sigla em inglês), pede às pessoas que identifiquem o que está acontecendo em termos emocionais ao assistirem a trechos de dois segundos de uma cena específica.[9] Por exemplo, podiam assistir a um trecho que mostrava apenas o rosto de Hall ou somente seu corpo e gestos, ou apenas ouvir a voz dela.

Os trabalhadores que se saem bem no PONS costumam ser classificados por seus colegas ou supervisores como indivíduos interpessoalmente mais sensíveis. Médicos e professores obtêm os melhores resultados nas avaliações de desempenho profissional. No caso dos médicos, os pacientes sob seus cuidados estão mais satisfeitos com o tratamento; sendo professores, são considerados mais competentes. Em todos os escalões, de forma geral essas pessoas são mais queridas.

As mulheres tendem a se sair um pouco melhor do que os homens nessa dimensão da empatia, obtendo em média três pontos percentuais a mais nos testes. Independentemente de qual possa ser a nossa habilidade atual, a empatia parece melhorar no decorrer do tempo, aprimorada pelas circunstâncias da vida. Por exemplo: as mulheres com filhos pequenos são melhores na decodificação não verbal do que outras, da mesma idade, que não têm filhos. Mas praticamente todas melhoram do início da adolescência até seus vinte e poucos anos.

Outra medida da empatia primordial, o teste Ler a Mente nos Olhos, foi criada pelo especialista em autismo Simon Baron-Cohen e seu grupo de pesquisa na Universidade de Cambridge.[10] (Três das 36 imagens do teste completo estão a seguir.)

Quem obtém a pontuação mais alta na leitura de mensagens dos olhos é dotado de empatia — e poderá desempenhar com talento qualquer papel que a exija, da diplomacia ao trabalho policial, passando por enfermagem e psicoterapia. Aqueles que se saem muito mal provavelmente são autistas.

SINTONIA

Sintonia é a atenção que vai além da empatia momentânea, transformando-se em uma presença contínua que facilita a conexão. Oferecemos a uma pessoa nossa atenção total e a ouvimos até o fim. Procuramos entender o outro, em vez de simplesmente dar nossa opinião.

Essa profunda capacidade de ouvir parece ser uma aptidão natural. Ainda assim, como ocorre com todas as outras dimensões da inteligência social, as pessoas podem aperfeiçoar suas habilidades de sintonia.[11] E todos nós podemos facilitar a sintonia simplesmente se, de modo intencional, prestarmos mais atenção.

O jeito de falar de uma pessoa oferece pistas sobre sua subjacente capacidade de ouvir com profunda atenção. Durante momentos de conexão genuína, o que dizemos é uma resposta ao que o outro sente, diz e faz. Quando a conexão é fraca, contudo, nossas comunicações tornam-se projéteis verbais: nossa mensagem não se altera para adequar-se ao estado da outra pessoa, simplesmente reflete o nosso próprio estado. Ouvir faz toda a diferença. Falar *para uma pessoa* em vez de ouvir *a pessoa* reduz a conversa a um monólogo.

Quando sequestramos uma conversa falando *para* a pessoa, estamos satisfazendo às nossas necessidades sem levar em consideração as dela. Ouvir de verdade, ao contrário, exige que entremos em sintonia com os sentimentos dela, que a deixemos falar e permitamos que a conversa siga um rumo a respeito do qual entramos em um acordo mútuo. Quando ouvir é um processo de mão dupla, o diálogo é recíproco, e cada interlocutor ajusta o que diz em sintonia com o que o outro responde e sente.

De modo surpreendente, essa presença desprovida de propósito pode ser vista em muitos vendedores de alto desempenho e gerentes de primeira linha. Os astros dessas áreas não abordam um consumidor ou cliente com a determinação de fazer uma venda; pelo contrário, veem-se como uma espécie de consultores, cuja tarefa é primeiro ouvir e entender suas necessidades — e só então adequar o que têm a oferecer a essas necessidades. Se não tiverem o que há de melhor, eles avisam — ou até mesmo tomam o partido do cliente quando ele faz uma reclamação justa sobre a empresa. Essas pessoas preferem cultivar uma relação em que o cliente acredita em seus conselhos a destruir sua credibilidade apenas em nome de uma venda.[12]

Identifique qual dos quatro adjetivos ao lado de cada par de olhos descreve com maior exatidão o que os olhos estão comunicando:

grato | galanteador

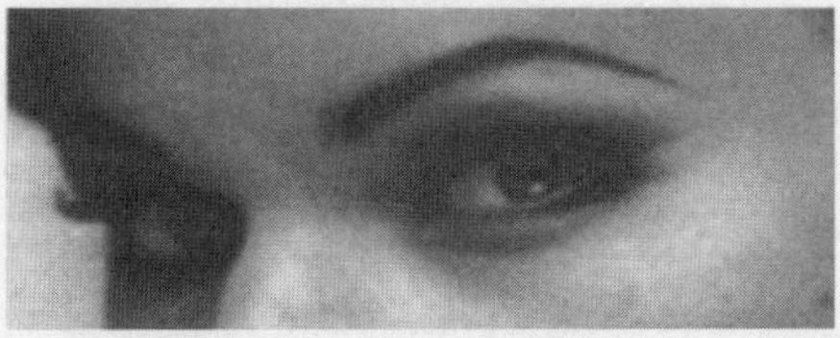

hostil | desapontado

envergonhado | confiante

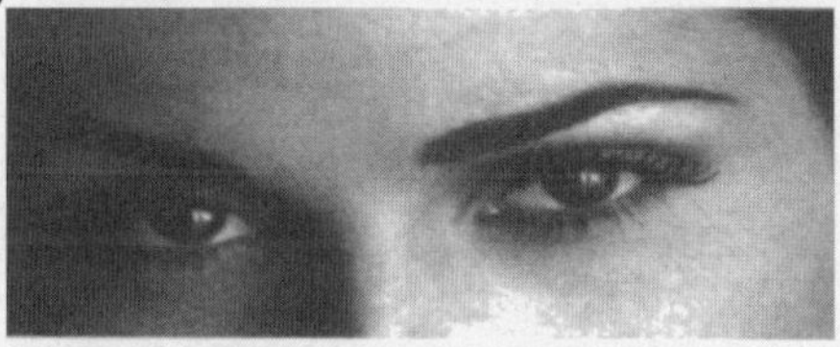

brincalhão | desanimado

sério | envergonhado

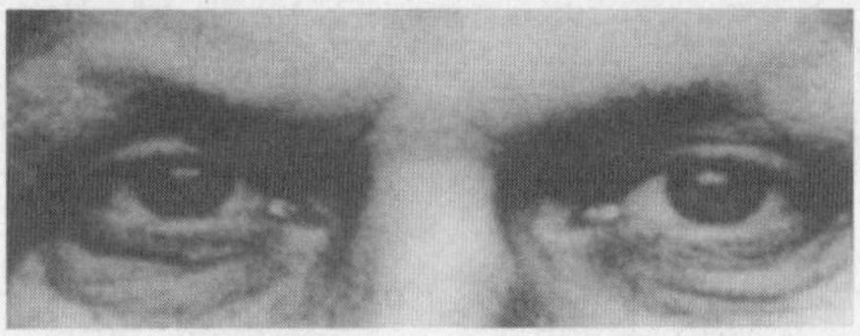

perplexo | alarmado

Respostas: galanteador, confiante, sério

Constatou-se que a habilidade de ouvir bem distingue os melhores gerentes, administradores, professores e líderes.[13] Entre os que atuam em profissões na área de cuidados ao outro, como médicos ou assistentes sociais, essa profunda capacidade de ouvir figura entre as três melhores habilidades dos indivíduos cujo desempenho foi avaliado como excepcional por suas respectivas organizações.[14] Eles não apenas reservam tempo para ouvir e, assim, entrar em sintonia com os sentimentos do outro, como também fazem perguntas para entender melhor a situação como um todo — não só o problema ou diagnóstico imediato à mão.

A atenção total, tão ameaçada nessa era de multitarefas, é ofuscada sempre que dividimos nosso foco. A introspecção e as preocupações reduzem nosso foco, tornando-nos menos capazes de perceber os sentimentos e necessidades do outro e, portanto, de responder com empatia. Nossa capacidade de entrar em sintonia sofre, destruindo nossa conexão.

Mas a presença total não exige muito de nós. "Uma conversa de cinco minutos pode ser um momento humano perfeitamente significativo", aponta um artigo publicado na *Harvard Business Review*. "Para que funcione, a pessoa precisa deixar de lado o que está fazendo, largar a leitura daquele memorando, tirar os olhos do computador, parar de sonhar acordada e focar na pessoa que está ao lado dela."[15]

Saber ouvir de verdade maximiza a sincronia fisiológica, de modo que as emoções se alinhem.[16] Essa sincronia foi constatada durante sessões de psicoterapia em momentos nos quais os pacientes se sentiram mais compreendidos por seus terapeutas (conforme descrito no capítulo 2). Prestar mais atenção a alguém intencionalmente pode ser a melhor maneira de incentivar o surgimento da conexão. Ouvir com atenção total orienta nossos circuitos neurais para a conectividade, colocando-nos no mesmo comprimento de onda. Isso aumenta a probabilidade de florescerem outros ingredientes essenciais para a conexão — sincronia e sentimentos positivos.

PRECISÃO EMPÁTICA

Algumas pessoas argumentam que a precisão empática representa *a* competência especializada essencial da inteligência social. Como afirma William Ickes, psicólogo da Universidade do Texas pioneiro nessa linha de pesquisa, essa capacidade distingue "os conselheiros mais astutos, as autoridades mais diplomáticas, os negociadores mais eficientes, os políticos mais elegíveis, os vendedores mais produtivos, os professores mais bem-sucedidos e os terapeutas mais perspicazes".[17]

A precisão empática é calcada na empatia primordial, mas acrescenta uma compreensão explícita do que a outra pessoa sente e pensa. Esses passos cognitivos aceleram a atividade adicional no neocórtex, em especial na área pré-frontal — levando, assim, o circuito da estrada principal para a empatia primordial do atalho.[18]

Podemos medir a precisão empática por meio do equivalente psicológico da televisão com câmera escondida. Dois voluntários de um experimento entram em uma sala de espera e se sentam juntos em um sofá. Um pesquisador-assistente pede que esperem alguns minutos enquanto ele tenta encontrar um item que falta do equipamento.

Para passar o tempo, os dois batem papo. Depois de aproximadamente seis minutos, o assistente volta, e eles acham que o experimento vai começar. Mas já havia começado: enquanto achavam estar apenas esperando, já vinham sendo gravados por uma câmera oculta dentro de um armário.

Então cada participante é enviado a uma sala separada, onde assiste ao vídeo de seis minutos. Lá, cada um redige um relatório registrando seus pensamentos e sentimentos em momentos-chave da gravação — e o que acham que a outra pessoa pensou e sentiu naqueles momentos. Essa maneira furtiva de pesquisa foi repetida em departamentos de psicologia de universidades de uma ponta à outra dos Estados Unidos e ao redor do mundo, a fim de testar a capacidade de um indivíduo de inferir os pensamentos e sentimentos tácitos de outra pessoa.[19]

Por exemplo: durante a conversa uma participante relatou que se sentira tola por não conseguir lembrar-se do nome de um de seus professores; seu parceiro deduziu com exatidão que "talvez ela estivesse se sentindo meio estranha" por causa do esquecimento. Por outro lado, em uma clássica gafe dos tempos universitários, uma mulher estava se lembrando vagamente de uma peça de teatro, mas seu parceiro do sexo masculino supôs: "Ela estava se perguntando se eu iria convidá-la para sair".

A precisão empática parece ser um dos aspectos fundamentais para o sucesso de um casamento, sobretudo nos primeiros anos. Os casais que durante o primeiro ou segundo ano de união são mais exatos na leitura um do outro têm níveis mais altos de satisfação, e seu casamento tem mais chance de durar.[20] Um déficit nessa exatidão é um mau presságio: um sinal de uma relação instável pode ser lido quando um parceiro percebe que o outro se sente mal, mas não tem ideia do que exatamente pode estar se passando em sua mente.[21]

Conforme revelou a descoberta dos neurônios-espelho, nosso cérebro nos coloca em sintonia com o que alguém tem a intenção de fazer, mas o realiza em nível subliminar. A percepção consciente das intenções de alguém nos permite uma empatia mais precisa, de modo que fica mais fácil prever o que aquela pessoa fará. Uma compreensão mais explícita dos motivos subjacentes pode significar a diferença entre vida e morte se, por exemplo, estivermos cara a cara com um assaltante — ou com uma multidão enfurecida, como no caso daqueles soldados que se aproximavam da mesquita no relato que inicia este livro.

COGNIÇÃO SOCIAL

A cognição social, o quarto aspecto da consciência interpessoal, é o conhecimento a respeito de como o mundo social efetivamente funciona.[22] As pessoas hábeis nessa variedade de cognição sabem o que é esperado na maior parte das situações sociais, como a maneira apropriada de se comportar em um restaurante cinco estrelas. E são hábeis em semiótica, decodificando os sinais sociais que revelam, por exemplo, quem deve ser a pessoa mais poderosa em um grupo.

Essa perspicácia social pode ser vista naquelas pessoas que leem com exatidão as correntes políticas de uma organização, assim como na criança de cinco anos de idade que é capaz de citar os melhores amigos de cada um de seus colegas de classe do jardim de infância. As lições sociais que aprendemos sobre política no pátio da escola — a maneira de fazer amigos e formar alianças — estão em um continuum com as regras tácitas que seguimos na construção de uma equipe de trabalho vencedora ou para entrar no jogo político do ambiente de trabalho.

Uma das maneiras pelas quais a cognição social pode manifestar-se é na capacidade de encontrar soluções para dilemas sociais, como definir a disposição dos lugares de pessoas rivais à mesa em um jantar ou como fazer amigos ao se mudar para uma cidade nova. As melhores soluções sociais chegam mais rapidamente para quem consegue reunir as informações relevantes e avaliar soluções com mais lucidez. A inabilidade crônica de resolver os problemas sociais não apenas consterna as relações, mas também é um fator complicador de dificuldades psicológicas que se estendem da depressão à esquizofrenia.[23]

Mobilizamos a cognição social para contornar as sutis e cambiantes correntes do mundo interpessoal e entender os acontecimentos sociais. A cognição social pode fazer diferença na compreensão de por que um comentário para uma pessoa é uma brincadeira espirituosa e para outra parece um sarcástico insulto. Quem tem uma cognição social precária talvez não consiga reconhecer por que alguém parece estar constrangido ou que o comentário ríspido de alguém será interpretado como sinal de desdém por uma terceira pessoa. Entender as normas implícitas que regem as interações é essencial para a convivência tranquila com pessoas de outra cultura, em que as normas podem diferir acentuadamente daquelas que aprendemos em nosso próprio grupo.

Há décadas essa aptidão para o conhecimento interpessoal tem sido entendida como uma dimensão básica da inteligência social. Alguns teóricos chegaram inclusive a alegar que a cognição social, no sentido da inteligência geral aplicada ao mundo social, é o único componente verdadeiro da inteligência social. Mas essa visão, exclusivamente concentrada no que sabemos *sobre* o mundo interpessoal, ignora o que de fato *fazemos* enquanto interagimos com as pessoas. O resultado são medidores da inteligência social que testam nosso conhecimento das situações sociais, mas desconsideram nosso desempenho nelas — uma falha muito escancarada.[24] Um indivíduo brilhante em cognição social, mas desprovido das características básicas da aptidão social, se sentirá dolorosamente desajeitado na companhia de outras pessoas.

As habilidades de consciência social interagem: a precisão empática tem por base a capacidade de ouvir e a empatia primordial; as três ampliam a cognição social. E a consciência interpessoal, em todos os seus aspectos, propicia o alicerce para a aptidão social, a segunda parte da inteligência social.[25]

SINCRONIA

A sincronia nos permite deslizar graciosamente durante uma dança não verbal com outra pessoa. A sincronia é o alicerce da aptidão social e o pilar sobre o qual se assentam outros aspectos. Uma falha na sincronia sabota a competência social, tirando dos eixos as interações.

A capacidade neural para a sincronia reside em sistemas do atalho como os osciladores e os neurônios-espelho. Entrar em sincronia exige que ambos os interlocutores leiam instantaneamente as dicas não verbais e façam algo a respeito — sem ter de pensar nisso. Os sinais não verbais da sincronia incluem a gama de interações orquestradas de forma harmoniosa, de sorrir ou menear a cabeça no momento certo a simplesmente direcionar o corpo na direção da outra pessoa.[26] As pessoas que não conseguem entrar em sincronia podem, em vez disso, se remexer nervosamente, paralisar ou apenas se manter alheias a sua incapacidade de manter o ritmo no dueto não verbal.

Quando uma pessoa estraga a sincronia, a outra se sente desconfortável — e certamente não se esforça para se aproximar de uma conexão. Normalmente as pessoas que se saem mal nessa habilidade social sofrem de "dissemia", um déficit na capacidade de ler os sinais não verbais — e tomar providências a respeito deles — que norteiam as interações fluidas.[27] Os indicadores externos dessa sutil deficiência social são muito óbvios: as pessoas dissêmicas são "desligadas", alheias aos sinais de que, por exemplo, uma conversa está chegando ao fim. Elas desestabilizam seus interlocutores porque não conseguem observar os sinais implícitos que mantêm o tráfego de mão dupla fluindo.

A dissemia tem sido estudada de forma mais intensiva em crianças, principalmente porque atinge muitas delas, que acabam sendo socialmente rejeitadas no contexto escolar.[28] Uma criança que sofre desse problema pode, por exemplo, não conseguir olhar para as pessoas que estão falando com ela, ficar perto demais da pessoa com quem fala, ter expressões faciais inadequadas a seu estado emocional ou demonstrar falta de tato e insensibilidade com relação aos sentimentos dos outros. Embora todos esses aspectos possam parecer apenas sinais típicos de "ser uma criança", a maioria das outras crianças da mesma idade não terá mais essas dificuldades.[29]

Em adultos, a dissemia se manifesta em comportamentos igualmente fora de sincronia.[30] Os pontos cegos sociais que assolam as crianças dissêmicas geram relações problemáticas no mundo adulto, da incapacidade de seguir pistas não verbais à dificuldade de iniciar novos relacionamentos. Além disso, a dissemia pode destruir a habilidade de lidar com as expectativas sociais impostas a um adulto contratado para um emprego. Adultos dissêmicos muitas vezes acabam socialmente isolados.

Esses déficits sociais normalmente não são causados por problemas neurológicos como a síndrome de Asperger ou o autismo (que discuto no capítulo 9). Estima-se que mais de 85% das pessoas com dissemia têm o déficit porque não conseguiram aprender a ler sinais não verbais ou a responder a eles, ou porque não interagiam o suficiente com seus pares, ou, ainda, porque seus familiares não demonstravam determinada gama de emoções, ou porque seguiam normas sociais excêntricas. Cerca de outros 10% têm o déficit devido a algum trauma emocional que provocou um curto-circuito na aprendizagem necessária. Estima-se que apenas 5% têm um transtorno neurológico diagnosticável.[31]

Uma vez que a dissemia surge da falha de aprendizagem, foram desenvolvidos programas corretivos, voltados a ensinar essas habilidades — tanto a crianças quanto a adultos.[32] Os tutoriais começam fazendo com que a pessoa tome consciência dos ingredientes não verbais da sincronia que geralmente escapam a sua percepção, como gestos e postura, o uso do toque, o contato visual, tom de voz e ritmo. Assim que a pessoa aprende as maneiras mais eficazes de usar esses ingredientes, ela as pratica até que, digamos, consiga manter contato visual enquanto conversa com alguém sem ter de fazer qualquer esforço especial.

Entrar em sincronia de forma natural origina uma ressonância mais emocional do que quando a pessoa tenta deliberadamente fazer com que ela aconteça.[33] Porém, como os sistemas cerebrais do atalho que criam a sincronia operam espontaneamente, sem que tenhamos consciência, as tentativas conscientes de controlá-los podem impedir sua operação fluida. Assim, as pessoas que participam desses programas corretivos precisam "superaprender",* praticando até o ponto em que as novas e mais harmoniosas reações venham de forma espontânea.

APRESENTAÇÃO PESSOAL

Atores profissionais são especialmente inteligentes na apresentação de si mesmos ou na capacidade de se apresentar de forma que causem a impressão desejada. Em 1980, quando Ronald Reagan estava disputando a indicação do Partido Republicano para concorrer à presidência dos Estados Unidos, ele participou de um debate televisivo entre os candidatos. A certa altura, o mediador, que cuidava do controle do tempo, cortou o microfone de Reagan antes de ele terminar de apresentar um argumento. Reagan reagiu ficando de

* *Overlearning*, no original. Na educação, o termo designa a prática de estudar em excesso; na psicologia, trata da estratégia de repetição da prática mesmo depois de atingida a proficiência, de modo a melhorar a retenção do material aprendido. (N. T.)

pé em um pulo, agarrando outro microfone e declarando, em tom zangado: "Eu paguei por este programa. Estou pagando por este microfone".

A multidão aplaudiu essa demonstração de dura assertividade – especialmente em um homem mais bem conhecido por sua amabilidade –, e o momento é citado como um ponto de virada em sua campanha eleitoral. Mais tarde, um conselheiro de sua campanha política confessou que a explosão aparentemente espontânea fora na verdade planejada, caso surgisse um momento propício como aquele.[34]

O carisma é um aspecto da apresentação pessoal. O carisma de um palestrante extraordinário ou de um ótimo professor ou líder abrange sua habilidade de despertar em nós as emoções que eles exalam, arrastando-nos para aquele espectro emocional. Testemunhamos esse contágio emocional estampado quando observamos uma figura carismática deixar uma multidão extasiada.[35] Pessoas carismáticas têm uma propensão à expressividade que cativa os outros a entrar em sincronia com seu ritmo e captar seus sentimentos.[36]

O carisma aparece em seu ápice em um palestrante capaz de "dominar" uma audiência, apresentando uma questão conceitual apenas com a mistura emocional certa para causar o máximo impacto. Os artistas usam o timing e a cadência rítmica – aumentando e diminuindo a amplitude de sua voz na batida certa – para entreter a plateia. Tornam-se transmissores da emoção, ao passo que o público é o recipiente desse contágio. Mas isso exige habilidade.

Uma estudante universitária era querida pelos colegas por causa de sua animação e energia. Era uma pessoa extraordinariamente aberta a respeito de seus sentimentos, e graças a sua expressividade fazia amigos com facilidade. Seu professor, porém, tinha uma impressão diferente. Nas aulas no enorme auditório, ela chamava a atenção por suas manifestações: arfava de deleite ou soltava ruídos de repugnância, oferecendo uma contínua litania de expressões de encanto ou antipatia diante de vários argumentos que ele apresentava. Por vezes ficava tão arrebatada pelas emoções que tinha de sair da aula.

A avaliação do professor era a de que ela possuía uma expressividade exuberante, mas também lacunas no autocontrole. Sua vigorosa energia lhe era útil em muitas situações sociais, mas não onde era necessário ter algum grau de reserva.

A habilidade de "controlar" e "mascarar" a expressão das emoções é às vezes tida como elemento fundamental do sucesso da apresentação pessoal. As pessoas competentes nesse controle são autoconfiantes em praticamente qualquer situação social, pois têm savoir-faire. Indivíduos que têm facilidade para desempenhos sociais equilibrados serão naturais em qualquer situação na qual uma reação matizada seja decisiva, das áreas de vendas e serviços, passando pela diplomacia até a política.

De modo geral, as mulheres são mais expressivas em termos emocionais do que os homens, mas, em algumas situações, talvez precisem equilibrar a expressividade com as restrições da apresentação pessoal. Na medida em que as normas sociais depreciam a expressividade, como ocorre na maioria dos ambientes de trabalho, as mulheres precisam se conter a fim de se encaixar. Nossa sociedade tem normas sutis para quem "deve" expressar emoções, implicitamente limitando tanto homens como mulheres. Na vida privada, via de regra considera-se que as mulheres fazem o que é mais apropriado quando expressam medo e tristeza, e os homens, raiva — um princípio que tacitamente aprova uma mulher que chora publicamente, mas vê com desagrado um homem que derrama lágrimas quando está chateado.[37]

Em situações profissionais, contudo, o tabu contra o choro estende-se também às mulheres. E quando uma mulher ocupa uma posição de poder, a proibição de demonstrar raiva evapora, pois de um líder poderoso espera-se que demonstre irritação quando um objetivo do grupo é frustrado. As mulheres-alfa, ao que parece, atendem às exigências de admissão. Seja ou não a reação mais eficaz em um dado momento, a raiva não parece *socialmente* deslocada quando se trata do chefe.

Algumas pessoas se resumem à apresentação pessoal, sem qualquer substância que lhes dê sustentação. As variedades de inteligência social não substituem os outros tipos de expertise que determinada função pode exigir. Como entreouvi um homem de negócios dizer a outro durante um almoço em que dividimos uma mesa em um sushi bar em Manhattan: "Ele tem aquele talento para fazer as pessoas gostarem dele. Mas não existe pessoa pior — ele não é acompanhado de nenhuma habilidade tecnológica".

INFLUÊNCIA

O Cadillac estava estacionado em fila dupla em uma rua estreita e arborizada de um dos mais elegantes bairros de Manhattan, impedindo que os carros saíssem de suas vagas de estacionamento. Um guarda de trânsito estava multando o Cadillac.

De repente, ouviu-se uma voz agoniada e furiosa: "Ei! Que diabos você pensa que está fazendo?", perguntou, aos berros, o motorista do Cadillac, um bem-vestido senhor de meia-idade, saindo de uma lavanderia com sua roupa limpa.

"Estou apenas fazendo meu trabalho. O senhor parou em fila dupla", responde o guarda, com calculada calma.

"Você não pode fazer isso comigo! Eu conheço o prefeito! Vou dar um jeito de você ser demitido!", ameaçou o motorista do Cadillac, furioso.

"Por que o senhor simplesmente não pega a multa e dá o fora daqui antes que eu chame o reboque?", rebateu o guarda, sem alterar o tom de voz.

O motorista agarrou a multa, entrou no carro e foi embora, resmungando.

Os melhores policiais são hábeis em exercer influência, no sentido de moldar de forma construtiva o resultado de uma interação, lançando mão de tato e autocontrole. Os modelos de perfeição no cumprimento da lei usam a mínima força necessária, embora possam exibir intensa força para dar sustentação a sua postura de comedimento. Eles lidam com pessoas voláteis demonstrando conduta profissional, calma e atenção.

Como resultado, têm mais sucesso na obtenção do cumprimento da lei. Por exemplo: nos relatórios de alguns oficiais de trânsito de Nova York adeptos da técnica da força mínima registram-se as menores taxas de incidentes com motoristas zangados que descambam para a violência. Esses policiais conseguem simplesmente observar a reação do próprio corpo às ofensas de um motorista desrespeitoso — um agourento sinal de mudança na balança de poder entre os dois — e de forma calma, mas firme, impõem sua autoridade com atitude profissional. A alternativa, deixar que as respostas impulsivas ditem sua reação, terminaria em confusão.[38]

A força bruta, se empregada com sabedoria, pode ser uma tática eficaz para resolver — ou melhor, evitar — conflitos. Mas o uso habilidoso de uma ameaça implícita de agressão física não está na aplicação da força propriamente dita, e sim nos mecanismos neurais que fazem a sintonia fina de uma reação de modo que ela se ajuste bem às circunstâncias. É uma combinação de autocontrole (modular um impulso agressivo) com empatia (ler a outra pessoa a fim de avaliar qual deveria ser a mínima força necessária) e cognição social (reconhecer as normas em vigor em dada situação). Educar os circuitos neurais subjacentes é uma tarefa não reconhecida daqueles que treinam as pessoas no uso engenhoso da força, sejam civis ou militares. À medida que a pessoa se torna cada vez mais habilidosa na aplicação dos meios de violência, uma inibição paralela de impulsos agressivos torna-se essencial.

Nas interações sociais cotidianas, nos valemos praticamente do mesmo circuito para mitigar a agressão, mas com efeitos mais sutis. A obtenção de influência construtiva requer que nos expressemos de uma maneira que produza o resultado social desejado, como deixar alguém à vontade. As pessoas dotadas de habilidades expressivas são consideradas pelas outras como confiantes e agradáveis e, em geral, causam impressões favoráveis.[39]

Os especialistas no emprego da influência apoiam-se na percepção social para guiar suas ações; por exemplo, reconhecem situações em que fazer vista grossa pode ser benéfico a um relacionamento.[40] Pode ser contraproducente sinalizar a precisão empática dizendo: "Eu não excito você" ou "Você não me ama!". Em momentos como esses, a tática mais prudente é simplesmente absorver o insight e tomar providências.

Decidir qual é a dose ideal de expressividade depende, entre outros fatores, da cognição social — conhecer as normas culturais vigentes que regulam o que é apropriado em um contexto social (outro exemplo de como as habilidades de inteligência social atuam em sinergia). Os tons de voz suaves mais adequados a Beijing parecerão sutis demais em Guadalajara.[41] O tato equilibra a expressividade. A discrição social permite que nos encaixemos em qualquer lugar onde estivermos, deixando em nossa esteira a menor quantidade possível de inconvenientes ondulações emocionais.

PREOCUPAÇÃO

Voltemos agora àqueles seminaristas que corriam para o outro prédio a fim de proferir seu sermão sobre a parábola do Bom Samaritano. Para cada um deles houve um momento decisivo, quando ouviram os gemidos de um homem na soleira da porta pela qual tinham de passar. Mesmo os que, apressados, desviavam dele talvez tenham sentido alguma empatia. Mas a empatia, sozinha, importa pouco se não agirmos.[42] Os seminaristas que *pararam* para ajudar estavam demonstrando outro sinal de inteligência social: a preocupação.

Como vimos no capítulo 4, sentir as necessidades do outro pode servir de estímulo à ação, graças à fiação cerebral. Por exemplo, quando as mulheres assistiam a vídeos de um bebê chorando, as que "captavam" com mais intensidade a tristeza do bebê franziam com mais força a testa, um indicador de empatia. Essas mulheres não apenas refletiam a fisiologia do bebê, como sentiam o desejo mais forte de segurá-lo no colo.[43]

Quanto maior a empatia que sentimos com uma pessoa necessitada, e quanto mais nos preocupamos com ela, maior será nosso ímpeto de ajudá-la — uma ligação que observamos toda vez que as pessoas se movem para remediar o sofrimento humano. Um estudo realizado nos Países Baixos sobre atos de caridade revelou que o senso de preocupação social de uma pessoa predizia sua propensão a fazer doações aos necessitados.[44]

No mundo do trabalho, a preocupação que nos impele a assumir responsabilidades por aquilo que precisa ser feito se traduz em boa cidadania organizacional. As pessoas preocupadas são as mais dispostas a reservar tempo e empreender esforços de modo a ajudar um colega. Em vez de se concentrar apenas no próprio trabalho, entendem a necessidade da cooperação em grupo para alcançar objetivos maiores.

Aquelas que fisiologicamente se abalam mais pelo sofrimento alheio — ou seja, que são mais suscetíveis ao contágio emocional nesse campo — são as que mais se mobilizam para ajudar. Por outro lado, aquelas que sofrem menos influência da preocupação empática desprezam com facilidade a aflição do outro. Um estudo longitudinal descobriu que as crianças de cinco a sete anos de idade que ficavam menos incomodadas ao ver o sofrimento das próprias mães são mais propensas a se tornarem adultos "antissociais".[45] Os pesquisadores sugerem que "estimular a atenção e a preocupação das crianças pequenas com relação às necessidades dos outros" pode ser uma estratégia eficaz para prevenir o mau comportamento no futuro.

Simplesmente sentir preocupação com o outro nem sempre basta; precisamos também tomar a iniciativa de agir de maneira efetiva. Inúmeros administradores de entidades com objetivos humanitários se atrapalham porque não possuem habilidades gerenciais básicas; precisam ser mais inteligentes para fazer o bem. A preocupação adquire maior potência quando é calcada nas habilidades da estrada principal, tirando proveito da perícia para seus próprios fins. Bill e Melinda Gates exemplificam esses níveis mais elevados de preocupação: empregaram as melhores práticas do mundo empresarial para atacar devastadores problemas de saúde dos pobres do mundo. E também reservam tempo para conhecer as pessoas a quem estão ajudando – mães moçambicanas cujos filhos estão morrendo de malária, vítimas de aids na Índia –, o que fomenta sua empatia.

A preocupação é o impulso na base de profissões na área de cuidados ao outro, como a medicina e o serviço social. Em certo sentido, essas profissões são a personificação pública da preocupação com os necessitados, sejam eles os doentes ou os pobres. As pessoas que atuam nas profissões de cuidados com o outro florescem quando essa capacidade prospera, mas se exaurem quando ela declina.

A preocupação reflete a capacidade da pessoa de sentir compaixão. Pessoas manipuladoras podem ser hábeis em outras aptidões da inteligência social, mas falham aqui. As deficiências nesse aspecto da aptidão social deveriam servir como um forte traço identificador dos tipos antissociais, que não se importam com as necessidades ou o sofrimento dos outros, muito menos buscam ajudá-los.

EDUCANDO O ATALHO

Agora que examinamos o terreno da inteligência social, surge a pergunta: é possível aperfeiçoarmos esses talentos humanos tão essenciais? Particularmente no que diz respeito às capacidades do atalho, o desafio parece intimidador. Mas Paul Ekman, a autoridade na leitura de emoções nas expressões faciais (como vimos no capítulo 3), desenvolveu uma maneira de ensinar as pessoas a melhorar a empatia primordial – a despeito de sua operação instantânea e inconsciente.

O treinamento de Ekman tem como foco as microexpressões, sinais emocionais que perpassam o rosto em menos de um terço de um segundo, o estalar de um dedo. Uma vez que são espontâneos e feitos de forma inconsciente, esses sinais emocionais oferecem uma pista de como a pessoa realmente se sente naquele momento – qualquer que seja impressão que ela possa estar tentando projetar.

Embora uma única microexpressão discrepante não indique inevitavelmente que a pessoa está mentindo, em geral a falsidade absoluta envolve esse tipo de enganação emocional. Quanto melhor uma pessoa é em perceber as microexpressões, maiores chances terá de detectar uma tentativa de esconder uma verdade emocional. O entrevistador da embaixada que percebeu a expressão de aversão atravessar o rosto do criminoso que solicitava um visto tinha sido treinado nos métodos de Ekman.

Essa habilidade tem especial valor para diplomatas, juízes e policiais, porque as microexpressões revelam como uma pessoa realmente se sente em determinado momento. Por outro lado, namorados, empresários, professores — praticamente todo mundo — podem beneficiar-se da leitura desses sinais afetivos.

Essas expressões emocionais automáticas e fugazes operam via circuitos do atalho, notórios pela automaticidade e rapidez. E precisamos usar o atalho para captar o atalho. Mas isso exige a sintonia fina de nossa capacidade para a empatia primordial.

Ekman elaborou um CD, chamado de Ferramenta de Treinamento em Microexpressões, que, de acordo com ele, pode ajudar basicamente qualquer pessoa a melhorar muito esse trabalho de detetive em nível microscópico. A essa altura, dezenas de milhares de pessoas já passaram por esse procedimento de treinamento, que leva menos de uma hora para ser finalizado.[46]

Hoje de manhã eu mesmo o testei.

A primeira rodada apresenta uma série de rostos de pessoas diferentes, cada um, de início, paralisado em uma expressão neutra. Depois, por um surpreendente abrir e fechar de olhos, eles manifestam brevemente uma das sete expressões a seguir: tristeza, raiva, medo, surpresa, nojo, desprezo ou felicidade.

Depois de cada vislumbre, eu tinha de identificar que expressão acabara de testemunhar, embora, até onde eu sabia, tudo não passasse de uma série de borrões em movimento. Os sorrisos e o franzir de testa passavam em altíssima velocidade, em apenas um décimo quinto de segundo. Essa vertiginosa ligeireza ajusta-se à janela rápida do atalho, deixando aturdida a estrada principal.

Em seguida, passei por uma série de três sessões de prática e análise que apresentavam sessenta quadros do mesmo tipo em velocidades de até um trigésimo de segundo. Depois de cada palpite, o formato me permitia estudar cada expressão em uma imagem congelada, o que era melhor para dominar as nuances que diferenciam tristeza de surpresa, nojo de raiva. Melhor ainda, avaliava cada palpite como certo ou errado, propiciando um importante parecer (que praticamente nunca obtemos na vida real), graças ao qual é possível aperfeiçoar os ansiosos circuitos neurais nessa tarefa ardilosa.

À medida que fazia minhas suposições, em certas ocasiões eu podia articular comigo mesmo que expressão eu tinha visto e por quê: o vislumbre de dentes indicando um sorriso, o meio sorriso de desprezo, os olhos arregalados de medo. Porém, na grande maioria das vezes, minha mente racional ficava perplexa, genuinamente surpreendida quando o que parecia ser um chute desesperado revelava-se uma intuição certeira.

Mas quando eu tentava explicar a mim mesmo por que o borrão que eu tinha acabado de ver sinalizava uma ou outra emoção — *com certeza aquela sobrancelha arqueada significa surpresa* —, geralmente errava. Quanto mais eu confiava em minha intuição, mais frequentes eram os meus acertos. Como nos diz a ciência cognitiva, sabemos mais do que somos capazes de expressar. Em outras palavras, o trabalho do atalho é mais bem-feito quando a estrada principal simplesmente se cala.

Depois de vinte ou trinta minutos de sessões práticas, fiz o pós-teste, alcançando a respeitável marca de 86%, em contraste com meros 50% no pré-teste. Ekman constatou que, como eu, a maioria das pessoas acerta em média de 40% a 50% na primeira tentativa. No entanto, depois de mais ou menos vinte minutos de treinamento, quase todos acertam de 80% a 90%.

"O atalho é eminentemente passível de treinamento. Mas por que ainda não aprendemos isso? Porque nunca tínhamos recebido o feedback adequado", disse-me Ekman. Quanto mais as pessoas treinam, melhor é seu desempenho. "Para superaprender essa habilidade", aconselha Ekman, é preciso treinar à perfeição.

Ekman descobriu que as pessoas treinadas dessa maneira têm maior competência para detectar as microexpressões da vida real, como o olhar de vergonhosa tristeza que perpassou o rosto do espião inglês Kim Philby em sua última entrevista antes de fugir para a União Soviética, ou o indício de repulsa que passou velozmente pelo rosto de Kato Kaelin ao testemunhar no julgamento de O. J. Simpson.

É compreensível que interrogadores da polícia, negociadores de empresas e uma miríade de outras pessoas cuja profissão exige que detectem a dissimulação tenham afluído aos montes para o treinamento de Ekman. Indo direto ao ponto aqui: esse curso intensivo para o atalho revela que esses circuitos neurais são ávidos por aprender. Precisam apenas de aulas em uma linguagem que entendam — e que nada tem a ver com palavras.

Com relação à inteligência social, o programa de Ekman é um modelo para treinar pessoas em aptidões do atalho, a exemplo da empatia primordial e decodificação de sinais não verbais. Se no passado a maioria dos psicólogos supôs que esse comportamento rápido, automático e espontâneo estava em larga medida além da nossa possibilidade de aperfeiçoamento, Ekman mostra que não é verdade. Trata-se de um novo modelo de aprendizagem que, desviando-se da estrada principal, conecta-se diretamente com o atalho.

A INTELIGÊNCIA SOCIAL REPENSADA

Nos primeiros anos do século XX, um neurologista realizou um experimento com uma mulher que sofria de amnésia. O caso era tão severo que ela tinha de ser reapresentada ao médico todas as vezes em que se encontravam, o que acontecia quase diariamente.

Um dia, o médico escondeu uma tachinha na mão. Como de costume, ele se apresentou à paciente e apertou sua mão. A tachinha espetou a pele da paciente. Em seguida ele saiu, voltou e perguntou à mulher se já se conheciam.

Ela disse que não. Porém, quando ele se apresentou novamente e estendeu a mão para cumprimentá-la, ela recolheu a mão.

Joseph LeDoux (a quem conhecemos no capítulo 5) conta a história para mostrar a pertinência do argumento sobre a estrada principal e o atalho.[47] A amnésia da mulher era causada por lesões no lobo temporal, parte do circuito da estrada principal. A amígdala, o nódulo central para o atalho, estava intacta. Embora o lobo temporal não conseguisse se lembrar do que tinha acabado de acontecer com ela, a ameaça da tachinha ficou impressa nos circuitos da amígdala. Ela não reconheceu o médico — mas sabia que não deveria confiar nele.

Podemos repensar a inteligência social à luz da neurociência. A arquitetura social do cérebro entrelaça a estrada principal e o atalho. Nos cérebros intactos, esses dois sistemas trabalham em paralelo, ambos são lemes necessários no mundo social.

As ideias convencionais sobre a inteligência social frequentemente giram em torno dos talentos da estrada principal, como o conhecimento social ou a capacidade de extrair as regras, protocolos e normas que norteiam o comportamento adequado em determinado cenário social.[48] A escola da "cognição social" reduz o talento interpessoal a essa espécie de intelecto geral aplicado às interações.[49] Embora esse enfoque cognitivo tenha sido bastante útil na linguística e na inteligência artificial, encontra seus limites quando aplicado aos relacionamentos humanos.

O foco na cognição *sobre* os relacionamentos negligencia habilidades não cognitivas essenciais como a empatia primordial e a sincronia, e ignora aptidões como a preocupação. Uma perspectiva puramente cognitiva despreza a essencial cola social de cérebro a cérebro que constrói o alicerce para qualquer interação.[50] O espectro total das habilidades de inteligência social abarca as aptidões tanto da estrada principal quanto do atalho. Logo, tanto os conceitos quanto suas medidas omitem muitas pistas do atalho — e, assim, excluem os talentos sociais que têm sido fundamentais à sobrevivência humana.

Na década de 1920, quando Thorndike propôs originalmente a medição da inteligência social, não se sabia quase nada sobre a base neural do QI, e menos ainda sobre habilidades interpessoais. Hoje, a neurociência social desafia os teóricos da inteligência a encontrar uma definição para as nossas habilidades interpessoais que contenha em si os talentos do atalho — incluindo as capacidades de entrar em sincronia, ouvir de modo sintonizado e desenvolver a preocupação empática.

Esses elementos básicos dos relacionamentos construtivos devem ser incluídos em qualquer definição plena de inteligência social. Sem eles o conceito permanece frio e seco, valorizando o intelecto calculista, mas ignorando as virtudes de um coração afetuoso.

Nesse ponto estou de acordo com o falecido psicólogo Lawrence Kohlberg, que argumentava que a tentativa de eliminar os valores humanos da inteligência social empobrece o conceito.[51] Então essa inteligência se degenera na pragmática da influência e do controle. Nestes tempos de anonimato e isolamento, precisamos estar sempre vigilantes contra a disseminação de uma postura tão impessoal.

Parte II

Vínculos rompidos

7. Tu e Isso

Uma mulher cuja irmã havia morrido recentemente recebeu um telefonema de pêsames de um amigo que também perdera a irmã alguns anos antes. O amigo expressou suas condolências, e a mulher, comovida por suas palavras empáticas, contou-lhe em detalhes dolorosos os longos padecimentos que a irmã sofrera com a doença e descreveu o quanto estava desalentada com a perda.

Porém, enquanto falava, podia ouvir os cliques das teclas do computador do outro lado da linha. Aos poucos, ela se deu conta: o amigo estava respondendo a mensagens de e-mail, ao mesmo tempo que conversava com ela em sua hora de dor. À medida que a conversa continuava, os comentários dele foram se tornando cada vez mais vazios, superficiais e despropositados.

Quando desligaram, o abatimento dela era tão grande que desejou que ele jamais tivesse ligado. Ela acabara de receber um soco no estômago da interação que o filósofo Martin Buber denominou "Eu-Isso".

Na interação Eu-Isso, escreveu Buber, a pessoa não entra em sintonia com a realidade subjetiva do outro, não sente empatia verdadeira pelo outro. A falta de conectividade pode ser muito óbvia da perspectiva do receptor. O amigo talvez se sentisse obrigado a ligar e expressar sua solidariedade à mulher que tinha perdido a irmã, mas a falta de uma conexão emocional plena transformou o telefonema em um gesto vazio.

Buber cunhou o termo "Eu-Isso" para descrever uma gama de relações que vão de meramente distantes a completamente aproveitadoras. Nesse espectro, o outro se torna um objeto: tratamos o outro mais como um objeto do que como uma pessoa.

Os psicólogos usam o termo "agêntico" para essa abordagem fria ao outro, considerando as pessoas apenas como instrumentos a serem usados em prol de nossos próprios objetivos.[1] Uma pessoa é agêntica quando não dá a mínima para os sentimentos do outro e se importa apenas com o que quer da outra pessoa.

Esse modo egocêntrico contrasta com a "comunhão", um estado de vigorosa empatia recíproca em que os sentimentos do outro são mais do que importantes para mim — os sentimentos alheios me modificam. Quando estamos em comunhão, permanecemos em sincronia, entrelaçados em um circuito de retroalimentação. No entanto, nos momentos em que uma das pessoas é agêntica, ocorre a desconexão.

Quando outras tarefas ou preocupações dividem nossa atenção, a minguada reserva que sobra para a pessoa com quem conversamos nos faz operar no piloto automático, prestando apenas a atenção necessária para manter a conversa. Caso seja preciso uma presença mais intensa, o resultado será uma interação que parece "desligada".

As preocupações múltiplas cobram um preço em qualquer conversa que vá além da rotina, em particular quando entra em zonas emocionalmente problemáticas. Para ser caridoso, o amigo multiatarefado que ligou para dar condolências talvez não tenha tido a intenção de magoar. Porém, quando somos multitarefas — esse vício comum da vida moderna — e a conversa é acrescentada ao pacote de atividades, imediatamente passamos para o modo Isso.

EU-TU

No restaurante, entreouvi a seguinte história sendo contada na mesa ao lado:

"Meu irmão tem um azar terrível com mulheres. O primeiro casamento dele foi um desastre. Ele tem 39 anos e é um nerd. Tem excelentes conhecimentos técnicos, mas as habilidades sociais são horríveis.

"Nos últimos tempos ele vem experimentando o *speed-dating*, aqueles encontros rápidos. As mulheres solteiras ficam sentadas às mesas e os homens passam de mesa em mesa, permanecem exatos cinco minutos conversando com cada mulher. Um sino toca quando se esgotam os cinco minutos e depois desse rodízio eles dão notas uns para os outros, indicando se gostariam de se encontrar. Se sim, trocam endereços de e-mail para combinar de sair juntos em outra ocasião.

"Mas o meu irmão estraga suas chances. Eu sei exatamente o que ele faz: assim que se senta, começa a falar sobre si mesmo sem parar. Tenho certeza de que nunca faz uma única pergunta às mulheres. Jamais uma delas disse que queria sair com ele."

Pelo mesmo motivo, quando estava solteira, a cantora de ópera Allison Charney usava um "teste de namoro": ela contava a quantidade de tempo que o homem com quem saía demorava para fazer uma pergunta contendo a palavra "você". No primeiro encontro com Adam Epstein, o homem com quem se casou um ano depois, ela nem teve tempo de acionar o relógio — ele acertou de primeira.[2]

Esse "teste" procura a capacidade de uma pessoa de entrar em sintonia, de querer entrar na realidade interior do outro e entendê-la. Os psicanalistas usam um termo um tanto desajeitado — "intersubjetividade" — para referir-se a esse emaranhado de mundos interiores de duas pessoas.[3] A expressão "Eu-Tu" é uma maneira mais lírica de descrever o mesmo tipo de conexão empática.

De acordo com a descrição do austríaco Buber em seu livro de 1937 sobre uma filosofia de relacionamentos, o Eu-Tu é um vínculo especial, uma proximidade sintonizada que muitas vezes — mas, claro, nem sempre — é encontrada entre marido e mulher, entre familiares e entre bons amigos.[4] Em alemão, a forma de "tu" que Buber usou — *Du* — é a mais íntima, a palavra que amigos e namorados usam entre si.

Para Buber, que era um místico e um filósofo, "tu" tem uma dimensão transcendental. O relacionamento humano com o divino é uma conexão do Eu-Tu que pode ser sustentada indefinidamente, o ideal definitivo de nossa humanidade imperfeita. Mas os modos cotidianos do Eu-Tu vão do simples respeito à polidez, da afeição e admiração a qualquer uma das incontáveis maneiras de demonstrar nosso amor.

A indiferença e a distância emocionais de um relacionamento Eu-Isso divergem em direto contraste com o afinado Eu-Tu. Quando estamos no modo Eu-Isso, tratamos as outras pessoas como meios para algum outro fim.

Por outro lado, no modo Eu-Tu o relacionamento com o outro se torna um fim em si mesmo. A estrada principal, com sua facilidade de racionalidade e cognição, pode ser suficiente para o Isso. Mas o Tu, em que nos sintonizamos, mobiliza o atalho.

A fronteira entre Isso e Tu é porosa e fluida. Todo Tu às vezes se torna Isso; todo Isso tem o potencial de se tornar Tu. Quando temos a expectativa de sermos tratados como Tu, o tratamento como Isso nos parece terrível, como aconteceu com aquele telefonema de pêsames. Nesses momentos, o Tu se atrofia em Isso.

A empatia abre a porta para os relacionamentos Eu-Tu. Respondemos não apenas na superfície, mas em camadas mais amplas e profundas; como disse Buber, o Eu-Tu "só pode ser exprimido com o ser completo". Uma qualidade definidora do entrosamento Eu-Tu é "sentir-se compreendido", a nítida sensação de alguém ao tornar-se o alvo da verdadeira empatia. Nesses momentos, sentimos que a outra pessoa sabe como nos sentimos, e assim nos sentimos compreendidos.[5]

Como definiu um dos primeiros psicanalistas, paciente e terapeuta "oscilam no mesmo ritmo" à medida que sua conexão emocional se intensifica; isso também ocorre fisiologicamente, como vimos no capítulo 2. A empatia terapêutica, conforme propôs o teórico humanista Carl Rogers, é alcançada quando o terapeuta entra em sintonia com o cliente a ponto de o cliente se sentir compreendido — sente-se conhecido como um Tu.

SENTIR-SE COMPREENDIDO

Poucos depois de desembarcar nos Estados Unidos para sua primeira visita ao país, Takeo Doi, um psiquiatra japonês, passou por um momento constrangedor. Estava na casa de alguém a quem acabara de ser apresentado quando o anfitrião lhe perguntou se estava com fome, acrescentando: "Temos sorvete, se você quiser".

Doi estava de fato com muita fome. Mas foi um choque ser indagado à queima-roupa se estava com fome por uma pessoa que ele mal conhecia. No Japão, jamais lhe teriam feito essa pergunta.

Seguindo as normas da cultura japonesa, Doi não conseguiu admitir que estava faminto. Por isso, recusou a oferta de sorvete.

Ao mesmo tempo, Doi se lembra de ter alimentado uma pequena esperança de que seu anfitrião insistiria. Ficou decepcionado ao ouvir o dono da casa dizer apenas: "Tudo bem", e nunca mais falar no assunto.

No Japão, Doi observa, um anfitrião teria simplesmente percebido sua fome e lhe dado algo para comer sem precisar perguntar se ele queria ou não.

Essa capacidade de perceber as necessidades e sentimentos de outra pessoa, e a reação espontânea a eles, evidencia o alto valor atribuído ao modelo Eu-Tu na cultura japonesa (e nas culturas do Leste Asiático em geral). A palavra japonesa *amae* refere-se a essa sensibilidade, a empatia automática e com base na qual as pessoas agem, sem chamar atenção para si mesmas.

Na órbita do *amae*, nós nos sentimos compreendidos. Takeo Doi vê a afetuosa conectividade da relação mãe-filho — na qual a mãe sente intuitivamente as necessidades do bebê — como o protótipo dessa sintonia intensificada. Ela se estende a todos os vínculos sociais de proximidade na vida japonesa cotidiana, criando uma atmosfera íntima de conexão.[6]

A língua inglesa não tem uma tradução exata para o conceito de *amae*, mas certamente seria possível usar um termo para fazer referência a uma relação de íntima sintonia. *Amae* aponta para o fato empírico de que entramos em sintonia de forma mais imediata com as pessoas de nossa vida que conhecemos e amamos — a família e os parentes mais próximos, namorados, maridos, esposas, velhos amigos. Quanto mais próximos, maior é o *amae*.

Amae parece dar como garantida uma preparação mútua de sentimentos e pensamentos paralelos em pessoas que estão sintonizadas. A atitude tácita é algo parecido com: *Se eu sinto, você também deveria sentir — e então não preciso lhe dizer o que quero ou sinto ou de que necessito. Você deve estar em uma sintonia tão fina comigo a ponto de sentir também e, assim, agir sem que haja a necessidade de dizer uma única palavra.*

Esse conceito faz sentido não apenas no âmbito emocional, mas também no nível cognitivo. Quanto mais forte é nosso relacionamento com uma pessoa, maior a nossa propensão a sermos abertos e atentos a ela. Quanto mais história pessoal compartilharmos, mais prontamente sentiremos o que ela sente e mais parecidos serão os nossos pensamentos e reações a qualquer situação que surgir.

Hoje em dia, Buber é considerado ultrapassado nos círculos filosóficos, mas o filósofo francês Emmanuel Lévinas ocupou em grande parte seu lugar como comentarista dos relacionamentos.[7] O Eu-Isso, observa Lévinas, implica o mais superficial dos relacionamentos: pensar *sobre* a outra pessoa, em vez de se sintonizar com ela. O Eu-Isso permanece na superfície; o Eu-Tu mergulha nas profundezas. O "Isso", aponta Lévinas, descreve o Tu na terceira pessoa, apenas uma mera ideia, a maior distância da conexão íntima.

Os filósofos veem a compreensão implícita do mundo que norteia a forma como pensamos e agimos como ancoradouros invisíveis em nossa realidade social construída. Esse conhecimento pode ser tacitamente compartilhado em toda uma cultura, no âmbito de uma família ou em qualquer encontro de mentes entre pessoas. Lévinas observa que essa sensibilidade compartilhada é "o que surge quando duas pessoas interagem"; as raízes da nossa noção particular e subjetiva do mundo estão em nossos relacionamentos.

Freud já disse, muito tempo atrás, que tudo aquilo que estabelece significativos pontos em comum entre as pessoas desperta "sentimentos de camaradagem" — fato que não passa despercebido por qualquer pessoa que tenha entabulado uma conversa bem-sucedida com um atraente parceiro em potencial, realizado uma visita de venda a um cliente desconhecido ou apenas passado tempo com o passageiro na poltrona ao lado em um longo voo. Mas, sob essa conexão superficial, Freud viu que a interação intensa poderia forjar uma identificação imediata, uma noção de que o outro e nós somos praticamente uma única e mesma pessoa.

No nível neural, o "conhecendo você" significa que estou adquirindo uma ressonância com seus padrões emocionais e mapas mentais. E quanto mais nossos mapas se sobrepõem, maior é a identificação que sentimos e maior é a realidade compartilhada que criamos. À medida que aumenta a identificação entre nós, as categorias mentais passam por uma espécie de fusão, de modo que pensamos inconscientemente naquelas pessoas que são mais importantes para nós de forma muito parecida com a que pensamos sobre nós mesmos. Maridos e mulheres, por exemplo, tendem a ter maior facilidade para apontar mais similaridades do que diferenças entre eles — mas apenas se estiverem felizes no relacionamento. Caso contrário, prevalecem as diferenças.

Outro indicador, bastante irônico, da similaridade de mapas mentais ocorre com vieses egoístas: tendemos a aplicar às pessoas que mais estimamos o mesmo raciocínio distorcido que aplicamos a nós mesmos. Por exemplo, é muito comum termos uma "ilusão de invulnerabilidade" extremamente otimista, segundo a qual acreditamos que é muito mais provável que coisas ruins aconteçam com outras pessoas — e não conosco ou com aquelas de quem mais gostamos.[8] De forma geral costumamos julgar que as chances de nós ou de nossos entes queridos desenvolverem câncer ou sofrerem um acidente de carro são muito menores do que as probabilidades que calculamos para outras pessoas.

Nossa experiência de unidade — a sensação de fundir e compartilhar identidades — aumenta sempre que levamos em consideração a perspectiva da outra pessoa, e se fortalece quanto mais vemos as coisas a partir de seu ponto de vista.[9] O momento em que a empatia se torna mútua tem uma ressonância especialmente preciosa. Duas pessoas cujas mentes estão fortemente conectadas chegam a completar as frases uma da outra — sinal de uma relação vibrante que os pesquisadores de relações conjugais chamam de "validação de alta intensidade".[10]

O Eu-Tu é um relacionamento unificador no qual, por um momento, uma pessoa especial é vista como diferente de todas as outras e conhecida em todas as suas características singulares. Essas interações profundas são os momentos dos quais nos recordamos com mais nitidez em nossos relacionamentos íntimos. Buber estava se referindo exatamente a esse entrosamento de total plenitude quando escreveu: "Toda vida verdadeira é encontro".[11]

A menos que sejamos santos, estabelecer um relacionamento Eu-Tu com todas as pessoas que encontramos é pedir demais de nós mesmos. É inevitável que a vida oscile entre os dois modos. Buber compreendeu: temos uma espécie de eu dividido, duas "províncias clara e meticulosamente delimitadas" — uma, o Isso; a outra, o Tu. O Tu abrange nossos momentos conectados. Mas lidamos com os detalhes da vida no modo Isso, por meio de comunicações utilitárias focadas em fazer as coisas.

A UTILIDADE DO ISSO

Nicholas Kristof, colunista do *New York Times*, tem uma renomada carreira como jornalista e recebeu o Prêmio Pulitzer por sua reportagem investigativa. Manteve sua objetividade jornalística cobrindo guerras, a fome e boa parte das grandes catástrofes ocorridas nas últimas décadas.

Até que um dia, no Camboja, esse distanciamento evaporou. Isso aconteceu enquanto investigava a escandalosa venda de milhares de crianças como escravas a traficantes sexuais.[12]

O momento decisivo ocorreu quando um cafetão cambojano apresentou-lhe uma pequena e trêmula adolescente chamada Srey Neth. Kristof fez o que descreveu como "algo terrivelmente não jornalístico": comprou a menina por 150 dólares.

Kristof levou Srey Neth e outra menina de volta a seus vilarejos e as libertou, ajudando-as a recomeçar a vida. Um ano mais tarde, Srey terminou o curso numa escola de estética em Phnom Penh e estava ansiosa para abrir o próprio salão de beleza – a outra menina, porém, tragicamente voltou a se entregar ao dinheiro fácil. Ao escrever sobre elas em sua coluna, Kristof mobilizou inúmeros leitores a enviar doações a uma instituição de caridade que ajudava Srey Neth e outras meninas como ela a recomeçar a vida.

A objetividade é um dos princípios norteadores da ética jornalística. Idealmente o jornalista deve permanecer um observador neutro, acompanhando os eventos e relatando-os à medida que acontecem, em vez de interferir de alguma forma. Kristof foi além dos rígidos limites do papel de jornalista, cruzando aquele abismo de distanciamento para entrar ele mesmo na história.

O código do jornalista é uma procuração para um relacionamento Eu-Isso, de forma análoga aos códigos obedecidos por muitos outros profissionais, de médicos a policiais. Um cirurgião não deve operar pessoas com as quais tenha um forte vínculo pessoal, a fim de que seus sentimentos não interfiram na clareza mental; um policial, em tese, jamais deve deixar que uma conexão pessoal influencie sua imparcialidade no cumprimento da lei.

O princípio da manutenção de um "distanciamento profissional" visa proteger ambas as partes da instável e imprevisível influência das emoções na execução de sua especialidade. Manter essa distância significa ver uma pessoa em termos de seu papel – paciente, criminoso – sem entrar em sintonia com a pessoa em seu papel. Enquanto o atalho nos conecta instantaneamente com o sofrimento do outro, os sistemas pré-frontais podem aumentar nossa separação emocional o suficiente para que pensemos com mais clareza.[13] Esse equilíbrio torna eficaz a empatia.

O modo Isso tem evidentes vantagens para a vida cotidiana, pelo menos para resolver os problemas corriqueiros. As regras sociais implícitas nos guiam na decisão de com quais pessoas não precisamos interagir. A vida diária parece ter uma abundância delas: toda vez que esperamos uma interação com uma pessoa no mero desempenho de seu papel social – a garçonete, o balconista –, nós a tratamos como um Isso unidimensional, ignorando o "restante" dela, sua identidade humana.

Jean-Paul Sartre, filósofo francês do século XX, via essa unidimensionalidade como sintoma de uma alienação mais ampla na vida moderna. Ele descreveu os papéis públicos como uma "cerimônia", uma maneira muito bem roteirizada de agir na qual tratamos os outros como um Isso — e, em troca, também somos tratados como coisas: "Existe a dança do dono da mercearia, do alfaiate, do leiloeiro, pela qual se empenham em persuadir sua clientela de que não passam de dono de mercearia, alfaiate, leiloeiro".[14]

Mas Sartre nada nos diz sobre os benefícios que obtemos ao evitar uma infindável fieira de interações Eu-Tu, graças a esse baile de máscaras de Eu-Isso. A digna indiferença de um garçom o poupa de intromissões em sua vida particular, ao mesmo tempo que cria uma esfera de privacidade aos clientes que ele serve. Permanecer em seu papel lhe permite exercer seu trabalho com eficiência, mantendo sua autonomia interna a fim de voltar a atenção para os seus interesses e atividades particulares — mesmo que envolvam apenas sonhar acordado e fantasiar. Sua função lhe propicia uma bolha de privacidade mesmo na vida pública.

Bater papo não representa uma ameaça a essa bolha, contanto que permaneça informal. E a pessoa no papel de Isso tem sempre a opção de se dirigir a alguém como Tu, temporariamente assumindo sua personalidade. Mas, de maneira geral, o próprio papel opera como uma espécie de tela, bloqueando parcialmente a pessoa que o desempenha. Pelo menos de início vemos o Isso, não a pessoa.

Quando encontramos conhecidos ocasionais, nossa conexão se intensifica à medida que ambos se entregam a uma dança não verbal de atenção mútua, sorrindo, com postura e movimento coordenados e afins. Mas quando encontramos alguém em um papel profissional, temos a tendência de nos concentrar em uma necessidade ou em algum resultado desejado. Estudos sobre pessoas interagindo com outras no desempenho de papéis em que formalmente oferecem ajuda — médicos, enfermeiras, advogados, psicoterapeutas — mostram que os ingredientes-padrão de conexão são, em ambos os lados, perceptivelmente mais fracos do que entre pessoas em interações informais.[15]

Esse foco orientado por objetivos apresenta um desafio aos que atuam em profissões na área de cuidados ao outro. Afinal, a conexão harmônica é importante para a eficácia do encontro profissional. Na psicoterapia, a química interpessoal entre terapeuta e paciente determina se uma aliança eficaz será ou não formada. Na medicina, uma conexão harmônica ajuda o paciente a confiar no médico a ponto de seguir suas recomendações.

Quem atua nessas profissões de cuidados com o outro deve trabalhar com afinco para assegurar que os ingredientes da conexão sejam acionados durante as interações profissionais. Seu distanciamento precisa ser equilibrado com uma dose de empatia para permitir que floresça pelo menos um pouco do sentimento do modo Eu-Tu.

A DOR DA REJEIÇÃO

A hora da verdade para Mary Duffy – ao constatar que deixara de ser conhecida como uma pessoa e se transformara simplesmente no "carcinoma no Quarto B-2" – ocorreu na manhã após a cirurgia de câncer de mama.

Duffy ainda estava meio sonolenta quando, sem qualquer aviso, se viu cercada por desconhecidos de jaleco branco – um médico e um grupo de estudantes de medicina. O médico, sem dizer uma única palavra, puxou o lençol e abriu sua camisola, como se ela fosse apenas um manequim, deixando-a nua.

Fraca demais para protestar, Duffy conseguiu murmurar um sarcástico "Oi, bom dia" ao médico, que a ignorou.

E, por sua vez, iniciou uma aula sobre carcinoma para o bando de estudantes que rodeavam a cama. Eles olhavam sem pudor para o corpo nu de Mary, devidamente indiferentes a ela.

Por fim o médico se dignou a falar com Duffy, perguntando em tom distraído: "Você já expeliu gases?".

Quando ela tentou assegurar um pouco de humanidade com um comentário espirituoso – "Não, só faço isso depois do terceiro encontro" –, o médico pareceu ter ficado ofendido, como se ela o tivesse decepcionado.[16]

O que Duffy queria com tanta urgência naquele momento era que o médico confirmasse sua pessoalidade, mesmo que fosse apenas com um pequeno gesto que lhe desse um pouco de dignidade. Ela precisava de um momento Eu-Tu. O que conseguiu foi uma fria dose de Isso.

Como Duffy, ficamos inevitavelmente incomodados quando, por alguma razão, alguém com quem temos a expectativa de nos conectar deixa de cumprir sua parte do circuito. O resultado: nós nos sentimos desolados — como um bebê cuja mãe se recusa a prestar atenção nele.

Esse sentimento de comiseração e desgosto tem uma base neural. Nosso cérebro registra as rejeições sociais na mesma área que se ativa quando sofremos uma dor física: o córtex cingulado anterior (CCA), conhecido por gerar, entre outras coisas, as penosas sensações da dor corporal.[17]

Matthew Lieberman e Naomi Eisenberger, que realizaram o estudo na UCLA, sugerem que o córtex cingulado anterior funciona como um sistema de alarme neural para detectar o perigo da rejeição e alertar outras partes do cérebro a reagir de acordo.[18] Eles acreditam que, assim, ele integra um "sistema de apego social" que pega carona na fiação existente para alertar o cérebro sobre o dano físico.

A rejeição ressoa como uma ameaça primordial, do tipo que o cérebro parece ter sido programado para realçar. Lieberman e Eisenberger fazem questão de lembrar que, na pré-história humana, ser parte de um bando era essencial para a sobrevivência; a exclusão podia ser uma sentença de morte, o que ainda ocorre atualmente com filhotes de mamíferos na selva. Eles propõem que o centro da dor pode ter desenvolvido essa sensibilidade para a exclusão social como um sinal de alerta para apontar um possível banimento — e, provavelmente, instigar-nos a consertar o relacionamento sob ameaça.

Essa ideia explica as próprias metáforas que usamos para indicar a dor de uma rejeição: as expressões "coração partido" e "ferir os sentimentos" sugerem a natureza física da dor emocional. Essa equação de dor física e dor social parece ser tacitamente reconhecida em muitos idiomas ao redor do mundo: as palavras que descrevem a dor social são emprestadas do léxico dos danos físicos.

De forma reveladora, um filhote de macaco com algum dano no córtex cingulado anterior não consegue gritar de aflição quando é separado da mãe; essa falha na natureza pode facilmente colocar sua vida em perigo. Igualmente, uma macaca cujo CCA tenha sofrido alguma lesão não responde mais aos gritos de um filhote desesperado trazendo-o para junto de si a fim de protegê-lo. Nos humanos, quando uma mãe ouve o bebê chorar, o CCA entra em atividade até que ela responda.

Nossa ancestral necessidade de manter uma conexão talvez explique por que lágrimas e risos compartilham a proximidade no tronco encefálico, a parte mais antiga do cérebro.[19] O riso e o choro surgem espontaneamente em momentos primais de conexão social — partos e mortes, casamentos e reencontros há muito adiados. A tristeza da separação e a alegria da reunião evidenciam em igual medida o poder primordial da conexão.

Quando nossa necessidade de proximidade não é atendida, o resultado podem ser transtornos emocionais. Os psicólogos cunharam o termo "depressão social" para a específica infelicidade causada por relacionamentos problemáticos e ameaçados. A rejeição social — ou o medo dela — é uma das causas mais comuns da ansiedade. Os sentimentos de inclusão não dependem tanto da frequência de contatos sociais ou de numerosos relacionamentos, mas sim de como nos sentimos aceitos, mesmo que em apenas alguns poucos relacionamentos-chave.[20]

Não é de admirar que tenhamos um sistema inato em constante estado de alerta para a ameaça de abandono, separação ou rejeição: eles já significaram risco à própria vida, embora hoje só o sejam simbolicamente. Ainda assim, quando temos a esperança de que alguém nos veja como um Tu, receber o tratamento de um Isso — como se não tivéssemos importância — provoca uma dor singularmente aguda.

EMPATIA OU PROJEÇÃO?

Relatando seu primeiro encontro com um novo paciente, um psicanalista relembrou ter sentido certo nervosismo. "Reconheci vagamente uma das muitas versões de ansiedade às quais sou suscetível."

O que exatamente o deixara tão nervoso? Esquadrinhando o paciente enquanto o ouvia com toda atenção, o psicanalista percebeu que o detalhe mais inquietante era o fato de o paciente usar calças engomadas, imaculadamente bem passadas.

Ele disse em tom irônico que o paciente parecia "o principal item do catálogo da marca de roupas Eddie Bauer, e eu era o adendo da última página, anunciando que tamanhos diferentes e peças com pequenos defeitos estavam disponíveis sob consulta". O psicanalista ficou tão enervado que se inclinou para a frente na cadeira, sem jamais romper o contato visual com o paciente, a fim de desdobrar as bainhas das próprias calças de algodão, totalmente amassadas.

Mais tarde, o paciente mencionou uma poderosa lembrança da expressão de silenciosa e severa desaprovação da mãe. Isso despertou no analista a recordação dos insistentes pedidos de sua própria mãe para que não usasse roupas amarrotadas.

O psicanalista citou esse momento para exemplificar o papel essencial, na terapia, da empatia em sintonia fina — aqueles momentos em que, segundo ele, o terapeuta "acerta o alvo" e percebe que está em total sintonia com o paciente, sentindo precisamente as emoções que se agitam dentro dele.[21] Infelizmente, parte do que o psicanalista sente vem da própria bagagem emocional, uma projeção de sua realidade interna sobreposta à realidade do paciente. A projeção ignora a realidade interior da outra pessoa: quando projetamos, pressupomos que o outro sente e pensa o mesmo que nós.

Essa tendência já havia sido notada muito tempo atrás por David Hume, filósofo do século XVIII que atentou para uma "extraordinária inclinação" na natureza humana de atribuir a outras pessoas "as mesmas emoções que observamos em nós, e de encontrar em toda parte as mesmas ideias que estão mais presentes em nós", em nossa própria mente.[22] Na projeção completa, contudo, simplesmente mapeamos nosso mundo dentro do mundo de outra pessoa, sem ajuste ou sintonia de qualquer tipo. As pessoas introspectivas, perdidas em seu próprio mundo interior, têm poucas opções a não ser projetar essa sensibilidade no outro, seja ele quem for.

Alguns alegam que todo ato de empatia acarreta necessariamente um tipo sutil de projeção — que entrar em sintonia com alguém dispara em nós sentimentos e pensamentos que podemos de imediato, embora de forma equivocada, atribuir a essa pessoa. O desafio do psicanalista é distinguir as próprias projeções — em termos técnicos, a "contratransferência" — da empatia genuína. Na medida em que o terapeuta consegue ter consciência de quais de seus sentimentos íntimos espelham os do paciente e quais, ao contrário, se originam em sua própria história, ele é capaz de descobrir o que o paciente efetivamente sente.

Se a projeção converte a outra pessoa em um Isso, a empatia vê o outro como um Tu. A empatia cria um circuito de retroalimentação conforme trabalhamos em prol de um "ajuste" entre a nossa percepção e a realidade da outra pessoa. Monitorando suas próprias reações, o terapeuta pode primeiro observar um sentimento no próprio corpo que não se origina lá; o sentimento surge do que ele sente no paciente. O significado desse sentimento virá à tona à medida que for recorrente, no movimento de vaivém de um para o outro enquanto a relação paciente-terapeuta vai sendo construída. Ao compartilhar essa sensação, ele pode refletir de volta a experiência do outro, conforme a empatia afia a sintonia.

Nossa sensação de bem-estar depende, até certo ponto, de as outras pessoas nos verem como um Tu; nosso anseio por conexão é uma necessidade humana essencial, no mínimo para servir como um amortecedor à sobrevivência. Hoje, o eco neural dessa necessidade intensifica nossa sensibilidade à diferença entre Isso e Tu — e nos faz sentir a rejeição social com a mesma pungência da dor física.

Se sermos tratados como um Isso nos enerva tanto, então aqueles que sempre consideram os outros como objetos são especialmente perturbadores.

8. A Tríade Sombria

Meu cunhado, Leonard Wolf, é um homem gentil e afetuoso por natureza, um estudioso de Chaucer por formação acadêmica — e também um especialista nos gêneros de terror e horror tanto no cinema como na literatura. Esses interesses o levaram a cogitar, alguns anos atrás, escrever um livro sobre um serial killer da vida real.

O homem tinha matado dez pessoas, incluindo três de sua própria família, antes de ser preso. Os assassinatos eram horrendamente íntimos: ele estrangulava as vítimas.

Leonard visitou o assassino na prisão diversas vezes. Por fim, criou coragem para fazer a pergunta que mais o intrigava: "Como você pôde fazer uma coisa tão terrível com aquelas pessoas? Não sentiu nem um pouco de pena delas?".

O assassino respondeu sem rodeios: "Ah, não... tive de desligar essa parte de mim. Se tivesse sentido qualquer sinal do sofrimento delas, não teria conseguido fazer o que fiz".

A empatia é o inibidor fundamental da crueldade humana: anular a nossa inclinação natural de sentir junto com o outro nos autoriza a tratá-lo como um Isso, uma coisa.

A assustadora frase do estrangulador — "Tive de desligar essa parte de mim" — alude à capacidade humana de estancar intencionalmente a empatia, de ficar cego e surdo às adversidades do outro. Suprimir nossa inclinação natural de sentir com o outro desencadeia a crueldade.

Quando o traço definidor de uma pessoa é viver fora de sintonia em relação à preocupação com o outro, ela normalmente pertence a um dos tipos que os psicólogos denominam "a Tríade Sombria": narcisistas, maquiavélicos e psicopatas. Os três tipos compartilham graus variados de uma essência detestável, embora às vezes bem disfarçada: malevolência social e dissimulação, egocentrismo e agressividade, e frieza emocional.[1]

Faríamos bem em nos familiarizar com as principais características dessa trindade, pelo menos para reconhecê-las melhor. A sociedade moderna, ao glorificar os modelos egoístas do "eu-primeiro" e por idolatrar as celebridades e semideuses da ambição desenfreada e da vaidade idealizada, talvez esteja inadvertidamente provocando o florescimento desses tipos.

Em sua maioria, as pessoas que se encaixam nas categorias da Tríade Sombria não se qualificam a um diagnóstico psiquiátrico, embora em seus extremos se protejam atrás de doenças mentais ou se tornem criminosas — especialmente psicopatas. Mas a variedade "subclínica" mais comum de todas vive entre nós, povoando escritórios, escolas, bares e caminhos rotineiros da vida diária.

O NARCISISTA: SONHOS DE GLÓRIA

Um jogador de futebol a quem chamaremos de André tem uma reputação justificada de "exibido". Ele é adorado por fazer jogadas difíceis e espetaculares em momentos decisivos de partidas importantes. As melhores atuações de André ocorrem quando a torcida é mais ruidosa, o holofote brilha e as apostas são mais altas.

"Quando o jogo está em risco", disse um companheiro de equipe a um repórter, "ficamos felizes por ter André no time."

Mas esse mesmo companheiro acrescentou: "André é um verdadeiro 'pé no saco'. Chega sempre atrasado aos treinos e anda por aí como se fosse um presente de Deus para o futebol, e acho que nunca o vi lançar uma bola decente para outro jogador".

Além disso, André tem o hábito de errar jogadas fáceis, em especial nos treinos ou em jogos sem importância. Em uma infame ocasião, ele quase brigou com um colega de time que passou a bola para outro jogador, e não para ele — ainda que o outro tenha marcado o gol.

André personifica a variedade mais banal de narcisismo. Pessoas assim são movidas por um único objetivo: sonhos de glória.[2] Os narcisistas, embora se entediem com a rotina, florescem quando enfrentam um desafio difícil. Essa característica pode ser adaptativa em domínios nos quais o desempenho sob estresse é importante, de litígios a liderança.

A variedade saudável do narcisismo tem origem na noção do bebê amado de que ele é o centro do mundo, de que suas necessidades são a prioridade de todas as outras pessoas. Na vida adulta, essa mesma atitude amadurece para uma autoestima positiva que lhe dá a confiança adequada ao seu nível de talento — um ingrediente essencial para o sucesso. Sem essa autoconfiança, as pessoas renunciam a utilizar quaisquer talentos e pontos fortes que possam ter.

É possível avaliar se um narcisista é saudável ou doentio por sua capacidade para a empatia. Quanto mais danificada a habilidade de uma pessoa de levar o outro em consideração, menos saudável é seu narcisismo.

Muitos narcisistas são atraídos para empregos de grande visibilidade e pressão em que possam usar bem seus talentos e nos quais as potenciais recompensas são vultosas — apesar dos riscos. Como André, esforçam-se ao máximo quando há uma formidável recompensa.

No mundo dos negócios, esses narcisistas podem acabar se transformando em líderes notáveis. Michael Maccoby, psicanalista que estudou (e tratou) líderes narcisistas, observa que o tipo vem se tornando cada vez mais comum nos altos escalões empresariais, à medida que aumentam as tensões competitivas — bem como os salários e o glamour da vida executiva.[3]

Esses líderes ambiciosos e autoconfiantes podem ser eficientes no implacável mundo de negócios da atualidade. Os melhores são estrategistas criativos, capazes de entender o quadro geral e driblar os obstáculos e riscos de modo a deixar um legado positivo. Os narcisistas produtivos combinam uma justificada autoconfiança com abertura para ouvir críticas — pelo menos aquelas que vêm de amigos íntimos.

Os líderes narcisistas saudáveis têm a capacidade de autorreflexão e são receptivos à realidade dos fatos. Desenvolvem uma noção de perspectiva e podem ser brincalhões mesmo enquanto perseguem seus objetivos. Se abertos a novas informações, são mais propensos a tomar decisões acertadas e menos vulneráveis a ser surpreendidos por acontecimentos imprevistos.

Já os narcisistas doentios anseiam mais por ser admirados do que amados. Invariavelmente inovadores nos negócios, são movidos a conquistas — não porque têm um alto padrão interno de excelência, mas sim porque desejam as vantagens e a glória que o sucesso traz. Pouco se importam com os efeitos de suas ações sobre os outros, sentem-se livres para buscar seus objetivos de forma agressiva, independentemente dos custos humanos. Em épocas de grande turbulência, propõe Maccoby, esses líderes podem parecer atraentes, ao menos por terem a audácia de impor programas que acarretam mudanças drásticas.

Mas narcisistas desse tipo têm empatia seletiva, ignorando aqueles que não alimentam seu empenho pela glória. Podem fechar ou vender uma empresa, ou demitir centenas de trabalhadores sem sentir um pingo de solidariedade pelos indivíduos para os quais essas decisões são desastres pessoais. Na ausência de empatia, não se arrependem e são indiferentes às necessidades ou aos sentimentos de seus funcionários.

Normalmente os narcisistas doentios não têm sentimentos de autorrespeito; o resultado é uma instabilidade interior que em um líder, por exemplo, significa que, mesmo que desperte visões inspiradoras, é acossado por uma vulnerabilidade que fecha seus ouvidos às críticas. Esses líderes rechaçam até mesmo feedbacks construtivos, pois os percebem como ataques. Sua hipersensibilidade a qualquer forma de crítica também implica que os líderes narcisistas não são adeptos de buscar informações de forma abrangente; ao contrário, recorrem a dados que corroborem suas opiniões, ignorando os fatos negativos. Eles não ouvem, preferem pregar e doutrinar.

Embora alguns líderes narcisistas obtenham resultados espetaculares, outros provocam desastres. Quando nutrem sonhos irrealistas, carentes de qualquer comedimento e ignorando conselhos sábios, arrastam consigo a empresa para o caminho do fracasso. Devido ao grande número de líderes narcisistas no comando das corporações hoje, adverte Maccoby, as organizações devem encontrar meios de obrigar seus líderes a ouvir e levar em consideração as opiniões alheias. Caso contrário, esses dirigentes provavelmente ficarão isolados atrás de um muro de bajuladores dispostos a apoiá-los a qualquer custo.

Um CEO narcisista procurou Maccoby para sessões de psicoterapia a fim de entender por que tinha frequentes ataques de raiva contra as pessoas que trabalhavam para ele. O executivo menosprezava até mesmo as sugestões úteis, e voltava-se contra quem as tinha feito. O executivo descobriu que a origem de sua raiva remontava a sentimentos da infância, de não ser valorizado pelo pai distante. Não importavam quais fossem suas conquistas, o pai não se impressionava. O CEO percebeu que, na vida adulta, buscava compensação emocional sob a forma de elogios generosos de seus funcionários e que precisava ouvi-los em abundância. Contudo, toda vez que não se sentia apreciado, se enfurecia.

Com esse insight, o CEO começou a mudar, aprendendo inclusive a rir do próprio anseio por aplausos. Em dado momento, anunciou à sua equipe de alto escalão que estava fazendo psicanálise e perguntou o que eles achavam. Houve uma longa pausa; então um executivo criou coragem para dizer que ele não parecia mais tão irritado e, por isso, o que quer que estivesse fazendo, deveria continuar.

O lado sombrio da lealdade

"Meus alunos", confidencia o professor de uma faculdade de administração, entendem "a vida empresarial como uma espécie de 'feira das vaidades', na qual aqueles que desejam ter sucesso podem conseguir isso jogando com a vaidade de seus superiores."

Os alunos sabem que quem atua nesse jogo usa, sem pestanejar, a bajulação. Eles acham que a dose certa de puxa-saquismo renderá promoções. Se, no processo, tiverem de negar, minimizar ou distorcer informações importantes, que assim seja. Com astúcia e um pouco de sorte, as consequências negativas recairão sobre os ombros de outras pessoas.[4]

Essa atitude cínica chega ao âmago do perigo do narcisismo doentio na vida empresarial. Uma corporação inteira pode ser narcisista. Quando uma massa crítica de funcionários compartilha uma perspectiva narcisista, a própria empresa adquire essas características, que se tornam os procedimentos operacionais padrão.

O narcisismo empresarial apresenta claros perigos. Estimular a grandiosidade, seja a do chefe ou de uma falsa autoimagem coletiva mantida por toda a empresa, torna-se a norma operacional. A dissidência saudável desaparece. E qualquer empresa que é ludibriada e deixa de ter um conhecimento pleno da verdade perde a capacidade de reagir de forma eficiente às duras realidades.

Decerto, toda empresa quer que seus funcionários se orgulhem de trabalhar nela e que sintam que compartilham uma missão relevante — um pouco de narcisismo coletivo bem fundamentado é saudável. O problema se insinua quando esse orgulho é baseado em uma busca desesperada pela glória, em vez de pela verdadeira realização.

O problema aumenta quando os líderes narcisistas esperam ouvir apenas mensagens que confirmem sua própria noção de grandeza. E quando esses líderes se voltam contra os mensageiros das más notícias, os subordinados naturalmente começam a ignorar os dados que não se ajustam à imagem grandiosa. Esse distorcido filtro da realidade não precisa ter motivações cínicas. Os próprios funcionários cujo ego se infla por pertencerem ao grupo desvirtuarão a verdade, em troca dos sentimentos otimistas da autoadulação do grupo.

Uma pungente vítima desse maligno narcisismo de grupo não é apenas a verdade, mas a autêntica conexão entre os colegas de trabalho. Todos conspiram tacitamente para manter as ilusões compartilhadas. A repressão e a paranoia vicejam. O trabalho regride a uma farsa.

Em uma cena pressagiosa do filme *Silkwood – O retrato de uma coragem*, de 1983, Karen Silkwood, uma ativista contra a corrupção corporativa, observa um gerente de uma fábrica retocar fotos de soldas de cilindros de combustíveis destinados aos reatores nucleares. Ele faz com que um trabalho perigosamente defeituoso pareça seguro.

Ao que tudo indica, o gerente não tem escrúpulos sobre sua tarefa potencialmente letal. Sua única preocupação é garantir que o atraso na entrega dos cilindros não prejudique os negócios e coloque em risco as pessoas que trabalham ali. Ele se vê como um bom cidadão corporativo.

Desde que esse filme foi feito, vimos uma série de problemas nucleares como aqueles para os quais a cena implicitamente alerta – não nos reatores nucleares, mas Chernobyls de empresas inteiras. Sob a forma de deslavadas mentiras e sofisticados esquemas de fraudes fiscais, essas empresas provavelmente têm em comum uma única aflição básica: o narcisismo coletivo.

Corporações narcisistas de modo implícito encorajam essa dissimulação, mesmo que aparentemente peçam franqueza e dados concretos. As ilusões compartilhadas florescem em proporção direta à supressão da verdade. Quando o narcisismo se alastra pela empresa, as pessoas que contestam a autobajulação – mesmo com informações decisivas – ameaçam todos aqueles que surfam na onda narcisista com um frustrante sentimento de fracasso ou vergonha. Na psique do narcisista, a reação automática a essa ameaça é a raiva. Em uma empresa narcisista, aqueles que colocam em perigo a grandiosidade do grupo são geralmente rebaixados, advertidos ou demitidos.

A empresa narcisista torna-se um universo moral de si mesma, um mundo no qual seus objetivos, virtudes e meios não são questionados, mas tidos como sagrada escritura. É um mundo onde fazer o que for preciso, a fim de conseguir o que se quiser, parece a coisa perfeitamente correta. A contínua autocelebração embaça a noção do quão distantes da realidade estamos. As regras não se aplicam a nós, apenas aos outros.

O lema do narcisista: os outros existem para me adorar

Ela tinha prometido ler para ele um trecho erótico de um romance. Mas agora ele estava furioso.

No início, tudo parecia ótimo. Ela começou a ler em um tom de voz baixo e sedutor uma cena sensual entre dois amantes. Ele sentiu que já estava um pouco excitado.

No entanto, à medida que o trecho ficava mais provocante, ela foi sendo dominada pelo nervosismo, gaguejando e hesitando, depois lendo às pressas parágrafos inteiros. Era nítido que estava constrangida.

No fim das contas, era mais do que conseguia suportar. Alegando que o fragmento era pornográfico demais depois daquele ponto, ela se recusou a continuar.

Para piorar, acrescentou que "alguma coisa" nele a deixava desconfortável demais para seguir. E mais: admitiu que, com outros homens, tinha ido em frente e lera todo o trecho.

Essa cena foi representada 120 vezes, cada uma com um homem diferente, como parte de uma experiência em uma universidade.[5] A mulher lendo o trecho erótico era uma assistente em um estudo sobre o que instiga alguns homens, mas não a maioria deles, a forçar mulheres a ter relações sexuais. O cenário foi criado deliberadamente para primeiro deixar os homens excitados, depois para se sentirem frustrados e humilhados.

Após a situação inicial, cada homem tinha uma chance de revidar. Pedia-se a cada um que classificasse o desempenho da mulher, definindo quanto ela deveria receber ou se o pagamento deveria ser cancelado, e que decidisse se a mulher deveria ser chamada de volta — ou demitida.

Em sua maioria os homens perdoaram a mulher, principalmente quando informados de que ela precisava do dinheiro para pagar a mensalidade na faculdade. Contudo, fiéis às características de seu tipo, aqueles com tendências narcisistas foram os que mais ficaram furiosos com a desfeita e retaliaram. Sentindo-se trapaceados e privados de algo do qual se julgavam merecedores, tiveram uma postura punitiva em todos os aspectos. E, em um teste de atitudes sobre coerção sexual, quanto mais narcisista era o homem, mais aprovava as táticas coercitivas. Tivesse sido uma situação de encontro em que o casal trocava carícias e depois a mulher pedia para parar, concluíram os pesquisadores, aqueles homens provavelmente obrigariam a mulher a manter relações sexuais apesar de seus protestos.

Às vezes até mesmo os narcisistas doentios podem ser charmosos. O próprio termo vem do mito grego de Narciso, que estava tão fascinado com a própria beleza que se apaixonou por sua imagem refletida em um lago. A ninfa Eco também se apaixonou por ele, mas acabou rejeitada e de coração partido, incapaz de competir com a autoadoração de Narciso.

Como sugere o mito, muitos narcisistas atraem as pessoas porque a autoconfiança que exalam pode lhes conferir uma aura carismática. Embora não hesitem em humilhar os outros, os narcisistas doentios veem a si mesmos em termos absolutamente positivos. É compreensível que sejam mais felizes em um casamento com um bajulador contumaz.[6] O lema do narcisista deveria ser: "Os outros existem para me adorar".

Entre os membros da Tríade Sombria, somente os narcisistas são espalhafatosos em sua arrogância e presunção — impregnadas de uma necessária dose de autoengano.[7] Eles têm a firme propensão ao autoelogio: assumem o crédito pelo sucesso, mas nunca a culpa pelo fracasso. Sentem-se merecedores da glória e chegam até mesmo a reivindicar o mérito pelo trabalho dos outros (não veem nada de errado nisso — nem em qualquer outra coisa que possam fazer).

De acordo com um teste padronizado, um narcisista é alguém que tem uma noção grandiosa de sua própria importância, alimenta fantasias obsessivas de glória irrestrita, sente raiva ou intensa vergonha quando criticado, espera receber favores especiais e é desprovido de empatia.[8] Essa deficiência de empatia significa que os narcisistas permanecem alheios à agressividade autocentrada que os outros enxergam neles com tanta clareza.

Embora os narcisistas possam ativar de forma seletiva o modo charmoso, no instante seguinte estão facilmente prontos para ser desagradáveis. Nem um pouco interessados na intimidade emocional, são extremamente competitivos, cínicos e desconfiados dos outros, e não titubeiam em tirar vantagem das pessoas com quem convivem – glorificando a si mesmos, ainda que à custa de menosprezar alguém próximo a eles. Não obstante, os narcisistas normalmente consideram-se agradáveis.[9]

A irrealista presunção acontece mais facilmente em culturas que estimulam o esforço individual em detrimento do sucesso compartilhado. Culturas coletivas, predominantes no Leste Asiático e no Norte da Europa, valorizam sobremaneira a harmonia com o grupo e o compartilhamento tanto do trabalho quanto do crédito pelo sucesso, ao mesmo tempo que abrem mão das expectativas de serem tratados como seres especiais. Mas as culturas individualistas, como a dos Estados Unidos e da Austrália, tendem a incentivar a busca da glória por meio da realização individual e suas recompensas. Por essa razão, os universitários norte-americanos consideram-se "melhores" do que dois terços de seus colegas na maioria das atividades, ao passo que estudantes japoneses se classificam exatamente no meio.[10]

O MAQUIAVÉLICO: MEUS FINS JUSTIFICAM OS MEIOS

O diretor de uma grande divisão de um gigante industrial europeu tinha uma reputação estranhamente dual: as pessoas que trabalhavam para ele o temiam e o execravam, ao passo que seu chefe o considerava extremamente charmoso. Elegantíssimo em termos sociais, o diretor empreendia um considerável esforço para impressionar não apenas o chefe, mas também os clientes fora da empresa. Porém, assim que voltava para sua sala, tornava-se um pequeno tirano, berrando com as pessoas cujo desempenho o desagradasse, sem jamais fazer um elogio para quem alcançava a excelência.

Uma consultora convocada pelo conglomerado industrial para avaliar seus diretores percebeu o quanto o pessoal na divisão desse autocrata se tornara desmoralizado. Depois de apenas algumas entrevistas com seus colegas de trabalho, ela constatou que o diretor era claramente um egocêntrico, que se preocupava exclusivamente consigo e não com a empresa, e tampouco com as pessoas cujo trabalho árduo o fazia parecer tão louvável aos olhos do chefe.

A consultora recomendou sua substituição, e o CEO da empresa, ainda que com relutância, o demitiu. O diretor, no entanto, imediatamente encontrou outro emprego de alto nível — porque tinha causado uma ótima primeira impressão em seu novo chefe.

Logo reconhecemos esse diretor manipulador; nós o vemos em incontáveis filmes, peças e séries de televisão. O estereótipo do cafajeste, o vilão insensível mas agradável, que cruelmente explora os outros, permeia a cultura popular.

O tipo aparece como um clássico essencial e perene do entretenimento popular — é uma figura tão antiga quanto o demônio Ravana no antigo épico indiano *Ramayana*, e tão contemporânea quanto o maligno imperador na saga *Star Wars*. Nas inúmeras encarnações no cinema, reaparece como o cientista louco determinado a dominar o mundo ou como o líder charmoso mas impiedoso de uma gangue de criminosos. Odiamos instintivamente a figura por causa de sua inescrupulosa astúcia a serviço de fins maléficos. Ele é o maquiavélico, o vilão que amamos odiar.

Quando escreveu *O príncipe*, o manual do século XVI para a conquista e manutenção do poder político por meio da manipulação astuta, Nicolau Maquiavel deu como garantido que o aspirante a governante era movido apenas por seus próprios interesses, não se importando nem um pouco com o povo que governava ou com aqueles que esmagava de modo a obter o poder.[11] Para o maquiavélico, os fins justificam os meios, a despeito da dor humana que possa causar. Essa ética predominou por séculos entre os admiradores de Maquiavel nos centros de poder das cortes reais (e, é claro, continua indelével em muitos círculos políticos e empresariais contemporâneos).

O pressuposto de Maquiavel era que o interesse pessoal é a única força propulsora na natureza humana; o altruísmo não entra em cena. Certamente um político maquiavélico pode de fato não considerar que seus fins sejam egoístas ou malignos; pode até apresentar um raciocínio convincente, no qual ele próprio acredite. Todo governante totalitário, por exemplo, justifica sua tirania como algo necessário para proteger o Estado de algum inimigo sinistro, mesmo que inventado.

O termo "maquiavélico" é usado por psicólogos para pessoas cujo modo de ver a vida reflete exatamente essa atitude cínica, de vale-tudo. Na verdade, o primeiro teste para os maquiavélicos baseava-se em declarações de livros de Maquiavel, como: "A maior diferença entre a maioria dos criminosos e as outras pessoas é que os criminosos são estúpidos o suficiente para serem pegos" e "Os homens esquecem a perda do pai mais depressa do que a da propriedade".

O inventário psicológico não faz julgamentos morais e, em contextos que variam da área de vendas até a política, os talentos dos maquiavélicos — entre eles o charme eloquente, a astúcia e a confiança — podem ser ativos desejáveis. Por outro lado, os maquiavélicos tendem a ser cinicamente calculistas e arrogantes, comportando-se de maneiras que solapam a confiança e a cooperação.

Embora talvez tenham um admirável sangue-frio nas interações sociais, os maquiavélicos permanecem desinteressados em estabelecer conexões emocionais. Assim como os narcisistas, os maquiavélicos veem os outros em termos estritamente utilitários — como coisas a serem manipuladas em favor de seus próprios fins. Por exemplo, um deles confidenciou a um advogado, em tom impassível, que tinha acabado de "demitir" a namorada; ele via as pessoas em todos os domínios de sua vida como partes intercambiáveis, umas iguais às outras.

Os maquiavélicos compartilham muitas características em comum com os outros dois ramos da Tríade Sombria, a exemplo do egoísmo e da natureza desagradável. Porém, muito mais do que os psicopatas e os narcisistas, os maquiavélicos permanecem realistas a respeito de si e dos outros, não fazem alegações infladas sobre si nem se esforçam para impressionar.[12] Os maquiavélicos preferem ver as coisas com clareza, pois assim podem aproveitar-se mais delas.

Segundo alguns teóricos da evolução, na Pré-História, a inteligência humana surgiu como uma operação astuciosa a serviço de interesses próprios do indivíduo. Nas primeiras eras, argumentam, a vitória estava em exibir desonestidade suficiente para assegurar o quinhão da caça sem ser expulso do grupo.

Hoje, os tipos maquiavélicos como o gerente que-puxa-o-saco-do-chefe-e-chuta-os-subalternos podem muito bem conquistar algum sucesso pessoal. Porém, no longo prazo os maquiavélicos correm o risco de que suas relações envenenadas e a resultante má reputação façam sua carreira sair dos trilhos. A história pessoal de um maquiavélico será inevitavelmente repleta de ex-amigos, ex-namorados e ex-sócios ressentidos — todos transbordando de mágoa fervilhante. Contudo, uma sociedade com alto grau de mobilidade pode oferecer um nicho ecológico receptivo aos maquiavélicos, para onde possam prontamente rumar em busca de novas conquistas, longe o bastante do último ambiente onde conviveram, de modo que as pessoas que enganaram nunca os alcancem.

Normalmente a empatia dos maquiavélicos tem um campo de visão estreito: eles podem dar atenção às emoções de alguém principalmente quando desejam usar essa pessoa para seus próprios fins. Caso contrário, a sintonia empática dos maquiavélicos é mais pobre do que a de outros.[13] Sua frieza parece resultar desse déficit básico no processamento das emoções — tanto em si mesmos quanto nos outros. Eles veem o mundo em termos racionais e probabilísticos que são desprovidos não só de emoções, como também do sentido ético que brota da preocupação humana. Por conseguinte, descambam facilmente para a vilania.

Carentes da capacidade plena de sentir *com* os outros, os maquiavélicos também não são capazes de sentir *pelos* outros. Como o assassino em série, uma parte deles foi desligada. Os maquiavélicos também parecem igualmente confusos no que diz respeito às próprias emoções; em um momento de nervosismo, talvez não saibam se, como definiu um especialista, estão "tristes, cansados, famintos ou doentes".[14] Parecem sentir que seu mundo interior emocionalmente frio é abundante em irresistíveis necessidades primais de sexo, dinheiro ou poder. O dilema dos maquiavélicos se resume a como satisfazer esses impulsos, com um jogo de ferramentas interpessoais em que falta uma importante amplitude de radar emocional.

Ainda assim, sua capacidade seletiva de perceber o que alguém está pensando pode ser bastante incisiva e parecem fiar-se nessa astúcia social para prosperar no mundo. Os maquiavélicos tornam-se estudantes astutos de um mundo interpessoal no qual só podem penetrar na superfície; sua arguta cognição social observa nuances e calcula de que maneira as pessoas poderiam reagir a uma situação específica. Essas habilidades proporcionam sua lendária perspicácia social.

Como vimos, algumas das definições correntes de inteligência social, baseadas principalmente em tal aptidão social, renderiam aos maquiavélicos notas altas. Mas, embora a cabeça deles saiba o que fazer, o coração continua perdido. Para algumas pessoas, essa combinação de força e fraqueza é uma deficiência que os maquiavélicos superam por meio da astúcia em proveito próprio.[15] Sua capacidade de manipulação, nesse ponto de vista, compensa sua cegueira para a gama completa de emoções. Essa lamentável adaptação envenena seus relacionamentos.

O PSICOPATA: O OUTRO COMO OBJETO

Durante uma sessão de terapia de grupo em um hospital, a discussão passou a girar em torno da comida da cantina. Alguns mencionaram que as sobremesas eram ótimas; outros disseram que a comida engordava muito. Um deles desejava apenas que o cardápio não se limitasse ao mesmo de sempre.

Mas os pensamentos de Peter seguiram para outra direção. Ele ficou imaginando quanto dinheiro haveria na caixa registradora, quantos funcionários interpunham-se entre ele e a saída e até onde teria de ir para encontrar uma garota e se divertir.[16]

Peter estava no hospital por causa de uma ordem judicial emitida quando ele violou a condicional. Desde a adolescência, Peter abusava das drogas e do álcool, tornando-se muitas vezes agressivo e fisicamente intimidador. Sua condenação atual foi por fazer telefonemas ameaçadores; antes disso ele tinha sido indiciado por destruição e danos dolosos à propriedade. Peter admitiu abertamente ter roubado familiares e amigos.

O diagnóstico de Peter foi psicopatia, ou "transtorno de personalidade antissocial", segundo o atual rótulo do manual de diagnóstico da psiquiatria. O termo "sociopata" também esteve em voga como o preferido. Qualquer que seja o nome, suas marcas registradas são o fingimento e o inconsequente menosprezo pelo outro. A consistente irresponsabilidade de um psicopata não gera remorsos — apenas indiferença pela dor emocional que os outros possam sofrer.

Peter, por exemplo, considerava muito estranha a ideia de que os outros pudessem magoar-se emocionalmente com o que ele fazia. Nas reuniões de família, quando a mãe falava sobre a angústia que ele tinha causado aos familiares, Peter se surpreendia, tornava-se defensivo, definindo-se como a "vítima". Não conseguia perceber como tinha usado sua família e os amigos para alcançar os próprios fins, nem reconhecia a dor que lhes infligia.

Para os psicopatas, as outras pessoas são sempre um Isso, um alvo a ser enganado, usado e descartado. Talvez isso pareça familiar: alguns estudiosos argumentam que, na realidade, a Tríade Sombria descreve diferentes pontos ao longo de um mesmo continuum, do narcisismo saudável até a psicopatia. Na verdade, os maquiavélicos e os psicopatas parecem especialmente semelhantes, e alguns alegam que os maquiavélicos representam a versão subclínica (ou não aprisionada) do psicopata.[17] O principal teste de psicopatia inclui uma medida de "egocentrismo maquiavélico", como concordar com declarações do tipo: "Eu sempre busco meus próprios interesses antes de me preocupar com os do outro".[18]

Mas, ao contrário dos maquiavélicos e dos narcisistas, os psicopatas praticamente não sentem ansiedade. Parecem desconhecer o medo; em avaliações, discordam de afirmações como: "Saltar de paraquedas me deixaria realmente apavorado". Parecem imunes ao estresse, permanecem calmos em situações que fariam muitas outras pessoas entrar em pânico. A ausência de apreensão nos psicopatas foi detectada repetidas vezes em experimentos nos quais as pessoas aguardam para receber um choque elétrico.[19] Normalmente as pessoas prestes a receber o choque mostram altos níveis de sudorese e elevada frequência cardíaca, indicadores autonômicos da ansiedade. Mas os psicopatas, não.[20]

Esse sangue-frio significa que os psicopatas podem ser perigosos de maneiras raramente observadas em maquiavélicos ou narcisistas. Uma vez que os psicopatas não sentem medo por antecipação, permanecendo completamente calmos mesmo sob a mais intensa pressão, são quase indiferentes à ameaça de punição. Essa indiferença às consequências — que leva outras pessoas a cumprir as leis — é o que torna os psicopatas, entre os membros da Tríade Sombria, os candidatos mais propensos à prisão.[21]

Com relação à empatia, os psicopatas não têm nenhuma; e possuem especial dificuldade de reconhecer medo ou tristeza nos rostos ou vozes das pessoas. Um estudo de imagens cerebrais realizado com um grupo de psicopatas criminosos sugere um déficit nos circuitos centrados da amígdala, dentro de um módulo cerebral essencial para a leitura dessa faixa específica de emoções, e déficits na área pré-frontal que inibe os impulsos.[22]

Geralmente a conexão faz com que as pessoas sintam dentro de si a aflição que o outro expressa, mas nos psicopatas não ocorre essa ressonância; sua fiação neural os deixa amortecidos para a gama de emoções no espectro do sofrimento.[23] A crueldade dos psicopatas parece verdadeiramente "insensível" porque eles são literalmente entorpecidos diante do sofrimento, faltando-lhes o radar que detecta a agonia humana.[24]

Como os maquiavélicos, os psicopatas podem ser peritos em cognição social, aprendendo a entrar na cabeça da outra pessoa para deduzir seus pensamentos e sentimentos de modo que possam "apertar todos os botões certos". Sabem ser socialmente afáveis, por acreditar que, "mesmo quando os outros estão chateados comigo, em geral consigo conquistá-los com meu charme". Alguns criminosos psicopatas fazem questão de ler livros de autoajuda a fim de aprender a manipular melhor seus alvos — uma espécie de abordagem "passo a passo" para conseguir o que desejam.

Hoje em dia alguns usam a expressão "psicopatas bem-sucedidos" para se referir a pessoas que se envolveram em roubos, tráfico de drogas, crimes violentos e afins, mas nunca foram condenadas ou presas por esses atos ilícitos. Sua vida criminosa, associada ao clássico padrão de charme superficial e fluente, mentira patológica e um histórico de impulsividade, lhes confere o status de psicopatas. Essa teoria defende que são "bem-sucedidos" porque, embora tenham a mesma tendência inconsequente de outros psicopatas, reagem de forma mais ansiosa às ameaças previstas. Sua maior apreensão leva a um pouco de cautela, o que os faz menos propensos a acabar na prisão.[25]

Mesmo quando crianças, muitos psicopatas demonstram sangue-frio; desde a mais tenra idade, o afeto e a preocupação carinhosa parecem estar totalmente ausentes de seu mundo interior. Em sua maioria, as crianças também ficam abaladas ao ver outra criança zangada, com medo ou triste; por isso, tentam ajudá-la a se sentir melhor. Mas os psicopatas incipientes não são capazes de perceber a dor emocional dos outros e, portanto, não usam nenhum freio interno para controlar a própria maldade ou crueldade. Torturar animais na infância é um indício de psicopatia na vida adulta. Outros sinais de alerta incluem bullying e intimidação, provocar brigas, forçar relações sexuais, atear fogo às coisas e outros crimes contra a propriedade e as pessoas.

Quando consideramos as pessoas meros objetos, é mais fácil maltratá-las, abusar delas, ou coisa pior. Essa indiferença encontra seu auge nos psicopatas criminosos como o assassino em série ou criminosos habituais como molestadores de crianças. Sua frieza cruel sinaliza seu nível de confusão mórbida quando se trata de demonstrar empatia pelo sofrimento de suas vítimas. Um estuprador em série preso chegou a dizer sobre o terror de suas vítimas: "Não consigo entender. Eu mesmo já senti medo, e não foi tão desagradável".[26]

Faltavam poucos minutos para o término da acirrada partida que decidiria qual time de basquete universitário chegaria às finais do campeonato. No calor do momento, John Chaney, técnico da Universidade Temple, apelou para medidas desesperadas.

Chaney colocou em quadra um gigante de 1,92 metro e 113 quilos com ordem de cometer "faltas duras" – machucar os jogadores do time adversário. Uma dessas faltas mandou um deles para o hospital com um braço quebrado, deixando-o de fora dos jogos pelo restante da temporada.

Foi aí que o próprio Chaney tomou uma atitude insólita: suspendeu a si mesmo do cargo de técnico.

Depois ligou para o jogador machucado e seus pais e pediu desculpas, oferecendo-se para pagar as despesas hospitalares.[27] Chaney disse a um jornalista: "Fiquei muito arrependido", e a outro: "Estou com muito, muito remorso".

O remorso, como o que Chaney sentiu, é a chave que distingue a Tríade Sombria das outras pessoas que cometem atos repreensíveis. O remorso e a vergonha – e seus primos próximos, o constrangimento, a culpa e o orgulho – são emoções "sociais" ou "morais". Os membros da Tríade Sombria só sentem essas aguilhoadas à ação ética de forma atrofiada, se é que sentem.

As emoções sociais pressupõem a presença de empatia para perceber como o nosso comportamento será sentido pelos outros. Elas atuam como uma polícia interna, mantendo o que fazemos e dizemos em consonância com a harmonia interpessoal de determinada situação. O orgulho é uma emoção social porque nos encoraja a fazer o que os outros vão aplaudir, ao passo que a vergonha e a culpa nos mantêm nos trilhos, servindo como punições internas para contravenções sociais.

É claro que o constrangimento é desencadeado quando violamos alguma convenção social, ou somos íntimos demais, faltando-nos a compostura, ou fazemos ou dizemos a coisa "errada". Daí a mortificação que um homem sente ao fazer para o sujeito que acabara de conhecer em uma festa uma crítica impiedosa ao desempenho de uma atriz, apenas para depois descobrir que a atriz era esposa dele.

As emoções sociais podem também servir para consertar esses passos em falso. Quando alguém mostra sinais de constrangimento, como enrubescer, os outros podem perceber que ele se arrependeu do erro; podem interpretar o constrangimento como indicador do desejo de reparar o dano. Um estudo descobriu que, quando alguém derruba uma prateleira de supermercado e fica mortificado, as pessoas próximas demonstram mais disposição para perdoar do que quando o culpado parece indiferente.[28]

A base cerebral das emoções sociais tem sido estudada em pacientes neurológicos propensos a gafes, revelações pessoais inapropriadas e outras violações de códigos interpessoais. Esses pacientes, que, descobriu-se, têm lesões na área orbitofrontal, são notórios por sua irresponsabilidade e gafes sociais.[29] Alguns neurologistas teorizam que eles perderam a capacidade de detectar as expressões de desaprovação ou de consternação e, assim, não percebem como as outras pessoas reagem a elas. Outros consideram que seus lapsos sociais se devem à ausência dos sinais emocionais internos que manteriam seu comportamento nos eixos.

As emoções básicas de raiva, medo e alegria são todas inculcadas no cérebro quando a pessoa nasce ou pouco depois, mas as emoções sociais exigem autoconsciência, uma capacidade que começa a surgir no segundo ano de vida, à medida que a região orbitofrontal da criança se torna mais madura. Por volta dos catorze meses de vida, os bebês começam a se reconhecer no espelho. Esse reconhecimento do indivíduo como uma entidade ímpar traz o entendimento recíproco de que as outras pessoas também o são — e a capacidade de nos sentirmos mortificados com relação ao que os outros podem pensar de nós.

Antes de completar dois anos, uma criança permanece abençoadamente indiferente ao julgamento que outras pessoas possam fazer sobre ela, e por isso não sente vergonha de, por exemplo, sujar as fraldas. Mas, à medida que começa a entender que é uma pessoa separada, alguém que os outros podem perceber, ela dispõe de todos os ingredientes para se sentir constrangida — geralmente é a primeira emoção social de uma criança. Isso exige que ela esteja ciente não apenas de como os outros se sentem a respeito dela, mas de como ela mesma deveria se sentir. Essa intensificada consciência social sinaliza o florescimento de sua empatia, além do surgimento de suas incipientes habilidades de comparação, categorização e apreensão das sutilezas sociais.

Outro tipo de emoção social nos impele a punir os erros dos outros, mesmo quando há um risco ou custo para nós. A "raiva altruísta" faz uma pessoa punir as violações da norma social cometidas por outra, como o abuso de confiança, mesmo que ela não seja a vítima. Essa raiva virtuosa parece ativar um centro de recompensa no cérebro, de modo que impor o cumprimento das normas, punindo os violadores (*Como ele ousou furar a fila!*), nos proporciona uma sensação de satisfação.[30]

As emoções sociais operam com uma efetiva bússola moral. Sentimos vergonha, por exemplo, quando os outros ficam sabendo de um erro que cometemos. Quando nos sentimos culpados, por outro lado, o sentimento permanece privado, ganhando a feição de remorso quando percebemos que fizemos alguma coisa inapropriada. Por vezes, os sentimentos de culpa podem estimular as pessoas a retificarem seus erros, ao passo que a vergonha leva invariavelmente a uma postura defensiva. A vergonha antevê a rejeição social, enquanto a culpa pode levar à expiação. Juntas, vergonha e culpa geralmente operam para refrear as atividades imorais.

Mas, com a Tríade Sombria, essas emoções perdem a força moral. Os narcisistas são movidos pelo orgulho e pelo medo da vergonha, mas sentem pouca culpa por seus atos egoístas. Os maquiavélicos também não conseguem desenvolver um sentimento de culpa. Culpa exige empatia, o que é ausente nos relacionamentos emocionalmente distantes mantidos pelos maquiavélicos, além de a vergonha só surgir de forma atrofiada.

O atraso dos psicopatas no desenvolvimento moral tem origem em uma série ligeiramente diferente de lapsos nas emoções sociais. Na ausência tanto da culpa quanto da apreensão, as potenciais punições perdem a capacidade de dissuasão — uma situação explosivamente perigosa ao ser combinada à total falta de empatia do psicopata pelo sofrimento alheio. Pior ainda, mesmo que suas ações sejam a causa desse sofrimento, eles não sentem remorso nem vergonha.

Até mesmo um psicopata pode ter excelente desempenho na cognição social: a compreensão puramente intelectual das reações das pessoas e das convenções sociais pode orientar um psicopata na escolha de suas vítimas. Um teste confiável de inteligência social deve ser capaz de identificar e excluir membros da Tríade Sombria. Precisamos de uma avaliação em que maquiavélicos bem preparados não se saiam bem. Uma solução é incluir uma verificação da preocupação, a empatia em ação.

9. Cegueira mental

Para Richard Borcherds, receber a visita dos amigos é algo confuso demais. Quando as pessoas começam a bater papo, ele tem dificuldade de acompanhar o vaivém da interação, as trocas de olhares e sorrisos, as sutilezas das indiretas e dos duplos sentidos, o mar de palavras — tudo se movendo a uma velocidade vertiginosa.

Ele é indiferente aos blefes e habilidosos dribles do mundo social. Mais tarde, se alguém se dá ao trabalho de explicar-lhe o significado de uma piada ou por que motivo um dos convidados foi embora zangado ou por que outro corou de vergonha, as coisas podem fazer sentido para ele. Mas, no momento do alvoroço, todo esse atordoamento social não entra em sua cabeça. Assim, quando os convidados chegam, ele geralmente vai ler um livro ou se retira para o escritório.

No entanto, Borcherds é um gênio, ganhador da Medalha Fields, equivalente ao prêmio Nobel de Matemática. Seus colegas matemáticos na Universidade de Cambridge o admiram, e a maioria mal consegue entender os detalhes específicos de suas teorias, tão raras em sua área. Apesar de suas inabilidades sociais, Borcherds alcançou o sucesso.

Quando Borcherds comentou em uma entrevista a um jornal que suspeitava sofrer da síndrome de Asperger — a versão subclínica do autismo —, Simon Baron-Cohen, chefe do Centro de Pesquisas em Autismo lá mesmo em Cambridge, entrou em contato com ele. Baron-Cohen lhe descreveu com profusão de detalhes os principais sintomas da síndrome, e a resposta franca e direta do matemático foi: "Esse sou eu". O prodígio da matemática se ofereceu como "Prova número 1" nas pesquisas sobre a síndrome de Asperger.[1]

Para Borcherds, a comunicação é puramente funcional: descubra o que a outra pessoa pode fazer por você e esqueça a conversa fiada, e principalmente a ideia de contar a alguém o que está sentindo ou querer saber como o outro está passando. Borcherds evita falar ao telefone — embora consiga explicar a física de seu funcionamento, a parte social o confunde. Ele restringe suas trocas de e-mails a informações básicas relacionadas ao trabalho. Quando se desloca de um lugar para o outro, corre, mesmo quando a outra pessoa está caminhando a seu lado. Embora perceba que às vezes as outras pessoas o consideram grosseiro, não vê nada de estranho em seus hábitos sociais.

Para Baron-Cohen, tudo isso indica um caso clássico de Asperger, e, quando Borcherds se submeteu aos testes padronizados para a identificação da síndrome, encaixou-se muito bem no perfil. O gênio da matemática teve uma baixa pontuação nos quesitos capacidade de ler os sentimentos das pessoas a partir das expressões em seus olhos, empatia e intimidade nas amizades. Mas obteve a pontuação máxima nos itens sobre a compreensão da causalidade física e a capacidade de sistematizar informações complexas.

Esse quadro — fraco em empatia, forte em sistematização — é o padrão neural subjacente da síndrome de Asperger, de acordo com anos de pesquisas de Baron-Cohen e muitos outros. Apesar de seu talento matemático, falta a Borcherds a precisão empática: ele não consegue perceber o que se passa na mente de outra pessoa.

MACACO MALVADO

Uma charge mostra um menininho com o pai em uma sala; uma pavorosa criatura alienígena arrasta-se escada abaixo, fora do raio de visão do pai, mas visível para o filho. Na legenda, o pai diz:

"Desisto, Robert. O que é, o que é: tem dois chifres, um olho e rasteja?"

Para entender a piada, precisamos ser capazes de inferir coisas que não são ditas. Em primeiro lugar, precisamos estar familiarizados com a estrutura da linguagem de uma charada de modo a podermos deduzir que o menino perguntou ao pai: "O que é, o que é: tem dois chifres, um olho e rasteja?".

E mais importante: precisamos ser capazes de ler duas mentes, a do menino e a do pai, para entender o que o menino sabe e contrastar isso com o que o pai ainda não percebeu e, dessa forma, prever o choque que ele logo sentirá. Freud propôs que todas as piadas justapõem duas diferentes estruturas de realidade: aqui, uma estrutura é a criatura de outro planeta na escada e a outra é a suposição do pai de que o filho está apenas propondo uma charada.

Essa capacidade de apreender o que parece estar se passando na mente do outro é uma das habilidades humanas mais valiosas. Os neurocientistas chamam essa habilidade de enxergar a mente de outros de "visão mental".

A visão mental consiste em esquadrinhar a mente de uma pessoa a fim de perceber seus sentimentos e deduzir seus pensamentos — a habilidade fundamental da precisão empática. Embora não sejamos realmente capazes de ler a mente de outra pessoa, conseguimos captar indícios suficientes em sua expressão facial, voz e olhos — lendo nas entrelinhas do que ela diz e faz — para chegar a inferências extraordinariamente precisas.

Sem esse senso simples, não conseguiríamos amar, nos preocupar, cooperar — para não falar em competir e negociar — e seríamos desajeitados até mesmo nas interações sociais menos complexas. Sem a visão mental, nossos relacionamentos seriam ocos; nós nos relacionaríamos com outras pessoas como se fossem objetos, sem sentimentos ou pensamentos próprios — essa é a situação de pessoas com síndrome de Asperger ou autismo. Teríamos "cegueira mental".

A visão mental desenvolve-se em ritmo constante ao longo dos primeiros anos da vida da criança. Cada marco no desenvolvimento da empatia aproxima a criança da capacidade de entender o que sentem ou o que pensam as outras pessoas ou quais poderiam ser suas intenções. A visão mental surge em etapas graduais à medida que a criança amadurece, começando com o mais simples autorreconhecimento e se desenvolvendo até se transformar em uma sofisticada consciência social ("Eu sei que você sabe que ela gosta dele"). Examinemos os seguintes testes, bem estabelecidos e usados em experimentos sobre a visão mental para mapear o progresso infantil:[2]

- Quando a criança tiver por volta de dezoito meses de vida, coloque uma marca grande na testa dela e faça com que se olhe no espelho. Normalmente as crianças de menos de dezoito meses tocarão a marca na imagem do espelho;

as mais velhas tocarão a própria testa. As crianças mais novas ainda não terão aprendido a reconhecer a si mesmas. A consciência social requer que tenhamos uma noção de eu, da identidade que nos distingue do outro.

- Ofereça a uma criança de cerca de dezoito meses dois tipos de petiscos, como biscoitos ou fatias de maçã. Observe qual ela prefere. Deixe que a criança o veja provar cada um dos petiscos e demonstrar nítida repulsa pela escolha da criança e uma forte predileção pela escolha oposta. Depois, coloque a mão da criança entre os dois petiscos e pergunte: "Você pode me dar um?". As crianças com menos de dezoito meses geralmente oferecerão o petisco de que *elas* gostaram; as mais velhas oferecerão o petisco que *você* preferiu. As crianças mais velhas reconhecem que seus gostos e aversões podem diferir dos de outras pessoas, e que a forma de pensar das outras pessoas pode ser diferente da delas.

- Com crianças de três ou quatro anos, esconda uma guloseima em algum lugar do quarto enquanto essa criança e outra, mais velha, observam. Peça à criança mais velha para sair do quarto. Em seguida, certifique-se de que a mais nova veja quando você mudar a guloseima para um novo esconderijo. Pergunte à criança mais nova onde a mais velha vai procurar a iguaria quando voltar ao quarto. Normalmente as crianças de quatro anos dirão que a outra vai procurar no esconderijo original; as de três anos acharão que é no novo lugar. As crianças de quatro anos têm noção de que o entendimento de outra pessoa pode ser diferente do dela, uma lição que as mais jovens ainda não aprenderam.

- O último experimento envolve crianças de três e quatro anos e uma marionete de mão chamada Macaco Malvado. Mostre sucessivamente às crianças vários pares de adesivos e, a cada par, o Macaco Malvado pergunta qual deles a criança quer. Em cada rodada, o Macaco Malvado escolhe para si o adesivo que a criança preferiu, deixando o outro para ela (por isso o experimento chama-se Macaco Malvado). Por volta dos quatro anos, as crianças "entendem" a jogada do Macaco Malvado e logo aprendem a lhe dizer o contrário do que realmente querem — e assim acabam obtendo o adesivo desejado. Em geral as crianças mais novas não entendem a intenção malvada do boneco e, inocentemente, continuam dizendo a verdade, nunca conseguindo o adesivo que desejam.[3]

Ter a visão mental exige estas habilidades básicas: distinguir-se dos outros; entender que as outras pessoas podem pensar de maneira diferente da dela; perceber situações a partir do ponto de vista dos outros; e compreender que os objetivos deles podem não estar de acordo com seus próprios.

À medida que as crianças crescem e dominam essas lições sociais — normalmente por volta dos quatro anos —, sua empatia aproxima-se da de um adulto. Com essa maturidade, parte da inocência acaba: as crianças aprendem claramente a diferença entre o que apenas imaginam e o que realmente acontece. Crianças de quatro anos já assimilaram as noções básicas da empatia que levarão pela vida inteira — embora com níveis mais altos de complexidade psicológica e social.[4]

Esse amadurecimento do intelecto torna as crianças mais aptas a cuidar de si no mundo em que vivem — desde negociar com os irmãos até sair-se bem no parquinho. Esses pequenos mundos, por sua vez, são escolas para a vida. As mesmas lições serão refinadas em novos níveis no decorrer dos anos, à medida que a criança expande sua sofisticação cognitiva, suas redes de vínculos sociais e sua gama de contatos.

A visão mental figura como um pré-requisito para a capacidade das crianças mais jovens de fazer ou entender uma piada. Provocar, fazer travessuras e cometer atos maldosos: tudo isso exige a mesma noção do mundo interior do outro. A deficiência nessas capacidades distingue as crianças autistas daquelas que desenvolvem um repertório social normal.

Os neurônios-espelho talvez sejam decisivos para a visão mental. Mesmo entre crianças normais, a habilidade de imaginar o ponto de vista do outro e de sentir empatia tem correlação com a atividade dos neurônios-espelho. E imagens de ressonância magnética funcional realizada em jovens adolescentes revelam que, em comparação com crianças normais, um grupo autista mostrou uma deficiência na atividade dos neurônios-espelho do córtex pré-frontal durante a leitura e a imitação de expressões faciais.[5]

A visão mental pode dar errado até mesmo em adultos normais. Vejamos o que algumas universitárias da Amherst College chamam de "fitar a bandeja". Assim que entram em fila no refeitório Valentine, seus olhos gravitam na direção das outras mulheres — a intenção não é ver com quem estão fazendo suas refeições ou que roupas estão vestindo, mas escrutinar que alimentos há sobre suas bandejas. Isso ajuda as mulheres que olham a se abster do que de outra forma poderiam querer comer, mas acham que não deveriam.

Catherine Sanderson, a psicóloga que descobriu esse hábito, apontou com precisão uma distorção na visão mental subjacente: cada uma das mulheres via as outras como pessoas muito mais magras, mais dedicadas a práticas esportivas e mais obcecadas pela aparência física do que elas próprias – quando, na verdade, não havia nenhuma diferença objetiva entre elas.

Esse conjunto distorcido de pressuposições levava as adeptas do costume de "fitar a bandeja" a fazer dieta e, para cerca de um terço delas, a induzir o vômito e usar laxantes – prática que pode evoluir para um transtorno alimentar com risco de morte.[6] Quanto mais errôneas as suposições das mulheres sobre as atitudes das outras, mais extremados eram seus próprios hábitos alimentares.

Em parte as percepções equivocadas derivam da fixação nos dados errados: as universitárias tendem a se concentrar nas mulheres mais atraentes ou mais magras ao redor e se comparam com os padrões mais extremos, não com a verdadeira média – elas confundem o extremo com a norma.

Os universitários homens também não estão livres de cometer um erro paralelo, embora em um âmbito diferente: o consumo de bebida. Aqueles propensos a imprudentes farras regadas a bebida julgam-se de acordo com os padrões dos beberrões. Essa percepção equivocada os leva a acreditar que precisam exagerar para se adequar.

Por outro lado, as pessoas que no dia a dia realizam essas leituras mentais com maior exatidão evitam o erro de considerar o extremo como a norma. Em vez disso, primeiro avaliam até que medida a outra pessoa é parecida com elas. Caso percebam uma semelhança, apenas pressupõem que a outra pensa e sente mais ou menos como elas. Uma vida social consistente depende de um fluxo contínuo desses julgamentos instantâneos – a visão mental com pressa. Somos todos leitores de mentes.

O CÉREBRO MASCULINO

Temple Grandin recebeu o diagnóstico de autismo na infância. Seus colegas de escola a chamavam de Gravador, porque a jovem Temple repetia as mesmas frases várias vezes em cada conversa – e havia poucos assuntos que considerava interessantes.[7]

Um de seus hábitos favoritos era aproximar-se de outra criança e anunciar: "Eu fui ao parque Nantasket e andei no rotor, e gostei muito mesmo de como ele me empurrou contra a parede". Em seguida, ela perguntava: "Você gostou?".

E, quando as outras crianças lhe contavam o que tinham achado do brinquedo, Grandin tornava a dizer palavra por palavra — repetidas vezes, como uma fita cassete no modo repetir.

A adolescência se anunciou para Temple como uma "gigantesca onda de ansiedade que nunca cessava", outro sintoma do autismo. Então seus peculiares insights acerca de como os animais percebem o mundo — que ela compara à hipersensibilidade das pessoas com autismo — a ajudaram imensamente.

Passeando em um rancho de visitação no Arizona que pertencia a sua tia, Temple viu um rebanho de vacas de um rancho vizinho passando por um "brete" (um compartimento de contenção) feito de barras de metal em um V aberto que ia ficando progressivamente mais estreito à medida que as vacas avançavam. Em determinado ponto, um compressor de ar fecha o V, espremendo a vaca e mantendo-a presa enquanto o veterinário faz seu trabalho.

Em vez de ficar com medo do aperto, as vacas se acalmam quando estão dentro do cercado. A forte pressão, Temple percebeu, é calmante — como um bebê enrolado em um cueiro. Ela imediatamente viu que algo como um brete a ajudaria também.

Então, com o auxílio de uma professora, Temple construiu um brete humano feito de madeira e um compressor de ar, sob medida para uma pessoa agachada. E funcionou. Desde então, até hoje, sempre que sente necessidade de se acalmar, usa o brete.

Grandin é incomum de muitas maneiras, sobretudo por conta de seu diagnóstico de autismo. Os meninos têm quatro vezes mais chances de desenvolver autismo e são dez vezes mais propensos que as meninas a receber o diagnóstico de Asperger. Simon Baron-Cohen faz a radical proposta de que o perfil neural das pessoas com esse transtorno representa o extremo máximo do cérebro "masculino" prototípico.

Ele argumenta que o cérebro masculino extremo não entende nada no que diz respeito à visão mental; seus circuitos para a empatia permanecem tolhidos. Mas essa deficiência é contrabalançada por pontos fortes intelectuais, como a surpreendente habilidade de algumas pessoas de resolver com absoluta precisão complexos problemas matemáticos com altíssima rapidez, façanha igualada apenas por computadores. Apesar de sua cegueira mental, esses cérebros hipermasculinos podem ser talentosos quando se trata do entendimento de sistemas, como o mercado de ações, software e física quântica.

O cérebro "feminino" mais extremo, ao contrário, é excelente na empatia e na compreensão dos pensamentos e sentimentos do outro. Pessoas dotadas desse padrão brilham em vocações como ensino e aconselhamento; como psicoterapeutas, têm uma maravilhosa empatia e sintonia com o mundo interior de seus pacientes. Mas as pessoas com o padrão ultrafeminino têm graves dificuldades com sistematização, seja na decisão sobre o melhor caminho a tomar na bifurcação da estrada a sua frente, seja no estudo de física teórica. São, nas palavras de Baron-Cohen, "cegas para sistemas".

Baron-Cohen elaborou um teste para determinar a facilidade com que uma pessoa percebe o que os outros sentem. O teste leva o nome de QE, abreviação de Quociente de Empatia (e não "Inteligência Emocional", significado que o conceito adquiriu em vários idiomas), e as mulheres, em média, têm uma pontuação maior do que os homens nesse teste. As mulheres também superam os homens em medidas de cognição social, como entender o que seria uma gafe em uma situação social específica, e em precisão empática, intuindo o que outra pessoa estaria sentindo ou pensando.[8] Por fim, as mulheres tendem a marcar uma pontuação mais alta do que os homens no teste de Baron-Cohen de leitura dos sentimentos de uma pessoa apenas observando os olhos delas (ver o capítulo 6).

No entanto, quando se trata de pensamento sistêmico, a balança pende para o cérebro masculino. Como Baron-Cohen observa, os homens levam vantagem e, em média, marcam mais pontos do que as mulheres em testes de destreza intuitiva para mecânica; no monitoramento de sistemas complicados; em testes de atenção do tipo "Onde está Wally?"; na localização de figuras escondidas em meio a desenhos complexos; e em buscas visuais em geral. E, nesses testes, os autistas se saem melhor do que a maioria dos homens, assim como se saem pior do que qualquer outro grupo nos testes de empatia.

Falar sobre um suposto cérebro "masculino" ou "feminino" nos conduz a um terreno perigoso em política social. Enquanto escrevo este livro, o reitor da Universidade Harvard arranjou uma confusão ao fazer comentários de que as mulheres são congenitamente inadequadas para carreiras nas ciências duras. Mas Baron-Cohen abominaria qualquer tentativa de usar sua teoria para desestimular as mulheres a se tornar engenheiras — ou os homens a atuar na área de psicoterapia.[9] Ele constatou que, na grande maioria das pessoas, o cérebro dos homens e das mulheres tem o mesmo nível de capacidade para a empatia e para o pensamento sistemático; além disso, muitas mulheres são brilhantes em sistematizações e muitos homens são excelentes em empatia.

Talvez Temple Grandin tenha o que Baron-Cohen chamaria de cérebro masculino. Em primeiro lugar, ela publicou mais de trezentos artigos acadêmicos sobre ciência animal. Uma das maiores especialistas em comportamento animal, Grandin desenvolveu os projetos usados por metade dos sistemas para tratamento de gado nos Estados Unidos. Esses sistemas são baseados na extraordinária compreensão de Grandin de como tornar mais humanitárias as condições de muitos milhares de vacas que passam por eles diariamente. Seu conhecimento especializado fez de Grandin uma das mais destacadas reformadoras na qualidade de vida dos animais usados na agricultura em todo o mundo.

O padrão ideal, diz Baron-Cohen, é ter um cérebro "equilibrado", com pontos fortes tanto em empatia quanto em sistematização. Um médico com ambas as habilidades, por exemplo, seria capaz de fazer diagnósticos precisos e planos de tratamento sofisticados e, ao mesmo tempo, dar aos pacientes a sensação de que estão sendo ouvidos, entendidos e bem cuidados.

Mesmo assim, pontos fortes podem ser encontrados nos dois extremos. Embora sejam maiores as probabilidades de que pessoas com cérebros mais "masculinos" apresentem sintomas da síndrome de Asperger ou de autismo, elas podem atingir o nível de excelência em muitos campos se, como o professor Borcherds, encontrarem um ambiente adequado à aplicação de seus talentos. No entanto, para elas o mundo social comum parece um planeta alienígena, de modo que os rudimentos mais básicos de interação precisam ser aprendidos de forma mecânica, se forem.

ENTENDENDO AS PESSOAS

"Caramba! Você é muito velha!", foi a primeira coisa que a filha adolescente de Layne Habib deixou escapar diante de uma vendedora de meia-idade.

"Talvez ela não queira escutar isso", sussurrou Habib.

"Por que não?", perguntou a filha, acrescentando sem rodeios: "No Japão, os velhos são venerados".

Essa conversa é um exemplo típico dos diálogos entre mãe e filha. Habib passa muito tempo ensinando à filha as regras sociais implícitas que facilitam as interações.[10] Como Richard Borcherds, sua filha sofre da síndrome de Asperger e, por isso, tem uma compreensão limitada das gentilezas.

Mas a franqueza da filha vem acompanhada de uma clareza revigorante. Quando a mãe lhe disse que ela deveria esperar por uma pausa para interromper uma conversa – em vez de simplesmente dizer "Estou com vontade de ir embora agora" e sair andando –, a filha teve um momento de descoberta.

"Agora entendi", retrucou a filha. "Você finge. Ninguém poderia estar tão interessado em tudo o que uma pessoa diz. Você só precisa esperar pela chegada da pausa para poder ir embora."

Essas opiniões desconcertantemente honestas já deixaram a filha de Habib em apuros inúmeras vezes. "Preciso ensinar a ela estratégias sociais para se dar bem com as pessoas", disse-me Habib. "Ela precisa aprender as pequenas mentiras inofensivas para não ferir os sentimentos dos outros."

Habib, que ensina habilidades sociais a grupos de crianças com necessidades especiais como sua filha, diz que dominar esses rudimentos as ajuda a "fazer parte do mundo, em vez de ficarem isoladas, sozinhas, voltadas para si mesmas". Enquanto os membros da Tríade Sombria podem escrutinar as regras sociais a fim de manipular os outros, os portadores da síndrome de Asperger as estudam apenas para conviver com os outros.

Nos grupos de Habib, crianças com Asperger e autismo aprendem a reconhecer a maneira certa de entrar com elegância numa conversa. Em vez de apenas se intrometer com seu assunto favorito, Habib as ensina a primeiro ouvir para entender a essência da conversa e, só então, contribuir opinando sobre o assunto em questão.

Essa dificuldade de navegar pelo mundo interpessoal aponta para uma adversidade mais fundamental na síndrome da Asperger. Vejamos a seguinte vinheta:

Marie sentia aversão às viagens para encontros com os parentes do marido porque eles eram muito enfadonhos. Na maior parte do tempo, todos eles ficavam sentados em um silêncio constrangedor e, dessa vez, não foi diferente.

No trajeto de volta para casa, o marido de Marie lhe perguntou o que tinha achado da visita. Marie disse: "Ah, maravilhosa. Quase não tive oportunidade de dizer uma palavra".[11]

O que levou Marie a dizer isso?

A resposta óbvia: Marie estava sendo sarcástica, na verdade sugerindo justamente o contrário do que disse. Mas essa dedução aparentemente evidente escapa a pessoas autistas ou portadoras da síndrome de Asperger. Para "entender" um comentário sarcástico, precisamos realizar uma sutil matemática social, cuja premissa é a percepção de que o que a pessoa fala não é o que ela quer dizer. Porém, para as pessoas com autismo, sua deficiência na visão mental significa que o mais simples algoritmo social, como entender por que sofrer uma esnobada faz alguém se sentir mal, permanece um mistério.[12]

Escaneamentos cerebrais de pessoas autistas detectaram inatividade em uma região conhecida como "parte anterior do giro fusiforme" quando elas olham para o rosto de alguém. Essa parte registra não apenas os rostos, mas também todas as coisas com as quais estamos mais familiarizados ou que mais nos fascinam. Nos observadores de pássaros, isso significa que a parte fusiforme é acionada quando um cardeal passa voando; nos amantes de automóveis, quando avistam um BMW.

Nas pessoas autistas, entretanto, essa área não se ativa quando elas olham para um rosto – mesmo os rostos de seus familiares –, mas quando olham para qualquer coisa que as fascine, como os números de uma lista telefônica. A partir dos estudos sobre autismo surgiu uma regra geral simples: quanto menor a atividade na área de leitura de rostos do cérebro enquanto olham para alguém, maiores são as suas dificuldades interpessoais.

Os sinais desse déficit social surgem na tenra infância. A maior parte dos bebês apresenta atividade na parte anterior do giro fusiforme quando olha para os olhos de alguém – mas as crianças autistas, não. Crianças autistas mostram a ativação fusiforme quando olham para um objeto querido ou até mesmo quando enxergam padrões, como o modo esmeradamente organizado com que arrumaram suas fitas de vídeo favoritas em uma prateleira.

Dos quase duzentos músculos do rosto, os que circundam os olhos são especialmente afinados para expressar sentimentos. Embora as pessoas em geral costumem focalizar a área dos olhos quando olham para o rosto de alguém, os autistas evitam olhar para esse ponto, perdendo, assim, informações emocionais importantíssimas. Evitar o contato visual pode ser um dos primeiros indicadores de que um bebê será autista.

Basicamente indiferentes à interação humana, os autistas fazem pouco ou nenhum contato visual com qualquer pessoa, e assim deixam de perceber os blocos básicos para a construção dos vínculos humanos, bem como a empatia. Embora seja uma habilidade aparentemente menor, o contato visual é fundamental para o aprendizado das noções básicas de como se relacionar com outras pessoas. Nas pessoas autistas, a resultante lacuna no aprendizado social contribui para o seu retumbante fracasso em perceber como a outra pessoa se sente e, dessa forma, inferir no que ela provavelmente está pensando.

As crianças cegas, ao contrário, compensam sua incapacidade de enxergar rostos desenvolvendo uma sensibilidade aguçada para as pistas emocionais nas vozes — o que é possível porque seu córtex auditivo toma conta da área visual não utilizada (o que faz de alguns, como Ray Charles, músicos esplêndidos).[13] A resultante hiperpercepção dos sentimentos expressos vocalmente permite a socialização normal de crianças cegas, enquanto as crianças autistas continuam desafinadas para as emoções.

Uma razão pela qual os bebês autistas evitam o contato visual parece ser o fato de que isso os deixa ansiosos — quando olham para os olhos de alguém, sua amígdala reage desenfreadamente, indicando um medo intenso.[14] Assim, em vez de olhar para os olhos de uma pessoa, a criança autista olha para a boca, que revela pouco sobre o estado interior da pessoa. Embora essa tática diminua sua ansiedade, significa que as crianças autistas perdem os rudimentos da sincronia cara a cara e ainda mais a visão mental.

Esse déficit na leitura das emoções, concluiu Baron-Cohen, pode ajudar a revelar o circuito cerebral subjacente que opera sem problemas nas pessoas comuns, mas funciona mal nos autistas. Assim, sua equipe de pesquisadores comparou autistas e pessoas comuns em uma situação na qual os participantes se submetiam a um exame de ressonância magnética funcional enquanto um pequeno monitor de vídeo mostrava uma série de fotografias de olhos de pessoas como aquelas apresentadas no capítulo 6. Os participantes apertavam um botão para indicar sua opinião de quais sentimentos estavam sendo expressos nas opções de olhos apresentadas, como "solidário" ou "indiferente".

Os voluntários autistas, como esperado, erraram feio. O mais revelador: essa tarefa simples mostrou quais partes do cérebro estão envolvidas nesse pequeno ato de visão mental. Em adição ao córtex orbitofrontal, as regiões-chave incluíam o giro temporal superior e a amígdala — áreas que, junto com outras poucas, reapareceram reiteradas vezes em estudos semelhantes.

Paradoxalmente, o exame do cérebro de pessoas desprovidas de sutileza oferece pistas para a configuração do cérebro social. Comparar diferenças entre a atividade cerebral normal e a autista, argumenta Baron-Cohen, realça o circuito que subjaz a uma boa parte da inteligência social em si.[15]

Como veremos, essas capacidades neurais são imensamente importantes não apenas para a riqueza da nossa vida interpessoal, mas para o bem-estar de nossos filhos, para a nossa capacidade de amar bem e para a nossa própria saúde.

Parte III

Criação e natureza

10. Genes não são destino

Pegue um bebê de quatro meses, coloque-o em uma cadeirinha e mostre um brinquedo que ele nunca viu antes. Depois de vinte segundos, mostre outro brinquedo, e um terceiro após mais vinte segundos, e assim por diante.

Alguns bebês adoram essa enxurrada de novidades. Outros detestam, e como forma de protesto choram a ponto de tremer.

Os bebês que odeiam essa situação compartilham uma característica que Jerome Kagan, psicólogo de Harvard, estudou durante quase três décadas. Quando pequenas, essas crianças são muito cautelosas com relação a pessoas e lugares desconhecidos — Kagan as chama de "inibidas". Quando começam a frequentar a escola, essa inibição se manifesta como timidez. Kagan especula que essa timidez nas crianças talvez se deva a um padrão neurotransmissor herdado que deixa suas amígdalas mais irritáveis. Essas crianças ficam hiperestimuladas diante de novidades e coisas assustadoras.

Kagan está entre os psicólogos do desenvolvimento mais influentes que surgiram desde que o pioneiro Jean Piaget observou, entusiasticamente, as mudanças nas habilidades cognitivas pelas quais seus próprios filhos passaram ao longo dos anos. Kagan tem a merecida reputação de metodologista e pensador de primeira linha, além de ter o raro dom de escrever como um humanista. Seus livros, com títulos como *Galen's Prophecy* [A profecia de Galeno], sugerem sua fluência em questões tanto filosóficas quanto científicas.

Voltando ao fim da década de 1970, quando Kagan anunciou pela primeira vez que um traço de temperamento como a inibição tem causas biológicas, provavelmente genéticas, vários pais e mães soltaram um suspiro de alívio. O *éthos* da época asseverava que praticamente todos os problemas que uma criança poderia apresentar tinham raiz em algum erro na educação recebida dos pais. Uma criança tímida tinha sido intimidada por pais dominadores; a briguenta estava escondendo, por trás do exterior rude, sua vergonha, induzida por pais depreciativos. Até mesmo as crianças esquizofrênicas seriam produto de um "dilema de comunicação",* o que queria dizer que jamais seriam capazes de satisfazer aos pais.

Kagan era professor do Departamento de Psicologia de Harvard quando eu cursava a pós-graduação. Pelo que me lembro, a sugestão feita por um cientista tão ilustre como ele de que correntes biológicas, e não psicológicas, entravam em ação para moldar o temperamento surgiu como uma revelação — bastante polêmica em alguns círculos acadêmicos em Cambridge. No elevador do William James Hall, prédio onde fica o departamento, ouvi rumores de que Kagan havia se voltado para os teóricos da biologia — que por sua vez estavam simultaneamente corroendo os alicerces dos psicoterapeutas em relação ao tratamento de distúrbios como a depressão, que, tiveram a audácia de sugerir, também poderia ter causas biológicas.[1]

Hoje, décadas depois, esse debate parece uma pitoresca relíquia de uma época ingênua. A marcha da ciência genética diariamente acrescenta itens à lista de hábitos de temperamento e de comportamento que são controlados por um grupo ou outro de DNA. A neurociência, igualmente, continua descobrindo qual é o circuito neural que funciona mal em determinado distúrbio mental e quais neurotransmissores parecem fora de sintonia quando uma criança demonstra um ou outro extremo de temperamento, que vai de uma criança "excessivamente sensível" a um psicopata incipiente.

E, no entanto, como Kagan sempre teve grande prazer em apontar, não é tão simples assim.

* No original, *double-bind*, ou duplo vínculo, um conceito da psicologia cunhado por Gregory Bateson em 1956 que descreve um dilema de comunicação no qual um indivíduo (ou grupo) recebe duas ou mais mensagens conflitantes, uma negando a outra. Isso cria relacionamentos contraditórios, situações em que qualquer possível resposta do indivíduo estará errada. Por sua natureza, o *double-bind* impossibilita a pessoa de confrontar o dilema, resolvê-lo ou sair do conflito. (N. T.)

O CASO DOS ROEDORES ALCOÓLATRAS

Meu melhor amigo na terceira série era John Crabbe, um menino magricela e inteligente que usava óculos com armação de tartaruga ao estilo Harry Potter. Eu sempre ia de bicicleta até a casa dele, onde passávamos agradáveis e preguiçosas horas fazendo maratonas do jogo Banco Imobiliário. No ano seguinte, sua família se mudou, e só voltei a vê-lo meio século depois.

Após todos esses anos, resolvi ligar para ele quando percebi que era o mesmo John Crabbe que se destacava como geneticista comportamental da Universidade de Saúde e Ciência do Oregon e do Centro Médico de Veteranos de Guerra de Portland – e, acima de tudo, renomado por seus estudos com roedores alcoólatras. Durante anos, Crabbe vem realizando pesquisas com ratos de uma linhagem chamada C57BL/6J, singulares por seu voraz apetite por álcool. Estudar esses roedores traz a promessa de fornecer pistas sobre as causas e, espera-se, a cura para o alcoolismo em humanos.

Essa linhagem de ratos loucos por álcool é uma em cerca de cem espécies úteis para as pesquisas na área médica, a exemplo da suscetibilidade a diabetes ou doenças cardíacas. Cada rato em uma linhagem congênita é, com efeito, um clone de cada um desses ratos; eles compartilham seus genes como gêmeos idênticos. Para os pesquisadores, uma virtude dessas cepas é sua estabilidade; um rato de determinada linhagem testado em vários laboratórios ao redor do mundo deve reagir exatamente como todos os outros ratos da mesma linhagem. Mas essa mesma hipótese de estabilidade foi questionada por Crabbe em um experimento simples, hoje famoso.[2]

"Perguntamos simplesmente até que ponto o 'estável' tem estabilidade", contou-me Crabbe quando liguei. "Realizamos testes idênticos em três laboratórios diferentes, tentando reproduzir de maneira idêntica todos os aspectos do ambiente deles, desde a marca da ração que comiam – Purina – até sua idade e seu histórico de embarque. Nós os submetemos aos testes no mesmo horário, no mesmo dia, com aparato idêntico."

Assim, no mesmo momento – 20 de abril de 1998, entre 8h30 e 9h, horário local –, todos os ratos das oito linhagens naturais, inclusive a de número C57BL/6J, foram testados. Um teste simplesmente oferecia aos roedores a opção de beber água normal ou uma solução de álcool. Como era de esperar, os amantes de bebidas alcoólicas escolheram o "martíni de rato" com muito mais frequência do que as outras linhagens de roedores.

Em seguida, realizou-se um teste-padrão para medir a ansiedade entre os roedores. Um rato foi colocado no cruzamento de duas pistas, elevadas a cerca de um metro do chão. Em duas divisões do cruzamento havia muros, enquanto as outras duas eram abertas, o que pode ser assustador. Os ratos ansiosos encolhiam-se de medo junto às paredes, ao passo que os mais aventureiros exploravam as pistas abertas.

Todavia, para grande surpresa de quem acredita que os genes determinam isoladamente o comportamento, no teste de ansiedade em determinada linhagem foram encontradas algumas diferenças decisivas de laboratório para laboratório. Por exemplo, a linhagem BALB/cByJ foi muito ansiosa em Portland, mas bastante aventureira em Albany.

Como Crabbe observou: "Se os genes fossem tudo, era de se esperar que não houvesse diferença alguma". O que poderia ter causado essas diferenças? Certas variáveis estavam além do controle de laboratório para laboratório, como a umidade e a água que os ratos beberam — e, talvez o mais importante, as pessoas que os manipularam. Um pesquisador-assistente, por exemplo, era alérgico a ratos e usou um respirador enquanto os segurava.

"Algumas pessoas são confiantes, habilidosas e seguras ao lidar com ratos, enquanto outras são ansiosas ou muito brutas", disse-me Crabbe. "A minha aposta é que os ratos são capazes de 'ler' o estado emocional da pessoa que está lidando com eles, e esse estado, por sua vez, exerce um impacto sobre o comportamento dos roedores."

O estudo de Crabbe, publicado na prestigiosa revista *Science*, suscitou um acalorado debate entre os neurocientistas. Eles tiveram de se engalfinhar com a perturbadora revelação de que pequenas diferenças entre um laboratório e outro, como, por exemplo, o modo como os ratos eram manipulados, criavam disparidades no comportamento desses roedores — o que implicava uma diferença no funcionamento ou modo de agir de genes idênticos.[3]

O experimento de Crabbe, juntamente com descobertas semelhantes de outros laboratórios, sugere que os genes são mais dinâmicos do que a maioria das pessoas — e a ciência, há mais de um século — supunha. O importante não são apenas os genes com os quais nascemos, mas sua *expressão*.

Para compreender como nossos genes funcionam, devemos avaliar a diferença entre possuir determinado gene e o grau com que esse gene expressa sua assinatura proteica. Na expressão genética, essencialmente, um pouco de DNA produz RNA, que, por sua vez, cria uma proteína que faz algo acontecer em nossa biologia. Dos cerca de 30 mil genes existentes no corpo humano, alguns só são expressos durante o desenvolvimento embrionário e depois desaparecem para sempre. Outros são ativados e desativados a intervalos constantes. Alguns se expressam somente no fígado; outros, apenas no cérebro.

As descobertas de Crabbe figuram como um marco da "epigenética", o estudo de como as experiências por que passamos alteram o funcionamento dos nossos genes — sem alterar minimamente a sequência do DNA. Somente quando um gene direciona a síntese de RNA é que ele realmente faz diferença prática no organismo. A epigenética mostra como nosso ambiente, traduzido no imediato ambiente químico circundante de uma célula, programa nossos genes de modo a determinar seu nível de atividade.

As pesquisas da epigenética identificaram vários dos mecanismos biológicos que controlam a expressão genética. Um deles, envolvendo a molécula de metil, não apenas ativa e desativa constantemente os genes, como também diminui ou acelera sua atividade.[4] Da mesma forma, a atividade do metil também ajuda a determinar em que local do cérebro mais de 100 bilhões de neurônios vão parar e com quais outros neurônios suas 10 mil conexões se ligarão. A molécula de metil esculpe o corpo, incluindo o cérebro.

Esses insights colocam um ponto-final no centenário debate sobre natureza versus criação: são nossos genes ou nossas experiências que determinam quem nos tornaremos? No fim fica claro que esse debate não tem sentido, com base na falácia de que nossos genes e o meio são independentes um do outro; é como discutir sobre o que contribui mais para a área de um retângulo, o comprimento ou a largura.[5]

O simples fato de ter determinado gene não conta a história toda de seu valor biológico. Por exemplo, os alimentos que ingerimos contêm centenas de substâncias que regulam uma grande variedade de genes, ativando-os e desativando-os, como tremeluzentes pisca-piscas numa árvore de Natal. Se comermos a comida errada ao longo de vários anos, podemos ativar uma combinação de genes que resultará na obstrução das artérias que ocasionam as doenças cardíacas. Por outro lado, a ingestão de um pouco de brócolis oferece uma dose de vitamina B6 que estimula o gene triptofano hidroxalese a produzir o aminoácido L-triptofano, que ajuda a sintetizar a dopamina, um neurotransmissor que estabiliza o humor, entre outras funções.

É biologicamente impossível que um gene trabalhe de forma independente de seu meio: os genes foram *projetados* para ser regulados pelos sinais de seu ambiente imediato, inclusive os hormônios do sistema endócrino e os neurotransmissores do cérebro — alguns dos quais, por sua vez, recebem profunda influência de nossas interações sociais.[6] Assim como a nossa alimentação regula certos genes, nossas experiências sociais determinam uma porção específica desses interruptores genômicos.

Nossos genes, portanto, não são suficientes em si mesmos para produzir um sistema nervoso que opere de maneira ideal.[7] Dessa perspectiva, formar uma criança segura ou uma criança empática exige não somente um conjunto necessário de genes, mas também suficientes cuidados dos pais ou outras experiências sociais apropriadas. Como veremos, somente essa combinação assegura que os genes corretos funcionarão da melhor maneira. A partir dessa perspectiva, a criação dada pelos pais exemplifica o que poderíamos chamar de "epigenética social".

"A epigenética social faz parte da próxima fronteira da genômica", afirmou Crabbe. "O novo desafio técnico envolve fatorar o impacto do meio nas diferenças da expressão genética. É mais um golpe contra a visão ingênua do determinismo genético: a crença de que nossas experiências não importam — de que os genes são tudo."

GENES PRECISAM DE EXPRESSÃO

James Watson, ganhador do prêmio Nobel pela descoberta seminal, com Francis Crick, do formato de dupla hélice do DNA, admite ter um temperamento irritadiço. Mas, ele acrescenta, rapidamente supera a raiva. Essa rápida recuperação, observa, aponta para a extremidade positiva do espectro de como genes associados à agressividade podem operar.

O gene em questão ajuda a *inibir* a raiva e pode funcionar de duas maneiras. Em uma delas, a mais fraca, o gene expressa quantidades ínfimas da enzima que controla a agressividade, por isso a pessoa se zanga muito facilmente, fica mais zangada do que a maioria das pessoas e é mais propensa à violência. Pessoas nesse extremo podem prontamente acabar na prisão.

Na outra forma, o gene expressa grandes quantidades de sua enzima, de modo que, assim como Watson, a pessoa pode ficar com raiva, mas se recupera rapidamente. Ter o segundo padrão de expressão genética torna a vida um pouco mais prazerosa, uma vez que os momentos de irritação não duram muito. Algumas pessoas com esse padrão, aparentemente, podem ganhar o prêmio Nobel.

Se um gene nunca expressa as proteínas que poderiam orientar o organismo a funcionar de determinada maneira, então é melhor nem ter esse gene. Se ele as expressa um pouco, então o gene será pouco importante – e se a expressão surgir com força total, então o gene tem importância máxima.

O desenho do cérebro humano foi concebido para mudar em resposta à experiência acumulada. Tendo a consistência de manteiga em temperatura ambiente e trancado dentro de sua gaiola óssea, o cérebro é tão frágil quanto complexo. Parte dessa fragilidade resulta de uma extraordinária sintonia com tudo o que o cerca.

Há muito se supôs que os eventos que controlam os genes eram estritamente bioquímicos – nutrição adequada ou (no pior dos casos) exposição a toxinas industriais. Hoje, os estudos epigênicos analisam a maneira como os pais tratam os filhos em fase de crescimento, descobrindo de que forma a criação modela o cérebro da criança.

O cérebro da criança é programado para se desenvolver, mas demora um pouco mais do que as primeiras duas décadas de vida para concluir essa tarefa, tornando-se, assim, o último órgão do corpo a se tornar anatomicamente maduro. Durante esse período, todas as figuras mais importantes da vida da criança – pais, irmãos, avós, professores e amigos – podem tornar-se ingredientes ativos no crescimento do cérebro, criando uma mistura social e emocional que norteia o desenvolvimento neural. Como uma planta no processo de adaptação a um solo rico ou exaurido, o cérebro da criança modela-se para se ajustar à sua ecologia social, particularmente ao clima emocional fomentado pelas pessoas mais relevantes de sua vida.

Alguns sistemas cerebrais respondem mais prontamente que outros a essas influências sociais. E cada rede de circuitos cerebrais tem o próprio período de pico quando as forças sociais podem moldá-lo. Alguns dos impactos mais profundos parecem ocorrer durante os dois primeiros anos de vida, período em que o cérebro sofre seu maior crescimento – de insignificantes quatrocentos gramas no momento do nascimento para um quilo aos dois anos de vida (a caminho de uma média de 1,4 quilo na vida adulta).

A partir dessa etapa, as experiências pessoais decisivas em nossa vida parecem estabelecer os reostatos biológicos que determinam o nível de atividade para os genes que regulam o funcionamento do cérebro, bem como outros sistemas biológicos. A epigenética social expande o espectro do que regula certos genes, para incluir os relacionamentos.

A adoção pode ser vista como um experimento natural singular, no qual é possível avaliar o impacto das influências dos pais adotivos nos genes de uma criança. Um estudo sobre beligerância em crianças adotadas comparou a atmosfera familiar fomentada por seus pais biológicos àquela oferecida por suas famílias adotivas. Quando as crianças nascidas em famílias com histórico de violência, agressividade e beligerância foram adotadas por famílias pacíficas, apenas 13% dos filhos adotivos demonstraram características antissociais durante o crescimento. Porém, quando essas crianças iam viver em "lares ruins" – famílias em que a agressividade grassava a rédeas soltas –, 45% delas acabaram por se tornar violentas.[8]

A vida familiar parece alterar a atividade dos genes não somente em relação à agressividade, mas também em relação a um vasto número de outras características. Uma influência predominante parece ser a quantidade de amor – ou fria negligência – que uma criança recebe. Michael Meaney, neurocientista da Universidade McGill, em Montreal, fala com entusiasmo sobre as implicações da epigenética para as conexões humanas. Meaney, um palestrante encantador de compleição franzina, demonstra coragem científica em sua facilidade para tirar conclusões aplicáveis aos humanos a partir de elaborados estudos com ratos de laboratório.

Meaney descobriu, pelo menos no caso dos ratos, uma maneira vital pela qual a criação pode modificar a própria química dos genes de uma criança.[9] As pesquisas de Meaney identificam uma singular janela no desenvolvimento – nas primeiras doze horas após o nascimento de um roedor –, durante a qual ocorre um decisivo processo do metil. A quantidade de lambidas e o tempo de *grooming* da mãe em seus filhotes durante essa janela realmente determinam de que forma as substâncias químicas cerebrais que reagem ao estresse serão compostas no cérebro desse filhote pelo resto de sua vida.

Quanto mais atenciosa e cuidadosa a mãe, mais inteligente, confiante e destemido será o filhote; quanto menos, mais devagar o filhote aprenderá e mais sobrecarregado pelas ameaças se sentirá. Igualmente revelador é o fato de que a quantidade de lambidas e o tempo de *grooming* que a mãe dedica determinam o quanto o filhote fêmea, por sua vez, lamberá e se dedicará ao *grooming* com os próprios filhotes um dia.

Os filhotes nascidos de mães dedicadas, que os lambiam bastante e realizavam *grooming* sempre, cresciam com conexões mais densas entre as células cerebrais, particularmente no hipocampo, a sede da memória e da aprendizagem. Esses filhotes eram especialmente espertos em uma habilidade-chave para os roedores: orientar-se em um espaço físico, como um labirinto. Além disso, inquietavam-se menos com os estresses da vida e tinham maior capacidade de se recuperar de uma reação ao estresse quando o enfrentavam.

A prole de mães menos atenciosas e carinhosas, por outro lado, acabava estabelecendo conexões menos densas entre os neurônios. Obtinham pontuação baixa na resolução de labirintos, o equivalente ao "teste de QI" para ratos.

Para os filhotes de ratos, o maior revés neural ocorre no momento em que, ainda muito jovens, são completamente separados das mães. Essa crise desliga os genes protetores, deixando-os vulneráveis a uma reação em cadeia bioquímica que inunda seu cérebro de moléculas tóxicas desencadeadas pelo estresse. Esses roedores jovens crescem e se tornam adultos assustadiços, que se sobressaltam facilmente.

Os equivalentes humanos das lambidas e do *grooming* parecem ser a empatia, a sintonia e o toque. Se o trabalho de Meaney pode ser aplicado aos humanos, como ele desconfia, então a maneira como nossos pais nos tratam imprime sua marca genética sobre e acima do conjunto de DNA a nós transmitido. E o modo como tratamos nossos filhos, por sua vez, definirá os níveis de atividade dos genes *deles*. Essa descoberta sugere que os pequenos e carinhosos atos de cuidados parentais que recebemos podem ter importância duradoura — e que os relacionamentos desempenham um papel relevante para nortear o contínuo redesenho do cérebro.

O QUEBRA-CABEÇA NATUREZA VERSUS CRIAÇÃO

É muito fácil falar sobre a epigenética quando se está lidando com ratos geneticamente híbridos em laboratórios controlados com rigor. Mas apenas tente aplicar isso no caótico mundo dos humanos.

Esse foi o assustador desafio assumido pelo estudo de grande envergadura encabeçado por David Reiss na Universidade George Washington. Reiss, famoso por sua astuta pesquisa sobre a dinâmica familiar, uniu forças com Mavis Heatherington, especialista em famílias adotivas, e Robert Plomin, figura de destaque na área de genética comportamental.

O padrão-ouro dos estudos da natureza versus criação é comparar crianças adotadas com crianças criadas pelos pais biológicos. Isso permite aos pesquisadores avaliar até que ponto traços em comum como a agressividade parecem dever-se a influências da família, e que percentual decorre apenas da biologia.

Na década de 1980, Plomin havia assombrado o mundo científico com os dados que obteve a partir de estudos com gêmeos adotados mostrando qual porção de uma característica ou habilidade se devia aos genes e qual era atribuída à maneira como a criança era criada. As habilidades escolares de um adolescente se devem cerca de 60% aos genes, afirmou ele, ao passo que a noção de autoestima tem uma influência de apenas cerca de 30% da genética e de 25% de moralidade.[10] Mas Plomin e outros que usaram seu método viram-se sob fogo cruzado no meio científico porque, via de regra, avaliaram os impactos apenas em uma gama limitada de famílias, principalmente aquelas nas quais os gêmeos eram criados por pais biológicos em comparação com aqueles que eram criados por pais adotivos.

Por isso, o grupo de Reiss resolveu incluir muitas outras variações nas famílias adotivas, incluindo na equação especificações bem maiores. Seu rigoroso projeto exigia que encontrassem 720 pares de adolescentes representativos de toda a gama de proximidade genética, de gêmeos idênticos a diversas variedades de irmãos adotivos.[11]

O grupo passou um pente-fino pelo país, recrutando famílias com apenas dois filhos adolescentes em qualquer uma das seis configurações específicas. Encontrar famílias com gêmeos idênticos ou fraternos, o procedimento-padrão em seu campo, não foi problema. Mais difícil, porém, foi esquadrinhar o país para encontrar famílias nas quais cada pai/mãe tivesse se divorciado anteriormente, levando apenas um dos adolescentes para a nova família. Mais difícil ainda, tinham de estar casados com os padrastos/madrastas há pelo menos cinco anos.

Depois de uma excruciante busca para encontrar e recrutar as famílias corretas, os pesquisadores passaram anos analisando a vasta massa de dados coletados. Em seguida, vieram mais frustrações. Algumas por conta de uma descoberta inesperada: cada filho *vivencia* a mesmíssima família de maneiras drasticamente idiossincráticas.[12] Os estudos sobre gêmeos criados separadamente davam como certo que cada filho em determinada família sente na pele experiências semelhantes. Mas a pesquisa do grupo de Reiss — assim como a pesquisa de Crabbe sobre a genética de ratos de laboratório — esfacelou esse pressuposto.

Contrastemos um irmão mais velho com um irmão mais novo. Sendo o primeiro a nascer, o mais velho não tem rival com relação ao amor e à atenção dos pais; surge, então, o caçula. Desde o primeiro dia, a criança mais nova precisa desenvolver estratagemas para competir pelo tempo e afeto dos pais. Os filhos rivalizam para ser únicos, o que resulta no tratamento diferente dado a cada um. Adeus escola de pensamento que apregoa uma-família-um-único-ambiente.

Pior ainda, esses aspectos da vida familiar únicos-para-cada-criança mostraram-se tendo uma grande potência quanto a determinar o temperamento de uma criança, acima e além de qualquer influência genética. Portanto, a maneira como uma criança define seu nicho singular na família pode seguir qualquer um de incontáveis modos, tornando-as curingas da epigenética.

Além disso, embora os pais exerçam algum impacto no temperamento dos filhos, eles não são os únicos. O mesmo se pode dizer de uma série de outras pessoas da vida da criança, particularmente seus irmãos e amigos.

Para complicar ainda mais a equação, um fator surpresa apareceu como um independente e poderoso modelador no destino da criança: a maneira como uma criança *pensa* sobre si mesma. Sem dúvida, a noção que um adolescente tem acerca de seu valor depende muito do modo como foi tratado quando criança e quase nada da genética. Mas então, uma vez formada, a noção de amor-próprio da criança molda seu comportamento, com grande distância dos desafortunados cuidados dos pais, das pressões dos colegas ou de qualquer fator genético.[13]

Ora, a equação para os impactos sociais sobre os genes dá outra reviravolta. Por sua vez, a herança genética de uma criança molda a forma como todas as pessoas a tratam. Enquanto os pais afagam naturalmente bebês meigos que retribuem seu carinho, os bebês irritáveis ou indiferentes recebem menos afago. No pior dos casos, quando a genética de uma criança a leva a ser irritadiça, agressiva e difícil, os pais tendem a reagir na mesma moeda, com disciplina severa, conversas ríspidas e sua própria dose de crítica e raiva. Esse caminho agrava o lado difícil da criança, o que, por sua vez, evoca ainda mais a negatividade dos pais, em uma espiral viciosa.[14]

O afeto que os pais concedem aos filhos, o modo como são estabelecidos os limites ou as inúmeras outras dinâmicas familiares, os pesquisadores concluíram, ajudam a definir a expressão de muitos genes. Mas, além disso, um irmão mandão ou um amigo confuso têm ambos o seu impacto.

A velha distinção, antes aparentemente nítida, entre os aspectos do comportamento da criança que se originam da genética e os que derivam de seu mundo social confunde-se de modo substancial. No fim, depois dos milhões de dólares investidos em pesquisas e da exaustiva busca pelas famílias corretas, o grupo de Reiss produziu menos detalhes específicos das miríades de complexas interações entre a vida familiar e os genes do que a quantidade de enigmas que ainda precisam ser solucionados.

Parece ser cedo demais para que essa ciência rastreie todos os caminhos epigenéticos na caótica neblina da vida familiar. Mesmo assim, dessa névoa estão surgindo alguns dados muito cristalinos. Um deles sugere o poder das experiências de vida de alterar "dados" genéticos no comportamento.

FORJANDO TRILHAS NEURAIS

O falecido hipnoterapeuta Milton Erickson costumava contar histórias sobre sua infância em uma cidadezinha no estado de Nevada, no início do século XX. Os invernos lá eram muito rigorosos, e um de seus prazeres era acordar e descobrir que havia nevado na noite anterior.

Nesses dias, o jovem Milton se arrumava às pressas de manhã, só para ter certeza de que seria o primeiro a abrir caminho na neve até a escola. Então ele traçava intencionalmente uma tortuosa rota circular, em zigue-zague, suas botas as primeiras a sulcar uma trilha através da neve recém-caída.

Pouco importavam quantas voltas e reviravoltas fizesse ao longo do caminho, inevitavelmente a criança seguinte seguia a rota de menor resistência — e também a criança seguinte, e a próxima depois desta. No fim do dia, o caminho se tornava um trajeto fixo, o percurso invariável que todos seguiam.

Erickson usava essa história como uma metáfora sobre como se formam os hábitos. Mas seu relato sobre a primeira trilha ziguezagueante sulcada na neve e depois repetidamente percorrida propicia também um modelo apropriado a respeito de como os caminhos neurais são estabelecidos no cérebro. As primeiras conexões feitas em um circuito neural se fortalecem toda vez que a mesma sequência é seguida, até que os caminhos se tornam tão fortes que passam a ser a rota automática — e um novo circuito é implementado.

Pelo fato de conter tantos circuitos em um espaço tão pequeno, o cérebro humano cria uma pressão contínua para extinguir as conexões de que não necessita mais, a fim de criar espaço para as conexões de que deve precisar. O ditado "O que não se usa se perde" refere-se a esse implacável darwinismo neural, em que os circuitos cerebrais competem entre si pela sobrevivência. Esses neurônios que perdemos são "desbastados", desaparecendo feito os galhos de uma árvore.

Como o monte de argila com o qual um escultor começa seu trabalho, o cérebro gera mais material do que necessita para assumir sua forma definitiva. Ao longo da infância e da adolescência, o cérebro perde seletivamente metade dos neurônios superabundantes, mantendo os que são usados e abandonando os que são negligenciados, à medida que as experiências de vida da criança — inclusive os relacionamentos — esculpem seu cérebro.

Além de determinar quais conexões serão preservadas, nossos relacionamentos ajudam a moldar nosso cérebro guiando as conexões feitas por novos neurônios. Aqui, também, os velhos pressupostos da neurociência desmoronam. Até hoje ainda há estudantes que são ensinados que, depois do nascimento, o cérebro não é mais capaz de produzir células novas, teoria que atualmente já foi refutada.[15] Na verdade, sabemos que o cérebro e a medula espinhal contêm células-tronco que se convertem em novos neurônios a uma velocidade de milhares ao dia. O ritmo de criação de neurônios alcança seu ápice na infância, mas continua até a velhice.

Assim que um neurônio toma forma, migra para a sua posição no cérebro e, no decorrer de um mês, desenvolve-se até o ponto em que estabelece cerca de 10 mil conexões com outros neurônios dispersos por todo o cérebro. Ao longo dos quatro meses seguintes, mais ou menos, o neurônio refina suas conexões; depois que esses caminhos se vinculam, a ligação está firme. Como os neurocientistas gostam de dizer, células que são acionadas juntas acoplam-se e permanecem juntas.

Durante esse período de cinco ou seis meses, a experiência pessoal dita com quais neurônios a célula nova vai se conectar.[16] Quanto maior a frequência com que uma experiência se repete, mais forte se torna o hábito e mais densa é a conectividade neural resultante. Meaney descobriu que a repetitiva aprendizagem nos ratos acelera a velocidade com que os novos neurônios passam a integrar circuitos com outros neurônios. Desse modo, o cérebro continua a ser redesenhado, à medida que surgem novos neurônios e suas conexões são concretizadas.

Tudo muito bom para os ratos, mas e quanto a nós, humanos? A mesma dinâmica parece ser válida, com implicações profundas para a modelagem do cérebro social.

Cada sistema cerebral tem um período ideal durante o qual a experiência molda no máximo grau possível seus circuitos. Os sistemas sensoriais, por exemplo, são em larga medida formados na primeira infância, e os sistemas de linguagem amadurecem logo a seguir.[17] Alguns sistemas, como o hipocampo — tanto nos humanos quanto nos ratos, a parte do cérebro responsável pela memória e pela aprendizagem —, continuam a ser fortemente moldados pelas experiências no decorrer da vida. Estudos com macacos revelam que células específicas do hipocampo que assumem suas posições somente durante a infância talvez não consigam migrar para a sua posição designada se a criança sofrer estresse extremo durante esse período decisivo.[18] De forma inversa, o cuidado amoroso dos pais pode intensificar a migração.

Em humanos, a mais longa janela para a formação ocorre com o córtex pré-frontal, que continua a ser moldado anatomicamente até o começo da idade adulta. Assim, as pessoas na vida de uma criança têm uma década de oportunidades para deixar sua marca no circuito neural executivo dessa criança.

Quanto mais vezes uma interação específica ocorre durante a infância, mais profunda se torna a marca deixada no circuito cerebral — e mais "aderência" ela terá à medida que essa criança passa para a vida adulta. Esses momentos repetidos da infância tornam-se caminhos automáticos no cérebro, como as trilhas que Milton Erickson sulcava na neve.[19]

Tomemos como exemplo as células fusiformes – aqueles conectores super--rápidos do cérebro social. Pesquisadores descobriram que nos humanos essas células migram para a sua localização apropriada – basicamente o córtex orbitofrontal e o córtex cingulado anterior – em aproximadamente quatro meses, momento em que estendem suas conexões a milhares de outras células. Esses neurocientistas propõem que o lugar exato e a boa qualidade da conexão das células fusiformes dependem de influências como o estresse familiar (para pior) ou uma atmosfera carinhosa e amorosa (para melhor).[20]

Relembrando, as células fusiformes ligam a estrada principal e o atalho, ajudando-nos a orquestrar nossas emoções com nossas respostas. Essa conectividade neural fortalece um conjunto decisivo de habilidades de inteligência social. Como explicou Richard Davidson (o neurocientista que conhecemos no capítulo 6): "Depois que nosso cérebro registra informações emocionais, o córtex pré-frontal nos ajuda a controlar, habilmente, nossas respostas a elas. A modelagem desses circuitos pela interação dos genes com as experiências de nossa vida determina nosso estilo afetivo: a velocidade e o vigor com que respondemos a um gatilho emocional, e quanto tempo demoramos para nos recuperar".

No que diz respeito à aprendizagem de habilidades autorreguladoras, tão vitais para interações sociais agradáveis, Davidson comenta: "Há muito mais plasticidade nos estágios iniciais da vida do que depois. Evidências em animais indicam que alguns dos efeitos das primeiras experiências podem ser irreversíveis, de modo que, quando um circuito é moldado pelo ambiente na infância, torna-se bastante estável".[21]

Imaginemos uma mãe e seu bebê entretidos em uma ingênua brincadeira de esconder o rosto. À medida que a mãe repetidamente cobre e descobre o rosto, o bebê fica cada vez mais empolgado; no pico de intensidade de seu entusiasmo, o bebê abruptamente vira o rosto e chupa o dedo, olhando fixo para o nada.

Esse olhar fixo sinaliza um período de intervalo de que o bebê necessita para acalmar-se. A mãe lhe dá o tempo necessário e espera até que esteja pronto para recomeçar a brincadeira. Alguns segundos depois, ele se volta para ela e os dois trocam olhares radiantes, sorrindo.

Comparemos essa brincadeira de esconder o rosto com a situação seguinte: mais uma vez o jogo alcança o auge da empolgação, o momento em que o bebê precisa se virar, chupar o dedo e se acalmar antes de voltar a atenção para a mãe. Porém, dessa vez ela não espera que ele se vire de novo para ela. Em vez disso, ela se inclina em direção à linha de visão do bebê, estalando a língua para exigir que o bebê lhe dê atenção.

O bebê simplesmente continua olhando para longe, ignorando a mãe. Inabalável, ela aproxima ainda mais sua cabeça do bebê, o que o deixa irritado e fazendo caretas, empurrando para longe o rosto dela. Por fim ele se desvia ainda mais do olhar da mãe, sugando febrilmente o dedo.

Tem importância o fato de que uma mãe esteja em sintonia com os sinais enviados por seu bebê, enquanto a outra ignora a mensagem?

Nada pode ser provado por meio de uma simples brincadeira de esconder o rosto. Mas um bom número de pesquisas sugere que recorrentes falhas de sintonia por parte da pessoa que cuida do bebê podem ter efeitos duradouros. Quando se repetem no decorrer da infância, esses padrões modelam o cérebro social de forma que podem fazer com que uma criança cresça satisfeita com o mundo, seja carinhosa e se sinta à vontade na presença das pessoas, enquanto outras crescem tristes e retraídas, ou irritadiças e briguentas. Antes, essas diferenças podem ter sido atribuídas ao "temperamento" da criança, um substituto para os genes. Hoje, a ação científica concentra-se em como os genes da criança podem ser definidos por milhares de interações rotineiras que uma criança vivencia enquanto cresce.

ESPERANÇA DE MUDANÇA

Ainda me lembro de Jerome Kagan falando, na década de 1980, sobre a pesquisa que sob sua coordenação vinha sendo realizada em Boston e na distante China: por meio do estudo das reações de bebês às novidades, a investigação buscava identificar crianças propensas a se tornar tímidas e desconfiadas na vida adulta. Kagan, agora semiaposentado, ainda dá continuidade a essa linha de investigação, acompanhando alguns dos "bebês de Kagan" em seus primeiros anos na idade adulta.[22] De poucos em poucos anos, vou visitá-lo em sua velha sala no último andar do William James Hall, o prédio mais alto do campus de Harvard.

Em minha última visita, ele me contou sobre sua descoberta mais recente, a partir de estudos de IRMf das crianças de Kagan. Sempre atualizadíssimo nos métodos de pesquisa, ele passara a engrossar as fileiras da IRMf. Segundo relatou, um estudo realizado com 22 bebês de Kagan – jovens agora com vinte e poucos anos que, quando crianças, foram identificados como inibidos – revelou que suas amígdalas ainda tinham reações exageradas a qualquer coisa fora do comum, exatamente como antes.[23]

Um indicador neurológico desse perfil de timidez parece ser uma atividade mais intensa no colículo, uma parte do córtex sensorial que é ativada quando a amígdala detecta algo anômalo e possivelmente ameaçador. Esse circuito neural dispara sempre que percebemos uma discrepância, como a foto da cabeça de um bebê em um corpo de girafa. As imagens que suscitam essa ativação não precisam ser uma ameaça direta – qualquer coisa de aspecto estranho ou "louco" dá o mesmo resultado.

As crianças que apresentam baixa reatividade nesses circuitos tendem a ser extrovertidas e sociáveis. Porém os jovens que apresentam alta reatividade tornam-se tímidos diante de qualquer coisa fora do normal; a novidade os assusta. Essas predisposições em uma criança pequena tendem a se autorreforçar, uma vez que pais protetores afastam os pequeninos filhos tímidos das situações que poderiam ajudá-los a aprender uma reação alternativa.

Em estudos anteriores, Kagan descobriu que quando os pais estimulam crianças tímidas a passar tempo com outras crianças que normalmente evitariam (e às vezes os pais precisam ser rigorosos), as crianças podem muitas vezes superar a predisposição genética à timidez. Depois de décadas de pesquisa, Kagan constatou que, dentre as crianças identificadas pouco depois do nascimento como "inibidas", apenas um terço continuava demonstrando um comportamento acanhado ao entrar na vida adulta.

Hoje, Kagan percebe que o que parece mudar não é tanto a hiper-reatividade neural subjacente – a amígdala e o colículo ainda reagem de modo excessivo –, mas sim o que o cérebro faz com o impulso. Com o passar do tempo, as crianças que aprendem a resistir à ânsia de se retrair se tornam mais participativas, não apresentando sinais externos de sua inibição.

Os neurocientistas usam o termo "andaime neural" para descrever como, tão logo um circuito neural tenha sido delineado, suas conexões tornam-se fortalecidas com o uso repetitivo – como um andaime sendo erguido num canteiro de obras. O andaime neural explica por que um padrão comportamental, uma vez fixado, requer tanto esforço para ser alterado. Mas, com novas oportunidades — ou talvez somente com esforço e consciência —, podemos criar e fortificar uma nova trilha.

Sobre as crianças inibidas, Kagan diz o seguinte: "No total, 70% delas acabam por se tornar adultos saudáveis. O temperamento talvez restrinja o que uma pessoa pode ser, mas não é determinante. Essas crianças não são mais assustadas ou hiper-reativas".

Tomemos como exemplo um menino, identificado como inibido na infância, que na adolescência aprendeu a sentir seu medo e mesmo assim agir. Hoje, diz ele, ninguém percebe que ainda se sente tímido. Mas isso exigiu ajuda e esforço — e uma série de pequenas vitórias, aparentemente usando a estrada principal para domar o atalho.

Um triunfo do qual se recorda foi superar o medo de injeções, que, na infância, era tão severo que ele se recusava a ir ao dentista — até que finalmente encontrou um que ganhou sua confiança. Ver a irmã pulando na piscina deu-lhe a coragem para superar o próprio medo de sentir a água no rosto, e assim aprendeu a nadar. Embora no começo precisasse conversar com os pais para superar um pesadelo, acabou aprendendo a se acalmar sozinho.

"Eu consegui superar meus medos", escreveu em uma redação escolar o menino antes assolado por preocupações. "Como hoje entendo a minha predisposição para a ansiedade, consigo me conter diante de medos simples."[24]

E, então, com um pouco de ajuda, uma mudança positiva pode ocorrer naturalmente para muitas dessas crianças inibidas. O correto encorajamento da família e de outras pessoas pode ajudar, assim como a compreensão sobre a maneira de controlar as próprias reservas. É útil também usar "ameaças" que acontecem naturalmente para desafiar as próprias tendências à inibição.

Kagan fala sobre a própria neta, que aos seis anos era muito tímida e lhe dizia: "Faz de conta que eu não conheço você — tenho que treinar para não ser tímida".

Kagan acrescenta: "Os pais não percebem que, embora a biologia restrinja certos resultados, ela não determina o que *pode* acontecer".

A criação dos filhos não é capaz de mudar todos os genes, nem de modificar cada tique neural — ainda assim, o que as crianças vivenciam dia após dia molda seu circuito neural. A neurociência começou a apontar, com surpreendente especificidade, de que maneira ocorre esse processo de modelagem.

11. Uma base segura

Aos 23 anos, ele acabara de se formar em uma renomada universidade — naquela época, na Grã-Bretanha, o passaporte para uma carreira de sucesso. No entanto, estava profundamente deprimido, planejando o suicídio.

Conforme revelou ao psicoterapeuta, sua infância tinha sido um sofrimento constante.

As incessantes discussões entre seus pais terminavam muitas vezes em violência. O mais velho de uma família numerosa, ao completar seu terceiro ano de vida ele já tinha dois irmãos mais novos. O pai passava muito tempo longe de casa por causa do trabalho, e a mãe — sobrecarregada com as brigas de sua tribo de filhos — às vezes trancava-se no quarto por horas, até mesmo dias inteiros.

Quando criança, passava horas chorando sozinho — os pais achavam que o choro de uma criança era apenas uma tentativa de "ser mimado" e chamar a atenção. Ele sentia que suas necessidades e sentimentos mais básicos eram ignorados.

Sua lembrança mais marcante da infância foi a noite em que teve uma crise de apendicite e ficou acordado até amanhecer, gemendo sozinho. Recorda-se também de ouvir os irmãos e irmãs mais novos chorando até a exaustão, os pais indiferentes. E se lembra de odiá-los por isso.

Seu primeiro dia na escola foi o mais lamentável de sua vida. Ser largado ali pareceu-lhe o derradeiro ato de rejeição por parte da mãe. Desesperado, ele chorou o dia inteiro.

Ao longo da infância, ele passou a esconder seu anseio de amor, recusando-se a pedir qualquer coisa aos pais. Durante a terapia, ficava aterrorizado de que, caso expressasse abertamente seus sentimentos e chorasse, o terapeuta o visse como uma pessoa ávida por atenção e incômoda — ele fantasiava —, e se trancasse em outra sala até que ele fosse embora.[1]

Esse relato clínico foi apresentado pelo psicanalista britânico John Bowlby, cujos textos sobre os vínculos emocionais entre pais e filhos o fizeram o pensador do desenvolvimento infantil mais influente a se destacar entre os discípulos de Freud. Bowlby se debruçou sobre temas grandiosos da vida humana, como abandono e perda — e as conexões emocionais que os tornam tão poderosos.

Embora formado no clássico modelo de psicanálise de paciente-deitado-no-divã, Bowlby fez algo revolucionário para a sua época, mais ou menos a partir da década de 1950: observou diretamente mães e filhos, em vez de depender apenas das lembranças — impossíveis de comprovar — dos pacientes na psicanálise. E levou adiante a investigação acompanhando essas crianças para verificar de que maneira suas primeiras interações moldavam seus hábitos interpessoais.

Bowlby identificou um vínculo afetivo saudável com os pais como o mais importante ingrediente do bem-estar da criança. Quando agem com empatia e são responsivos às necessidades da criança, constroem uma sensação básica de segurança. Empatia e sensibilidade consistentes eram, precisamente, o que faltava àquele paciente suicida. E ele continuou a sofrer porque via seus relacionamentos atuais através das lentes de sua infância tragicamente perturbada.

Toda criança, Bowlby argumenta, precisa da preponderância de conexões Eu-Tu na infância para prosperar ao longo da vida. Pais bem sintonizados oferecem aos filhos uma "base segura", pessoas com quem eles podem contar quando estão chateados e precisam de atenção, amor e conforto.

A noção de apego e base segura foi elaborada pela mais destacada discípula norte-americana de Bowlby, a igualmente influente teórica do desenvolvimento infantil Mary Ainsworth.[2] Inúmeros pesquisadores, a partir do trabalho de Ainsworth, acumularam imensas quantidades de dados e detectaram, nas sutilezas das primeiras interações entre pais e filhos, impactos poderosos para saber sobre a segurança na vida adulta.

Praticamente desde o nascimento, os bebês não são meras massas passivas, e sim comunicadores ativos em busca da realização de seus próprios objetivos urgentes. O sistema de mensagem emocional bidirecional entre o bebê e a pessoa que cuida dele representa a linha vital de comunicação da criança, a rota através da qual passa todo o tráfego cujo intento é suprir suas necessidades básicas. Bebês precisam ser minúsculos mestres no gerenciamento de seus cuidadores por meio de um elaborado sistema inato de choro e olhares e sorrisos trocados ou evitados; na ausência dessa intercomunicação social, os bebês podem sentir-se infelizes e até morrer por negligência.

Assista a uma protoconversa entre uma mãe e seu filho e verá uma dança emocional orquestrada com primor, na qual os parceiros se revezam na condução. Quando o bebê sorri ou chora, a mãe reage de acordo: em um sentido muito real, as emoções da criança norteiam as ações maternas, assim como as da mãe direcionam as do bebê. A excelente responsividade recíproca indica que a conexão opera em ambos os sentidos, uma autoestrada emocional primordial.

Essa harmonia entre pais e filhos propicia uma passagem central para que os pais ajudem os filhos a aprender as regras básicas dos relacionamentos — como prestar atenção ao outro, como ditar o ritmo de uma interação, como participar de uma conversa, como entrar em sintonia com os sentimentos do outro e como administrar os próprios sentimentos durante a interação com outra pessoa. Essas lições fundamentais definem os alicerces de uma vida social competente.

Surpreendentemente, também parecem moldar o desenvolvimento intelectual: as lições emocionais intuitivas da protoconversa sem palavras do primeiro ano de vida erigem o andaime mental das conversas reais aos dois anos de idade. E, à medida que a criança domina o hábito de conversar, é ele que prepara aquela conversa interna privada a que chamamos de pensamento.[3]

Pesquisas constataram também que uma base segura faz mais do que proporcionar um casulo emocional: ela parece incitar o cérebro a secretar neurotransmissores que acrescentam uma pequena dose de prazer àquele sentimento de ser amado — e faz o mesmo a qualquer pessoa que ofereça esse amor. Algumas décadas depois que Bowlby e Ainsworth propuseram suas teorias, neurocientistas identificaram dois neurotransmissores indutores de prazer, a oxitocina e as endorfinas, que são ativados por essa conexão.[4]

A oxitocina gera uma sensação de relaxamento gratificante; as endorfinas imitam o prazer viciante da heroína no cérebro (embora nem de longe com tanta intensidade). Para uma criança pequena, os pais e a família proporcionam essa saborosa segurança; os coleguinhas e, mais tarde, as amizades e a intimidade romântica ativam os mesmos circuitos. Entre os sistemas que secretam essas substâncias químicas de atencioso amor incluem-se partes conhecidas do cérebro social.

Lesões em áreas com grande número de receptores de oxitocina prejudicam gravemente os carinhosos cuidados maternos.[5] A fiação parece ser a mesma tanto nos bebês como nas mães — e também parece fornecer parte do cimento neural para o vínculo afetivo que entre eles se forma. As crianças bem cuidadas têm a sensação de uma base segura em parte porque essas mesmas substâncias químicas cerebrais evocam a sensação interior de que "está tudo bem" (possivelmente a base bioquímica para o que Erik Erikson viu como uma sensação elementar de confiança de uma criança em relação ao mundo).

As mães cujos filhos se tornam adultos seguros são mais atenciosas e responsivas ao choro do bebê, mais amorosas e carinhosas, e se sentem mais à vontade nos contatos íntimos, como afagos. Essas mães sintonizadas estão em constante conexão com seus bebês.[6] Mas as crianças cujas mães estavam quase sempre fora de sintonia com elas demonstrarão insegurança, de duas espécies. Se a mãe tem o hábito de se intrometer, a reação da criança é se fechar, tentando ativamente evitar interações. Quando a mãe parece indiferente, o bebê reage com passividade impotente ao fato de ser incapaz de se conectar — o mesmo padrão que o paciente suicida de Bowlby levou para a vida adulta.

Menos extremas do que as mães francamente negligentes são aquelas que criam uma distância emocional em relação ao filho, chegando até mesmo a manter uma distância física da criança, conversando com ela ou tocando-a relativamente pouco. Em geral esse tipo de criança exibe uma atitude "durona", fingindo firmeza, embora na realidade o corpo revele sinais de grande ansiedade. Essas crianças acabam criando a expectativa de que as outras pessoas serão indiferentes e distantes, e por isso se reprimem em termos emocionais. Quando adultos, evitam a intimidade emocional e tendem a se afastar das pessoas.

Por outro lado, as mães ansiosas e preocupadas consigo mesmas tendem a não entrar em sintonia com as necessidades dos filhos. Quando a mãe não se mostra confiavelmente disponível e atenta, alguns bebês reagem com o sentimento de medo e carência. Essas crianças, por sua vez, podem ficar absortas pelas próprias ansiedades e, assim, tornam-se menos capazes de se sintonizar bem. Nos relacionamentos da vida adulta, tendem ao apego ansioso.

Interações felizes e sintonizadas são uma necessidade tão básica para um bebê quanto alimentar-se ou arrotar. Na ausência dessa sincronia com os pais, as crianças estão sujeitas a um risco maior de crescer com distúrbios no apego. Em suma, crianças tratadas com boas doses de empatia tendem a se tornar adultos seguros; pais ansiosos produzem filhos ansiosos; e pais distantes produzem filhos arredios, que se esquivam das emoções e das pessoas. Na vida adulta, esses padrões se manifestarão na forma de diferentes estilos de apego nos relacionamentos: seguro, ansioso ou esquivo.

A transmissão desses padrões de pais para filhos parece ocorrer principalmente por meio do relacionamento. Por exemplo, estudos de gêmeos revelaram que, se uma criança segura é adotada por um pai ou mãe ansiosos, provavelmente acaba compartilhando esse padrão de ansiedade.[7] O estilo de apego dos pais prenuncia o estilo da criança com uma margem de precisão de 70%.[8]

Mas se uma criança ansiosa conseguir encontrar um "pai ou mãe substituto" seguro — um irmão mais velho, um professor ou outro parente que assuma parte dos cuidados da criança —, seu padrão emocional pode tornar-se seguro.

O ROSTO ESTÁTICO

Uma mãe compartilha alguns momentos agradáveis com o bebê, quando, de repente, ocorre uma sutil mudança nela. Seu rosto se torna estático e impassível.

Diante disso, o bebê entra em pânico, uma expressão de angústia toma conta de seu rosto.

A mãe não demonstra emoção alguma, não responde à aflição do bebê. Ela se transformou em uma fria estátua.

O bebê começa a choramingar.

Os psicólogos chamam esse cenário de "rosto estático" e o utilizam intencionalmente para explorar os alicerces da resiliência, a capacidade de se recuperar da angústia. Mesmo depois que a mãe de rosto estático volta a seu modo bem conectado, o bebê continua a demonstrar aflição por algum tempo. A rapidez com que o bebê se recupera indica o quão bem ele dominou os rudimentos do autocontrole emocional. No decorrer do primeiro ou segundo ano de vida, essa habilidade básica se desenvolve, à medida que os bebês vão treinando várias maneiras de passar do desespero à calma, da falta de sincronia à conexão.

Quando o rosto da mãe se torna inexpressivo e ela parece de súbito distante, isso invariavelmente faz com que o bebê empreenda tentativas de reparação para provocar uma reação na mãe. Os bebês enviam sinais para as mães de todas as formas que conhecem, de sorrir a chorar; alguns acabam desistindo, desviando o olhar e chupando o dedo para tentar se acalmar.

Do ponto de vista de Edward Tronick, o psicólogo que inventou o método do rosto estático, quanto maior o sucesso dos bebês na tentativa de "reparar" a conexão rompida, melhores eles se tornam nessa tarefa. Dessa experiência surge outra capacidade: os bebês passam a enxergar as interações humanas como algo reparável — acreditam ter a capacidade de resolver as coisas quando a interação com outra pessoa sai de sincronia.

Assim, começam a desenvolver o arcabouço de uma longeva e resiliente noção de si mesmos e de seus relacionamentos. Essas crianças crescem sentindo-se indivíduos eficientes, capazes de ter interações positivas e consertá-las se as coisas saírem dos eixos. Pressupõem que as outras pessoas serão parceiros confiáveis e fiéis.

Bebês de seis meses já começam a desenvolver um estilo típico de interação com outras pessoas e uma maneira habitual de pensar a respeito de si mesmos e dos outros. O que possibilita essa aprendizagem essencial é a sensação de segurança e confiança — em outras palavras, conexão — estabelecida com a pessoa que está proporcionando a orientação. Essa relação Eu-Tu faz toda a diferença no crescimento social da criança.

A sincronia mãe-filho opera desde o primeiro dia de vida da criança; quanto maior a sincronia, mais afetuosas e felizes serão as suas interações de modo geral.[9] Sair de sincronia, contudo, deixa os recém-nascidos irritados, frustrados ou entediados. Se um bebê vive à base de uma dieta constante de ausência de sincronia e sofrimento solitário, aprenderá a utilizar qualquer estratégia que encontrar para se acalmar. Algumas crianças, aparentemente perdendo a esperança de obter ajuda externa, concentram-se em descobrir maneiras de se sentir melhor. Na versão adulta dessa atitude, inúmeras pessoas, quando estão tristes, recorrem a meios de consolo solitários, como comer demais, beber em excesso ou zapear, mudando compulsivamente de um canal de televisão para outro.

Com o passar do tempo, à medida que a criança cresce, pode empregar essas estratégias de maneira automática e inflexível, em qualquer que seja a situação — construindo uma defesa contra experiências ruins antecipadas, tenham elas uma base sólida ou não. Portanto, em vez de se aproximar das pessoas com uma atitude aberta e positiva, a criança pode, como reflexo, retrair-se em um casulo protetor, aparentando ser fria e distante.

A INTERAÇÃO DEPRIMIDA

Uma mãe italiana canta uma alegre cantiga para Fabiana, sua filhinha: "Bate, bate palminha / O papai logo, logo vem te buscar / Vai trazer docinhos e chocolates / A Fabiana vai comer sem parar".[10]

Seu tom de voz é alegre, a melodia é animada, e Fabiana, fascinada, acompanha a batida com balbucios.

Mas quando outra mãe entoa a mesma cantiga para seu bebê — dessa vez em um tom monótono e grave —, o recém-nascido responde com sinais de aflição, não de prazer.

A diferença? A segunda mãe sofre de depressão clínica; a primeira, não.

Essa simples discrepância na forma como as mães cantam para seus bebês evidencia uma imensa diferença no ambiente emocional sentido pelos bebês à medida que vão crescendo — e no modo como se sentirão em todos os outros relacionamentos importantes que tiverem ao longo da vida. Mães deprimidas compreensivelmente têm dificuldade de envolver os bebês em protoconversas alegres; falta-lhes a energia necessária para os tons cadenciados do linguajar materno.[11]

Em suas interações com os bebês, as mães deprimidas tendem a não ter bom timing, a ser "desligadas", intrometidas, irritadas ou tristes. A incapacidade de se sincronizar impossibilita a conexão, ao mesmo tempo que as emoções negativas enviam a mensagem de que o bebê fez algo errado e precisa de alguma maneira mudar. Essa mensagem, por sua vez, aborrece o bebê, que não pode nem contar com a mãe para acalmá-lo nem consegue acalmar-se por conta própria. Assim, a mãe e o bebê também podem facilmente cair em uma espiral descendente de falta de coordenação, negatividade e mensagens ignoradas.[12]

A depressão, nos dizem os geneticistas comportamentais, pode ser herdada. Muitas pesquisas têm tentado calcular o grau de "hereditariedade" da depressão — a probabilidade de que essa criança se torne clinicamente deprimida em algum momento da vida. Porém, como aponta Michael Meaney, filhos com um dos pais propenso a crises de depressão herdam não apenas os genes dos pais, mas também o pai ou mãe deprimido — que pode muito bem agir de modo a estimular a expressão desse gene.[13]

Por exemplo, estudos de mães clinicamente deprimidas e seus bebês revelaram que as mães deprimidas tendem a desviar os olhos dos bebês mais do que as outras mães, irritam-se com mais frequência, são mais invasivas quando seus bebês precisam de um tempo de intervalo para se recuperar. Normalmente os bebês dessas mães protestam da única maneira que sabem — chorando — ou parecem desistir, tornando-se apáticos ou retraídos.

A resposta típica de um bebê específico pode variar: se a mãe tende a ficar com raiva, o bebê também se enraivece; se a mãe costuma ficar retraída e passiva, o bebê também fica. Aparentemente os bebês aprendem esses estilos de interação com a contínua série de momentos fora de sincronia com as mães deprimidas. Além disso, eles correm o risco de adquirir uma noção errônea de si mesmos, tendo aprendido que não podem reparar uma situação quando se sentem infelizes e fora de sincronia, ou recorrer à ajuda de outras pessoas para se sentir melhor.

A depressão da mãe pode tornar-se a rota de transmissão pela qual todos os males pessoais e sociais que a assolam afetam seu filho. O medo da mãe, por exemplo, tem efeitos hormonais negativos em uma criança que se manifestam desde cedo: os bebês de mães deprimidas possuem níveis mais altos de hormônios do estresse e mais baixos de dopamina e serotonina, um perfil químico associado à depressão.[14] Uma criança pequena pode não ter consciência das forças mais amplas impingidas a sua família, mas, mesmo assim, essas forças serão embutidas em seu sistema nervoso.

A epigenética social oferece esperança a essas crianças. Os pais que são um tanto deprimidos, mas ainda assim conseguem administrar para demonstrar ânimo diante das dificuldades, parecem minimizar a transmissão social da depressão.[15] E contar com cuidadores adicionais que não são deprimidos oferece uma base segura confiável.

Alguns filhos de mães deprimidas aprendem outra lição, que tem qualidades adaptativas. Muitas dessas crianças tornam-se extraordinários leitores das emoções cambiáveis da mãe e, na vida adulta, são engenhosos para manejar suas interações de modo a mantê-las agradáveis (ou com mínimo grau de inquietação). Transportadas para o mundo mais amplo, essas habilidades podem se traduzir em uma inteligência social adquirida a duras penas.[16]

A DISTORÇÃO DA EMPATIA

• *Johnny deixou seu melhor amigo usar sua bola nova. Mas o amigo não foi cuidadoso e perdeu a bola. E não deu outra bola a Johnny.*

• *O amigo de Johnny, com quem realmente gostava de brincar, mudou-se. Johnny não podia mais brincar com o amigo.*

Esses dois pequenos melodramas captam momentos de grande emoção na vida de qualquer criança. Mas que tipos de emoção eles refletem?

A maioria das crianças aprende a distinguir um sentimento do outro e entender o que levou a esse ou àquele sentimento. Mas crianças que são negligenciadas pelos pais, não. Quando as vinhetas acima eram lidas para essas crianças do pré-escolar, as respostas que elas davam estavam erradas na metade das vezes — um índice de reconhecimento muito mais baixo comparado com as médias de crianças pré-escolares bem cuidadas.[17]

Dependendo do quanto a criança é privada das mesmas interações que ensinam essa lição, sua habilidade de ler emoções nos eventos da vida ficará prejudicada. As crianças privadas de contato humano essencial não conseguem fazer distinções essenciais entre as emoções; sua noção do que o outro sente continua confusa.[18]

Quando crianças em idade pré-escolar que sofreram algum tipo de abuso — cujos cuidadores as machucavam ou lhes infligiam dor física repetidamente — ouviram as duas vinhetas sobre Johnny, elas viram raiva onde não existia. As crianças que são vítimas de maus-tratos percebem raiva em expressões faciais neutras, ambíguas ou até mesmo tristes. Essa percepção exagerada da raiva sugere uma amígdala hipersensibilizada. Essa sensibilidade exacerbada parece ser seletiva para a raiva: quando as crianças que sofreram abuso examinam rostos que demonstram raiva, seu cérebro reage com uma ativação mais intensa do que o cérebro de outras crianças — embora seu cérebro responda normalmente a rostos que demonstrem alegria ou medo.[19]

Essa distorção na empatia significa que o mais ínfimo sinal de que uma pessoa possa estar com raiva chama a atenção de crianças que tenham sofrido maus-tratos. Mais do que outras crianças, elas esquadrinham o rosto alheio em busca de sinais de raiva, "enxergam" raiva onde na verdade ela não existe e passam mais tempo à procura desses sinais.[20] A detecção da raiva em lugares onde ela não existe pode ter benefícios cruciais para essas crianças. Afinal, elas enfrentam situações de perigo real em casa; assim, sua hipersensibilização faz sentido por cumprir um papel de radar protetor.

O problema vem à tona quando essas crianças levam consigo essa sensibilidade acentuada para o mundo externo, fora de casa. Os valentões da escola (que normalmente têm um histórico de maus-tratos físicos) superinterpretam a raiva, lendo antagonismo em rostos cuja expressão é neutra. Seus ataques contra outras crianças quase sempre se devem ao fato de que percebem erroneamente uma intenção hostil onde não há nenhuma.

Lidar com os ataques de raiva de uma criança é um grande desafio para quaisquer pais — e representa uma formidável oportunidade. Idealmente os pais não podem se permitir uma reação enraivecida, nem simplesmente agir de forma passiva, abandonando a criança em seu ressentimento. Ao contrário, quando os pais conseguem controlar a própria raiva, sem rechaçá-la e sem entregar-se a ela ao mesmo tempo que mantêm a interação com a criança, proporcionam ao filho um ambiente de aprendizado seguro para que ela lide com as próprias irritações. Isso não significa, é óbvio, que a atmosfera emocional que circunda a criança deva sempre ser tranquila — apenas que deve existir suficiente resiliência no sistema familiar que permita à criança recuperar-se dos reveses.

O ambiente familiar cria a realidade emocional de uma criança. Um casulo de segurança que permanece intacto pode proteger a criança até mesmo contra os acontecimentos mais terríveis. Os aspectos que mais preocupam as crianças durante as crises mais graves resumem-se a: como isso afeta minha família? Por exemplo, crianças que vivem em zonas de guerra superarão, em momentos posteriores da vida, os sintomas de trauma ou de ansiedade intensificada se seus pais conseguirem criar no dia a dia um ambiente estável e reconfortante.

Isso não significa que os pais devam sufocar seu sofrimento para "proteger os filhos". David Spiegel, psiquiatra da Universidade Stanford, estudou as reações emocionais em famílias após os atentados de Onze de Setembro. Spiegel observa que as crianças são hiperconscientes às correntes emocionais no âmbito de sua família. Conforme ele explica: "O casulo emocional funciona não quando os pais fingem que nada aconteceu, mas quando permitem que as crianças saibam com o que a família está lidando, os problemas que a família enfrenta, todos juntos".

A EXPERIÊNCIA REPARADORA

O pai dele era propenso a violentos ataques de raiva, principalmente quando estava bêbado — o que acontecia quase todas as noites. Nesses surtos de fúria, o pai agarrava um dos quatro filhos e lhe aplicava uma surra.

Anos depois, ele confessou à esposa os medos que ainda carregava consigo. Os detalhes estavam nítidos em sua memória: "Sempre que víamos os olhos de meu pai se estreitando, sabíamos que era hora de sair da sala".

A esposa dele, relatando-me o segredo do marido, acrescentou uma lição mais sutil para ela: "Percebi que meu marido não recebeu atenção suficiente quando criança. Então, ainda quando escuto a mesma história pela milésima vez, digo a mim mesma: 'Fique aqui e ouça'".

"Se ele percebe que minha atenção vacila por uma fração de segundo, fica magoado", acrescenta ela. "Ele é hipersensível aos momentos em que eu começo a sair da sintonia. Até quando ainda *pareço* estar ouvindo, ele sabe o exato instante em que me recolho dentro de mim mesma."

Qualquer indivíduo que, na infância, tenha sido tratado pelos cuidadores como um Isso, e não como uma pessoa, provavelmente carrega consigo essas sensibilidades e feridas emocionais. Esses pontos sensíveis emergem com mais frequência nos relacionamentos próximos — com o cônjuge, os filhos e bons amigos. Na idade adulta, porém, os relacionamentos mais próximos podem proporcionar um cenário de cura: a pessoa, em vez de ser ignorada, é tratada como um Tu — a exemplo do caso do marido hipersensível e sua esposa zelosamente sintonizada.

Tal qual os pais, mães, maridos e esposas atenciosos e presentes, um bom psicoterapeuta torna-se uma base segura para essas pessoas vítimas de negligência. Allan Schore, psicólogo da UCLA, tornou-se uma figura heroica entre muitos psicoterapeutas graças a suas gigantescas revisões de trabalhos de neurociência centrados em torno do relacionamento paciente-terapeuta.

A teoria de Schore afirma que o local neural para o mau funcionamento emocional fica basicamente no córtex orbitofrontal (COF), essencial para os caminhos de relacionamento do cérebro.[21] O próprio crescimento do COF, argumenta ele, depende da experiência da criança. Se lhes proporcionarem sintonia e uma base segura, o COF floresce. Se forem indiferentes ou abusivos, seu desenvolvimento apresentará falhas — resultando em uma capacidade limitada de regular a duração, a intensidade ou a frequência de emoções aflitivas, como raiva, terror ou vergonha.

A teoria de Schore realça como nossas interações desempenham um papel importante na remodelação do cérebro por meio da neuroplasticidade — o modo como as experiências repetidas esculpem a forma, o tamanho e o número de neurônios e suas conexões sinápticas. É dessa forma que algumas remodelações bastante potentes ocorrem em nossos relacionamentos mais relevantes, nosso cérebro sendo orientado reiteradamente a determinado registro. Com efeito, sentir-se cronicamente ferido e magoado por alguém, ou sentir-se emocionalmente alentado por uma pessoa com quem se convive no cotidiano ao longo de vários anos, pode remodelar nosso circuito cerebral.

Schore argumenta que, em momentos posteriores da vida, os relacionamentos positivos podem em certa medida reescrever os roteiros neurais que foram criptografados no cérebro durante a infância. Na psicoterapia, os ingredientes ativos nesse trabalho de reparo emocional incluem conexão e confiança, com paciente e terapeuta em uma boa interação.

O terapeuta, diz Schore, funciona como uma tela de projeção para reviver os relacionamentos da infância. Mas dessa vez o paciente pode viver esses relacionamentos de modo mais completo e aberto, sem julgamento, culpa, traição ou negligência. No caso de pacientes cujo pai tenha sido distante, o terapeuta pode estar disponível; filhos de mães excessivamente críticas podem contar com um terapeuta compreensivo — que desse modo oferece uma experiência reparadora pela qual o paciente talvez tenha ansiado, mas nunca havia alcançado.

Uma marca da psicoterapia eficaz é a abertura de um fluxo emocional mais livre entre terapeuta e paciente, que aprende a interagir sem temer ou bloquear sentimentos dolorosos.[22] Os melhores terapeutas criam uma atmosfera emocional segura, um ambiente protegido para quaisquer sentimentos que o paciente necessite sentir e expressar — da raiva assassina à mais taciturna tristeza. O próprio ato de se relacionar com o terapeuta por meio de uma conexão e, então, estabelecer um intercâmbio de sentimentos ajuda o paciente a aprender a lidar por conta própria com essas mesmas emoções.

Assim como uma criança aprende a administrar os próprios sentimentos sob a proteção de uma base segura, os psicoterapeutas propiciam aos adultos uma chance de concluir o serviço. Efeitos reparadores semelhantes podem surgir com um parceiro romântico ou um bom amigo que ofereça essas cuidadosas qualidades humanas. Se for eficaz, a terapia — ou outros relacionamentos reparadores na vida — pode intensificar a capacidade de conexão que, por si só, tem propriedades curativas.

12. O ponto de ajuste ideal para a felicidade

Uma menina geniosa de três anos se aproxima do tio que foi visitar a família e se converteu em um alvo fácil de seu mau humor.

"Eu te odeio", declara a menina.

"Bom, eu te amo", sorri o tio, confuso.

"Eu te odeio", reitera ela, mais alto, inflexível.

"Mesmo assim eu te amo", diz ele, com mais doçura.

"Eu te *odeio*!", grita ela, com prazer dramático.

"Bom, eu *continuo* te amando", reafirma ele, envolvendo-a em seus braços.

"Eu te amo", a menina admite suavemente, derretendo-se com o abraço.

Os psicólogos do desenvolvimento veem interações vigorosas como essa em termos de comunicação emocional subjacente. A desconexão Eu te odeio/Eu te amo é, segundo essa visão, um "erro de interação", e voltar ao mesmo comprimento de onda emocional é "reparar" esse erro.

Um reparo bem-sucedido, como a conexão que por fim é alcançada entre a menina de três anos e seu tio, faz com que ambos os envolvidos se sintam bem. A contínua falta de reparo surte efeito contrário. A capacidade da criança de reparar essa desconexão — superar uma tempestade emocional interpessoal e se reconectar de novo — é um elemento-chave para a felicidade duradoura. O segredo não está em se esquivar dos inevitáveis aborrecimentos e frustrações da vida, mas sim em aprender a se recuperar deles. Quanto mais rápida a recuperação, maior será a capacidade da criança de se alegrar.

Essa capacidade, como muitas outras na vida social, começa na infância. Quando um bebê e seu cuidador estão em sincronia, um corresponde às mensagens do outro de maneira recíproca e coordenada. No primeiro ano de vida, porém, os bebês ainda não têm toda a fiação neural necessária para alcançar essa coordenação. Eles só ficam bem coordenados durante cerca de 30% do tempo, ou menos, com um ciclo natural que oscila entre sincronia e falta de sincronia.[1]

Sair de sincronia deixa os bebês infelizes. Eles protestam por meio de sinais de frustração — de fato, pedindo ajuda para voltar à sincronia. Isso evidencia suas primeiras tentativas de reparar a interação. O domínio dessas habilidades humanas essenciais parece começar nas pequenas transições entre o sofrimento da falta de sincronia para a calma da sincronia.

Todas as pessoas no cotidiano da criança oferecem um modelo, para o bem ou para o mal, de como lidar com o sofrimento. Esse aprendizado ocorre implicitamente (sem dúvida por meio dos neurônios-espelho), à medida que a criança testemunha a maneira como um irmão mais velho, um amiguinho ou os pais administram as próprias tempestades emocionais. Por meio desse aprendizado passivo, os circuitos reguladores do córtex orbitofrontal para acalmar a amígdala "ensaiam" a estratégia que a criança testemunhou, qualquer que tenha sido. Uma parte dessa aprendizagem também continua de forma explícita sempre que alguém faz com que a criança se lembre de ou a ajude a administrar os próprios sentimentos de instabilidade. Com o tempo e a prática, gradualmente o circuito do COF que regula os impulsos emocionais se fortalece.

As crianças aprendem não apenas a se acalmar ou a resistir aos impulsos emocionais, mas também a fortalecer seu repertório de modos de afetar os outros. Isso lança as bases para que se tornem adultos capazes de reagir como o tio da menina de três anos conseguiu, dissolvendo amorosamente o mau humor da sobrinha — em vez de endurecer o tom e alertá-la: "Não se atreva a falar comigo desse jeito!".

Aos quatro ou cinco anos, as crianças são capazes de passar da simples tentativa de controlar as emoções perturbadoras para uma maior compreensão daquilo que causa sua aflição e do que fazer para aliviá-la — um sinal de amadurecimento da estrada principal. Alguns psicólogos desconfiam de que os estímulos dos pais nos primeiros quatro anos de vida podem ser particularmente potentes na formação de habilidades posteriores de uma criança para administrar bem suas emoções e lidar com tranquilidade com as situações complicadas.

Sem dúvida, adultos nem sempre oferecem os melhores exemplos. Realizou-se um estudo em que pais de crianças em idade pré-escolar foram observados durante uma desavença conjugal. Alguns casais mostraram-se antagônicos e desconexos em suas tentativas de resolver os conflitos. Um não ouvia o outro, ficavam irritados e desdenhosos e se afastavam quando a hostilidade aumentava. Os filhos desses casais imitavam o mesmo padrão com os amiguinhos, sendo exigentes e raivosos, provocadores e hostis.[2]

Por outro lado, os casais que durante as desavenças demonstravam mais carinho, empatia e compreensão mútua também cumpriam juntos o papel de pais com maior harmonia e, até mesmo, bom humor. E esses pais tinham filhos que, por sua vez, se davam melhor com os colegas e conseguiam lidar com os conflitos de maneira mais produtiva. A forma *como* os casais resolvem suas divergências prognostica a conduta de seus filhos, até mesmo anos depois.[3]

Se tudo corre bem, o resultado será uma criança resiliente diante do estresse, capaz de se recuperar das aflições e se sintonizar de forma efetiva. É necessário ter uma família socialmente inteligente para ajudar a construir o que os psicólogos do desenvolvimento chamam de "núcleo afetivo positivo" — em outras palavras, uma criança feliz.[4]

QUATRO MANEIRAS DE DIZER "NÃO"

Um menino de catorze meses, como é comum nessa idade travessa, se mete em uma perigosa situação ao tentar escalar uma mesa onde há um abajur em posição precária.

Consideremos diversas reações possíveis dos pais:

- Dizer um firme "Não!" e, em seguida, dizer ao bebê que escalada é algo para ser feito ao ar livre — depois levá-lo para fora e procurar um lugar para a atividade.

- Ignorar a escalada do menino, ouvir o barulho do abajur se espatifando, recolher os cacos e pedir a ele em voz baixa que não faça isso de novo — e depois não prestar atenção nele.

• Gritar um furioso "Não!", mas sentir culpa pela reação excessivamente brusca, dar um abraço reconfortante no bebê e depois deixá-lo sozinho porque ele foi uma decepção.

Essas reações dos pais — por mais implausíveis que possam parecer — representam estilos de disciplina que ocorrem repetidas vezes nas observações de pais e filhos. Daniel Siegel, o psiquiatra infantil da UCLA que propõe os cenários, tornou-se um dos mais influentes pensadores contemporâneos em psicoterapia e desenvolvimento infantil, bem como um pioneiro em neurociência social. Siegel argumenta que cada um desses tipos de reação parental modela centros no cérebro social de maneiras singulares.[5]

Um momento dessa modelagem ocorre quando uma criança confronta uma situação perturbadora ou confusa e olha para os pais, lendo não apenas o que eles dizem, mas seu comportamento como um todo, de modo a aprender como se sentir e reagir. As mensagens que os pais enviam nesses "momentos educacionais" constroem lentamente a noção que a criança tem de si mesma e de como se relacionar com as pessoas ao seu redor — e o que esperar delas.

Vejamos o exemplo dos pais que disseram "não" ao bebê alpinista e depois o levaram a um lugar ao ar livre para redirecionar suas energias. Na visão de Allan Schore, colega de Siegel, essa interação afeta de forma ideal o córtex orbitofrontal do bebê, fortalecendo o "freio" emocional do COF. Aqui, o arranjo neuronal diminui a agitação inicial, ajudando-o a aprender como administrar melhor sua impulsividade.[6] Assim que a criança aplica esses freios neurais, os pais lhe ensinam que um estado de agitação mais apropriado pode continuar — ele pode escalar o trepa-trepa, mas não a mesa.

O que o menino aprende, em essência, resume-se a: "Meus pais nem sempre gostam do que eu faço, mas se eu parar e encontrar algo melhor, vai ficar tudo bem". Esse enfoque, em que os pais definem um limite e depois encontram uma via de escape para a energia do filho, exemplifica o estilo de disciplina que resulta no apego seguro. As crianças que recebem o estilo de apego seguro entram em sintonia com seus pais — mesmo tendo sido desobedientes.

A fase dos "terríveis dois anos", quando os bebês começam a desafiar os pais dizendo "não" quando mandam que eles façam algo, sinaliza um importante marco no desenvolvimento cerebral. O cérebro está começando a se tornar capaz de inibir impulsos — a dizer "não" aos anseios —, uma capacidade que vai se refinando durante a infância e a adolescência.[7] Tanto para macacos quanto para crianças muito pequenas esse aspecto da vida social é um grande problema, pelo mesmo motivo neural: o arranjo dos neurônios no córtex orbitofrontal que pode refrear a atuação de um impulso ainda não está totalmente desenvolvido.

Ao longo da infância, o córtex orbitofrontal amadurece aos poucos em termos anatômicos. Um arranque de crescimento neural começa em torno dos cinco anos, permitindo que mais partes desse circuito entrem em funcionamento no exato momento em que a criança vai para a escola. O súbito crescimento continua a passo acelerado até por volta dos sete anos, incrementando enormemente o autocontrole da criança e fazendo com que as salas de aula da segunda série sejam bem menos turbulentas do que as do jardim da infância. Cada etapa do desenvolvimento intelectual, social e emocional da criança em crescimento marca uma fase semelhante no amadurecimento de áreas no cérebro; esse processo anatômico continua até os vinte e poucos anos.

O que acontece no cérebro de uma criança quando, de forma constante, os pais não conseguem entrar em sintonia fina depende da natureza precisa desse fracasso. Daniel Siegel descreve maneiras como os pais podem falhar e as dificuldades resultantes que seus filhos provavelmente enfrentarão.[8]

Vejamos o exemplo dos pais cuja reação ao bebê escalador é ignorá-lo. Essa resposta tipifica um relacionamento entre pais-filhos em que raras vezes ocorre qualquer tipo de sintonia, e os pais não se envolvem emocionalmente com a criança. Essa criança só encontra frustração quando tenta conquistar a atenção empática dos pais.

A ausência de conexão — e, portanto, de momentos compartilhados de prazer ou alegria — aumenta as probabilidades de a criança crescer com menor capacidade de vivenciar emoções positivas e, em um momento posterior da vida, ela terá dificuldade de se relacionar com outras pessoas. Os filhos de pais esquivos tornam-se inquietos; quando chegam à idade adulta, sua expressão de emoções é inibida, em especial aquelas emoções que os ajudariam a formar vínculos com um parceiro. Em conformidade com o modelo demonstrado por seus pais, eles evitam não apenas expressar seus sentimentos, mas também relacionamentos emocionalmente íntimos.

No terceiro exemplo, a reação dos pais ao bebê alpinista é, a princípio, demonstrar irritação, depois sentir culpa e, por fim, decepcionar-se com o menino. De forma apropriada, Siegel descreve esses pais como "ambivalentes".

Vez por outra podem ser amorosos e carinhosos, mas quase sempre enviam à criança sinais de desaprovação ou rejeição — expressões faciais de desgosto ou desdém, evitando seu olhar, linguagem corporal que significa raiva ou desconexão. Essa postura emocional pode causar na criança a constante sensação de mágoa e humilhação.

As crianças quase sempre respondem a esse modo de criação com oscilações emocionais incontroláveis, impulsos desenfreados ou comportamento desvairado, como o clássico "arruaceiro", que sempre se mete em encrencas. Siegel sugere que subjacente a esse comportamento descontrolado está o cérebro de uma criança que não conseguiu dominar a técnica de dizer "não" ao impulso, uma tarefa do córtex orbitofrontal.

Mas, às vezes, a sensação de não ser amado, ou de que "tudo o que eu faço está errado", deixa a criança desesperada — embora ainda anseie pela atenção positiva dos pais. Essas crianças passam a se considerar basicamente falhas. Na vida adulta, tendem a levar para os relacionamentos íntimos essa mesma combinação ambivalente de anseio por afeto e um medo intenso de não obtê-lo — e um medo ainda mais profundo do abandono completo.[9]

A FUNÇÃO DA BRINCADEIRA

Até hoje, na meia-idade, a poeta Emily Fox Gordon tem a nítida recordação de que foi "louca e incontrolavelmente" feliz na infância, criada por pais amorosos em um vilarejo da Nova Inglaterra. A cidadezinha parecia abraçar Emily e seu irmão quando zanzavam de bicicleta pelas ruas: "Os olmos montavam guarda, os cachorros nos cumprimentavam e até mesmo as telefonistas nos conheciam pelo nome".

Perambulando livremente pelos jardins dos quintais, apostando corrida em volta do campus universitário, ela tinha a sensação de estar passeando no paraíso.[10]

Quando uma criança se sente amada e bem cuidada, valiosa aos olhos de figuras especialmente importantes em sua vida, o bem-estar daí resultante cria um reservatório de positividade. Isso, por sua vez, parece fomentar outro impulso básico: o anseio de explorar o mundo como um todo.

As crianças precisam de mais do que uma base segura, um relacionamento no qual possam ser acalentadas. Mary Ainsworth, a principal discípula norte-

-americana de Bowlby, propôs que elas precisam também de um "porto seguro", um local emocionalmente protegido, como seu quarto ou a própria casa, para onde retornar após explorar o mundo mais amplo.[11] Essa exploração pode ser física, como andar de bicicleta pelo bairro; interpessoal, como conhecer pessoas novas e fazer amizades — ou até mesmo intelectual, como buscar conhecimento em assuntos diversificados.

Um sinal simples de que a criança sente que tem um porto seguro é sair para brincar. As brincadeiras têm importantes benefícios; depois de anos brincando de forma consistente, as crianças adquirem uma gama de experiências sociais. Em primeiro lugar, aprendem habilidades sociais, como, por exemplo, negociar disputas de poder, cooperar e formar alianças e fazer concessões com elegância.

Toda essa prática pode ocorrer durante a brincadeira, com uma relaxada sensação de segurança — até mesmo um erro pode desencadear risadas, enquanto em uma sala de aula esse mesmo erro poderia ser alvo de ridicularização. A brincadeira proporciona às crianças um espaço seguro para experimentar coisas novas em seu repertório com o mínimo de ansiedade.

Os motivos exatos pelos quais a brincadeira é tão divertida ficam mais claros com a descoberta de que os circuitos cerebrais que preparam a brincadeira também estimulam a alegria. Circuitos idênticos para a diversão podem ser encontrados em todos os mamíferos, inclusive em ratos de laboratório. Essa área esconde-se nas zonas neurais mais antigas, no tronco encefálico, um bolsão próximo à espinha que controla os reflexos e nossas respostas mais primordiais.[12]

O cientista que estudou em profundidade o circuito neural da brincadeira foi Jaak Panksepp, da Universidade Estadual Bowling Green, em Ohio. Em sua obra-prima *Affective Neuroscience* [Neurociência afetiva], Panksepp explora a fonte neural dos principais impulsos humanos — inclusive a diversão, que ele vê como a fonte de alegria do cérebro.[13] Segundo Panksepp, o circuito subcortical primal, que instiga os filhotes de todos os mamíferos a fazer brincadeiras turbulentas, parece desempenhar um papel fundamental no crescimento neural da criança. E o combustível emocional para todo esse trabalho de desenvolvimento parece ser o prazer em si.

Em pesquisas realizadas com roedores em laboratório, o grupo de Panksepp descobriu que a brincadeira oferece outra arena para a epigenética social, "fertilizando" o crescimento do circuito na amígdala e no córtex frontal. Seu trabalho identificou um composto específico gerado durante a brincadeira que alavanca a transcrição genética nessas áreas de rápido desenvolvimento do cérebro social do jovem.[14] As descobertas de Panksepp, que provavelmente se estendem a outros mamíferos — a exemplo dos humanos — que compartilham a mesma paisagem neural, adicionam um novo significado ao universal anseio de uma criança pequena: "Eu quero brincar".

A brincadeira pode ocorrer mais facilmente quando a criança sente que tem um porto seguro e pode relaxar, percebendo o conforto da presença de um cuidador confiável. O mero fato de saber que a mamãe ou aquela babá simpática está em algum lugar da casa propicia à criança segurança suficiente para perder-se em outro mundo, que ela mesma inventou.

A brincadeira da criança ao mesmo tempo exige e cria seu próprio espaço seguro, no qual ela pode enfrentar ameaças, medos e perigos — mas de onde sempre sai ilesa. Nesse sentido, a brincadeira pode ser terapêutica. Na brincadeira, tudo o que acontece fica suspenso em uma realidade de "e se". Por exemplo, a brincadeira proporciona às crianças uma maneira natural de controlar o temor de separação ou abandono, oferecendo-lhes em vez disso oportunidades de domínio e autodescoberta. Do mesmo modo, livres do medo ou da inibição, as crianças podem encarar desejos e impulsos que são muito perigosos para ser representados na realidade.

Uma pista do motivo pelo qual sempre queremos ter um "companheiro" de brincadeira — a razão por que brincar a dois é mais divertido — está na fiação responsável por sentirmos cócegas. Todos os mamíferos têm "pele sensível a cócegas", salpicada de receptores especializados que transmitem as mensagens cerebrais para gerar um estado de ânimo brincalhão. As cócegas desencadeiam a gargalhada sonora, cujos circuitos são diferentes dos circuitos do sorriso. A risada humana, como a brincadeira em si, tem versões semelhantes em muitos mamíferos, sempre induzida pelas cócegas.

Na verdade, Panksepp descobriu que, como as crianças humanas pequenas, os filhotes de rato são atraídos por adultos que fazem cócegas neles. O rato que recebe cócegas emite um chiado de prazer que parece ser um primo evolutivo da entusiasmada gargalhada de uma criança de três anos ao sentir cócegas. (Em ratos, é um guincho de alta frequência com aproximadamente cinquenta quilo-hertz, fora do alcance da audição humana.)

Nos humanos, a zona de cócegas se inicia na parte posterior do pescoço, em torno da caixa torácica — a parte da pele mais fácil de provocar em uma criança ondas incontroláveis de risadas. Mas desencadear esse reflexo exige outra pessoa. A razão pela qual é impossível fazermos cócegas em nós mesmos parece estar no fato de que os neurônios das cócegas são ajustados para reagir à imprevisibilidade — e é por isso que simplesmente menear os dedos para a criança, balbuciando um ameaçador "cúti", provocará desenfreadas risadas — a brincadeira primal.[15]

O circuito para a alegria da brincadeira tem estreitas ligações com as redes neurais que fazem uma criança sentindo cócegas rir.[16] E por isso o nosso cérebro vem programado com a necessidade de brincar, necessidade que nos lança à sociabilidade.

A pesquisa de Panksepp levanta uma questão intrigante: que nome se dá a uma criança que exibe hiperatividade e impulsividade e, sem foco, passa rapidamente de uma atividade para outra? Alguns podem ver essas mudanças como indicadores do transtorno do déficit de atenção e hiperatividade (TDAH), que atingiu proporções epidêmicas entre as crianças em idade escolar, pelo menos nos Estados Unidos.

Mas Panksepp, extrapolando para os humanos o trabalho com roedores, vê as alterações como sinais de um ativo sistema neural para a brincadeira. Ele observa que a medicação psicoestimulante receitada às crianças para tratamento do TDAH reduz a atividade dos módulos cerebrais da brincadeira quando administrada a animais, assim como parece extinguir a diversão nas crianças. Ele faz uma proposta radical, embora não testada: deixar que as crianças pequenas "desafoguem" sua urgência de brincar logo pela manhã, em um intervalo de brincadeiras livres e turbulentas, e só levá-las à sala de aula depois que seu desejo de brincar tiver sido saciado, porque a partir daí podem prestar atenção com mais facilidade.[17] (Pensando bem, é exatamente o que acontecia na minha escola de ensino fundamental, muito antes de alguém ouvir falar em TDAH.)

No nível cerebral, o tempo gasto nas brincadeiras compensa em crescimento neuronal e sináptico; toda essa prática fortalece as rotas do cérebro. Além disso, a brincadeira projeta uma espécie de carisma: adultos, crianças e até mesmo ratos de laboratório sentem-se atraídos a passar mais tempo com pessoas que têm muita prática em brincadeiras.[18] Algumas raízes primitivas da inteligência social certamente remontam a esse circuito do atalho.

Na interação dos incontáveis sistemas de controle do cérebro, os circuitos das brincadeiras submetem-se aos sentimentos negativos — ansiedade, raiva e tristeza —, que suprimem a diversão. De fato, o desejo urgente de brincar surge apenas quando a criança se sente protegida: à vontade com novos colegas, familiarizada com um playground desconhecido. A mesma inibição da diversão causada pela ansiedade manifesta-se em todos os mamíferos, refletindo um desenho neural básico que, sem dúvida, tem grande valor para a sobrevivência.

À medida que a criança amadurece, o circuito para o controle emocional abafa lentamente o desejo efervescente de dar risadas e fazer bagunça. Como os circuitos reguladores do córtex pré-frontal desenvolvem-se no final da infância e início da adolescência, as crianças tornam-se mais capazes de cumprir as exigências sociais de "encarar as coisas com seriedade". Lentamente, essas energias são canalizadas em modos de prazer mais "amadurecidos" conforme as brincadeiras de criança tornam-se meras lembranças.

A CAPACIDADE PARA A ALEGRIA

Quando o assunto é a capacidade para a alegria, Richard Davidson se aproxima do limite. Sem dúvida, é praticamente a pessoa mais alegre que eu conheço.

Há alguns anos, Davidson e eu fomos colegas no curso de pós-graduação, e ele seguiu adiante em uma excepcional carreira como pesquisador. Quando me tornei jornalista científico, adquiri o hábito de consultá-lo a fim de pedir explicações sobre as novas — e, para mim, intrigantes — descobertas da neurociência. Da mesma forma que considerei essenciais suas pesquisas quando eu estava escrevendo *Inteligência emocional*, recorri a seu trabalho em minha investigação da neurociência social (por exemplo, foi o laboratório dele que descobriu que quanto mais intensa a ativação do córtex orbitofrontal de uma mãe ao examinar a fotografia de seu bebê recém-nascido, mais fortes são seus sentimentos de amor e ternura).

Como um dos fundadores do campo da neurociência afetiva — o estudo das emoções e do cérebro —, as pesquisas de Davidson mapearam os centros neurais que dão a cada um de nós um ponto de ajuste emocional singular. Esse ponto neural fundamental fixa o intervalo dentro do qual nossas emoções normalmente oscilam ao longo de um dia qualquer.[19]

O ponto de ajuste ideal – seja taciturno ou animado – tem uma estabilidade impressionante. Estudos constataram, por exemplo, que o entusiasmo que as pessoas sentem após ganhar uma vultosa soma em dinheiro como prêmio na loteria recua aos níveis normais em aproximadamente um ano, voltando aos mesmos níveis verificados antes de a pessoa receber a bolada. O mesmo vale para as pessoas que ficam paraplégicas em um acidente; mais ou menos um ano após a agonia inicial, a maioria volta ao mesmo estado de espírito cotidiano anterior ao acidente.

Davidson descobriu que, quando as pessoas estão subjugadas por uma emoção aflitiva, as duas áreas do cérebro mais ativas são a amígdala e o córtex pré-frontal direito. Quando estamos nos sentindo alegres, essas áreas se aquietam, enquanto parte do córtex pré-frontal esquerdo é acionada.

A atividade na área pré-frontal monitora, sozinha, nossos estados de ânimo: o lado direito é ativado quando estamos chateados; o esquerdo, quando estamos de bom humor.

Todavia, mesmo quando estamos em um estado de espírito neutro, a proporção de atividade de pano de fundo nas áreas pré-frontais direita ou esquerda é um medidor extraordinariamente preciso da gama de emoções que em geral vivenciamos. As pessoas com mais atividade no lado direito são especialmente propensas a momentos de desânimo ou tristeza, enquanto aquelas com atividade mais intensa no lado esquerdo geralmente têm dias mais alegres.

A boa notícia aqui: nosso termostato emocional não parece ser fixado no nascimento. Sem dúvida, cada um de nós tem um temperamento inato que nos torna mais ou menos propensos a dias alegres ou tristes. No entanto, mesmo dada essa diretriz básica, pesquisas vinculam os tipos de cuidados que recebemos na infância com a capacidade que o nosso cérebro tem para a alegria na vida adulta. A felicidade prospera com a resiliência, a capacidade de superar os reveses e voltar a um estado mais calmo e mais feliz. Parece haver uma ligação direta entre a resiliência ao estresse e a capacidade para a felicidade.

"Uma grande quantidade de dados sobre animais", Davidson observa, "mostra que pais atenciosos – a exemplo da roedora que lambe e pratica o *grooming* em sua prole – promovem em seus filhotes a felicidade e a resiliência a situações de estresse. Tanto nos animais quanto nos humanos, um índice de afeto positivo é a capacidade da criança para a exploração e a sociabilidade, especialmente em situações de estresse, como ver-se em ambientes desconhecidos. A novidade pode ser avaliada como um risco ou uma oportunidade. Os animais cuja criação envolveu mais amor encaram como oportunidade um lugar estranho. Eles o exploram com mais liberdade e de maneira mais descontraída."

Essa constatação em animais coaduna-se com uma descoberta feita por Davidson em estudos realizados com humanos – especificamente adultos na casa dos cinquenta anos, que vinham sendo submetidos a avaliações periódicas a cada dois anos desde a conclusão do ensino médio. Aqueles com mais resiliência e mais bom humor no dia a dia mostraram um revelador padrão de atividade cerebral quando o grupo de Davidson mediu seu ponto de ajuste ideal de felicidade. De forma intrigante, os adultos que se recordavam de ser amados na infância tendiam a apresentar o padrão mais alegre.[20]

Essas afetuosas lembranças da infância teriam sido criadas apenas pela otimista perspectiva de vida que o bom humor gera? Talvez. Mas, como me disse Davidson: "A quantidade de alegria nos relacionamentos de uma criança pequena parece ser decisiva para definir as rotas cerebrais para a felicidade".

RESILIÊNCIA

Conheço um abastado casal nova-iorquino que teve uma filha temporã. Esses pais de meia-idade a idolatravam. Contrataram uma equipe de babás para lhe dar atenção constante, e a quantidade de brinquedos que compravam para a filha encheria os estoques de uma loja.

Porém, apesar de sua casa de bonecas em forma de castelo, do playground privativo e dos quartos abarrotados de brinquedos, tudo parecia meio desamparado: a menina, aos quatro anos, nunca havia tido um amigo com quem brincar. Por quê? Os pais temiam que outra criança pudesse fazer algo que a aborrecesse.

O casal era adepto da equivocada teoria de que, se sua filha pudesse ser poupada de todas as situações estressantes, seria uma adulta mais feliz.

Essa noção é calcada em uma leitura equivocada dos dados sobre resiliência e felicidade: uma superproteção como essa é, na verdade, uma forma de privação. A ideia de que uma criança deve a todo custo evitar o sofrimento distorce tanto a realidade da vida quanto a maneira de os filhos aprenderem a encontrar a felicidade.

Os pesquisadores descobriram que, mais importante para uma criança do que buscar uma ilusória felicidade perpétua, é aprender a tornar menos intensas as tempestades emocionais. A meta da educação dada pelos pais não deveria ser alcançar uma frágil psicologia "positiva" — aferrar-se a um estado de alegria permanente —, mas sim ensinar a criança a retornar, por si só, a um estado de contentamento, aconteça o que acontecer.

Por exemplo, pais que são capazes de "reformular" um momento de frustração (a sabedoria do antigo ditado: "Não adianta chorar sobre o leite derramado") ensinam a seus filhos um método universal para desfazer emoções aflitivas. Essas pequenas intervenções incutem no repertório da criança para administrar momentos ruins a capacidade de olhar o lado positivo das coisas. No nível neural, essas lições ficam arraigadas no circuito do córtex orbitofrontal que administra as aflições.[21]

Se na infância não aprendermos a lidar com a completa catástrofe de uma vida rica, cresceremos mal preparados em termos emocionais. Aprender a construir esses recursos internos para uma vida mais feliz exige que suportemos as duras pancadas das brincadeiras do playground — o treinamento para lidar com os inevitáveis reveses dos relacionamentos cotidianos. Dada a maneira como o cérebro domina a resiliência social, as crianças precisam ensaiar para os altos e baixos da vida social, e não vivenciar a monotonia estável do prazer.

Quando uma criança se chateia, o valor está em obter algum domínio quanto à reação. O sucesso ou fracasso da criança nessa lição essencial se refletirá em seus níveis de hormônio do estresse. Nas primeiras semanas do ano letivo, por exemplo, as crianças em idade pré-escolar que são mais extrovertidas, socialmente competentes e queridas mostram uma alta atividade no circuito cerebral que dispara os hormônios do estresse. Isso reflete seu esforço fisiológico para dar conta do desafio de entrar em um novo grupo social, seus colegas de classe.

Entretanto, para essas crianças mais sociáveis em idade pré-escolar, os níveis do hormônio do estresse diminuem com o passar dos anos, à medida que encontram um nicho confortável nessa pequena comunidade. Em contraste, as crianças em idade pré-escolar que permanecem infelizes e socialmente isoladas ao longo do ano letivo mantêm altos níveis do hormônio do estresse ou até mesmo aumentam esses níveis com o passar dos anos.[22]

O aumento da atividade do hormônio do estresse causado pela "ansiedade da primeira semana" é uma resposta metabólica útil, mobilizando o corpo para lidar com uma situação imprevisível. O ciclo biológico de agitação e retorno ao normal à medida que uma situação difícil é dominada esboça a onda senoidal para a resiliência. Por outro lado, as crianças que são mais lentas para desenvolver o domínio do estresse mostram um padrão bem diferente. Sua biologia parece inflexível, seus níveis de agitação "emperram" em um grau muito elevado de atividade.[23]

ASSUSTADOR NA DOSE CERTA

Quando estava com dois anos de idade, uma de minhas netas passou vários meses fascinada por um filme de animação chamado *A fuga das galinhas*, uma comédia um tanto sombria sobre aves tentando escapar da fazenda onde estavam fadadas ao abate. Partes do filme têm o tom sinistro de um filme de prisão, e não a leveza de um desenho infantil. Algumas das cenas assustadoras despertam o mais absoluto medo e terror em uma criança de dois anos.

Mesmo assim, por um bom tempo a minha neta insistia em assistir ao filme sem parar, semana após semana. Ela admitia abertamente que achava *A fuga das galinhas* "muito assustador". Um segundo depois, num só fôlego, acrescentava que era seu filme favorito.

Por que um filme tão assustador exercia sobre ela uma atração tão inexorável? A resposta pode muito bem estar em seu aprendizado neural, à medida que ela assistia seguidamente àquelas cenas pavorosas, uma deliciosa mistura de ainda sentir um pouco de medo e ao mesmo tempo saber que no fim tudo acabaria bem.

Alguns dos dados neurocientíficos mais convincentes quanto aos benefícios de sentir um pouco de medo são resultado de estudos realizados com macacos-esquilo.[24] Com apenas 17 semanas de vida (para os primatas, o equivalente à primeira infância), eles eram tirados de suas aconchegantes jaulas uma vez por semana, ao longo de dez semanas, e colocados durante uma hora em outra gaiola com macacos adultos que eles não conheciam — situação aterrorizante para os jovens macacos-esquilo, o que foi amplamente comprovado por uma série de sinais.

Depois, quando tinham acabado de desmamar (mas ainda eram emocionalmente dependentes de suas mães), os mesmos macacos eram colocados com suas mães em uma gaiola estranha. Nessa gaiola não havia outros macacos, mas petiscos abundantes e muitos lugares para explorar.

Os macacos anteriormente expostos às gaiolas estressantes mostraram-se bem mais corajosos e mais curiosos do que os outros da mesma idade que nunca haviam saído do lado das mães. Eles exploravam livremente as novas gaiolas e se regalavam com os petiscos que encontravam; os que nunca haviam saído de perto do porto seguro de suas mães apenas se agarravam timidamente a elas.

É significativo que os jovens independentes não tenham mostrado sinais biológicos de medo, embora os tenham demonstrado com a mesma nitidez dos últimos quando haviam sido colocados na gaiola estranha. As visitas regulares a um lugar assustador funcionaram como uma vacina contra o estresse.

Tanto nos humanos quanto nos macacos, concluíram os neurocientistas, se os jovens forem expostos bem cedo a situações de estresse com as quais sejam capazes de aprender a lidar, esse domínio entranha-se em seu circuito neural e, uma vez arraigado, faz com que se tornem mais resilientes ao enfrentar os estresses da vida adulta. Repetir essa sequência de medo-que-se-converte-em-calma aparentemente molda o circuito neural para a resiliência, construindo uma capacidade emocional essencial.

Como explica Richard Davidson: "Podemos aprender a ser resilientes por meio da exposição a uma ameaça ou estresse em um nível que nos permita controlá-los". Se formos expostos a estresse de menos, nada aprenderemos; se o estresse for excessivo, pode ensinar a lição errada, que ficará implantada no circuito neural para o medo. Um sinal de que um filme assustador é impressionante demais para a criança pode ser observado na velocidade com que ela se recupera fisiologicamente. Se o cérebro (e o corpo) da criança ficar preso no modo do despertar do medo por um período aflitivamente prolongado, então o que está sendo ensaiado não é a resiliência, mas sim o *fiasco* da recuperação.

Mas quando as "ameaças" com que a criança se defronta estão dentro da faixa ideal — onde o cérebro organiza temporariamente uma elaborada reação ao medo e depois volta à calmaria —, podemos pressupor que uma diferente sequência neural despontou. Isso pode muito bem explicar o prazer da minha neta de dois anos em assistir àquele filme assustador. E talvez seja a razão pela qual tantas pessoas (em especial pré-adolescentes e adolescentes) adoram filmes que as apavoram.

Dependendo da idade e da criança, até mesmo experiências ligeiramente assustadoras podem ser demais. *Bambi*, um clássico filme da Disney no qual a mãe do veado morre, foi, em sua época, traumático para muitas das crianças que lotaram os cinemas. Uma criança pequena, obviamente, não deve assistir a um filme de terror do tipo *A hora do pesadelo*, mas o mesmo filme pode ensinar ao cérebro de um adolescente lições sobre resiliência. Uma criança pequena ficaria impressionada demais, ao passo que o adolescente talvez apreciasse a mistura de perigo e prazer.

Se um filme aterrorizante demais assombra uma criança durante meses com pesadelos e sensação de pavor durante o dia, então o cérebro não conseguiu dominar o medo. Em vez disso, ele somente prepara, e talvez fortaleça sutilmente, a própria reação de medo. Os pesquisadores desconfiam de que, nas crianças que sofreram repetidamente grandes quantidades de estresse – não a variedade do estresse dos filmes, mas a realidade muito mais apavorante de uma vida familiar perturbadoramente turbulenta –, esse mesmo caminho neural pode levar, em alguns casos, a problemas de depressão ou distúrbios de ansiedade na vida adulta.

O cérebro social aprende bem por meio da imitação de modelos – a exemplo do pai ou mãe que observa com calma algo que de outra maneira poderia parecer muito ameaçador. Quando minha neta chegava a um momento particularmente assustador do filme e escutava as reconfortantes palavras de sua mãe, "Vai ficar tudo bem" (ou recebia essa mesma mensagem de forma tácita ao perceber a presença tranquilizadora de seu pai quando se sentava no colo dele), ela se sentia segura e no controle de seus sentimentos, uma noção que ela pode empregar em outras ocasiões penosas.

Essas lições básicas da infância deixarão marcas por toda a vida, não apenas nos posicionamentos básicos em relação ao mundo social, mas na habilidade do indivíduo de contornar os redemoinhos do amor adulto. E o amor, por sua vez, alimenta suas próprias impressões biológicas duradouras.

Parte IV

As variedades do amor

13. Redes de apego

No terreno do coração humano, dizem os cientistas, estão em jogo pelo menos três sistemas cerebrais independentes, mas inter-relacionados, cada um nos impulsionando a seu próprio modo. Para desvendar os mistérios do amor, a neurociência distingue as redes neurais para o apego, para os cuidados e para o sexo. Cada uma delas é abastecida por um diferente grupo de substâncias químicas e hormônios cerebrais, e cada qual percorre um distinto circuito neuronal. Cada qual acrescenta seu próprio tempero químico às muitas variedades do amor.

O apego determina quem procuramos em busca de socorro; são as pessoas cuja ausência mais sentimos quando não estão presentes. O cuidado nos dá o impulso de confortar as pessoas com as quais mais nos preocupamos. Quando estamos apegados, nós nos aferramos; quando cuidamos, disponibilizamos. E o sexo, bem, é sexo.

Esses três sistemas se misturam em um elegante equilíbrio, uma interação que, quando tudo vai bem, incrementa o plano da natureza de perpetuar a espécie. Afinal, o sexo em si é apenas o começo da empreitada. O apego propicia a cola que mantém unido não apenas o casal, mas a família, e o cuidado acrescenta o impulso de tomar conta da prole, de modo que nossos filhos cresçam para ter seus próprios descendentes. Cada uma dessas três modalidades de afeto conecta as pessoas de maneiras diferentes.[1] Quando o apego se entrelaça com o cuidado carinhoso e a atração sexual, podemos saborear um romance completamente desenvolvido. Mas quando qualquer um desses três elementos está ausente, o amor romântico tropeça.

Essa fiação neural subjacente interage em diferentes combinações nas muitas variedades do amor – romântico, familiar e parental –, bem como em nossas capacidades de conexão, seja na amizade, compaixão ou simplesmente adorando um gato de estimação. Por extensão, os mesmos circuitos podem estar em funcionamento em uma ou outra extensão em esferas mais amplas, como o anseio espiritual ou uma afinidade por praias desertas e céus azuis.

Muitas rotas para o amor são percorridas através do atalho; uma pessoa que se enquadre na estreita definição de inteligência social com base somente na cognição estaria sem saber o que fazer aqui. As forças do afeto que nos ligam uns aos outros precederam o surgimento do cérebro racional. Os motivos do amor sempre foram subcorticais, embora a realização do amor possa exigir uma cuidadosa elaboração. E, assim, amar bem requer uma inteligência social plena, o atalho casado com a estrada principal. Um ou outro, isolados, não são suficientes para forjar vínculos fortes e satisfatórios.

Desemaranhar a complexa rede neural do afeto pode desvendar claramente alguns de nossos próprios problemas e confusões. Os três principais sistemas mobilizados para o amor – apego, cuidado e sexualidade – seguem suas próprias regras complexas. Em qualquer momento, um dos três pode prevalecer em detrimento dos outros dois – digamos, quando um casal sente uma calorosa intimidade, ou quando afaga seu bebê, ou ao fazer amor. Quando esses três sistemas amorosos estão em ação, alimentam o romance em sua forma mais intensa: uma conexão tranquila, afetuosa e sensual, em que a afinidade floresce.

O primeiro passo para a formação dessa união envolve o sistema de apego em seu modo de reconhecimento. Como vimos, esse sistema começa a entrar em ação desde a mais tenra infância, guiando o bebê a buscar os cuidados e a proteção dos outros, em especial da mãe e de seus cuidadores.[2] E há fascinantes paralelos entre a maneira como formamos nossos primeiros apegos na vida e a maneira como formamos nossa conexão inicial com um parceiro romântico.

A ARTE DO FLERTE

Noite de sexta-feira, e uma horda de homens e mulheres bem-vestidos abarrota um bar no Upper East Side em Nova York. É a noite dos solteiros, e o flerte é a ordem do dia.

Uma mulher desfila pelo bar a caminho do toalete, jogando os cabelos para trás e balançando os quadris. Ao passar por um homem que despertou seu interesse, ela deixa seus olhos encontrarem os dele por um breve instante e, assim que percebe que ele começa a devolver o olhar, desvia rapidamente o seu.

A mensagem tácita que ela envia: *Note a minha presença*.

Esse olhar convidativo, seguido de timidez, imita uma sequência de aproximação-retraimento encontrada em muitas espécies de mamíferos nas quais a sobrevivência dos recém-nascidos exige a ajuda do pai; a fêmea precisa testar a disposição do macho de ir ao encalço dela e se comprometer. Sua atitude de paquera é tão universal na arte do flerte que os etólogos já a observaram até mesmo em ratos; a fêmea repetidamente se aproxima e se afasta do macho, ou desfila diante dele, meneando a cabeça e emitindo o mesmo guincho agudo que filhotes de rato lançam em suas brincadeiras.[3]

O sorriso galanteador está catalogado entre as dezoito variedades descritas por Paul Ekman: sorri, desvia o olhar em outra direção e depois fita direto o alvo de seu entusiasmo durante um tempo suficiente para se fazer notar, antes de rapidamente desviar o olhar mais uma vez. Essa tática de acanhamento tira proveito de um engenhoso circuito neural que quase parece ter sido plantado no cérebro do macho apenas para esses momentos. Em Londres, uma equipe de neurocientistas descobriu que, quando um homem recebe um olhar fixo direto de uma mulher que considera atraente, seu cérebro ativa um circuito de dopamina que provoca uma quantidade de prazer.[4] Simplesmente olhar para mulheres bonitas ou fazer contato visual com alguém que não se considera atraente não basta para acionar esse circuito.

No entanto, independentemente de os homens acharem ou não determinada mulher atraente, o ato de flertar em si rende frutos: os homens abordam mulheres que paqueram com mais frequência do que mulheres mais atraentes que não flertam.

O flerte é prática comum entre povos das mais diversas culturas ao redor do mundo (conforme um pesquisador documentou, de Samoa a Paris, com uma máquina fotográfica).[5] O flerte é o movimento que inicia uma série contínua de negociações tácitas que ocorrem em cada etapa do galanteio. A primeira manobra estratégica envolve lançar uma ampla rede, alardeando, despreocupadamente, a disposição da pessoa de se comprometer.

Crianças pequenas fazem a mesma coisa, desordenadamente sinalizando seu interesse em interagir com qualquer pessoa simpática que cruza seu caminho e animando-se com qualquer pessoa que responda.[6] O paralelo com o flerte dos adultos inclui não apenas o sorriso galanteador, mas o contato visual e as conversas animadas num tom de voz agudo, com gestos exagerados — de forma muito semelhante a um bebê em busca de uma interação amistosa.

Em seguida, vem a conversa. Pelo menos na cultura norte-americana, esse passo essencial no cortejo promissor tem uma qualidade quase mítica: a conversa com o subtexto de determinar se de fato vale a pena apegar-se ao parceiro em potencial. Esse passo dá à estrada principal um papel fundamental que até então foi em sua maior parte um processo do atalho, algo como pais desconfiados monitorando um encontro da filha.

Embora o atalho nos empurre para os braços uns dos outros, a estrada principal avalia um parceiro em potencial — daí a importância da conversa durante um café depois do encontro amoroso da noite anterior. Uma corte prolongada permite que ambos os parceiros tenham uma compreensão completa do que é mais essencial para os dois: que um parceiro romântico seja atencioso, responsivo e competente — ou seja, digno de um apego mais intenso.

O ritmo das etapas da corte é cadenciado de modo a dar aos potenciais parceiros uma chance de avaliar se a outra pessoa poderia ser um bom companheiro, um indicador positivo de que talvez seja também um bom pai ou mãe.[7] Assim, durante as conversas iniciais, os parceiros avaliam a cordialidade, a agilidade e a reciprocidade um do outro e tentam fazer uma escolha. Da mesma forma, bebês por volta dos três meses de vida tornam-se mais seletivos quanto às pessoas com as quais buscam interagir, concentrando-se naquelas com as quais se sentem mais seguros.

Tão logo um parceiro passa nesse teste, a sincronia marca a transição da atração para o sentimento de anseios românticos. A maior facilidade de entrar em sincronia, tanto para os bebês quanto para os adultos flertando, manifesta-se na forma de olhares afetuosos, afagos, abraços e aconchegos — tudo isso refletindo um aumento da intimidade. Nessa fase, os amantes regridem a um comportamento francamente infantil, comunicando-se por meio de balbucios ou apelidos "fofos", sussurros e delicadas carícias. Essa total integração física recíproca marca o ponto em que um se transforma em uma base segura para o outro — mais um eco da infância.

Sem dúvida, a corte pode ser tão turbulenta quanto um bebê tendo um acesso de raiva. As crianças, afinal, são centradas em si mesmas, assim como casais podem ser. E esse modelo geral sofre uma metamorfose para abranger todas as formas pelas quais os riscos e a ansiedade podem unir os casais, de romances em tempos de guerra a casos amorosos ilícitos, passando por mulheres que sentem atração por homens "perigosos".

O neurocientista Jaak Panksepp teoriza que, quando um casal se apaixona, os dois tornam-se literalmente viciados um no outro.[8] Panksepp vê um corolário neural entre a dinâmica do vício em ópio e nossa dependência das pessoas pelas quais sentimos um apego mais forte. Todas as interações positivas com as pessoas, propõe ele, devem parte de seu prazer ao sistema opioide, o mesmo circuito que se liga à heroína e a outras substâncias viciantes.

Fica claro que esse circuito inclui aquelas duas estruturas fundamentais do cérebro social, o córtex orbitofrontal e o córtex cingulado anterior. O COF e o CCA são ativados em viciados quando eles estão fissurados, intoxicados e também após se esbaldarem no consumo. Quando um dependente passa por um período de abstinência, essas áreas são desativadas. Esse sistema é responsável pela supervalorização que o viciado atribui a sua droga preferida, bem como pelo completo fracasso de qualquer inibição na busca da droga.[9] Tudo isso pode ser aplicado também para o objeto do ardor intenso durante as angústias da paixão.

Panksepp teoriza que a gratificação que o viciado obtém de suas drogas imita biologicamente o prazer natural que alcançamos quando nos sentimos conectados com as pessoas a quem amamos; os circuitos neurais para ambos são, em grande medida, compartilhados. Até mesmo os animais, segundo ele, preferem passar seu tempo na companhia de pessoas em cuja presença secretam oxitocina e opioides naturais, que induzem serenidade e relaxamento — sugerindo que essas substâncias químicas cerebrais cimentam nossos laços familiares e amizades, bem como nossos relacionamentos amorosos.

OS TRÊS ESTILOS DE APEGO

Já faz quase um ano que a filha de nove meses de Brenda e Bob morreu tragicamente enquanto dormia.

Bob está lendo o jornal e Brenda chega, segurando fotografias, os olhos vermelhos. Ela andou chorando.

Brenda diz ao marido que encontrou algumas fotografias do dia em que levaram o bebê à praia.

Sem desviar os olhos do jornal, Bob resmunga: "Ahã".

"Ela estava usando aquele chapéu que a sua mãe comprou para ela", começa Brenda.

"É", resmunga Bob, ainda sem olhar, claramente desinteressado.

Quando Brenda pergunta a Bob se quer ver as fotos, ele responde apenas que não, virando bruscamente a página do jornal e passando a esmo os olhos pelas notícias.

Brenda o observa em silêncio, lágrimas escorrem por seu rosto. Ela deixa escapar: "Não consigo te entender. Ela era nossa filha. Você não sente saudades dela? Não se importa?".

"É claro que sinto! Só não quero falar sobre isso", vocifera Bob, levantando-se e saindo da sala com raiva.

Esse doloroso diálogo ilustra como as diferenças nos estilos de apego podem acabar com a sincronia em um casal — não apenas na hora de lidar com um trauma em comum, mas também com praticamente todo o restante.[10] Brenda quer falar sobre seus sentimentos; Bob os evita. Aos olhos dela o marido é frio e distante; já ele a vê como invasiva e exigente. Quanto mais ela tenta fazer com que ele fale sobre seus sentimentos, mais ele se retrai.

Esse padrão de "exigência-retração" há muito vem sendo comentado pelos terapeutas de casais, a quem muitos recorrem quando precisam de ajuda para resolver seus impasses. Mas novas descobertas sugerem que essa clássica discrepância tem uma base cerebral. Não existe uma maneira "melhor". Pelo contrário, ambas as tendências refletem padrões neurais subjacentes.

Nossa infância deixa sua marca em nossas paixões da vida adulta de forma mais evidente em nosso "sistema de apego", as redes neurais que entram em ação sempre que nos relacionamos com as pessoas que são mais importantes para nós. Como vimos, as crianças que são bem cuidadas e que sentem a empatia das pessoas que cuidam delas tornam-se mais seguras em seus apegos, sem serem "grudadas" nem retraídas demais. Mas as crianças cujos pais negligenciam seus sentimentos e que se sentem ignoradas tornam-se esquivas, como se tivessem desistido da esperança de estabelecer uma conexão de carinho. E as crianças cujos pais são ambivalentes, oscilando de forma imprevisível entre a raiva e a ternura, tornam-se adultos ansiosos e inseguros.

Bob é a personificação do tipo esquivo; para ele as emoções intensas são desagradáveis, e por isso ele tenta minimizá-las. Brenda é do tipo ansioso, cujos sentimentos irrompem de forma irrefreável e que precisa desabafar sobre suas preocupações.

Há ainda o tipo seguro, à vontade com suas emoções, mas que não se deixa absorver por elas. Se Bob fosse seguro, o mais provável é que conseguisse estar emocionalmente disponível para Brenda quando ela precisasse. Se Brenda fosse segura, não teria ficado tão desesperada pela atenciosa empatia de Bob.

Depois de se formar na infância, a *maneira* como nos apegamos permanece extraordinariamente constante. Esses diferentes estilos de apego manifestam-se até certo ponto em todos os relacionamentos íntimos, em nenhum outro com força mais intensa do que em nossas ligações românticas. Cada um deles tem consequências marcantes para os relacionamentos ao longo da vida, de acordo com uma série de estudos realizados por Phillip Shaver, psicólogo da Universidade da Califórnia que liderou grande parte das pesquisas sobre apego e relacionamentos.[11]

Shaver assumiu o bastão transmitido por John Bowlby à sua discípula norte-americana Mary Ainsworth, cujos pioneiros estudos da reação de bebês de nove meses à breve separação das mães identificaram, pela primeira vez, que algumas crianças são seguras em seu apego e outras são inseguras de maneiras diversas. Aplicando as descobertas de Ainsworth ao mundo dos relacionamentos adultos, Shaver constatou esses estilos de apego à medida que eles se manifestam em qualquer conexão íntima, seja uma amizade, um casamento ou um relacionamento entre pais e filhos.[12]

O grupo de Shaver descobriu que 55% dos norte-americanos (sejam bebês, crianças ou adultos) encontram-se na categoria de "seguros": têm facilidade para se aproximar das pessoas, sentem-se à vontade com o fato de depender delas. A pessoa segura inicia um relacionamento romântico com a expectativa de que seu parceiro esteja emocionalmente disponível e sintonizado — que fique a seu lado em momentos de sofrimento e adversidade — exatamente como ela pode agir em relação ao parceiro. Elas têm facilidade para estabelecer relações com os outros. As pessoas cujo apego é do estilo seguro veem-se como dignas de preocupação, cuidado e afeto; e veem os outros como acessíveis, confiáveis e com boas intenções para com elas. Como resultado, seus relacionamentos tendem a ser íntimos e fidedignos.

Por outro lado, cerca de 20% dos adultos são "ansiosos" em seus relacionamentos amorosos, propensos a se preocupar com o fato de que o parceiro não os ama de verdade ou não quer ficar ao seu lado. Às vezes sua carência apreensiva e a necessidade de reafirmação podem, de forma inadvertida, afugentar o parceiro. Esses adultos tendem a se ver como indignos de amor e cuidado — embora tenham uma inclinação a idealizar seus parceiros românticos.

Depois que engata um relacionamento, a pessoa do tipo ansioso pode imediatamente ser assolada pelo temor do abandono, ou o receio de que a vejam como carente de alguma maneira. Ela é suscetível a todos os sinais de "vício do amor": preocupação obsessiva, ansiedade autoconsciente e dependência emocional. Quase sempre angustiadas, são pessoas que se afligem com toda sorte de preocupações — a exemplo do medo de serem abandonadas pelo parceiro — ou são hipervigilantes e ciumentas, fantasiando infidelidades imaginárias. E muitas vezes transferem para suas amizades esse mesmo conjunto de preocupações excessivas.

Cerca de 25% dos adultos são "esquivos", ficam desconfortáveis por estar emocionalmente próximos, têm dificuldade para confiar no parceiro e compartilhar sentimentos e ficam nervosos quando o parceiro busca maior intimidade emocional. Os esquivos tendem a sufocar as próprias emoções e a suprimir especialmente sentimentos perturbadores. Como as pessoas do tipo esquivo esperam que o parceiro não seja emocionalmente confiável, elas acham os relacionamentos íntimos desagradáveis.

A dificuldade subjacente aos tipos ansioso e esquivo resume-se à rigidez. Ambos representam estratégias que, na verdade, fazem sentido em uma situação específica, mas que são mantidas mesmo quando fracassam. Se há uma ameaça real, por exemplo, a ansiedade suscita a prontidão; mas a ansiedade fora de hora cria estática nos relacionamentos.

Nos momentos de dificuldade, as pessoas de cada um desses tipos seguem uma estratégia diferente para se acalmar. Os ansiosos, como Brenda, recorrem a outras pessoas, porque são dependentes do consolo das interações lenitivas. Pessoas esquivas, como o marido Bob, permanecem estridentemente independentes, preferindo administrar por conta própria suas preocupações.

Parceiros românticos seguros parecem ser capazes de amortecer as perturbações do parceiro ansioso, de modo que o relacionamento não sofra abalos significativos. Se um dos parceiros é do padrão seguro, o casal enfrenta relativamente poucos conflitos e crises. Porém, quando ambos os parceiros são ansiosos, mostram-se compreensivelmente mais propensos a brigas e bate-bocas, por isso o relacionamento exige manutenção constante.[13] Afinal, apreensão, ressentimento e aflição são contagiosos.

A BASE NEURAL

Cada um dos três estilos reflete uma variação específica na fiação do sistema de apego do cérebro, como revelam as pesquisas realizadas por Shaver com neurocientistas da Universidade da Califórnia em Davis.[14] Essas diferenças se manifestam com mais intensidade em momentos perturbadores, como durante uma discussão ou quando a pessoa se perde em apreensivas ruminações sobre a briga, ou, pior ainda, quando fica obcecada com a ideia de romper um relacionamento amoroso.

Durante esses momentos de inquietante devaneio, surge um padrão cerebral distinto em cada um desses três principais estilos de apego, o que foi demonstrado por IRMf. (Embora o estudo tenha usado apenas mulheres, provavelmente as mesmas conclusões aplicam-se aos homens — somente estudos futuros dirão.[15])

A propensão que os tipos ansiosos têm para a preocupação em excesso, como quando uma pessoa teme perder o parceiro, acionou zonas do atalho, inclusive o polo temporal anterior (PTA), que se ativa durante a tristeza; o cingulado anterior, no qual as emoções incandescem; e o hipocampo, local-chave para a memória.[16] De maneira reveladora, as mulheres ansiosas não foram capazes de desligar o circuito referente à inquietude do relacionamento mesmo quando tentaram especificamente fazê-lo; suas preocupações obsessivas sobrecarregaram a capacidade do cérebro de desativá-lo. Essa atividade neural era específica para a ansiedade a respeito dos relacionamentos, e não aos medos em geral. Os circuitos que acalmavam a ansiedade funcionaram perfeitamente bem para eliminar todos os outros tipos de preocupação.

Por outro lado, as mulheres seguras não tiveram dificuldade alguma para interromper os medos de um rompimento amoroso. O polo temporal anterior gerador de tristeza se aquietava assim que se voltavam para outros pensamentos. A diferença fundamental: as mulheres seguras prontamente ativavam o comutador neural do córtex orbitofrontal para acalmar a perturbação vinda do polo temporal anterior.

Da mesma forma, as mulheres ansiosas conseguiram trazer à mente algum momento específico de seus relacionamentos românticos que era causador de preocupação, recordação que lhes ocorria com muito mais facilidade do que no caso das outras mulheres.[17] A prontidão das mulheres ansiosas para a preocupação com os problemas referentes a relacionamento, sugere Shaver, poderia muito bem interferir em sua capacidade de decidir qual seria uma atitude mais construtiva a ser tomada.

No caso das mulheres esquivas, a história neural era totalmente diferente; a ação decisiva estava sujeita a uma área no cingulado que é ativada durante a supressão de pensamentos perturbadores.[18] Nessas mulheres, esse freio neural das emoções parece emperrado: assim como as mulheres ansiosas não conseguiram estancar a preocupação, as esquivas eram incapazes de interromper sua *supressão* da preocupação, mesmo quando solicitadas a fazê-lo. Em contraste, as outras mulheres não tiveram dificuldade para ligar e desligar o cingulado quando se solicitava que pensassem sobre uma coisa triste e, em seguida, parassem de pensar nessa mesma coisa.

Esse padrão neural de supressão ininterrupta explica por que as pessoas com o estilo esquivo tendem a ser emocionalmente distantes e desinteressadas pela vida — quando um relacionamento é rompido ou uma pessoa morre, o luto delas é breve, e durante as interações sociais elas não se envolvem, sentem-se emocionalmente descomprometidas.[19] Ao que parece, certo grau de ansiedade é o preço a pagar pela verdadeira intimidade emocional, no mínimo porque traz à tona problemas de relacionamento que precisam ser resolvidos.[20] Os tipos esquivos de Shaver parecem ter barganhado uma conexão emocional mais completa com outros em troca de uma desconexão protetora com seus próprios sentimentos perturbadores. É esclarecedor que Shaver tenha tido mais dificuldade em recrutar para o seu estudo mulheres esquivas, porque uma das exigências era o envolvimento em um relacionamento amoroso longevo e sério — e poucas delas tinham esse tipo de relação.

Esses estilos, vale lembrar, são em grande medida moldados na infância, e por isso não parecem ser geneticamente determinados. Se foram aprendidos, então deveriam estar até certo ponto suscetíveis a modificações por obra da experiência correta — seja por meio da psicoterapia, seja em um relacionamento reparador. Por outro lado, um parceiro compreensivo pode simplesmente ser capaz de se adaptar a essas peculiaridades, dentro de certos limites.

Podemos pensar nos sistemas neurais para o apego, para o sexo e para os cuidados como partes de um daqueles móbiles cinéticos de Alexander Calder, em que o movimento em uma das peças reverbera nas outras. Por exemplo, os estilos de apego modelam a sexualidade de uma pessoa. Os tipos esquivos têm mais parceiros sexuais e "ficantes de uma noite só" do que os indivíduos ansiosos ou seguros. Fiéis a sua preferência pela distância emocional, os tipos esquivos contentam-se com sexo sem afeto ou intimidade. Se, de alguma forma, acabarem se envolvendo em um relacionamento contínuo, tendem a oscilar entre distância e coerção, e assim, de modo compreensível, têm maiores probabilidades de se divorciar ou romper relacionamentos — e então, estranhamente, tentam reatar com o mesmo parceiro.[21]

Os desafios de um relacionamento amoroso impostos pelos estilos de apego são apenas o começo da saga. Em seguida vem o sexo.

14. Desejo: o dele e o dela

Um de meus melhores amigos no primeiro ano de faculdade era um enorme e brilhante jogador de rúgbi, a quem apelidamos de "Hulk". Até hoje me lembro do conselho que, segundo meu amigo, seu pai, um alemão, lhe deu quando ele se preparava para sair de casa.

A máxima tinha um tempero brechtiano, ironicamente cínico. Em tradução aproximada do alemão, dizia: "Quando o pênis fica duro, o cérebro fica mole".

Em termos mais técnicos, a fiação neural para o sexo habita as regiões subcorticais do atalho que estão além do alcance do cérebro pensante. Como esses circuitos inferiores nos impelem com crescente urgência, nós nos importamos cada vez menos com quaisquer conselhos que as regiões racionais da estrada principal possam nos oferecer.

Em um sentido mais geral, esse mapa de fiação cerebral é responsável pela irracionalidade de muitas escolhas românticas: nosso circuito lógico nada tem a ver com a questão. O cérebro social ama e se importa, mas a luxúria percorre os ramos mais inferiores do atalho.

O desejo parece vir em duas formas: o dele e o dela. Quando casais apaixonados examinaram fotografias de seus parceiros, um estudo de imagens cerebrais revelou uma diferença esclarecedora: nos homens apaixonados — mas não nas mulheres apaixonadas —, os centros para o processamento visual e da excitação sexual se ativaram, mostrando como a aparência da pessoa amada dispara a paixão do homem. Não é surpresa que homens no mundo inteiro busquem pornografia visual, como observa a antropóloga Helen Fisher, ou que as mulheres tendam a extrair de sua aparência sentimentos de autoestima e por isso dediquem tanta energia a ficar bonitas, tanto melhor para "propagandear visualmente seus ativos", como diz ela.[1]

Entretanto, nas mulheres apaixonadas, examinar a imagem do amado ativa centros muito diferentes no circuito do cérebro social: centros cognitivos de memória e atenção.[2] Essa diferença sugere que as mulheres examinam de maneira mais cuidadosa seus sentimentos e avaliam o homem como possível parceiro e provedor. É notório que as mulheres que estão iniciando um romance tendem a ser mais pragmáticas do que os homens; portanto, por uma questão de necessidade, apaixonam-se de forma mais lenta. Fisher comenta que, para as mulheres, o "sexo casual não é normalmente tão casual quanto é para os homens".[3]

Afinal, o radar do cérebro para o apego geralmente precisa de uma série de encontros para tomar sua decisão de se envolver. Quando estão se apaixonando, os homens mergulham de cabeça, com o auxílio do atalho. Sem dúvida, as mulheres percorrem o atalho — mas para retornar usam também a estrada principal.

Uma visão mais cínica afirma que "os homens procuram objetos sexuais; as mulheres buscam objetos de sucesso". Mas embora as mulheres realmente tenham a tendência de se seduzir por sinais de poder e riqueza de um homem, e os homens, por sua vez, pela aparência física da mulher, esses não são os principais fatores que os atraem — apenas os aspectos nos quais mais diferem.[4] Tanto para o homem quanto para a mulher, a bondade encabeça a lista.

Para tornar ainda mais confusa a nossa vida amorosa, os circuitos dentro da estrada principal, seja por meio de sentimentos elevados ou mais puritanos, lutam com obstinação para conter as inflamadas correntes subterrâneas da luxúria. Ao longo da história, as culturas aplicaram os freios da estrada principal aos desejos do atalho — nos termos de Freud, a civilização sempre combateu seus descontentes. Por exemplo, durante séculos os casamentos na classe alta europeia eram simplesmente uma questão de famílias de proprietários de terras assegurando que seu patrimônio permanecesse em determinada linhagem; em essência, as famílias se casavam com outras famílias por meio de matrimônios arranjados. Que se danassem a luxúria e o amor — afinal, sempre havia o adultério.

Os historiadores sociais nos dizem que, pelo menos na Europa, foi somente durante a Reforma que surgiu a atual noção de um vínculo emocional amoroso e lascivo entre marido e mulher — um afastamento da ideia medieval de castidade, que via o casamento como um mal necessário. Foi apenas por volta da época da Revolução Industrial e da ascensão da classe média que a noção de amor romântico tornou-se um ideal ocidental suficientemente popular, baseado no pensamento de que se apaixonar era um motivo respeitável para se casar. E, é claro, em culturas como a da Índia, no limiar entre tradição e modernidade, os casais que se casam somente por amor ainda são uma pequena minoria, e quase sempre enfrentam forte resistência de seus familiares, que preferem um casamento arranjado.

Por outro lado, a biologia nem sempre coopera com o ideal moderno de casamento que combina companheirismo e carinhosos cuidados para a vida toda com as delícias mais volúveis do ardor romântico. É amplamente sabido que os anos de familiaridade enfraquecem o desejo — e às vezes isso pode acontecer assim que o relacionamento se torna estável.

Para piorar ainda mais as coisas, a natureza julgou adequado dotar homens e mulheres com diferentes propensões até mesmo nas moléculas do amor. Os homens geralmente têm níveis mais altos do que as mulheres das substâncias químicas que estimulam o desejo, e níveis mais baixos das que impulsionam o apego. Essas incompatibilidades biológicas criam muitas das clássicas tensões entre homens e mulheres na arena da paixão.

Cultura e diferença de gêneros à parte, talvez o dilema mais fundamental para o amor romântico se origine na tensão essencial entre os sistemas cerebrais subjacentes à noção segura de apego e os que subjazem ao carinho e ao sexo. Cada uma dessas redes neurais abastece seu próprio conjunto de motivos e necessidades — que podem ser compatíveis ou conflitantes. Se houver disparidades entre elas, então o amor vai cambalear; se estiverem em harmonia, o amor pode florescer.

O TRUQUEZINHO ESPERTO DA NATUREZA

Uma escritora, embora independente e empreendedora, sempre viajava com a fronha do travesseiro com que o marido havia dormido. Para onde quer que fosse, trocava a fronha do hotel pela que levava. Sua explicação: sentir o perfume do marido a fazia pegar no sono com mais facilidade em uma cama que não era a dela.

Isso faz todo o sentido biológico e nos oferece uma pista sobre os truques da natureza em seu empenho para dar continuidade à espécie. A rota percorrida em alguns dos primeiros movimentos da atração sexual — ou pelo menos do interesse — é a do atalho: sensória, e não um pensamento formulado (ou mesmo uma emoção). Para as mulheres, esse enredo subliminar inicial pode originar-se de uma impressão olfativa; para os homens, de uma impressão visual.

Os cientistas descobriram que o cheiro do suor masculino pode ter efeitos extraordinários sobre as emoções das mulheres, melhorando seu humor, relaxando-as e elevando seus níveis dos hormônios reprodutivos luteinizantes que induzem a ovulação.

O estudo que sugere isso, porém, foi realizado em circunstâncias totalmente clínicas (e, sem dúvida, nem um pouco românticas), em laboratório. Amostras extraídas das axilas de homens que haviam ficado quatro semanas sem usar desodorante foram acrescentadas a uma mistura suavemente aplicada ao lábio superior de uma jovem que se oferecera como voluntária para o que acreditava ser um estudo do cheiro de produtos, como cera para pisos.[5] Quando o odor era do suor masculino e não de alguma outra fonte, a mulher ficava mais relaxada e feliz.

Em um contexto mais romântico, propõem os pesquisadores, esses odores também podem instigar desejos sexuais. Assim, o mais provável é que, quando os casais dançam, seu abraço hormonal silenciosamente pavimenta o caminho para a excitação sexual, à medida que seus corpos subliminarmente orquestram condições propícias à reprodução. Na verdade, o estudo fazia parte de uma pesquisa que buscava novas terapias de fertilidade, a fim de verificar se o ingrediente ativo na transpiração poderia ser isolado; a pesquisa foi publicada no periódico acadêmico *Biology of Reproduction*.

O corolário para os homens pode muito bem ser o impacto da visão do corpo da mulher nos centros de prazer do seu cérebro. O cérebro masculino contém detectores de sinais aparentemente inatos para perceber aspectos-chave do corpo feminino, em particular a proporção das medidas busto-cintura-quadril do "corpo de violão" —, um sinal da beleza jovem que é, em si, capaz de provocar excitação sexual nos homens.[6] Quando homens de todo o mundo classificaram o grau de atratividade de silhuetas femininas com proporções variadas, a maior parte escolheu mulheres cuja circunferência da cintura correspondia a cerca de 70% da medida dos quadris.[7]

Os motivos pelos quais o cérebro masculino segue esse padrão são tema de vigorosos debates há décadas. Alguns veem nesse pedaço de circuito neural uma forma de tornar os sinais biológicos do pico de fertilidade da mulher excepcionalmente sedutores para eles, economizando, assim, o investimento de seu esperma.

Qualquer que seja a razão, são elegantes concepções da biologia humana: a própria visão da mulher provoca deleite no homem, e o odor do homem prepara a mulher para o amor. Essa tática, sem dúvida, funcionou bem nos estágios iniciais da pré-história humana. Porém, na vida moderna, a neurobiologia do amor passou por complicações.

O CÉREBRO DA LIBIDO

Estar "verdadeira, profunda e loucamente" apaixonado era um dos critérios de seleção de homens e mulheres para um estudo no University College, em Londres. As dezessete pessoas que se ofereceram como voluntários foram submetidas a exames de imagens cerebrais enquanto olhavam para uma fotografia de seu parceiro romântico e, em seguida, para fotos de amigos. A conclusão: pareciam ser viciadas em amor.

Tanto nos homens quanto nas mulheres, o objeto da paixão amorosa — ao contrário dos amigos — acionou fogos de artifício em setores singularmente associados do cérebro, um circuito tão específico que parece especializado no amor romântico.[8] Grande parte desse circuito, como propôs o neurocientista Jaak Panksepp, é ativada em outro estado eufórico: com o consumo de cocaína e opiáceos. Essa descoberta sugere que a natureza viciantemente extática do romance intenso tem uma base lógica neural. De modo intrigante, nos homens nenhuma parte desse circuito do amor é de muita valia durante a excitação sexual em si, embora as áreas adjacentes às do romance se ativem, o que sugere um vínculo anatômico quando o apetite sexual aumenta com o amor.[9]

Por meio desses estudos, a neurociência compreendeu o mistério da paixão sexual, compondo o amálgama de hormônios e substâncias neuroquímicas que conferem tempero à luxúria. A receita para o desejo certamente varia um pouco entre os sexos. Mas os ingredientes e seu timing durante o ato sexual revelam um plano engenhoso, que acrescenta vigor à propagação de nossa espécie.

O circuito da luxúria, onde a libido desperta, abrange uma ampla fatia do cérebro límbico.[10] Os sexos compartilham grande parte dessa fiação de atalho para o ardor sexual, mas há algumas diferenças reveladoras. Essas discrepâncias causam disparidades nas formas como homem e mulher vivenciam o ato sexual, bem como no modo como cada um atribui valor aos vários aspectos de uma interação romântica.

Nos homens, tanto a sexualidade quanto a agressividade são ativadas pela ação do hormônio sexual testosterona, que atua em áreas conectadas do cérebro.[11] Quando os homens se excitam sexualmente, seus níveis de testosterona disparam bem rápido. O hormônio masculino também impulsiona a ânsia sexual nas mulheres, embora não com tanta intensidade quanto nos homens.

E há questão da qualidade viciante. Para os homens e para as mulheres, a dopamina — a substância química que injeta intenso prazer em atividades tão distintas quanto a jogatina e o consumo de drogas — dispara durante as relações sexuais. Os níveis prazerosos de dopamina aumentam não só durante a excitação sexual, mas também com a frequência do coito e a intensidade da libido da pessoa.[12]

A oxitocina, uma substância química que faz as vezes de fonte dos cuidados com o outro, permeia mais o cérebro da mulher do que o do homem, e por isso exerce impacto maior sobre a ligação sexual da mulher. A vasopressina, hormônio intimamente relacionado à oxitocina, também pode desempenhar um papel importante nessa ligação.[13] De maneira intrigante, os receptores de vasopressina são abundantes nas células fusiformes, aqueles conectores ultrarrápidos do cérebro social. As células fusiformes estão envolvidas, por exemplo, quando fazemos julgamentos rápidos e intuitivos sobre uma pessoa que acabamos de conhecer. Embora os estudos ainda não sejam capazes de nos demonstrar de modo cabal, essas células parecem ser candidatas aptas à parte do sistema cerebral que gera o amor — ou pelo menos o desejo — "à primeira vista".

No período de tempo que antecede o ato sexual, os níveis de oxitocina atingem o pico no cérebro masculino, assim como dispara a fome hormonal instigada pela arginina e pela vasopressina (conhecidas, em conjunto, como arginina-vasopressina, AVP). O cérebro masculino tem mais receptores de AVP do que o feminino, em sua maioria concentrados no circuito sexual. A AVP, que se torna abundante na puberdade, parece alimentar o ardente desejo sexual masculino, avoluma-se à medida que se aproxima a ejaculação e diminui rapidamente no momento do orgasmo.

Tanto nos homens quanto nas mulheres, a oxitocina abastece muitos dos amorosos e prazerosos sentimentos do contato sexual. Grandes doses do hormônio são secretadas durante o orgasmo, após o qual um jato da substância química parece estimular a sensação de caloroso afeto — por alguns momentos colocando homem e mulher no mesmo comprimento de onda de carinho e ternura.[14] As secreções de oxitocina continuam intensas depois do clímax, em particular durante o "pós-coito", as aconchegantes carícias que se seguem ao orgasmo.[15]

O volume de oxitocina aumenta com força ainda maior nos homens durante esse período "refratário" após o orgasmo, quando normalmente eles não conseguem ter uma nova ereção. É intrigante que, pelo menos nos roedores (e possivelmente nos humanos), a abundante satisfação sexual masculina triplique os níveis de oxitocina — uma mudança cerebral que aparentemente aproxima a química do cérebro masculino da química do cérebro feminino, pelo menos durante esse breve período. De qualquer forma, esse engenhoso desfecho químico após o ato sexual propicia um intervalo de tempo de relaxamento para a consolidação do apego, outra função da oxitocina.

O circuito da luxúria também prepara o casal para o próximo encontro amoroso. O hipocampo, a estrutura fundamental no armazenamento da memória, abriga neurônios ricos em receptores tanto de AVP quanto de oxitocina. A AVP, particularmente no homem, parece gravar na memória com especial força a tentadora imagem de sua parceira fervendo de paixão, o que torna o ato sexual singularmente memorável. A oxitocina produzida pelo orgasmo também impulsiona a memória, mais uma vez imprimindo na memória visual da imaginação a figura da pessoa amada.

Embora essa bioquímica primordial instigue a atividade sexual, os centros cerebrais da estrada principal também exercem sua influência, nem sempre compatíveis. Os sistemas cerebrais que por milênios funcionaram bem para a sobrevivência humana hoje parecem vulneráveis a conflitos e tensões, e isso pode resultar em trabalhos de amor perdidos — que não dão frutos.

Vejamos o caso de uma bela, jovem e independente advogada cujo noivo, um escritor, trabalhava em casa. Sempre que ela chegava, o noivo largava tudo o que estivesse fazendo para rodeá-la. Certa noite, quando ela estava indo dormir, o noivo, ávido, puxou-a para junto de si, antes mesmo que ela tivesse a chance de se enfiar sob os lençóis.[16]

"Dá um tempo, preciso de um mínimo de espaço pra amar você", disse ela – um comentário que feriu os sentimentos dele. Magoado, ele ameaçou ir dormir no sofá.

O comentário dela evidencia o outro lado das conexões muito íntimas: elas podem ser sufocantes. O objetivo da sintonia não é simplesmente o entrelace contínuo, com um indivíduo absorvendo todo pensamento e sentimento do outro; inclui também dar ao outro espaço para ficar sozinho quando necessário. Esse ciclo de conexão chega a um equilíbrio entre as necessidades do indivíduo e as do casal. Como definiu um terapeuta de família: "Quanto mais um casal pode ficar longe, maior sua capacidade de ficar junto".

Cada uma das três mais importantes expressões do amor – apego, desejo e cuidado – tem sua biologia singular, cujo propósito é, com sua cola química específica, unir os parceiros. Quando eles se alinham, o amor se fortalece. Quando entram em conflito, o amor pode cambalear.

Reflitamos sobre a dificuldade enfrentada por toda ligação amorosa quando os três sistemas de amor biológico se desalinham, o que é comum na tensão entre apego e sexo. Esse desencontro ocorre, por exemplo, quando um dos parceiros se sente inseguro ou, pior ainda, alimenta sentimentos de puro ciúme ou medo de ser abandonado. Do ponto de vista neural, o sistema de apego, quando desvia para a direção da ansiedade, inibe a operação dos outros. Essa apreensão corrosiva pode facilmente debilitar o desejo sexual e sufocar as manifestações de afeto e carinho – pelo menos por um tempo.

A fixação unidirecional do noivo na advogada como um objeto sexual é análoga ao insaciável desejo de um bebê lactente, que nada sabe acerca dos sentimentos e necessidades de sua mãe. Esses desejos arcaicos também atuam durante o ato sexual, quando dois adultos excitados exploram o corpo um do outro com o fervor de um bebê.

Como observamos, as raízes da intimidade surgidas na infância reaparecem entre os amantes no uso de voz aguda, balbucios e apelidos infantis. Os etólogos argumentam que essas pistas disparam no cérebro dos amantes reações parentais de ternura e cuidado. A diferença entre os desejos do bebê e do adulto, entretanto, está na capacidade dos adultos de sentir empatia, de modo que a paixão se funde à compaixão ou, pelo menos, ao afeto.

Dessa forma, Mark Epstein, o psiquiatra da advogada, sugeriu uma alternativa para o noivo: desacelerar o suficiente para se sintonizar emocionalmente e, assim, criar um espaço psicológico que permitiria a ela manter-se em contato com o próprio desejo. Essa reciprocidade de desejo — e manutenção da conexão do casal — proporcionou uma maneira de reaver a paixão que ela estava perdendo.

Isso remonta à famosa pergunta de Freud: "O que quer uma mulher?". E Epstein responde: "Ela quer um parceiro que se importe com seus desejos".

O "ISSO" CONSENSUAL

Anne Rice, autora de uma série de romances best-sellers sobre vampiros — e de eróticos sob pseudônimo —, lembra-se de ter tido, desde a infância, vívidas fantasias sadomasoquistas.

Uma de suas primeiras fantasias era ambientada em sofisticados cenários de jovens na Grécia Antiga sendo leiloados como escravos sexuais; a atração homoerótica entre homens a fascinou. Na vida adulta, ela se descobriu atraída por amizades com homens gays e fascinada pela cultura gay.[17]

Esse é o material de que é feita a ficção; os romances vampirescos de Rice, repletos de subtemas homoeróticos, dão o tom para o universo romântico dos góticos. E, em seus romances eróticos, escritos sob pseudônimo, ela detalha atividades sadomasoquistas praticadas por ambos os sexos. Ainda que essas fantasias sexuais não sejam de forma alguma as favoritas do público geral, nada nelas está além do que os pesquisadores acham que exemplifica os devaneios eróticos de pessoas comuns.

As extravagantes cenas sexuais que Rice elaborou em detalhes não são "depravadas" no sentido normativo; ao contrário, estão entre os temas de fantasias que tanto homens como mulheres descrevem com frequência em inúmeros estudos. Por exemplo, uma investigação acadêmica descobriu que as fantasias sexuais mais comuns incluem: reviver um encontro sexual excitante; imaginar relações sexuais com o parceiro de alguém ou com outra pessoa; fazer sexo oral; fazer amor em um lugar romântico; ser irresistível – e ser forçado à submissão sexual.[18]

Uma ampla variedade de fantasias sexuais pode refletir uma sexualidade saudável, oferecendo uma fonte de estímulo que intensifica a excitação e o prazer.[19] Quando ambas as partes consentem, isso se estende até as mais bizarras fantasias, como as de Rice, que de início pareceriam apresentar situações cruéis.

Já percorremos um longo caminho desde a declaração de Freud, um século atrás, de que "a pessoa feliz nunca fantasia, somente a insatisfeita".[20] Mas uma fantasia é apenas isto: intensa imaginação. Rice menciona com todas as letras que jamais realizou suas fantasias, embora tenha tido oportunidades. As fantasias sexuais podem até não ser concretizadas com outra pessoa, mas, mesmo assim, servem a um propósito útil. Os originais estudos de Alfred Kinsey (que, em retrospecto, representaram uma amostra enviesada) revelaram que 89% dos homens e 64% das mulheres admitiram ter fantasias sexuais durante a masturbação – uma descoberta chocante naquela época bem mais sóbria, a década de 1950, mas extremamente enfadonha hoje em dia. O bom professor Kinsey foi o primeiro a evidenciar com absoluta clareza que uma gama surpreendente de comportamentos sexuais, em homens e mulheres, é muito mais comum do que admitimos publicamente.

Os tabus sociais que ainda hoje prevalecem – apesar de programas televisivos sensacionalistas como *The Jerry Springer Show* e da onipresença dos sites pornográficos – significam que a efetiva incidência de várias predileções é invariavelmente mais alta do que as pessoas estão dispostas a admitir. Na verdade, entre os pesquisadores sexuais é rotineiro supor que qualquer estatística baseada nos relatos das pessoas sobre seu comportamento sexual subestima os números reais. Quando estudantes universitários, homens e mulheres, registraram diligentemente em um diário todas as fantasias ou pensamentos sexuais que tinham tido no decorrer de um dia, os homens informaram cerca de sete, e as mulheres, de quatro a cinco. Em outros estudos, porém, em que os estudantes responderam a um questionário solicitando que se *lembrassem* da mesma informação, os homens relataram ter tido apenas uma fantasia sexual por dia, ao passo que as mulheres informaram uma por semana.

Vejamos homens e mulheres que têm fantasias sexuais durante o ato sexual. Em praticamente todas as formas de comportamento sexual, os homens tendem a ter números mais altos do que os das mulheres, mas o quesito fantasia durante o sexo parece nivelar as coisas: até 94% das mulheres e 92% dos homens admitem ter fantasiado (embora em alguns relatos a faixa diminua para 47% para os homens e 34% para as mulheres).

Um estudo constatou que ter relações sexuais com o parceiro atual é um devaneio popular quando a pessoa *não está* envolvida no ato em si, mas imaginar-se tendo relações sexuais com outra pessoa é uma fantasia mais frequente *durante* o ato.[21] Esses dados levaram um espirituoso piadista a observar que, quando parceiros românticos fazem amor, há na verdade quatro pessoas envolvidas: as duas pessoas reais e as outras duas imaginárias, que só existem na mente delas.

Em sua maioria, as fantasias sexuais inerentemente descrevem o outro como um objeto, um ser criado para satisfazer o ardoroso entusiasmo preferido de quem fantasia, sem levar em conta o que o outro, ou outra, possa querer na situação. Mas, no reino da fantasia, vale tudo.

Consentir em participar, compartilhar e realizar uma fantasia sexual é um ato de convergência; "interpretar" o roteiro com um parceiro disposto, em vez de impor a fantasia e transformar o outro em um Isso, faz toda a diferença.[22] Se ambos os parceiros concordam e desejam, até mesmo um cenário supostamente Eu-Isso pode gerar maior sensação de intimidade. Nas circunstâncias certas, considerar o amante como um Isso – se a decisão é consensual – pode fazer parte do jogo sexual.

"Um bom relacionamento sexual", observa um psicoterapeuta, "é como uma boa fantasia sexual" – excitante, mas segura. Quando os parceiros têm necessidades emocionais complementares, ele acrescenta, a química resultante – como fantasias que se entremesclam – pode gerar uma excitação que se contrapõe à habitual espiral descendente do interesse sexual entre casais que estão juntos há muitos anos.[23]

A empatia e a compreensão entre os parceiros fazem toda a diferença entre uma fantasia divertida do outro como Isso ou uma fantasia dolorosa. Se ambos virem o ato amoroso como um jogo, seu próprio desembaraço com relação à fantasia cria uma empatia reconfortante. À medida que entram na realidade da fantasia, sua interação no âmbito da própria fantasia aumenta o prazer mútuo e evidencia uma aceitação radical – um ato implícito de afeto.

QUANDO O SEXO OBJETIFICA

Imaginemos a vida amorosa de um narcisista patológico, a partir do relato de caso de seu psicoterapeuta:

Aos 25 anos de idade e solteiro, ele se apaixona facilmente pelas mulheres que encontra e é obcecado por intensas fantasias com cada uma delas. Contudo, depois de uma série de encontros sexuais com cada mulher, ele sempre se decepciona com elas e, de súbito, passa a considerá-las estúpidas, pegajosas ou fisicamente repugnantes.

Por exemplo, quando se sentiu sozinho no Natal, tentou persuadir sua namorada do momento — com quem mantinha um relacionamento fazia apenas algumas semanas — a ficar na cidade com ele em vez de ir visitar a família. Quando ela se negou, ele a atacou chamando-a de egoísta e, enfurecido, decidiu nunca mais voltar a vê-la.

A mesquinha noção de um narcisista de que tem direito a tudo e o mundo lhe deve regalias incute nele a sensação de que as regras e os limites comuns não se aplicam a seu caso. Como vimos, ele acredita que tem todo direito ao sexo quando uma mulher o estimula e o provoca — mesmo que ela lhe peça claramente para parar. Ele seguirá em frente de qualquer maneira, ainda que tenha de usar a força.

Vale lembrar que a empatia embotada ocupa um lugar no topo da lista das características do narcisista, juntamente com a atitude predatória e o egoísmo presunçoso. Por isso, não deve ser surpresa o fato de que homens narcisistas endossam atitudes que favorecem a coerção sexual, a exemplo da ideia de que as vítimas de estupro "estavam pedindo" ou que, quando uma mulher diz "não" ao sexo, na verdade quer dizer "sim".[24] Os narcisistas entre os homens universitários norte-americanos tendem a concordar que "se uma garota aceita beijos e carícias e deixa as coisas saírem de controle, ela própria tem culpa se o parceiro forçá-la a fazer sexo". Para alguns homens, essa crença justifica o estupro em um encontro, quando o homem força uma mulher que troca amassos com ele mas quer parar.

A preponderância dessas atitudes entre alguns homens pode explicar em parte por que, nos Estados Unidos, cerca de 20% das mulheres alegam ter sido forçadas a atividades sexuais indesejadas apesar de sua resistência — quase sempre pelo cônjuge, parceiro, ou por alguém por quem estivessem apaixonadas na época.[25] Na verdade, o número de mulheres que são forçadas ao sexo por alguém que elas amam é dez vezes maior do que por um desconhecido. Um estudo realizado com estupradores confessos revelou que todos os episódios de coerção aconteceram depois de alguma brincadeira consensual; o estuprador simplesmente ignorou os protestos da mulher pedindo que não continuasse.[26]

Ao contrário da maioria dos homens, os narcisistas na verdade adoram e consideram sexualmente excitantes filmes em que um casal está trocando carícias, a mulher quer parar — e o homem força o sexo apesar da dor e aversão evidentes da mulher.[27] Quando assiste a uma cena como essa, o narcisista sai de sintonia em relação ao sofrimento da mulher e se concentra somente na autogratificação do agressor. De maneira intrigante, os narcisistas desse estudo não gostaram da sequência que mostrava apenas o estupro em si, sem as preliminares e a recusa.

A falta de empatia torna os narcisistas indiferentes ao sofrimento que causam às suas "parceiras". Se para a mulher a experiência do sexo forçado é um repulsivo ato de violência, o narcisista não é capaz de entender por que razão a mulher se ofende com o ato, e muito menos sente compaixão por ela. Na verdade, quanto mais empático for o homem, menos propenso será a agir como predador sexual ou até mesmo imaginar-se fazendo isso.[28]

Uma força hormonal adicional pode estar em ação na coerção sexual. Estudos constataram que níveis extremamente elevados de testosterona tornam os homens mais propensos a tratar a outra pessoa como um mero objeto sexual. Isso também os converte em cônjuges problemáticos.

Um estudo sobre os níveis de testosterona realizado junto a 4462 homens norte-americanos revelou um padrão alarmante entre os que apresentavam os índices mais elevados do hormônio masculino.[29] Esses homens eram de modo geral mais agressivos, apresentando maior probabilidade de serem presos e envolver-se em brigas. Além disso, eram péssimas escolhas como maridos: tendiam a agredir as esposas ou arremessar coisas nelas e a manter relações sexuais extraconjugais e — o que é compreensível — divorciar-se. Quanto mais elevado o nível de testosterona, pior o cenário.

Por outro lado, o mesmo estudo verificou que muitos homens com altos níveis de testosterona são felizes no casamento. O que faz a diferença, propõem os autores do estudo, é o grau de controle que os homens aprendem a ter sobre os seus mais ferozes impulsos provocados pela testosterona. Os sistemas pré-frontais detêm o segredo para controlar toda sorte de impulsos, tanto os sexuais quanto os de agressividade. Isso nos leva de novo à necessidade da estrada principal e suas habilidades de refrear o atalho, como um contrapeso para a libido.

Anos atrás, quando eu trabalhava como jornalista científico do jornal *The New York Times*, conversei com um perfilador criminal do FBI especializado em análise psicológica de assassinos em série. Ele me disse que, na grande maioria das vezes, homicidas dessa espécie estão vivendo fantasias sexuais perversamente cruéis, nas quais até mesmo as súplicas das vítimas tornam-se matéria-prima para estimular a excitação sexual. De fato, um subconjunto (felizmente) pequeno de homens excita-se mais por descrições de estupros do que por cenas eróticas de sexo consensual.[30] Seu bizarro apetite por sofrimento separa esse grupo de "pontos fora da curva" da grande maioria dos homens: nem mesmo os estupradores narcisistas consideram excitante o estupro propriamente dito.

Essa completa falta de empatia parece explicar por que os estupradores em série se mantêm impassíveis diante das lágrimas ou gritos de suas vítimas. Um número significativo de estupradores condenados relatou depois que durante o estupro nada sentiu em relação às suas vítimas e simplesmente não sabia ou não se importava com o que elas sentiam. Quase metade dos estupradores se convenceu de que as vítimas tinham "gostado", apesar do fato de estarem suficientemente transtornadas a ponto de colocá-los na cadeia.[31]

Um estudo realizado com homens condenados por estupro revelou que eles eram capazes de entender outras pessoas na maioria das situações, com uma notável exceção: não tinham a competência para perceber expressões negativas nas mulheres, mas conseguiam perceber as positivas.[32] Assim, embora tenham capacidade para a empatia em geral, esses estupradores parecem incapazes ou pouco dispostos a ler os sinais que poderiam detê-los. Esses predadores podem muito bem ser seletivamente insensíveis, interpretar de forma equivocada os sinais que menos querem ver — a recusa ou o sofrimento da mulher.

Mais problemáticos são aqueles extremamente pervertidos cujas fantasias preferidas, e que eles concretizam, giram em torno de cenários Eu-Isso — um padrão típico dos agressores sexuais presos, em especial os estupradores em série, molestadores infantis e exibicionistas condenados. Esses homens normalmente se excitam por fantasias de atos abusivos, muito mais do que por cenas sexuais comuns.[33] É claro que simplesmente ter uma fantasia não significa de forma alguma que uma pessoa forçará outra a realizá-la. Mas aqueles que, como os criminosos sexuais, realmente infligem suas fantasias a outras pessoas romperam a barreira neural entre pensamento e ação.

Quando o atalho viola a barreira da estrada principal para realizar um impulso abusivo, as fantasias tornam-se combustível para a maldade, atiçando a libido desenfreada (alguns chamam de desejo pelo poder), que resulta em repetidos crimes sexuais. Em casos assim, essas fantasias tornam-se um sinal de perigo — particularmente quando o homem não tem empatia com suas vítimas, acredita que elas "gostam", sente hostilidade em relação às vítimas e é emocionalmente solitário.[34] Essa explosiva combinação é praticamente uma garantia de problemas.

Compare a fria dissociação da sexualidade Eu-Isso com o afeto conectado de uma relação Eu-Tu. O amor romântico depende da ressonância; sem essa ligação íntima, permanece apenas o desejo. Com uma empatia total e bilateral, o parceiro torna-se também um sujeito, sintonizado como um Tu, e a carga erótica aumenta drasticamente. Quando um casal se funde em união emocional combinada à intimidade física, um e outro perdem sua noção de separação, no que foi chamado de "orgasmo do ego" — um encontro não só de corpos, mas também de seus próprios seres.[35]

Mesmo assim, nem o orgasmo mais retumbante oferece garantia de que os amantes vão genuinamente se importar um com o outro na manhã seguinte. O afeto tem uma lógica neural própria.

15. A biologia da compaixão

Em uma clássica canção dos Rolling Stones, Mick Jagger promete a uma amante: "I'll come to your emotional rescue" [Virei para o seu resgate emocional] — expressando, assim, um sentimento comum aos parceiros românticos do mundo inteiro. Não é apenas a atração que mantém um casal unido; os cuidados mútuos também desempenham um papel importante. Esses carinhos emocionais podem atuar em qualquer relacionamento.

A mãe que amamenta o filho é o protótipo primordial desses cuidados. John Bowlby propôs que esse mesmo sistema inato de cuidados entra em ação toda vez que sentimos a ânsia de responder a um pedido de ajuda — seja da pessoa amada, de um filho, amigo ou uma pessoa desconhecida em apuros.

Entre parceiros românticos, os cuidados manifestam-se de duas formas principais: propiciar uma base segura na qual o parceiro possa sentir-se protegido e oferecer um porto seguro a partir do qual o parceiro pode partir para conquistar o mundo. Em termos ideais, ambos os parceiros deveriam ser capazes de se alternar com fluidez de um papel para outro, oferecendo — ou recebendo — conforto ou refúgio, conforme a necessidade. Essa reciprocidade é a marca de um relacionamento saudável.

Oferecemos uma base segura sempre que partimos para resgatar emocionalmente nosso parceiro, ajudando-o a resolver um problema atormentador, acalmando-o ou simplesmente estando presente e ouvindo. Quando sentimos que um relacionamento nos proporciona uma base segura, nossas energias ficam mais livres para enfrentar os desafios. Como disse John Bowlby: "Todos nós, do berço ao túmulo, somos mais felizes quando a vida nos oferece uma série de jornadas, longas ou breves, a partir de uma base segura".[1]

Essas jornadas podem ser simples, como passar um dia no trabalho, ou complexas, como empreender uma conquista de grande envergadura. Basta pensarmos nos discursos que as pessoas fazem ao receber prêmios de prestígio, quase sempre incluindo uma palavra de gratidão para aqueles que lhes oferecem uma base segura. Isso evidencia a importância fundamental de nos sentirmos seguros e confiantes em nossa capacidade de alcançar conquistas.

A nossa sensação de segurança e o nosso ímpeto de explorar estão entrelaçados. Quanto mais nosso parceiro nos proporciona abrigo e segurança, propõe a teoria de Bowlby, mais empreendemos nossas jornadas exploratórias — e quanto mais intimidador o objetivo de nossas explorações, mais podemos ter de contar com o apoio de nossa base para fomentar a nossa energia, foco, confiança e coragem. Essas proposições foram testadas com 116 casais que mantinham um relacionamento romântico havia pelo menos quatro anos.[2] Como previsto, quanto mais uma pessoa sentia que o parceiro ou parceira era uma "base principal" confiável, mais disposta e confiante estava em buscar as oportunidades da vida.

Gravações em vídeo de casais debatendo seus objetivos de vida revelaram que a maneira *como* conversavam também era importante. Quando um dos parceiros era sensível, cordial e positivo durante a discussão dos objetivos do outro, o interlocutor tornava-se compreensivelmente mais confiante ao fim da discussão, o que em geral elevava o nível de exigência dos objetivos de ambos.

Porém se um dos parceiros era invasivo e controlador, o outro tornava-se mais desanimado e inseguro com relação ao objetivo e, muitas vezes, acabava por reduzir as próprias aspirações e sentir uma autoestima mais baixa. Os parceiros controladores eram considerados pelo outro como pessoas rudes e críticas — e seus conselhos eram geralmente rejeitados.[3] As tentativas de assumir o controle violam a regra fundamental para o oferecimento de uma base segura: intervir apenas quando solicitado a fazê-lo ou quando absolutamente necessário. Deixar o parceiro se aventurar à sua própria maneira é um silencioso voto de confiança; quanto mais tentamos controlar o outro, mais minamos tacitamente esse voto de confiança. A intromissão prejudica a exploração.

Os estilos de apoio e de apego ao parceiro variam. Pessoas que são ansiosas em seu apego podem ter dificuldade de relaxar o suficiente de modo a dar espaço às explorações do parceiro, e em vez disso desejam que o outro fique por perto, exatamente como mães ansiosas tendem a fazer. Essas pessoas excessivamente apegadas podem ser excelentes quanto a oferecer uma base segura, mas não são capazes de funcionar como porto seguro. Por outro lado, as pessoas esquivas em geral não têm dificuldade de permitir que o parceiro perambule à vontade, mas só conseguem oferecer uma precária base de conforto e segurança — e praticamente nunca realizam o resgate emocional de alguém.

POBRE LIAT

Poderia ser uma cena tirada diretamente do antigo *reality show Hipertensão*:* a estudante universitária Liat teve de enfrentar uma série de provações, cada uma mais penosa do que a outra. Ela ficou nitidamente horrorizada com a primeira tarefa: olhar fotografias ensanguentadas de um homem com terríveis queimaduras e um rosto com grotescos ferimentos.

Depois, quando teve de segurar e acariciar um rato, Liat ficou tão abalada que quase o deixou cair. Em seguida, instruída a mergulhar o braço na água gelada até a altura do cotovelo e mantê-lo ali durante trinta segundos, sentiu uma dor tão intensa que não aguentou por mais de vinte segundos.

Por fim, quando a tarefa foi enfiar a mão dentro de um terrário de vidro e acariciar uma tarântula viva, foi simplesmente demais para ela. Liat berrou: "Não consigo continuar!".

Agora, eis a questão: você teria se oferecido para ajudar Liat a escapar da provação, tomando o lugar dela?

Essa mesma pergunta foi feita a outros estudantes que aceitaram participar como voluntários de um estudo sobre como a ansiedade afeta a compaixão, essa nobre extensão de nosso instinto para cuidar dos outros. As respostas deles revelam que, da mesma maneira que os estilos de apego podem enviesar a sexualidade, também emprestam sua inconfundível capacidade de distorção à empatia.

* Programa de TV em que os concorrentes, individualmente ou em grupo, se submetem a provas a fim de mostrar se têm ou não coragem para enfrentar e superar os seus maiores medos e fobias. O programa estreou em 2011 no canal norte-americano NBC, e atualmente está em cartaz na MTV. (N. T.)

Mario Mikulincer, um colega israelense de Phillip Shaver nas pesquisas sobre os estilos de apego, argumenta que o impulso altruísta inato que se segue à empatia que a pessoa sente por alguém em uma situação de dificuldade pode tornar-se confuso, ser sufocado ou sobrepujado quando a pessoa sente a ansiedade do apego inseguro. Por meio de experimentos minuciosos, Mikulincer demonstrou que cada um dos três diferentes estilos de apego exerce um impacto distinto na capacidade de sentir empatia.[4]

Pessoas com vários estilos de apego foram solicitadas a assistir à pobre Liat — que era, é claro, uma cúmplice do experimento, representando um papel. As pessoas seguras foram as mais compadecidas, tanto para sentir o sofrimento de Liat quanto ao se oferecer para tomar o lugar dela. As pessoas ansiosas, porém, foram engolidas pelas próprias reações aflitas e não tiveram condições de lhe oferecer ajuda. E as pessoas esquivas não demonstraram perturbação nem propensão a agir.

O estilo seguro parece ideal para o altruísmo; as pessoas seguras sintonizam-se prontamente com os sofrimentos dos outros e saem em seu socorro. As pessoas seguras são mais propensas do que outras a ser ativamente atenciosas em seus relacionamentos, sejam elas mães que ajudam os filhos, parceiros românticos oferecendo apoio emocional ao outro em momentos de aflição, cuidadores de parentes idosos, ou pessoas que ajudam um desconhecido em apuros.

Mas as pessoas ansiosas sintonizam-se com uma sensibilidade excessiva que pode deixá-las mais perturbadas pelo sofrimento do outro, atoladas pelo contágio. Embora sintam a dor da outra pessoa, os sentimentos dos ansiosos podem intensificar-se, transformando-se em "sofrimento por empatia", um nível de ansiedade tão alto que elas se tornam sobrecarregadas. As pessoas ansiosas parecem mais vulneráveis à fadiga por compaixão, exauridas por conta de sua própria angústia quando se veem diante de um inexorável desfile de sofrimentos alheios.

Para as pessoas esquivas a compaixão também é difícil. Elas se protegem de emoções dolorosas suprimindo-as, e, como forma de autodefesa, fecham-se ao contágio emocional com pessoas que estejam sofrendo. Uma vez que sua empatia é precária, elas raramente ajudam outras pessoas. A única exceção parece ser quando podem de alguma forma obter um benefício pessoal da ajuda; seus momentos de compaixão têm um sabor de "o que é que eu ganho com isso?".

Quando nos sentimos seguros, com um alicerce estável que nos permite ter empatia sem sobrecarga emocional, cuidamos plenamente dos outros. Quando nos sentimos cuidados, nós nos libertamos para cuidar dos outros — e, quando nos sentimos negligenciados, não conseguimos cuidar tão bem. Essa percepção levou Mikulincer a investigar se o mero fato de tornar as pessoas mais seguras poderia impulsionar sua capacidade de cuidar de outras.

Imagine que você leia no seu jornal local sobre o infortúnio de uma mulher com três filhos pequenos. Ela não tem marido, emprego, nem dinheiro. Todo dia, leva as famintas crianças para comer no sopão comunitário; sem essa refeição, nada teriam para comer — poderiam ficar desnutridos ou até mesmo morrer.

Você estaria disposto a doar a ela mantimentos uma vez por mês? Você a ajudaria a encontrar trabalho? Chegaria a ponto de acompanhá-la a uma entrevista de emprego?

Essas mesmas perguntas foram feitas aos voluntários em outro estudo acerca da compaixão sob a batuta de Mikulincer. Nesses experimentos, primeiro os voluntários passaram por uma intensificação de seus sentimentos de segurança; eles foram submetidos a uma breve (1/15 de segundo) exposição inconsciente aos nomes das pessoas que os faziam se sentir seguros (por exemplo, a pessoa com as quais gostavam de conversar sobre seus problemas). Os pesquisadores também solicitaram que os voluntários pensassem intencionalmente nessas pessoas, visualizando o rosto dessas figuras atenciosas.

De forma surpreendente, as pessoas ansiosas superaram seu "sofrimento por empatia" e sua habitual relutância em ajudar. Mesmo esse estímulo temporário lhes permitiu reagir como pessoas seguras, demonstrando mais compaixão. O incremento na sensação de segurança parece liberar um abundante suprimento de atenção e energia com relação às necessidades dos outros.

Ainda assim, as pessoas esquivas não conseguiram demonstrar empatia e suprimiram seus impulsos altruístas — a não ser que ganhassem alguma coisa com isso. Sua atitude cínica ajusta-se à teoria de que não existe algo como o verdadeiro altruísmo e que os atos de compaixão sempre contêm em si pelo menos um pouco de interesse pessoal, senão egoísmo.[5] Mikulincer sugere que *há*, sim, um pingo de verdade nessa visão — mas principalmente para pessoas que são esquivas e, por isso, já não demonstram empatia.[6]

Dos três estilos de apego, as pessoas seguras ainda foram as mais dispostas entre os voluntários a oferecer ajuda. Sua compaixão parece ser diretamente proporcional à necessidade que elas percebem: quanto maior o sofrimento, mais ajudam.

O ATALHO PARA A COMPAIXÃO

Essa empatia, argumenta Jaak Panksepp, tem suas raízes no sistema neural do atalho para os cuidados maternais, que compartilhamos com uma gama de outras espécies. A empatia parece ser uma reação primitiva desse sistema. Como bem sabe toda mãe, o choro do bebê tem uma potência particular. Estudos de laboratório mostram que o despertar fisiológico de uma mãe é perceptivelmente mais forte quando ela ouve o próprio filho chorando do que quando ouve o choro de outro recém-nascido.[7]

A capacidade do bebê de suscitar na mãe uma emoção semelhante ao que ele está sentindo oferece à mãe uma orientação acerca de suas necessidades. Essa habilidade do choro do bebê de estimular com precisão certeira os cuidados maternos — um fenômeno observado não apenas nos mamíferos, mas até mesmo nos pássaros — sugere que se trata de um modelo universal na natureza, um padrão com imensos e bastante óbvios benefícios para a sobrevivência.

A empatia desempenha o papel decisivo no que diz respeito aos cuidados com os outros, que, afinal de contas, giram em torno da resposta às necessidades alheias, e não às nossas necessidades. A compaixão, um termo grandioso, no dia a dia pode tomar diversas formas: disponibilidade, sensibilidade e responsividade — sinais de boas práticas parentais ou de amizade. E quando se trata da busca de um potencial companheiro, lembre-se, tanto homens quanto mulheres classificam a bondade como a característica prioritária.

Freud observou uma notável semelhança na intimidade física entre os amantes e aquela que há entre uma mãe e seu bebê. Os amantes, como mães e filhos pequenos, passam a maior parte do tempo olhando-se nos olhos, tocando-se, trocando carinhos, afagos e beijos, com intenso contato físico. E, em ambos os casos, o contato proporciona grande alegria.

Sexo à parte, o segredo neuroquímico para os prazeres desse contato está na oxitocina, a molécula do amor materno. A oxitocina, substância que o organismo humano libera nas mulheres durante o parto e a amamentação, bem como durante o orgasmo, dispara quimicamente a inundação de sensações amorosas que toda mãe sente em relação ao bebê — e a bioquímica primordial de proteção e cuidados.

Enquanto a mãe amamenta, a oxitocina flui através de seu corpo, produzindo muitos efeitos. Induz o fluxo de leite; também dilata os vasos sanguíneos da pele ao redor da glândula mamária, aquecendo assim o bebê. A pressão arterial da mãe cai à medida que ela se sente mais relaxada. Juntamente com essa sensação de paz, ela se sente também mais sociável, desejando interagir com as pessoas — quanto mais oxitocina ela tiver, mais sociável ficará.

Kerstin Uvnäs-Moberg, neuroendocrinologista sueca que conduziu aprofundados estudos sobre a oxitocina, argumenta categoricamente que essa torrente química ocorre sempre que entramos em contato afetuoso com alguém de quem gostamos. O circuito neural para a oxitocina entrecruza muitos dos nódulos do atalho do cérebro social.[8]

Os benefícios da oxitocina parecem vir à tona em diversas interações sociais agradáveis — em especial nos cuidados em todas as suas formas —, em que as pessoas trocam energia emocional; na verdade elas podem até mesmo injetar umas nas outras os bons sentimentos que essa molécula proporciona. Uvnäs-Moberg sugere que a exposição repetida às pessoas com as quais sentimos os mais íntimos vínculos sociais pode condicionar a secreção de oxitocina, de maneira que o mero fato de estarmos em sua presença, ou até mesmo pensando nelas, pode disparar em nós uma dose agradável da substância. Não é surpresa que cubículos, mesmo dos mais desalmados dos escritórios, estejam forrados de fotografias de entes queridos.

A oxitocina talvez seja uma substância neuroquímica essencial para os relacionamentos amorosos longevos. Um estudo demonstrou que a oxitocina uniu os membros de uma espécie de arganaz-do-campo em relações monogâmicas duradouras. Outra variedade de roedores, desprovida dessa secreção de oxitocina, relaciona-se de forma promíscua e nunca se une a um parceiro. Em experimentos nos quais a secreção do hormônio foi bloqueada, roedores monogâmicos que já haviam se acasalado perderam subitamente o interesse um pelo outro. Mas quando a oxitocina foi secretada nos roedores promíscuos em que o hormônio era ausente, eles começaram a se acasalar entre si.[9]

Nos humanos, há a possibilidade de a oxitocina representar um dilema: a própria química do amor longevo pode por vezes suprimir a química do desejo sexual. Os detalhes específicos são bastante complexos, mas, em uma interação, a vasopressina (prima próxima da oxitocina) reduz os níveis de testosterona; em outra, a testosterona suprime a secreção de oxitocina. No entanto, embora os detalhes científicos ainda aguardem comprovações conclusivas, a testosterona às vezes pode estimular a oxitocina, sugerindo que pelo menos no nível hormonal a paixão não precisa necessariamente minguar com o compromisso de longo prazo.[10]

ALERGIAS SOCIAIS

"De repente, a única coisa que você percebe é que há muitas toalhas molhadas pelo chão, que ele monopoliza o controle remoto e usa um garfo para coçar as costas. Por fim, você encara a verdade imutável de que é praticamente impossível beijar na boca uma pessoa que pega o novo rolo de papel higiênico e o coloca por cima do tubo de papelão do rolo antigo, sem trocar."

Essa ladainha de queixas sinaliza o florescimento de uma "alergia social", uma forte aversão aos hábitos do parceiro amoroso que, como um alérgeno físico, ao primeiro contato não causa reação alguma — e não causaria na maioria das outras pessoas —, mas se torna mais sensibilizado a cada nova exposição.[11] De modo geral, as alergias sociais surgem quando um casal de namorados começa a passar mais tempo junto, conhecendo um ao outro "com todos os defeitos". A qualidade irritante da alergia social aumenta à medida que o poder inoculador da idealização romântica diminui.

Em pesquisas realizadas com universitários norte-americanos, a maior parte das alergias sociais nas mulheres surgia como reação ao comportamento descuidado e grosseiro dos namorados, a exemplo do hábito da reposição malfeita do papel higiênico. Os homens, por outro lado, se enfurecem quando as namoradas parecem muito introspectivas ou mandonas. As alergias sociais pioram com a exposição repetida. Uma mulher que minimiza o comportamento grosseiro do namorado pode, depois de um ano, considerá-lo praticamente insuportável. Essa hipersensibilidade só tem consequências na medida em que ocasiona raiva e aflição: quanto mais aborrecem o parceiro, maior a probabilidade de que o casal venha a se separar.

Os psicanalistas fazem questão de nos lembrar que nosso desejo de encontrar a pessoa "perfeita", que atenda a cada uma de nossas expectativas e, de forma empática, sinta e satisfaça a todas as nossas necessidades, é uma fantasia primal impossível de se concretizar. Quando aprendermos a aceitar que nenhum namorado ou cônjuge jamais será capaz de suprir todas as faltas e carências que trazemos desde a infância, poderemos começar a perceber nossos parceiros românticos de maneira mais plena e realista — em vez de vê-los através da lente de nossos próprios desejos e projeções.

E os neurocientistas acrescentam que o apego, os cuidados e o desejo sexual são apenas três entre sete importantes sistemas neurais que norteiam o que queremos e o que fazemos. A exploração (que inclui a aprendizagem sobre o mundo) e os vínculos sociais estão entre os outros.[12] Cada um classifica esses impulsos neurais básicos a seu próprio modo — algumas pessoas vivem para perambular, outras para socializar. No que diz respeito ao amor, porém, apego, cuidados e sexo geralmente ocupam o topo da lista, em uma ou outra ordem.

John Gottman, pioneiro nas pesquisas sobre as emoções no casamento, propõe que o grau no qual um parceiro supre as principais necessidades dos sistemas neurais dominantes do outro prevê se sua união será duradoura.[13] Gottman, psicólogo da Universidade de Washington, tornou-se o maior especialista mundial nos fatores que determinam o sucesso ou fracasso de um casamento e chegou a formular um método para prever com mais de 90% de precisão se um casal vai se separar nos próximos três anos.[14]

Hoje em dia Gottman argumenta que, quando um parceiro não atende a uma necessidade primordial do outro — digamos, a carência de contato sexual ou de cuidados —, sentimos um estado constante de insatisfação, que pode se manifestar sutilmente na forma de uma vaga frustração, ou de modo visível, como um contínuo rancor. Essas necessidades, quando frustradas, inflamam. Os sinais desse descontentamento neural são os alertas precoces de que uma união corre perigo.

Por outro lado, algo um tanto extraordinário tende a ocorrer com casais que vivem juntos durante décadas e nos quais um parceiro encontra no outro a felicidade. Sua conexão permanente parece deixar marcas até mesmo no rosto de cada um: os dois tornam-se fisicamente parecidos, aparentemente como resultado do processo de escultura dos músculos faciais, à medida que evocam as mesmas emoções ao longo dos anos.[15] Uma vez que cada emoção tensiona ou relaxa um conjunto específico de músculos faciais, quando os dois parceiros sorriem ou franzem a testa em uníssono, fortalecem o conjunto paralelo de músculos. Isso, aos poucos, molda sulcos, rugas e linhas de expressão similares, tornando o rosto deles cada vez mais parecido.

Essa maravilha foi revelada em um estudo em que foram mostradas a um grupo de pessoas séries de fotografias de casais — as primeiras, da cerimônia de casamento, e as demais tiradas 25 anos depois —, e perguntou-se a elas quais maridos e esposas eram mais parecidos entre si. O rosto dos casais não apenas havia ficado mais parecido com o tempo, mas também quanto maior a semelhança facial, mais felizes eles relataram ser em seu casamento.

Em certo sentido, com o passar do tempo os parceiros em um relacionamento "esculpem" um ao outro de maneiras sutis, reforçando padrões desejáveis um no outro por meio de inúmeras pequenas interações. Esse processo de escultura, sugerem algumas pesquisas, tende a empurrar a pessoa na direção da versão ideal que, na concepção de seu parceiro, ela deveria ser. Esse silencioso estímulo na tentativa de obter a pessoa amada que queremos foi chamado de Fenômeno Michelangelo, no qual um parceiro molda o outro.[16]

A mera quantidade de interações positivas que um casal realiza em um dia qualquer ou ao longo dos anos pode ser o melhor barômetro da saúde de seu casamento. Ponderemos sobre um estudo de casais de namorados, prestes a se casar, que concordaram em se submeter a uma minuciosa análise de seus padrões de interação durante as divergências.[17] Os casais voltaram ao laboratório para várias sessões de acompanhamento num período de cinco anos. Suas interações durante a primeira sessão, antes do casamento, previram uma quantidade surpreendentemente grande de aspectos acerca dos rumos de seu relacionamento ao longo dos anos.

De maneira compreensível, as interações negativas pressagiaram um futuro sombrio. Os casais menos satisfeitos tenderam a mostrar emoções mais intimamente parelhas durante as discussões hostis. Quanto mais negativos esses casais de namorados se tornavam durante o estágio inicial de discussões, menos estável se mostrou seu casamento. Particularmente graves e danosas eram as expressões de repulsa ou desprezo.[18] O desprezo intensifica a negatividade para além da mera crítica, muitas vezes assumindo a forma de um insulto direto, dirigido a alguém como se ele pertencesse a um plano inferior da existência. Com o desprezo pelo parceiro vem a mensagem de que o outro não é digno de empatia, muito menos de amor.

Essas interações tóxicas tornam-se ainda piores quando os cônjuges têm empatia precisa. Sabem exatamente quais são as angústias do outro, mas não se preocupam o bastante para ajudar. Como definiu um experiente advogado especializado em divórcios: "A indiferença – não se importar com o parceiro, ou nem sequer prestar atenção a ele – é uma das piores formas de tortura em um casamento".

Também doloroso foi um padrão no qual cada descontentamento provocava outra insatisfação, a raiva gerando mágoa e tristeza, com desafios insolentes (*Como você pode dizer uma coisa dessas?!*), e os dois parceiros se interrompendo mutuamente, sem deixar o outro concluir sua fala. Esses padrões anteviram com mais solidez que o casal romperia sua relação, antes ou após o casamento. Em sua maioria esses casais se separaram um ano e meio após a primeira sessão do estudo.

Como me disse John Gottman: "Em casais de namorados, o aspecto mais eficaz em termos de prever quanto tempo vai durar o relacionamento é a quantidade de bons sentimentos que o casal compartilha. No casamento, é até que ponto o casal é capaz de lidar com seus conflitos. E, nos últimos anos de um longo casamento, volta a ser a quantidade de bons sentimentos que o casal compartilha".

Quando maridos e esposas na casa dos sessenta e poucos anos falam sobre algo de que gostam, medições de sua fisiologia mostram que ambos se tornam progressivamente mais alegres à medida que a conversa se desenrola. Contudo, em casais de quarenta e poucos anos, a fisiologia tem menos picos de ressonância. Isso sugere o motivo pelo qual os casais sexagenários satisfeitos são mais abertamente carinhosos entre si do que os casais de meia-idade.[19]

A partir desses exaustivos estudos de pessoas casadas, Gottman extraiu um indicador enganosamente simples: a proporção de momentos gratificantes em relação aos momentos tóxicos que um casal vivencia tem um excepcional poder de prognóstico. Uma proporção de cinco para um, ou seja, momentos positivos muito mais abundantes do que os negativos, indica que o casal tem uma sólida conta-corrente emocional e um relacionamento robusto que, é quase certo, prosperará no longo prazo.[20]

Essa proporção pode prever mais do que apenas a longevidade do relacionamento – talvez ofereça também uma leitura do quão fisicamente *saudáveis* os parceiros serão. Como veremos, nossos próprios relacionamentos formam ambientes capazes de ativar ou desativar determinados genes. De repente, nossos relacionamentos íntimos têm de ser vistos sob uma luz inteiramente nova: a rede invisível de conectividade confere surpreendentes consequências biológicas aos nossos vínculos humanos mais íntimos.

Parte V

Conexões saudáveis

16. O estresse é social

Faltando apenas uma semana para seu casamento, o romancista russo Liev Tolstói, então com 34 anos, mostrou seu diário pessoal à noiva, Sônia, que tinha apenas dezessete. Ela ficou destruída ao descobrir naquelas páginas a devassa e tumultuada história sexual de Tolstói, inclusive um tórrido caso com uma mulher do vilarejo, com quem teve um filho ilegítimo.[1]

Em seu próprio diário pessoal, Sônia escreveu: "Ele adora me atormentar e me ver chorar... Por que está fazendo isso comigo? Pouco a pouco vou me afastar totalmente dele e envenenar sua vida". Essa foi a resolução dela mesmo antes que tivessem início os preparativos para a festa de casamento.

Esse começo pouco auspicioso foi o prelúdio emocional de um casamento que durou 48 anos. A tumultuada e épica batalha conjugal do casal Tolstói foi pontuada por longas tréguas, durante as quais Sônia deu à luz treze filhos e decifrou e copiou zelosamente a caótica caligrafia do marido para convertê-la em esmeradas versões de 21 mil páginas manuscritas de seus romances, inclusive *Guerra e paz* e *Anna Kariênina*.

Entretanto, apesar do devotado trabalho de Sônia, durante esses anos Liev escreveu sobre a esposa em seu diário: "Sua injustiça e silencioso egoísmo me apavoram e me atormentam". Sônia, por sua vez, rebateu em seu diário: "Como é possível amar um inseto que não para de dar ferroadas?".

Na meia-idade, o casamento de Tolstói e Sônia, a julgar pelos registros nos diários de ambos, parecia ter se desintegrado, transformando-se em um insuportável inferno, em que marido e mulher viviam como inimigos na mesma casa. Mais para o fim da vida — e pouco antes de Liev morrer em meio a uma fuga que o levou a sair de casa na calada da noite —, Sônia escreveu: "Todo dia surgem novos golpes que fustigam meu coração". E todos esses golpes, acrescentou ela, "encurtam a minha vida".

Será que Sônia tinha razão? Um relacionamento turbulento pode encurtar a vida? Decerto não temos como provar isso a partir do caso dos Tolstói — Liev viveu até os 82 anos e Sônia viveu mais nove anos após a morte do marido, chegando aos 74 anos.

Até que ponto fatores epigenéticos "brandos", como os nossos relacionamentos, influenciam a nossa saúde continua sendo um ardiloso tópico de investigação científica. Somente uma análise de milhares de pessoas ao longo dos anos poderá dizer se exercem alguma influência ou não e em que medida ocorre. Alguns estudos relevantes pareciam sugerir que o número de pessoas na vida de um indivíduo é um fator capaz de prever a melhor saúde, mas esses estudos não entenderam a questão fundamental: o que conta não é a quantidade, mas sim a *qualidade*. Muito mais determinante para a nossa saúde do que o número absoluto de nossos relacionamentos talvez seja o tom emocional dos nossos vínculos sociais.

O casal Tolstói é um lembrete de que os relacionamentos podem rapidamente transformar-se em fontes tanto de angústia como de alegria. No lado positivo, o sentimento de que as pessoas que fazem parte da vida de alguém lhe proporcionam apoio emocional tem um positivo impacto na saúde. Esse vínculo demonstra ser ainda mais potente em pessoas cujas condições já são frágeis. Por exemplo, em um estudo realizado junto a idosos hospitalizados por insuficiência cardíaca congestiva, constatou-se que os que não contavam com apoio emocional eram três vezes mais propensos a ter outro episódio que exigiria um retorno ao hospital do que aqueles com relacionamentos afetuosos.[2]

Aparentemente, o amor pode fazer diferença médica. Entre os homens submetidos a uma angiografia como parte do tratamento para doença coronariana cardíaca, aqueles que informaram contar com entes queridos que os apoiavam menos tinham 40% mais obstruções do que os que que relataram ter as relações mais afetuosas.[3] De forma inversa, dados obtidos em diversos estudos epidemiológicos de grande envergadura sugerem que os relacionamentos tóxicos são um considerável fator de risco para doenças e morte, tão elevado quanto o tabagismo, a hipertensão arterial, o colesterol, a obesidade e o sedentarismo.[4] Os relacionamentos podem ter dois diferentes efeitos: proteger-nos das doenças ou intensificar as devastações causadas pelo envelhecimento e pelas doenças.

Com toda certeza, os relacionamentos por si sós contam apenas parte da história — outros fatores de risco, da suscetibilidade genética ao tabagismo, desempenham um papel importante. No entanto, os dados colocam, de maneira direta, nossos relacionamentos entre esses fatores de risco. E, agora, o cérebro social figurando como o elo biológico que faltava, a medicina começou a detalhar os caminhos biológicos por meio dos quais os outros deixam em nós a sua marca, para o bem ou para o mal.[5]

UMA GUERRA DE TODOS CONTRA TODOS

"Hobbes" foi o nome dado por pesquisadores a um babuíno macho que invadiu um bando que vivia na selva no Quênia. No espírito austero de seu homônimo — o filósofo do século XVII Thomas Hobbes, que escreveu que, sob o verniz da civilização, a vida em sociedade é "asquerosa, brutal e curta" —, esse babuíno chegou disposto a lutar com unhas e dentes até chegar ao topo da hierarquia do grupo.

O impacto de Hobbes sobre os outros machos foi medido pela retirada de amostras de cortisol do sangue deles, e ficou claro que a agressividade brutal de Hobbes repercutia no sistema endócrino de todo o grupo de primatas.

Sob estresse, a glândula suprarrenal secreta cortisol, um dos hormônios que o organismo mobiliza em situações de emergência.[6] Esses hormônios ocasionam efeitos generalizados no corpo, incluindo muitos que são adaptativos no curto prazo para a cicatrização de lesões corporais.

Em geral, precisamos de um nível moderado de cortisol, que atua como "combustível" biológico para o nosso metabolismo e ajuda a regular o sistema imunológico. Porém, se os nossos níveis de cortisol continuarem elevados demais por um período prolongado, o corpo paga um preço, na forma de problemas de saúde. A secreção crônica de cortisol (e hormônios correlatos) está em ação nas doenças cardiovasculares e no sistema imunológico debilitado, exacerbando o diabetes e a hipertensão e até mesmo destruindo neurônios no hipocampo, o que danifica a memória.

Ao mesmo tempo que bloqueia o hipocampo, o cortisol também atiça a amígdala, estimulando nesse local o crescimento de dendritos para o medo. Além disso, níveis elevados de cortisol enfraquecem a capacidade de áreas-chave do córtex pré-frontal de regular os sinais de medo provenientes da amígdala.[7]

O impacto neural combinado do cortisol em demasia é triplo. O debilitado hipocampo aprende de modo bastante desleixado, generalizando excessivamente o medo como uma série de detalhes do momento que são irrelevantes (a exemplo de um tom de voz inconfundível). O circuito da amígdala entra em alvoroço, e a área pré-frontal não consegue modular seus sinais excessivamente reativos. Resultado: a amígdala fica desenfreada, estimulando o medo, enquanto o hipocampo percebe, de forma equivocada, um número muito grande de gatilhos para esse medo.

Em macacos, o cérebro se mantém eternamente vigilante aos sinais de forasteiros do tipo Hobbes. Nos humanos, essa condição de vigilância e reatividade excessiva recebeu o nome de "transtorno do estresse pós-traumático" (TEPT).

Ao associar o estresse à saúde, os principais sistemas biológicos são o sistema nervoso simpático (SNS) e o eixo hipotálamo-hipófise-adrenal (eixo HPA). Em situações difíceis, tanto o SNS quanto o eixo HPA enfrentam o desafio, secretando hormônios que nos preparam para lidar com uma emergência ou ameaça. Mas fazem isso tomando emprestados recursos dos sistemas imunológico e endócrino, entre outros. Isso enfraquece esses sistemas-chave para a saúde, apenas por um momento ou durante anos a fio.

Os circuitos do SNS e do eixo HPA são ativados ou desativados pelo nosso estado emocional – perigo nos piores cenários; felicidade nos melhores. Uma vez que as outras pessoas afetam as nossas emoções com tanta força (por meio do contágio emocional, por exemplo), o vínculo causal se estende para além de nosso corpo e chega a nossos relacionamentos.[8]

As mudanças fisiológicas associadas aos aleatórios altos e baixos dos relacionamentos não são tão importantes assim. Entretanto, à medida que continuam ao longo dos anos, esses altos e baixos criam níveis de estresse biológico (conhecidos tecnicamente como "carga alostática") que podem acelerar a chegada de doenças ou agravar seus sintomas.[9]

A maneira como determinado relacionamento afeta a nossa saúde dependerá de até que medida ele é emocionalmente tóxico ou gratificante ao longo dos meses e anos. Quanto mais frágil for nossa condição — após o início de uma doença grave, no período de recuperação de um ataque cardíaco, na velhice —, mais intenso é o impacto que nossos relacionamentos exercem sobre a nossa saúde.

O sofrido e aguerrido casal Tolstói, que ainda assim foi longevo, parece ser uma notável exceção, como o excêntrico idoso centenário que credita sua longevidade ao fato de todo dia comer muito chantili e fumar um maço de cigarros.

O CARÁTER TÓXICO DOS INSULTOS

Elysa Yanowitz manteve-se firme na defesa de seus princípios, embora isso tenha lhe custado o emprego — e possivelmente um problema de hipertensão. Certo dia, um alto executivo da empresa de cosméticos na qual ela trabalhava visitou a seção de perfumes em uma loja de departamentos de San Francisco e ordenou que Elysa, a gerente regional de vendas, demitisse uma de suas vendedoras de melhor desempenho.

O motivo? Ele não achava a vendedora atraente — ou, como ele disse, "gostosa" o bastante. Yanowitz, que via a funcionária não apenas como uma exímia vendedora mas também como uma mulher perfeitamente apresentável, considerou a exigência do executivo infundada e repulsiva. E se recusou a demiti-la.

Pouco depois disso, os chefes de Yanowitz pareciam ter ficado aborrecidos com ela. Embora recentemente tivesse sido selecionada como a gerente de vendas do ano na empresa, de uma hora para a outra Yanowitz começou a ouvir que estava cometendo um erro após o outro. Ela temia que seus patrões estivessem tramando para forçá-la a pedir demissão. Durante esses meses penosos, Yanowitz passou a sofrer de hipertensão arterial. Quando tirou uma licença médica, a empresa colocou outra pessoa em seu lugar.[10]

Yanowitz abriu um processo contra a empresa. Independentemente de qual seja seu resultado (enquanto escrevo este livro o caso continua em andamento), a situação levanta uma questão: até que ponto a hipertensão se deveu, em parte, ao tratamento dispensado pelos chefes dela?[11]

Vejamos um estudo britânico realizado com profissionais da área de saúde que eram chefiados por dois supervisores em dias alternados – um de quem tinham pavor e outro de quem gostavam.[12] Nos dias em que o temido supervisor trabalhava, a pressão arterial média dos funcionários subia treze pontos para a sistólica e seis pontos para a distólica (de 113/75 para 126/82). Embora as leituras ainda continuassem numa faixa saudável, essa elevação, se mantida por algum tempo, poderia ter um impacto significativo do ponto de vista clínico – ou seja, acelerar o surgimento da hipertensão em pessoas de outra maneira suscetíveis.[13]

Estudos realizados na Suécia com trabalhadores em diversos níveis e no Reino Unido com funcionários públicos mostram que as pessoas nos cargos mais baixos de uma organização são quatro vezes mais propensas a desenvolver doenças cardiovasculares do que as que ocupam os cargos dos escalões mais altos, que não precisam aturar os caprichos dos chefes.[14] Trabalhadores que se sentem injustamente criticados, ou cujo chefe não dá ouvidos a seus problemas, têm uma taxa de doenças coronarianas 30% maior do que entre os que se sentem tratados de maneira justa.[15]

Em hierarquias rígidas, os chefes tendem a ser autoritários: expressam com mais liberdade o desprezo pelos subordinados, que, por sua vez, naturalmente sentem uma mistura de hostilidade, medo e insegurança.[16] Os insultos, que podem ser uma prática corriqueira quando se trata de gerentes autoritários, servem para reafirmar o poder do chefe e, ao mesmo tempo, incutir nos subordinados a sensação de impotência e vulnerabilidade.[17] E, como o salário no fim do mês e a própria segurança no emprego dependem do chefe, os funcionários tendem a ficar obcecados com suas interações, interpretando como ameaças agourentas até mesmo os comentários moderadamente negativos. De fato, em todos os escalões e segmentos, praticamente toda conversa com alguém em posição superior no trabalho eleva a pressão arterial da pessoa mais do que uma conversa semelhante com um colega de trabalho.[18]

Vejamos como as pessoas lidam com os insultos. Em um relacionamento entre pares, uma afronta pode ser questionada, exigindo-se um pedido de desculpas. Mas quando o insulto vem de alguém que detém todo o poder, os subordinados (talvez sabiamente) suprimem a raiva, reagindo com resignada tolerância. Contudo, essa própria passividade – e o insulto que passa sem ser questionado – tacitamente confere permissão para que o superior continue fazendo a mesma coisa.

As pessoas que reagem com silêncio aos insultos vivenciam significativos picos de pressão arterial. À medida que as mensagens degradantes continuam no decorrer do tempo, a pessoa que se contém se sente cada vez mais impotente, ansiosa e, por fim, deprimida — estados de ânimo que, se perdurarem, aumentam de maneira acentuada a probabilidade de doenças cardiovasculares.[19]

Um estudo solicitou que cem homens e mulheres usassem dispositivos que mediam sua pressão arterial toda vez que eles interagiam com outras pessoas.[20] Quando estavam na companhia de familiares e amigos afáveis, a pressão arterial caía; eram interações agradáveis e reconfortantes. Quando interagiam com alguém problemático, sua pressão se elevava. Mas o maior pico ocorria quando estavam com pessoas sobre as quais seus sentimentos eram ambivalentes: um pai ou uma mãe autoritários, um parceiro amoroso volátil, um amigo competitivo. Um chefe temperamental figura como o arquétipo, mas essa dinâmica opera em todos os nossos relacionamentos.

Tentamos evitar as pessoas que consideramos desagradáveis, mas muita gente que não podemos evitar em nossa vida enquadra-se nessa categoria "mista": às vezes, fazem-nos sentir bem, outras vezes nos fazem sentir péssimos. Relacionamentos ambivalentes colocam sobre nossos ombros o peso de um fardo emocional; cada interação é imprevisível, talvez potencialmente explosiva, e, por isso, exige vigilância e esforço intensificados.

A medicina apontou com precisão um mecanismo biológico que vincula diretamente relacionamentos tóxicos a doenças cardíacas. Voluntários de um experimento sobre estresse tiveram de se defender de uma falsa acusação de furto em uma loja.[21] Enquanto falavam, seus sistemas imunológico e cardiovascular mobilizaram-se em uma combinação potencialmente letal. O sistema imunológico secretou linfócitos T, ao passo que as paredes dos vasos sanguíneos emitiram uma substância que se liga a essas células T, dando início à formação no endotélio de placas que obstruem as artérias.[22]

O mais surpreendente em termos médicos foi que até mesmo aborrecimentos relativamente sem importância pareceram desencadear esse processo. É provável que essa reação em cadeia atribulação-ao-endotélio nos coloque em risco de doenças cardíacas se essas interações estressantes se tornarem acontecimentos rotineiros em nossa vida cotidiana.

A CADEIA CAUSAL

É compreensível encontrar uma correlação geral entre relacionamentos estressantes e saúde debilitada e identificar um ou dois caminhos em uma possível cadeia causal. Mas, a despeito dos ocasionais estudos sugerindo mecanismos biológicos, os céticos invariavelmente argumentam que fatores muito diferentes podem estar em ação. Por exemplo, se um relacionamento difícil leva uma pessoa a beber ou fumar muito ou a dormir mal, essa poderia ser uma causa mais imediata de problemas de saúde. Assim, os pesquisadores continuam em busca de uma associação biológica distinta — claramente separada dessas outras razões.

Entra em cena Sheldon Cohen, psicólogo da Universidade Carnegie Mellon que intencionalmente causou resfriados em centenas de pessoas.[23] Não que Cohen tivesse inclinações malignas — tudo foi feito em prol do interesse científico. Sob condições meticulosamente controladas, ele expôs de modo sistemático voluntários a um rinovírus que causa o resfriado comum. Cerca de um terço das pessoas expostas ao vírus desenvolveu um conjunto completo de sintomas, ao passo que outras saíram da situação sem dar um espirro sequer. As condições rigidamente controladas permitiram ao pesquisador determinar o porquê.

Cohen lançou mão de métodos minuciosos. Os voluntários dos experimentos foram colocados em quarentena durante 24 horas antes de serem expostos, de modo a assegurar que não tinham contraído um resfriado em algum outro lugar. Ao longo dos cinco dias seguintes (e recebendo oitocentos dólares), ficaram abrigados em uma unidade especial junto com outros voluntários, todos afastados pelo menos um metro entre si, a fim de que não reinfectassem alguém.

Durante esses cinco dias, suas secreções nasais foram examinadas em busca de indicadores técnicos de resfriados (como o peso total de seu muco), bem como a presença do rinovírus específico, e amostras de seu sangue foram submetidas a testes para anticorpos. Dessa forma, Cohen fez a medição do resfriado com uma precisão que ia muito além de coriza e espirros.

Sabemos que baixos níveis de vitamina C, tabagismo e distúrbios do sono são fatores que aumentam a probabilidade de infecções. A pergunta é: um relacionamento estressante pode ser acrescentado a essa lista? A resposta de Cohen é: certamente.

Cohen atribui valores numéricos precisos aos fatores que fazem com que uma pessoa pegue um resfriado enquanto outra permanece saudável. As pessoas com conflitos pessoais contínuos eram duas vezes e meia mais propensas que as outras a pegar um resfriado, o que coloca os relacionamentos conflitantes na mesma faixa de causalidade que a deficiência de vitamina C e a falta de sono (o tabagismo, o hábito mais prejudicial à saúde, deixou as pessoas três vezes mais vulneráveis a sucumbir a resfriados). Conflitos que duraram um mês ou mais aumentavam a suscetibilidade, mas uma briga ocasional não apresentou riscos à saúde.[24]

Embora as brigas incessantes façam mal à saúde, o isolamento é ainda pior. Comparadas às pessoas com uma abundante rede de conexões sociais, as que tinham menos relacionamentos íntimos apresentavam 4,2 vezes mais probabilidade de pegar o resfriado, o que faz da solidão um fator de risco mais relevante do que o cigarro.

Quanto mais nos socializamos, menos suscetíveis a resfriados nos tornamos. A ideia parece ser contraintuitiva: não *aumentamos* a probabilidade de exposição ao vírus da gripe quanto maior for o número de pessoas com as quais interagimos? Certamente. Mas conexões sociais vibrantes impulsionam os estados de ânimo positivos e limitam os humores negativos, suprimindo a secreção de cortisol e incrementando a função imunológica em situações de estresse.[25] Os relacionamentos em si parecem nos proteger do risco da exposição ao próprio vírus da gripe que eles impõem.

A PERCEPÇÃO DA MALDADE

Elysa Yanowitz não é a única pessoa a sofrer indignidades no trabalho. Uma funcionária de uma indústria farmacêutica enviou-me o seguinte e-mail: "Estou tendo conflitos de personalidade com minha chefe, que não é uma pessoa muito agradável. Pela primeira vez em minha carreira profissional, minha confiança está abalada — e, uma vez que ela é amiga de todas as pessoas que ocupam cargos mais elevados na hierarquia da minha empresa, não tenho a quem recorrer. A coisa toda está me deixando fisicamente doente de tanto estresse".

Ela está meramente imaginando a ligação entre a chefe tóxica e suas doenças? Talvez.

Por outro lado, a difícil situação da mulher se enquadra às descobertas de uma análise de 208 estudos envolvendo 6153 indivíduos submetidos a fatores estressantes que variavam de ruídos altos e detestáveis a confrontos com pessoas igualmente detestáveis.[26] De todos os tipos de estresse, o pior, de longe, foi quando a pessoa era alvo de duras críticas e sentia-se impotente para fazer qualquer coisa a respeito — como no caso de Elyza e da funcionária da indústria farmacêutica que entrou em conflito com a chefe.

Os motivos pelos quais isso ocorre foram revelados por Margaret Kemeny, especialista em medicina comportamental da Escola de Medicina da Universidade da Califórnia, em San Francisco, que com sua colega Sally Dickerson analisou centenas de estudos sobre o estresse. Ameaças ou afrontas, disse-me Kemeny, são mais estressantes "quando há uma plateia e a pessoa se sente julgada".

Em todos os estudos as reações ao estresse foram medidas pela elevação nos níveis de cortisol da pessoa.[27] Os maiores picos no cortisol ocorreram quando a fonte de estresse era interpessoal — por exemplo, quando alguém julgava um voluntário que tinha de subtrair dezessete de 1242 em voz alta e depois continuar subtraindo dezessete do resultado, o mais rápido possível. Quando uma pessoa executava esse tipo de tarefa onerosa sob o escrutínio de um julgamento, o efeito sobre o cortisol era cerca de *três vezes* maior do que quando o estresse foi comparável, porém impessoal.[28]

Imagine, por exemplo, que você está em uma entrevista de emprego. Enquanto discorre sobre os talentos, o conhecimento especializado e a experiência que, a seu ver, fazem de você a pessoa qualificada para o cargo, algo perturbador acontece. Você vê o entrevistador reagir com uma expressão impassível, séria, friamente fazendo anotações numa prancheta. Em seguida, para piorar a situação, o entrevistador faz comentários críticos, depreciando suas habilidades.

Essa foi a situação extremamente tensa pela qual passaram os voluntários de uma diabólica medição de estresse social — todos eram candidatos a um emprego de verdade em meio a um processo seletivo e foram convocados para uma entrevista prática. Mas as "sessões práticas" eram, na verdade, um teste de estresse. Desenvolvido por pesquisadores alemães, essa provação experimental vem sendo usada em laboratórios ao redor do mundo porque produz dados poderosos. O laboratório de Kemeny usa rotineiramente uma variação do teste para avaliar o impacto biológico do estresse social.

Dickerson e Kemeny argumentam que ser submetido a uma avaliação ameaça o "eu social", a maneira como nos enxergamos através dos olhos dos outros. Essa noção de nosso valor e status social — e, portanto, de nosso próprio valor pessoal — vem das mensagens cumulativas que recebemos dos outros sobre como eles nos percebem. Essas ameaças à nossa posição aos olhos dos outros são extraordinariamente potentes em termos biológicos, quase tão potentes quanto as ameaças à nossa sobrevivência. Afinal de contas, a equação inconsciente diz que, se nos julgarem indesejáveis, talvez não sintamos apenas vergonha, mas pode ser que soframos uma rejeição total.[29]

Uma reação hostil e enervante do entrevistador incita o eixo HPA a produzir alguns dos mais altos níveis de cortisol que qualquer simulação de estresse em laboratório jamais provocou. O teste do estresse social causa mais picos de cortisol do que o clássico teste de laboratório no qual os voluntários resolvem problemas de matemática cujos níveis de complexidade ficam cada vez maiores sob intensa pressão de tempo, com um som irritante ao fundo e uma nociva campainha sinalizando as respostas erradas — mas sem a presença de uma pessoa fazendo julgamentos detestáveis.[30] Provações impessoais logo são esquecidas, mas o escrutínio que envolve julgamento pessoal gera uma dose de vergonha particularmente forte — e duradoura.[31]

De forma impressionante, um juiz simbólico, que só existe mentalmente, produz a mesma proporção de angústia. Uma audiência virtual pode afetar o sistema HPA com a mesma intensidade de uma sessão de tribunal real, explica Kemeny, porque, "no momento em que você pensa em alguma coisa, cria uma representação interna que, por sua vez, age sobre o cérebro" de forma muito semelhante à realidade que representa.

A sensação de impotência aumenta o estresse. Nos estudos sobre o cortisol analisados por Dickerson e Kemeny, as ameaças foram percebidas como ainda piores quando estavam além da capacidade da pessoa de fazer alguma coisa a respeito delas. Quando uma ameaça persiste apesar dos esforços que fazemos, os níveis de cortisol chegam a graus exorbitantes. Isso tem paralelo com a complicada situação de alguém, por exemplo, que se vê como alvo de um cruel preconceito — ou a exemplo daquelas duas mulheres cujos chefes se voltaram contra elas. Os relacionamentos marcados por frequentes episódios de crítica, rejeição ou assédio mantêm o eixo HPA em constante sobrecarga.

Quando a fonte de estresse parece impessoal – digamos, um detestável alarme automático que não conseguimos desligar –, nossa necessidade mais básica de aceitação e pertencimento não sofre ameaça. Kemeny descobriu que, nesses casos de estresse impessoal, o organismo se recupera do inevitável salto nos níveis de cortisol em cerca de quarenta minutos. Mas se a causa é um julgamento social negativo, os níveis de cortisol permanecem elevados 50% mais tempo e demoram uma hora ou mais para voltar ao normal.

Estudos de imagens cerebrais sugerem quais partes do cérebro podem reagir fortemente a essa percepção de maldade. Vale lembrar o capítulo 5, em que se descreve a simulação computacional no laboratório de Jonathan Cohen, em Princeton, no qual voluntários de uma ressonância magnética jogaram o Jogo do Ultimato, que exigia que dois parceiros dividissem certa quantia em dinheiro, um deles propondo uma divisão que o outro poderia aceitar ou rejeitar.

Quando um dos voluntários julgava que a outra pessoa havia feito uma oferta injusta, seu cérebro mostrava atividade na ínsula anterior, que se ativa durante sensações de raiva e repulsa. De forma adequada, o voluntário apresentava sinais de amargura, e era maior a probabilidade de rejeitar não apenas essa oferta, mas também a oferta seguinte, qualquer que pudesse ser. Contudo, quando o voluntário acreditava que o outro "parceiro" no jogo era apenas um programa de computador, a ínsula permanecia quieta, por mais injusta que aparentasse ser a oferta. O cérebro social faz uma distinção crucial entre dano acidental e intencional, e reage com mais veemência quando detecta malevolência.

Essa descoberta talvez solucione um quebra-cabeça para os médicos que tentam entender o transtorno do estresse pós-traumático (TEPT): por que catástrofes de intensidade semelhante quase sempre provocam sofrimentos duradouros se a pessoa sentir que seu trauma foi causado intencionalmente por outrem, e não resultado de um ato aleatório da natureza? Furacões, terremotos e outras catástrofes naturais deixam muito menos vítimas de TEPT do que atos de maldade como estupro e agressão física. Quanto mais a vítima se sente um alvo pessoal, piores são os efeitos residuais do trauma, como todo estresse.

A TURMA DE 1957

Foi em 1957 que Elvis Presley invadiu a consciência nacional dos norte--americanos, ao aparecer num domingo à noite no *Ed Sullivan Show*, na época o programa de maior audiência na televisão. A economia do país estava em meio a um prolongado período de prosperidade do pós-guerra. Dwight D. Eisenhower era o presidente, os automóveis tinham enormes barbatanas e os adolescentes se socializavam em "bailinhos" e eventos de dança de salão, sob a rígida vigilância dos adultos.

Naquele ano, pesquisadores da Universidade de Wisconsin começaram a realizar um estudo com cerca de 10 mil alunos do último ano do ensino médio, quase um terço dos estudantes do estado. Posteriormente esses mesmos jovens seriam entrevistados de novo ao completarem quarenta anos e, mais tarde, aos cinquenta e poucos anos. Depois, aos se aproximarem dos 65 anos de idade, um subgrupo dos formandos foi recrutado para uma pesquisa de acompanhamento conduzida por Richard Davidson, da Universidade de Wisconsin, e levado ao Laboratório W. M. de Ressonância Magnética Funcional e Comportamento. Usando medições muito mais sofisticadas do que qualquer coisa disponível em 1957, Davidson encarregou-se de correlacionar sua história social, sua atividade cerebral e função imunológica.

A qualidade dos relacionamentos dos entrevistados no decorrer da vida tinha sido detectada nas primeiras entrevistas. Agora, era comparada ao desgaste natural de seu corpo. Avaliou-se a atividade crônica dos sistemas dos formandos, que flutuava à medida que eles lidavam com situações de estresse — incluindo pressão arterial, colesterol, níveis de cortisol e outros hormônios do estresse. A soma dessas e de outras medidas semelhantes prognostica não apenas a probabilidade de doenças cardiovasculares, mas também declínios no funcionamento mental e físico associados à idade avançada. Uma pontuação total muito alta anteviu uma morte mais precoce.[32] Os pesquisadores constataram que os relacionamentos eram importantes: havia uma forte associação entre ter um perfil físico de alto risco e um tom emocional cumulativo desfavorável nos relacionamentos mais significativos da vida dos entrevistados.[33]

Vejamos, por exemplo, o caso de uma formanda anônima da turma de 1957 a quem chamarei de Jane. Os relacionamentos que Jane teve ao longo da vida sempre foram difíceis, uma torrente de decepções. Seus pais eram alcoólatras, e ela praticamente não viu o pai durante a infância. Na adolescência, ele a molestava. Quando adulta, Jane tornou-se uma pessoa extremamente temerosa dos outros, alternando sentimentos de raiva e ansiedade em relação às pessoas mais próximas. Embora tenha se casado, ela logo se divorciou, e sua escassa vida social lhe oferecia pouco consolo. No exame médico realizado para o estudo de Davidson, Jane apresentou nove de 22 sintomas médicos comuns.

Em contraste, Jill, uma das colegas de turma de Jane, era o retrato de uma vida repleta de relacionamentos plenos e significativos. Embora o pai tenha falecido quando ela tinha apenas nove anos, sua mãe foi extremamente carinhosa. Jill era muito próxima do marido e dos quatro filhos e considerava sua vida familiar muito satisfatória. Além disso, tinha uma vida social ativa, com muitos amigos íntimos e confidentes. E, já sexagenária, Jill relatava problemas apenas com três dos 22 sintomas listados.

Relembrando, correlação não é causação. Demonstrar um vínculo causal entre a qualidade dos relacionamentos e a saúde inclui identificar os mecanismos biológicos específicos em ação. Aqui, a turma de 1957 proporcionou algumas pistas reveladoras, com base nos testes de Davidson, para medição de atividade cerebral.

Jill, a mulher que tinha uma mãe carinhosa, relacionamentos satisfatórios e pouquíssimas queixas médicas, aos sessenta e poucos anos era a integrante da turma de 1957 com maior atividade no córtex pré-frontal esquerdo em relação ao direito. Esse padrão de atividade cerebral, Davidson descobriu, sugere que os dias de Jill eram caracterizados por humores basicamente positivos.

Já Jane, cujos pais eram alcoólatras e que, aos sessenta e poucos anos, era divorciada e relatava muitos problemas de saúde, tinha um padrão cerebral oposto. Jane apresentou a maior atividade na região do córtex pré-frontal direito em relação ao esquerdo entre todos os outros colegas de classe que foram estudados. Esse padrão sugere que em geral Jane reagia à vida com intensa aflição e se recuperava lentamente dos reveses emocionais.

A região do córtex pré-frontal esquerdo, como Davidson descobrira em pesquisas anteriores, regula a cascata de circuitos das áreas inferiores do cérebro, que determinam nosso tempo de recuperação do sofrimento — ou seja, nossa resiliência.[34] Quanto maior essa atividade pré-frontal esquerda (em relação ao lado direito), melhores somos para desenvolver estratégias cognitivas de regulação emocional e mais rápida nossa recuperação emocional. Isso, por sua vez, determina a rapidez com que os níveis de cortisol retornam ao normal.

A saúde resiliente depende, em parte, de até que ponto a estrada principal aprendeu a gerenciar o atalho.

O estudo anterior de Davidson deu um passo além. Seu grupo de pesquisa descobriu que a atividade nessa mesma área do córtex pré-frontal esquerdo estava altamente correlacionada com a capacidade de o sistema imunológico reagir a uma vacina contra a gripe. As pessoas que apresentavam a maior ativação tinham sistemas imunológicos que mobilizavam *três vezes mais* anticorpos contra a gripe do que as outras pessoas.[35] Davidson acredita que essas diferenças são clinicamente significativas — em outras palavras, que as pessoas com alta atividade no córtex pré-frontal esquerdo são menos propensas a contrair uma gripe se expostas ao vírus.

Davidson vê nesses dados uma janela para a anatomia da resiliência. Uma história sólida de relacionamentos seguros, ele teoriza, dá às pessoas recursos internos para se recuperar de adversidades emocionais e perdas — como foi o caso de Jill, a mulher que perdeu o pai aos nove anos, mas cuja mãe era amorosa.

Os formandos da turma de 1957 de Wisconsin que na infância sofreram situações de estresse implacável apresentaram, na vida adulta, pouca capacidade de recuperação do estresse, permanecendo sobrecarregadas por mais tempo uma vez que tivessem alguma contrariedade. Mas as pessoas que durante a infância haviam sido expostas a níveis administráveis de estresse eram mais propensas, quando adultas, a ter uma melhor proporção de atividade no córtex pré-frontal. Para esse tipo de resultado, parece ser essencial a presença de um adulto zeloso, capaz de oferecer uma base segura para a recuperação emocional.[36]

EPIGENÉTICA SOCIAL

Laura Hillenbrand, a autora do best-seller *Seabiscuit*, havia muito sofria da síndrome da fadiga crônica, doença debilitante que a deixava febril e exausta, necessitando de cuidados constantes durante meses a fio. Enquanto escrevia *Seabiscuit*, ela contou com os cuidados de seu dedicado marido, Borden, que, mesmo pelejando para dar conta de sua rotina de estudante de pós-graduação, de alguma forma encontrava energia para ser o enfermeiro da esposa, ajudando-a a comer e beber, auxiliando-a quando precisava andar e lendo para ela.

Mas, certa noite no quarto, Hillenbrand se recorda de ter ouvido "um som baixo e entrecortado". Ela olhou do topo da escada e viu Borden "andando pelo vestíbulo e chorando de soluçar". Fez menção de chamá-lo, mas se conteve, percebendo que ele queria ficar sozinho.

Na manhã seguinte, Borden estava lá de prontidão para ajudá-la, "animado, firme e seguro como sempre".[37]

Borden fazia o possível para evitar que a própria angústia perturbasse a já fragilizada esposa. Mas, como Borden, qualquer um que tenha de cuidar de um ente querido dia e noite enfrenta um estresse implacável. E essa tensão cobra um preço da saúde e do bem-estar até mesmo dos cuidadores mais devotos.

Os dados mais poderosos a respeito dessa questão vêm de um excepcional grupo de pesquisas interdisciplinares na Universidade Estadual de Ohio, liderado pela psicóloga Janice Kiecolt-Glaser e seu marido, o imunologista Ronald Glaser.[38] Em uma elegante série de estudos, eles mostraram que os efeitos do estresse contínuo percorrem todo um longo caminho até chegar ao nível da expressão genética nas células imunológicas essenciais para o combate a infecções e à cicatrização de feridas.

O grupo da Universidade Estadual de Ohio estudou dez mulheres sexagenárias, todas responsáveis por cuidar dos respectivos maridos, que sofriam da doença de Alzheimer.[39] Essas mulheres viviam sob estresse extremo, alertas 24 horas por dia – e sentindo-se terrivelmente isoladas, sem ter quem cuidasse delas. Um estudo anterior com mulheres sob situação de estresse semelhante havia revelado que elas eram praticamente incapazes de se beneficiar de doses de vacina contra a gripe; seu sistema imunológico não conseguia fabricar os anticorpos que a vacina normalmente estimula.[40] Depois, os pesquisadores realizaram testes mais sofisticados da função imunológica, revelando que as mulheres no grupo de cuidadoras de pessoas com Alzheimer apresentaram leituras perturbadoras em diversos indicadores.

Os dados genéticos, em particular, chamaram a atenção. Um gene que regula uma gama de mecanismos imunológicos fundamentais manifestou-se 50% menos nessas mulheres cuidadoras do que em outras da mesma faixa etária. O GHmRNA, o gene defeituoso, amplia a produção de linfócitos e também impulsiona a atividade das células natural killers e dos macrófagos, células que destroem as bactérias invasoras.[41] Isso também pode explicar outra descoberta anterior: nas mulheres estressadas a cicatrização de uma pequena ferida levou nove dias a mais do que nas mulheres não estressadas de um grupo de comparação.

Um fator-chave dessa imunidade debilitada pode ser o ACTH, um precursor do cortisol e um dos hormônios secretados quando o eixo HPA fica desvairado. O ACTH bloqueia a produção do interferon, o agente imunológico decisivo, e diminui a responsividade dos linfócitos, glóbulos brancos que organizam o ataque do organismo contra as bactérias invasoras. Em suma: os estresses contínuos do incansável trabalho de cuidar de doentes em isolamento social prejudicam o controle do cérebro sobre o eixo HPA, que, por sua vez, enfraquece a capacidade dos genes do sistema imunológico, como o GHmRNA, de realizar seu trabalho de combate às doenças.

O preço cobrado pelo estresse implacável também parece atingir o próprio DNA dos cuidadores, acelerando a velocidade com que as células envelhecem e acrescentando anos a sua idade biológica. Outros pesquisadores envolvidos em análises genéticas de DNA em mães incumbidas de cuidar de filhos com doenças crônicas revelaram que, quanto mais tempo durava seu fardo, maior era seu envelhecimento no nível celular.

O ritmo de envelhecimento foi determinado medindo-se o comprimento dos telômeros nos glóbulos brancos das mães. Os telômeros são uma parte do DNA na extremidade dos cromossomos da célula que encolhe um pouco toda vez que a célula se divide para se duplicar. As células se reproduzem repetidamente ao longo da vida, para reparar tecidos ou, no caso dos glóbulos brancos, combater doenças. Em algum momento depois de dez a cinquenta divisões (dependendo do tipo de célula), o telômero torna-se curto demais para continuar se duplicando, e a célula se "aposenta" — uma medida genética da perda de vitalidade.

Por essa medida, as mães incumbidas de cuidar de filhos com doenças crônicas eram, em média, dez anos mais velhas biologicamente do que outras mães de mesma idade cronológica. Entre as exceções estavam as mulheres que, embora esmagadas pelos fardos da vida, se sentiam apoiadas por outras. Elas tinham células mais jovens, mesmo quando cuidavam de entes queridos incapacitados.

A inteligência social coletiva pode oferecer uma alternativa ao massacrante peso da tarefa de cuidar dos outros. Imaginemos uma cena em Sandwich,

New Hampshire, em que Philip Simmons está sentado em uma cadeira de rodas em um belo dia de outono, rodeado de amigos e vizinhos. Aos 35 anos, Simmons, um professor universitário inglês com dois filhos pequenos, tinha sido diagnosticado com uma doença neurológica degenerativa, a doença de Lou Gehrig, ou ELA, e os médicos deram-lhe de dois a cinco anos de vida. Ele já vivera mais do que esse prognóstico, mas agora a paralisia estava afetando também os braços, impedindo-o de realizar até as tarefas mais rotineiras. Foi aí que ele deu de presente a um amigo um livro chamado *Share the Care* [Compartilhe o cuidado], que descreve como criar um grupo de apoio contínuo para pessoas com doenças graves.

Trinta e cinco vizinhos reuniram-se para ajudar Simmons e sua família. Coordenando sua programação diária principalmente por telefone e e-mail, eles se revezaram nas funções de cozinheiros, motoristas, babás, enfermeiros domiciliares – e, como naquele dia de outono, jardineiros – durante vários dos últimos anos da vida de Simmons, até a sua morte, aos 45 anos. Essa família estendida "virtual" fez uma enorme diferença para Simmons e a esposa, Kathryn Field. Em especial, a ajuda do grupo permitiu que Field continuasse seu trabalho como artista profissional, reduzindo as pressões financeiras e proporcionando à família inteira, em suas palavras, "a sensação de sermos amados pela comunidade".[42]

Já entre os que formaram o grupo dos Amigos de Phil e Kathryn (Friends of Phil and Kathryn, FOPAK, na sigla em inglês), como passaram a se chamar, a maioria concordou que eles é quem estavam recebendo um presente.

17. Aliados biológicos

Quando minha mãe se aposentou da universidade, viu-se em uma casa vazia e enorme: os filhos tinham se fixado em outras cidades, algumas bem distantes, e meu pai morrera alguns anos antes. Ex-professora universitária de sociologia, ela tomou uma atitude que, em uma análise retrospectiva, me pareceu inteligente em termos sociais: ofereceu um dos quartos da casa, de graça, a estudantes de pós-graduação da universidade na qual deu aulas, com preferência para estudantes de culturas do Leste Asiático, em que idosos são estimados e respeitados.

Já faz mais de trinta anos desde a aposentadoria da minha mãe, e esse arranjo continua até hoje. Ela já hospedou em sua casa uma série de estudantes de lugares como Japão, Taiwan e, atualmente, Beijing — com resultados aparentemente muito benéficos para o seu bem-estar. Quando um casal teve um filho enquanto morava na casa da minha mãe, a menina cresceu tratando-a como "avó". Aos dois anos de idade, toda manhã entrava no quarto de minha mãe para ver se ela já estava de pé e passava o dia abraçando-a.

Esse bebê nasceu quando minha mãe estava com quase noventa anos — e, com aquele pacotinho de alegria andando pela casa, durante alguns anos minha mãe pareceu até mesmo ter ficado mais jovem, tanto física quanto mentalmente. Nunca saberemos quanto da longevidade da minha mãe pode ser creditado à situação em que ela vivia, mas as evidências sugerem que ela realizou uma manobra de engenharia social bastante inteligente.

As redes de vínculos sociais dos idosos vão sendo podadas, à medida que os velhos amigos vão morrendo ou se mudam de cidade. Ao mesmo tempo, contudo, os idosos também tendem a reduzir seletivamente suas redes de vínculos sociais, preservando os relacionamentos positivos.[1] Essa estratégia faz sentido do ponto de vista biológico. À medida que envelhecemos, nossa saúde inevitavelmente fica mais frágil; conforme nossas células envelhecem e morrem, nosso sistema imunológico e outros baluartes da boa saúde funcionam de forma cada vez mais ineficaz. Abrir mão de vínculos sociais frustrantes pode ser uma medida preventiva para gerenciar melhor nossos estados emocionais. De fato, um estudo pioneiro sobre os norte-americanos idosos que envelheciam felizes revelou que, quanto maior apoio emocional eles tinham de seus relacionamentos, mais baixos eram os níveis de seus indicadores de estresse biológico, como o cortisol.[2]

Decerto, nossos relacionamentos mais significativos talvez não sejam necessariamente os mais agradáveis e positivos de nossa vida — um parente próximo pode ser alguém que nos leva à loucura, e não uma fonte de deleite. Felizmente, talvez, à medida que as pessoas mais velhas eliminam os elos sociais menos significativos, muitas parecem desenvolver maior capacidade de lidar com as complicações emocionais, como a mistura de sentimentos positivos e negativos ocasionada por determinado relacionamento.[3]

Um estudo constatou que, quando os idosos tinham uma vida social ativa e com uma base de apoio, apresentavam habilidades cognitivas sete anos além daquelas dos idosos que viviam mais isolados.[4] Paradoxalmente, a solidão tem pouco ou nada a ver com a quantidade de tempo que as pessoas passam efetivamente sozinhas, ou com o número de contatos sociais que elas mantêm em determinado dia. Ao contrário, é a escassez de contatos íntimos positivos que gera a solidão. O que importa é a *qualidade* de nossas interações: sua carga de afetividade ou distanciamento emocional, seu grau de apoio ou de negatividade. A sensação de solidão, e não o número absoluto de conhecidos ou contatos que uma pessoa de fato tem, está mais diretamente correlacionada com a saúde: quanto mais solitária uma pessoa se sente, piores tendem a ser suas funções imunológicas e cardiovasculares.[5]

Há outro argumento biológico para que nos tornemos mais deliberados acerca de nosso mundo interpessoal ao envelhecermos. A neurogênese, a fabricação diária de novos neurônios pelo cérebro, continua velhice adentro, ainda que em um ritmo mais lento do que nas décadas anteriores. E mesmo essa diminuição do ritmo talvez não seja inevitável, sugerem alguns neurocientistas, mas antes um efeito colateral da monotonia. Acrescentar complexidade ao ambiente social da pessoa estimula a aprendizagem de coisas novas, intensificando o ritmo com que o cérebro acrescenta novas células. Por essa razão, alguns neurocientistas estão trabalhando com arquitetos a fim de projetar lares para idosos nos quais os habitantes tenham de interagir mais com os outros no decorrer da rotina diária — algo em que minha mãe tinha dado um jeito por conta própria.[6]

O CAMPO DE BATALHA CONJUGAL

Saindo do supermercado de uma cidadezinha, entreouço a conversa de dois idosos sentados em um banco, do lado de fora. Um deles pergunta como vai um casal conhecido.

"Ah, você sabe", vem a lacônica resposta. "Eles só brigaram uma vez na vida — e a briga não terminou até hoje."

O desgaste emocional num relacionamento, como vimos, cobra seu preço biológico. Os motivos pelos quais um casamento infeliz pode sabotar a saúde foram revelados quando recém-casados — todos os quais se consideravam "muito felizes" no casamento — se ofereceram como voluntários para se submeter a um estudo enquanto discutiam por trinta minutos sobre uma divergência.[7] Durante a altercação, cinco de seis hormônios adrenais testados sofreram alteração, registrando-se, inclusive, aumentos no ACTH que indicam mobilização do eixo HPA. A pressão arterial subiu e os índices de função imunológica se reduziram por várias horas.

Horas mais tarde, houve alterações de longo prazo, para pior, na capacidade do sistema imunológico de preparar uma defesa contra invasores. Quanto mais hostil era a discussão, mais fortes as alterações. O sistema endócrino, concluem os pesquisadores, "serve como uma importante porta entre relacionamentos pessoais e saúde", disparando a secreção dos hormônios do estresse, que podem danificar tanto a função cardiovascular quanto a função imunológica.[8] Quando um casal briga, seu sistema endócrino e imunológico sofre — e, se as brigas são contínuas ao longo dos anos, os estragos parecem ser cumulativos.

Como parte do estudo sobre os conflitos conjugais, casais de sessenta e poucos anos (casados havia uma média de 42 anos) foram convidados ao mesmo laboratório, onde seriam cuidadosamente monitorados durante uma discussão. Mais uma vez o desentendimento resultou em uma insalubre deterioração dos sistemas endócrino e imunológico — quanto maior o rancor, maior o declínio. Uma vez que o envelhecimento enfraquece os sistemas imunológico e cardiovascular, a hostilidade entre parceiros idosos pode cobrar um preço mais alto sobre a saúde. Indubitavelmente, as mudanças biológicas negativas foram ainda mais intensas nos casais mais velhos do que nos recém-casados durante a batalha conjugal — mas apenas para as esposas.[9]

Esse surpreendente efeito mostrou-se verdadeiro tanto para as recém-casadas quanto para as mulheres casadas mais velhas. Compreensivelmente, as esposas recém-casadas que apresentaram a maior queda nas medidas imunológicas durante e após a "briga" foram as que, um ano depois, estavam mais insatisfeitas com seu casamento.

Nas mulheres, quando os maridos se retraíam, enfurecidos, durante a discussão, os níveis de hormônios do estresse subiam às alturas. Por outro lado, as esposas cujos maridos demonstravam bondade e empatia durante a discussão refletiam seu alívio em níveis mais baixos dos mesmos hormônios. Mas, para os maridos, fosse o teor da conversa ríspido ou agradável, seus sistemas endócrinos não sofriam alteração. A única exceção foi no extremo, entre os que relataram brigas mais agressivas em casa. Nesses casais envolvidos em combate, tanto os maridos quanto as esposas tinham reações imunológicas piores dia após dia em comparação com os casais mais harmoniosos.

Dados de múltiplas fontes sugerem que as esposas são mais vulneráveis que os maridos a sofrer os efeitos tóxicos sobre a saúde acarretados por um casamento complicado. Contudo, as mulheres não parecem ser mais biologicamente reativas do que os homens em geral.[10]

Uma resposta talvez seja o fato de as mulheres atribuírem um valor emocional maior a seus vínculos mais íntimos.[11] Muitas pesquisas realizadas com mulheres norte-americanas mostram que os relacionamentos positivos são sua maior fonte de satisfação e bem-estar ao longo da vida. Entre os homens norte-americanos, por outro lado, os relacionamentos positivos têm menor importância do que a sensação de crescimento pessoal e de independência.

Além disso, o instinto materno das mulheres para cuidar dos outros significa que elas assumem uma carga maior de responsabilidade pessoal pelo destino das pessoas com as quais se importam, o que as torna mais propensas que os homens a se afligir com os problemas das pessoas queridas.[12] As mulheres são também mais sintonizadas com os altos e baixos de seus relacionamentos e, portanto, mais suscetíveis a embarcar em uma montanha-russa emocional.[13]

Outra descoberta: as esposas passam muito mais tempo do que os maridos ruminando sobre aborrecimentos e os reveem mentalmente em detalhes mais nítidos (elas também se lembram com mais detalhes dos bons momentos e passam mais tempo recordando-se deles). Uma vez que as lembranças ruins podem ser invasivas, repetidamente surgindo na mente, e como o mero fato de relembrar um conflito pode desencadear as mudanças biológicas que o acompanharam, a tendência a remoer os próprios problemas tem efeitos e cobra um preço físico.[14]

Por todas essas razões, os problemas de um relacionamento íntimo provocam reações biológicas adversas mais fortes nas mulheres do que nos homens.[15] No estudo de Wisconsin, por exemplo, os níveis de colesterol das mulheres estavam diretamente atrelados à quantidade de estresse no casamento delas — muito mais do que entre os homens da turma de 1957.

Em um estudo de pacientes com insuficiência cardíaca congestiva, constatou-se que um casamento conturbado tinha mais probabilidade de provocar morte precoce nas mulheres do que nos homens.[16] As mulheres também são mais propensas a sofrer um ataque cardíaco quando vivenciam o estresse emocional derivado de uma severa crise no relacionamento, como divórcio ou morte, ao passo que para os homens a causa mais provável tende a ser o esforço físico. E as mulheres mais velhas parecem mais vulneráveis do que os homens a elevações potencialmente fatais nos níveis dos hormônios do estresse em resposta a um choque emocional repentino, como a morte inesperada de um ente querido — uma condição que os médicos estão chamando de "síndrome do coração partido".[17]

A maior reatividade biológica das mulheres aos altos e baixos dos relacionamentos começa a oferecer uma resposta a um longevo quebra-cabeça científico: por que o casamento parece resultar em benefícios à saúde dos homens, mas não à das mulheres. Essa constatação aparece muitas vezes em estudos sobre casamento e saúde — entretanto, não é necessariamente verdadeira. O que turvava as águas era uma simples falha de imaginação científica.

Um quadro diferente surgiu quando um estudo com quase quinhentas mulheres casadas na casa dos cinquenta e poucos anos, realizado ao longo de um período de treze anos, fez uma pergunta bastante simples: "Até que ponto você está *satisfeita* com seu casamento?". Os resultados foram claros: quanto mais satisfeita estava a mulher, melhor era sua saúde.[18] Quando apreciava o tempo que passava na companhia do marido, sentia que se comunicavam bem e concordavam a respeito de questões como finanças, tinham prazer em sua vida sexual, interesses e gostos semelhantes, seus dados médicos contavam a história. Os níveis de pressão arterial, glicose e colesterol eram mais baixos nas mulheres satisfeitas do que nas mulheres infelizes no casamento.

Os outros estudos tinham agrupado dados de mulheres tristes e felizes. Assim, embora as mulheres pareçam ser biologicamente mais vulneráveis aos altos e baixos do casamento, os efeitos dessa montanha-russa emocional dependem da natureza do passeio. Quando a mulher enfrenta mais altos e baixos no casamento, sua saúde sofre. Porém, quando seu relacionamento lhe proporciona mais altos, sua saúde — e a do marido — se beneficia.

SALVA-VIDAS EMOCIONAL

Imagine uma mulher nas entranhas de uma máquina de ressonância magnética, deitada de costas sobre uma maca com rodinhas que foi empurrada para dentro de uma cavidade na forma de um corpo humano com poucos centímetros de folga, no meio do imenso equipamento. Ela está ouvindo os sons perturbadores de enormes ímãs elétricos que rodopiam a seu redor e espiando um monitor de vídeo a poucos centímetros de seu rosto.

A tela pisca uma sequência de formas geométricas coloridas — um quadrado verde, um triângulo vermelho — a cada doze segundos. A mulher é informada de que, quando determinada forma e cor aparecerem na tela, ela receberá um choque elétrico — não muito doloroso, mas, mesmo assim, desagradável.

Às vezes ela enfrenta sozinha sua apreensão. Em outros momentos, um desconhecido segura sua mão. E, por vezes, ela sente o toque reconfortante da mão do marido.

Essa foi a difícil situação vivenciada por oito mulheres que se ofereceram como voluntárias para um estudo no laboratório de Richard Davidson, com o intuito de avaliar a extensão em que as pessoas que amamos nos propiciam assistência biológica em momentos de estresse e ansiedade. O resultado: quando a mulher segurava a mão do marido, sentia-se muito menos ansiosa do que quando enfrentava o choque sozinha.[19]

Segurar a mão de uma pessoa desconhecida ajudava um pouco, mas não era grande coisa. De forma intrigante, o grupo de Davidson descobriu que era impossível realizar o estudo de modo que as mulheres ficassem "cegas" à pessoa que lhes dava a mão: num teste preliminar, as mulheres sempre adivinhavam corretamente se a mão que segurava a dela era do marido ou de um estranho.

Quando as mulheres enfrentavam o choque sozinhas, a análise da IRMf mostrava atividade em regiões do cérebro que orientam o eixo HPA em sua resposta de emergência, bombeando hormônios do estresse por todo o corpo.[20] Se a ameaça não tivesse sido apenas um leve choque, mas sim alguma coisa pessoal — digamos, um entrevistador hostil em um processo de seleção para um emprego —, essas regiões quase certamente teriam sido ainda mais estimuladas.

Contudo, esse circuito volátil era apaziguado de forma extraordinária com o toque tranquilizador da mão do marido. O estudo preenche uma importante lacuna em nossa compreensão de como nossos relacionamentos podem ser biologicamente importantes, para o bem ou para o mal. Hoje, temos um instantâneo do cérebro passando por uma situação de resgate emocional.

Igualmente reveladora foi outra descoberta: quanto maior o grau de satisfação de uma mulher com o casamento, maior o benefício biológico de segurar a mão do marido. Isso encerra o assunto em termos da resposta àquele antigo mistério científico: por que alguns casamentos parecem pôr à prova a saúde das mulheres, enquanto outros a protegem.

O toque de pele sobre pele é particularmente lenitivo porque estimula a oxitocina, assim como o calor e a vibração (o que pode explicar grande parte do alívio do estresse proporcionado por uma massagem ou um carinhoso afago). A oxitocina atua como um "regulador para baixo" do hormônio do estresse, reduzindo a própria atividade do eixo HPA e do sistema nervoso simpático, que, quando mantida, coloca em risco nossa saúde.[21]

Quando a oxitocina é secretada, o corpo passa por uma série de mudanças saudáveis.[22] A pressão arterial diminui ao entrarmos no modo relaxado da atividade parassimpática. Isso altera o metabolismo, que muda da atitude "pronto para correr" de acionamento dos grandes grupos de músculos, suscitada pelo estresse, para um modo restaurativo no qual a energia se destina ao armazenamento de nutrientes, crescimento e cura. Os níveis de cortisol desabam, o que significa um decréscimo na ação do HPA. Nosso limiar de dor se eleva, por isso ficamos menos sensíveis aos desconfortos. Até as feridas cicatrizam mais rápido.

A oxitocina tem uma meia-vida curta no cérebro — desaparece em questão de minutos. Mas os relacionamentos positivos, íntimos e duradouros podem fornecer uma fonte relativamente estável de secreção de oxitocina; todo abraço, toque ou momento de afeto pode estimular um pouco esse bálsamo neuroquímico. Quando a secreção de oxitocina é contínua — como ocorre quando passamos momentos agradáveis com as pessoas que nos amam —, tudo indica que colhemos os benefícios de longo prazo que a afeição humana traz para a saúde. A própria substância que nos aproxima das pessoas que amamos, então, converte essas conexões amorosas em bem-estar biológico.[23]

De volta ao casal Tolstói. Apesar de todo o rancor registrado em seus diários, eles conseguiram ter treze filhos. Essa multidão significa que viviam em um lar que fervilhava de oportunidades de afeto. Tolstói e Sônia não precisavam contar apenas um com o outro; o casal vivia rodeado de salva-vidas emocionais.

CONTÁGIO POSITIVO

Com apenas 41 anos de idade, Anthony Radziwill agoniza na unidade de terapia intensiva de um hospital de Nova York, vitimado por fibrossarcoma, um câncer letal. De acordo com o relato da viúva, Carole, o primo de Anthony, John F. Kennedy, Jr., que morreria poucos meses depois em um acidente aéreo quando o avião que ele mesmo pilotava chocou-se ao largo da costa de Martha's Vineyard, foi visitá-lo.

John, ainda vestindo o smoking que usara em um evento a rigor, foi informado ao entrar na UTI que os médicos haviam dado a seu primo apenas mais algumas horas de vida.

Segurando a mão do primo doente, John cantarolou baixinho "The Teddy Bears' Picnic", canção que sua mãe, Jackie Onassis, costumava entoar como cantiga de ninar para os dois quando eles eram pequenos.

Anthony, à beira da morte, começou a cantar junto, a voz branda.

John, recorda-se Radziwill, "o havia levado ao lugar mais seguro que poderia encontrar".[24]

Esse instante de ternura certamente apaziguou os derradeiros momentos de Radziwill. E evidencia o tipo de conexão que, intuitivamente, parece ser a melhor maneira de ajudar um ente querido em situações de desespero.

Hoje, essa intuição é corroborada por dados sólidos: os fisiologistas mostraram que, quando duas pessoas tornam-se emocionalmente interdependentes, uma desempenha um papel ativo na regulagem da fisiologia da outra. Esse acoplamento biológico significa que as pistas que um parceiro recebe do outro têm o poder especial de nortear seu próprio organismo, para o bem ou para o mal.

Em um relacionamento construtivo, um parceiro ajuda o outro a administrar sentimentos inquietantes, exatamente como pais carinhosos fazem com os filhos. Quando estamos estressados ou chateados, nossos parceiros podem nos ajudar a repensar o que está causando nossa aflição, talvez a reagir melhor ou simplesmente ver as coisas por outro ângulo — em todo caso, interrompendo a enxurrada neuroendócrina negativa.

Quem se separa das pessoas amadas durante longos períodos se vê privado dessa ajuda íntima; a saudade das pessoas de quem sentimos falta expressa, em parte, o anseio de vivenciar essa conexão útil em termos biológicos. E parte da total desorganização que sentimos após a morte de um ente querido reflete, sem dúvida, a ausência desse pedaço virtual de nós mesmos. Essa perda de um aliado biológico de grande relevância talvez explique o elevado risco de doença ou morte após o falecimento de um dos cônjuges.

Mais uma vez, aparece uma intrigante diferença entre os sexos. Sob estresse, o cérebro da mulher secreta mais oxitocina do que o do homem. Isso tem um efeito calmante e leva a mulher a buscar outras pessoas — cuidar dos filhos, conversar com um amigo. Enquanto as mulheres tendem a fazer amigos, conforme descobriu Shelley Taylor, psicóloga da UCLA, o organismo delas libera oxitocina adicional, o que as acalma ainda mais.[25] Esse impulso de cuidar dos outros e agir de forma amigável pode ser singularmente feminino. O androgênio, hormônio sexual masculino, suprime os benefícios calmantes da oxitocina. O estrogênio, hormônio sexual feminino, amplifica esses efeitos. Essa diferença parece levar mulheres e homens a terem reações muito distintas quando se veem diante de uma ameaça; as mulheres buscam companhia, os homens a enfrentam sozinhos. Por exemplo, quando as mulheres eram informadas de que receberiam um choque elétrico, optavam por esperar o choque junto com outros participantes do estudo; já os homens preferiam ficar sozinhos. Os homens parecem ser mais capazes de se tranquilizar por meio da pura distração; assistir à televisão ou tomar uma cerveja podem ser suficientes.

Quanto mais amigos íntimos têm as mulheres, menor sua probabilidade de desenvolverem problemas de saúde à medida que envelhecem, e mais propensas estão a ter uma vida feliz em seus derradeiros anos. O impacto parece ser tão forte que se descobriu que a falta de amigos é tão perniciosa à saúde da mulher quanto o tabagismo ou a obesidade. Mesmo depois de sofrer um golpe doloroso, como a morte do cônjuge, as mulheres que têm amigos íntimos ou confidentes têm maiores chances de escapar à debilidade física ou à perda de vitalidade.

Em qualquer relacionamento íntimo, nossa própria caixa de ferramentas para gerenciar as emoções — todos os aspectos, de buscar conforto a repensar o que nos está afligindo — é complementada pela outra pessoa, que pode nos oferecer conselhos ou apoio, ou ajudar de forma mais direta via contágio emocional positivo. O modelo primordial para a formação de um vínculo biológico coeso com as pessoas mais próximas de nós foi definido na primeira infância, na fisiologia íntima de nossas primeiras interações. Esses mecanismos cérebro a cérebro permanecem conosco por toda a vida, conectando nossa biologia às pessoas com as quais é mais forte nosso apego.

A psicologia tem um termo infeliz para essa fusão de dois em um: uma "unidade psicobiológica mutuamente reguladora", um drástico relaxamento da usual linha psicológica e fisiológica que separa o Eu e o Tu, o indivíduo e o outro.[26] Essa fluidez de fronteiras entre as pessoas que se sentem próximas permite uma corregulagem de mão dupla, influenciando a biologia de ambos. Em suma, ajudamos (ou danificamos) o outro não apenas em nível emocional, mas também em *nível biológico*. A hostilidade de um eleva a pressão arterial do outro; o amor e o carinho a reduzem.[27]

Se tivermos um parceiro para toda a vida, um amigo íntimo, ou um parente afetuoso a quem possamos recorrer como uma base segura, contamos com um aliado biológico. Diante da nova compreensão médica de como os relacionamentos são importantes para a saúde, os pacientes com doenças graves ou crônicas podem muito bem se beneficiar da sintonia em suas conexões emocionais. Além de seguir as recomendações médicas, os aliados biológicos são um ótimo remédio.

UMA PRESENÇA QUE CURA

Quando morei em uma região rural da Índia, muitos anos atrás, intrigou-me o fato de que os hospitais da região geralmente não ofereciam comida aos pacientes. Ainda mais surpreendente para mim era o motivo: sempre que um paciente era internado, a família ia junto, acampando no quarto, cozinhando as próprias refeições e ajudando de várias maneiras a cuidar do doente.

Que maravilha, pensei, o paciente ter pessoas que o amam a seu lado dia e noite, para aliviar o peso emocional de seu sofrimento físico. Que completo contraste com o isolamento social que vemos com tanta frequência nos cuidados médicos do Ocidente.

Um sistema médico que utiliza apoio social e carinhoso para ajudar a impulsionar a qualidade de vida do paciente pode muito bem acabar melhorando a própria capacidade de cura. Por exemplo, para uma paciente deitada em sua cama de hospital à espera de uma complexa cirurgia a ser realizada no dia seguinte, é inevitável ficar preocupada. Em qualquer situação, o que uma pessoa sente com muita intensidade tende a ser passado para os outros, e quanto mais estressada e vulnerável a pessoa se sente, mais sensível ela se torna e mais propensa a "ser contaminada" por esses sentimentos.[28] Se o paciente preocupado dividir o quarto com outro que também passará por uma cirurgia, talvez um faça o outro sentir mais ansiedade e medo. Entretanto, se o paciente divide o quarto com outro que acaba de sair de uma cirurgia bem-sucedida — e por isso está se sentindo relativamente aliviado e calmo —, o efeito emocional será mais lenitivo e apaziguador.[29]

Quando perguntei a Sheldon Cohen, que conduziu os estudos sobre a infecção por rinovírus, qual era sua recomendação para pacientes hospitalizados, ele sugeriu que procurassem deliberadamente aliados biológicos. Cohen disse, por exemplo, que pode valer a pena "enxertar novas pessoas em nossa rede de vínculos sociais, principalmente pessoas com as quais possamos nos abrir". Quando um amigo meu recebeu o diagnóstico de um câncer provavelmente fatal, tomou uma decisão médica inteligente: começou a fazer sessões com um psicoterapeuta, com o qual podia conversar enquanto ele e a família enfrentavam o subsequente turbilhão.

Nas palavras de Cohen: "A descoberta mais impressionante sobre relacionamentos e saúde física é que as pessoas socialmente integradas — os casados, os indivíduos que têm família e amigos íntimos, que pertencem a grupos sociais e religiosos e participam ativamente dessas redes — recuperam-se mais rápido das doenças e vivem mais tempo. Cerca de dezoito estudos mostram uma forte relação entre conectividade social e mortalidade".

Dedicar mais tempo e energia a estar com as pessoas de nossa vida que consideramos mais reconfortantes, afirma Cohen, traz benefícios à saúde.[30] Ele também estimula os pacientes, na medida do possível, a reduzir o número de interações emocionalmente tóxicas em seu cotidiano e aumentar o de interações afetuosas.

Em vez de colocar uma pessoa estranha para ensinar a uma vítima de infarto a melhor maneira de evitar a recorrência do problema, sugere Cohen, os hospitais deveriam recrutar as redes de relacionamentos pessoais dos pacientes para atuar a favor deles, educando os que mais se importam com o paciente a se tornarem aliados na implementação das mudanças necessárias no estilo de vida.

Por mais importante que seja o apoio social para os idosos e doentes, outras forças trabalham contra a satisfação de sua necessidade de conexões afetuosas. Especialmente o constrangimento e a ansiedade que amigos e familiares sentem em relação a um paciente. Em particular, quando o paciente tem uma doença que carrega um estigma social ou está à beira da morte, as pessoas que normalmente são próximas podem tornar-se cautelosas ou ansiosas demais para oferecer ajuda — ou até mesmo visitar.

"A maior parte das pessoas ao meu redor se afastou", recorda-se Laura Hillenbrand, a escritora que ficou vários meses presa à cama devido à síndrome da fadiga crônica. Os amigos perguntavam a outros amigos como ela estava, mas, "depois de enviar um ou dois cartões de melhoras, eu parava de receber notícias deles". Quando ela tomava a iniciativa de ligar para velhos amigos, as conversas eram estranhas, e ela acabava se sentindo tola por ter ligado.

E, contudo, como qualquer pessoa excluída pela doença, Hillenbrand ansiava por contato, por conexão com os aliados biológicos que faltavam.

Como diz Sheldon Cohen, as descobertas científicas "mandam uma mensagem absolutamente clara aos amigos e familiares dos pacientes no sentido de que não os ignorem nem os isolem — mesmo que você não saiba exatamente o que dizer, é importante fazer uma visita".

Esse conselho sugere a todos nós que nos preocupamos com alguém padecendo de alguma enfermidade que, mesmo que nos faltem palavras, podemos sempre oferecer uma presença amorosa. A mera presença pode ser surpreendentemente importante, mesmo para pacientes em estado vegetativo com graves danos cerebrais, que parecem totalmente inconscientes do que as pessoas lhes dizem — que se encontram em um estado que o jargão médico chama de "estado mínimo de consciência". Quando uma pessoa emocionalmente próxima de um paciente conversa com ele e recorda eventos do passado ou o toca de leve, ativa-se nele, em resposta, o mesmo circuito cerebral das pessoas com cérebros intactos.[31] Apesar disso, o paciente parece estar totalmente inacessível, incapaz de emitir qualquer resposta, ainda que seja na forma de um olhar ou uma palavra.

Uma amiga me contou que, por acaso, leu um artigo sobre pacientes que se recuperaram do coma; essas pessoas declararam que, muitas vezes, mesmo jazendo incapazes de mover um músculo, conseguiam ouvir ou entender o que os outros diziam. Acontece que ela leu o artigo em um ônibus, durante uma viagem para ficar com a mãe, que estava em estado mínimo de consciência depois da ressuscitação cardiopulmonar na esteira de um episódio de insuficiência cardíaca congestiva. Esse insight transformou sua experiência de sentar-se ao lado do leito da mãe enquanto ela estava à deriva.

A proximidade emocional é muito útil, em especial quando os pacientes são clinicamente frágeis: pessoas com doenças crônicas ou com sistema imunológico debilitado ou idosos em idade avançada. Embora esse tipo de cuidado não seja uma panaceia, os dados que estão surgindo sugerem que esse tratamento pode fazer uma diferença significativa do ponto de vista clínico. Nesse sentido, o amor é mais do que apenas uma maneira de melhorar o tom emocional da vida do paciente — é um ingrediente biologicamente ativo dos cuidados médicos.

Por essa razão, o médico Mark Pettus nos incentiva a reconhecer as sutis mensagens que sinalizam a necessidade que o paciente tem de momentos de conexão carinhosa, e a tomar medidas com relação aos "convites para entrar", que assumem a forma de "uma lágrima, uma risada, um olhar ou até mesmo o silêncio".

O filho pequeno do próprio Pettus foi internado para uma cirurgia e estava arrasado, apavorado e confuso – e incapaz de entender o que se passava, pois, em função de um atraso no desenvolvimento, ainda não sabia falar.[32] Após a cirurgia, o menino ficou deitado em uma cama, encolhido em meio a um emaranhado de tubos ligados a ele: uma agulha intravenosa com soro no braço preso por esparadrapo a uma pequena tábua; uma sonda que entrava pelo nariz e ia até o estômago; tubos de oxigênio nas narinas; uma sonda que enviava anestesia ao canal espinhal, e outra que passava através do pênis para chegar à bexiga.

Pettus e a esposa ficaram de coração partido, lamentando que seu filho querido tivesse que passar por tudo aquilo. Contudo, podiam ver nos olhos do menino que eram capazes de ajudá-lo com pequenos gestos de calor humano: toques tranquilizadores, olhares sinceros e sua simples presença.

Como o próprio Pettus diz: "Nossa linguagem era o amor".

18. Uma receita de pessoas

Um residente de medicina na clínica especializada em coluna vertebral de um dos melhores hospitais do mundo estava entrevistando uma mulher de cinquenta e poucos anos que sofria de intensas dores decorrentes de uma grave degeneração do disco cervical. A mulher sofria com esse problema havia anos, mas jamais consultara um médico. Em vez disso, vinha fazendo sessões com um quiroprático, cujas manipulações lhe davam alívio apenas temporário. A dor aumentava gradualmente, e ela estava com medo.

A mulher e a filha dela bombardearam o residente com suas perguntas, dúvidas e temores. Durante cerca de vinte minutos o residente tentou esclarecer suas preocupações e aplacar seus medos, mas sem êxito.

Nesse momento, a médica responsável entrou no quarto e descreveu bruscamente as injeções para a face articular que havia receitado para acalmar a inflamação, assim como a fisioterapia que deveria seguir a fim de alongar e fortalecer os músculos do pescoço. A filha não conseguia entender de que forma esses tratamentos ajudariam e começou a dirigir uma enxurrada de perguntas à médica, que, a essa altura, já havia se levantado e seguia para a porta.

Ignorando a tácita indicação da médica de que a conversa havia terminado, a filha não interrompeu sua torrente de questionamentos, emendando uma pergunta atrás da outra. Depois que a médica saiu do quarto, o residente permaneceu com elas por mais dez minutos, até que por fim a paciente concordou em tomar a injeção.

Pouco tempo depois, a médica responsável chamou o residente em um canto e disse: "É muita gentileza sua, mas você não pode se dar ao luxo de ter esse tipo de conversa prolongada com um paciente. Nossa programação prevê apenas quinze minutos por paciente, e isso inclui o tempo de ditar a receita. Você vai se curar disso depois de passar algumas noites sem dormir, ditando suas anotações e tendo de voltar bem cedo na manhã seguinte para um dia inteiro na clínica".

"Mas eu me preocupo com a minha conexão com os pacientes", protestou o residente. "Quero estabelecer um contato harmônico, entendê-los de verdade – se eu pudesse, passaria meia hora com cada um."

Nesse instante a médica, um tanto exasperada, fechou a porta para que os dois pudessem conversar em particular. "Olha só", disse ela, "havia outros oito pacientes esperando – foi egoísmo daquela mulher te segurar lá por tanto tempo. Você simplesmente não pode passar mais que dez minutos com cada paciente. É todo o tempo que temos."

Em seguida, explicou em detalhes ao residente a matemática vigente naquele hospital em relação ao tempo por paciente e a porção de cada pagamento que cabia ao médico depois de deduzidos os "impostos" – os descontos referentes ao seguro de imperícia médica, as despesas gerais do hospital e outras partes confidenciais. Os resultados: se o médico cobrasse 300 mil dólares por ano dos pacientes, ficaria com cerca de 70 mil sob a forma de salário. A única maneira de ganhar mais dinheiro era dar um jeito de enfiar mais pacientes no apertado tempo das consultas.

As esperas longas demais e as consultas curtas demais, características cada vez mais comuns na medicina, não agradam a ninguém. Os pacientes não são os únicos que sofrem com a devastadora mentalidade de contador que insidiosamente vai tomando conta da medicina. De forma progressiva, os médicos se queixam de que simplesmente não conseguem passar o tempo que desejam com seus pacientes. Esse problema não se restringe aos Estados Unidos. Um neurologista europeu, que trabalha para o sistema nacional de saúde de seu país, lamentou: "Estão aplicando às pessoas a lógica das máquinas. Relatamos os procedimentos que fazemos e quando o fazemos, e então calculam quanto tempo devemos passar com cada paciente. Mas nessa conta não incluem tempo algum para conversarmos com os pacientes, para nos relacionarmos com eles, explicarmos as coisas, a fim de que se sintam bem. Muitos médicos estão frustrados – querem ter tempo para tratar a pessoa, não apenas a doença".

A receita para a exaustão emocional do médico é escrita durante as horas sabidamente extenuantes da faculdade de medicina e da residência. Some-se a essa implacável carga de trabalho a economia da medicina, que exige cada vez mais dos médicos, e não é surpresa alguma que o pérfido desespero esteja crescendo. Pesquisas encontram indícios de pelo menos algum grau de exaustão emocional em 80% a 90% dos médicos em atividade – uma epidemia silenciosa.[1] Os sintomas são claros: estresse emocional, intensos sentimentos de insatisfação e uma atitude despersonalizada do tipo Eu-Isso.

FALTA DE AMOR ORGANIZADA

A paciente no quarto 4D tinha sido internada em razão de uma pneumonia resistente a múltiplos medicamentos. Devido a sua idade avançada e a uma série de outros problemas de saúde, o prognóstico não era nada bom.

Ao longo das semanas, ela e o enfermeiro do turno da noite desenvolveram uma espécie de amizade. De resto, ela não recebia visitas, não havia uma alma a ser notificada em caso de morte e nenhum amigo ou parente conhecido. O enfermeiro que passava pelo quarto durante as rondas noturnas era o único visitante que a paciente recebia, em visitas que se limitavam às breves conversas que ela conseguia manter.

Agora seus sinais vitais estavam falhando e o enfermeiro identificou que a paciente do 4D estava à beira da morte. Por isso ele tentava passar todo o tempo livre de seu plantão no quarto dela, apenas para estar a seu lado. Foi ele quem estava lá para segurar a mão da mulher nos últimos momentos de vida.

Como a supervisora dele reagiu a esse gesto de bondade humana?

Ela o repreendeu por perder tempo e fez questão de registrar a reclamação na ficha funcional do enfermeiro.

"Nossas instituições são uma falta de amor organizada", definiu Aldous Huxley bruscamente em *A filosofia perene*. Essa máxima aplica-se a qualquer sistema que considere as pessoas que o habitem apenas da perspectiva Eu--Isso. Quando as pessoas são tratadas como números, peças intercambiáveis sem interesse ou valores em si, a empatia é sacrificada em nome da eficiência e da relação custo-benefício.

Vejamos uma situação comum: o paciente internado cujo exame de raio X está marcado para aquele dia. Logo pela manhã, dizem a ele: "Você vai para a sala de radiologia fazer um raio X".

Mas não lhe dizem que o hospital ganha mais dinheiro com os exames de raio X dos pacientes ambulatoriais do que com os dos pacientes internados, cujos exames são pagos como parte do "pacote" do seguro-saúde (pelo menos nos Estados Unidos). O hospital precisa se virar com a quantia total incluída no pacote — o que faz desse raio X um potencial prejuízo.

Assim, os pacientes internados são os últimos da fila, esperando — muitas vezes ansiosamente — um procedimento que, acreditam, poderia ser realizado em cinco minutos, mas que talvez só seja feito depois de cinco horas. Pior ainda, para alguns exames específicos os pacientes precisam começar a jejuar à meia-noite do dia anterior; se o exame for protelado até a tarde, o paciente não toma café da manhã nem almoça.

"O lucro guia a forma como os serviços são prestados", disse-me um executivo da área hospitalar. "Não levamos em consideração como *nós* nos sentiríamos se fossemos nós esperando. Não damos atenção suficiente às expectativas dos pacientes e não lidamos com eles tão bem quanto poderíamos. Nossas operações e o fluxo de informações são organizados para a conveniência da equipe médica, não dos pacientes."

Mas o nosso conhecimento acerca do papel das emoções na saúde sugere que ignorar que os pacientes são pessoas, mesmo no interesse de alguma eficiência aparente, nos leva a perder um potencial aliado biológico: sentir preocupação humana. Não tenho a intenção de defender a ideia de que todos devemos ter "coração mole": um cirurgião compassivo ainda precisa continuar realizando incisões e operações e um enfermeiro compassivo ainda precisa realizar procedimentos dolorosos. Mas os cortes das intervenções cirúrgicas e a dor são menos intensos quando acompanhados por um ar de bondade e preocupação. Ser percebido, sentido e cuidado alivia o sofrimento. Aflição e rejeição o aumentam.

Se quisermos instaurar organizações mais humanas, a mudança necessária deverá ser efetuada em dois níveis: dentro do coração e da mente das pessoas que oferecem os cuidados e nas regras básicas — tanto as explícitas quanto as tácitas — da instituição. Os sinais do desejo por essa mudança são abundantes hoje.

RECONHECENDO O SER HUMANO

Imaginemos um médico, um bem-sucedido cirurgião cardíaco, emocionalmente desapegado de seus pacientes. Ele não é apenas desprovido de compaixão, como também é indiferente, até desdenhoso, em relação aos pacientes e seus sentimentos. Alguns dias atrás ele operou um homem que, numa tentativa de suicídio, havia pulado pela janela do quinto andar de um prédio, ferindo-se gravemente. Agora, diante de seus alunos, todos residentes em medicina, o cirurgião diz ao paciente que, se ele quisesse punir a si mesmo, seria melhor praticar golfe. Os alunos riem — mas a expressão facial do paciente revela angústia e desespero.

Alguns dias depois, o mesmo cirurgião torna-se paciente. Sente uma coceira na garganta e está tossindo sangue. A especialista em garganta do hospital o examina; à medida que a cena se desenrola, o rosto e os gestos do cirurgião revelam medo, confusão, desconforto e desorientação. A otorrinolaringologista termina o exame comunicando ao nosso herói que ele está com um tumor nas cordas vocais e precisará fazer uma biópsia e outros exames.

Enquanto sai para examinar o paciente seguinte, a médica murmura: "Dia cheio! Dia cheio!".

Essa história foi narrada pelo falecido Peter Frost, professor de administração que empreendeu uma campanha pela compaixão médica depois da própria experiência em uma ala para pacientes com câncer.[2] O elemento-chave que falta nesse cenário, apontou Frost, é o simples reconhecimento do ser humano, da pessoa que luta para manter sua dignidade, até mesmo sua vida.

Essa humanidade invariavelmente se perde em meio aos mecanismos impessoais da medicina moderna. Algumas pessoas argumentam que essa atitude mecanicista leva a um desnecessário "sofrimento iatrogênico", a angústia gerada quando a equipe médica deixa o coração em casa. Mesmo com pessoas que estão morrendo, as mensagens insensíveis dos médicos por vezes podem engendrar mais sofrimento emocional do que a doença em si.[3]

Esse reconhecimento instigou um movimento em defesa de uma medicina "centrada no paciente" ou "centrada no relacionamento", ampliando o foco da atenção médica para além do mero diagnóstico de modo a incluir a pessoa que é tratada, melhorando a qualidade da conexão entre médico e paciente.

O movimento para aumentar o lugar da comunicação e da empatia na medicina salienta a diferença entre as atitudes que são defendidas e a sua prática real. O primeiro princípio do Código de Ética Médica da Associação Norte-Americana de Medicina aconselha os médicos a oferecerem assistência médica competente *com compaixão*. A maior parte dos currículos das faculdades de medicina inclui um módulo sobre a relação entre médico e paciente; médicos e enfermeiros no exercício de sua atividade rotineiramente dispõem de cursos de atualização em habilidades interpessoais e de comunicação. Contudo, apenas nos últimos anos o exame de licenciamento médico nos Estados Unidos inclui uma avaliação da capacidade de um médico estabelecer conexão e se comunicar com os pacientes.

Parte do ímpeto para esse novo e mais estrito padrão é defensiva. Um estudo muito debatido de como os médicos falam com os pacientes, publicado em 1997 no *Journal of the American Medical Association*, revelou que era a comunicação deficitária — e não o número efetivo de percalços — que previa em grande parte que determinado médico seria processado judicialmente por negligência.[4]

Por outro lado, médicos com quem os pacientes sentiam uma maior conexão sofriam menos processos judiciais. Esses médicos faziam coisas simples que ajudavam: diziam aos pacientes o que esperar de uma consulta ou tratamento, batiam papo, tocavam nos pacientes de modo reconfortante, sentavam-se e riam com eles — o humor constrói uma conexão de forma rápida e poderosa.[5] Além disso, faziam questão de verificar se os pacientes realmente entendiam seus comentários, pediam a opinião deles, respondiam a todas as perguntas, esclareciam as dúvidas e os estimulavam a falar. Em suma, demonstravam interesse pela pessoa, não apenas pelo diagnóstico.

O tempo é um fator-chave nesse tipo de assistência: as consultas duravam cerca de três minutos e meio a mais do que as dos médicos mais propensos a ser processados. Quanto mais rápida a consulta, maior é a chance de um processo por erro médico. Estabelecer uma boa conexão demora apenas alguns minutos — uma observação preocupante, dadas as crescentes pressões econômicas sobre os médicos para que atendam mais pacientes em menos tempo.

Mesmo assim, o argumento científico em defesa da construção de uma conexão com o paciente ganha força. Por exemplo, uma revisão dos estudos constatou que a satisfação dos pacientes era maior quando sentiam que um médico demonstrava empatia e fornecia informações úteis.[6] Mas a sensação do paciente de que a mensagem do médico era "informativa" originava-se não apenas no *tipo* de informação dada, mas em *como* era transmitida. Um tom de voz que demonstrasse preocupação e envolvimento emocional fazia com que as palavras do médico parecessem mais proveitosas. Um bônus: quanto mais satisfeitos os pacientes, melhor era sua capacidade de se lembrar das instruções do médico e de cumpri-las.[7]

Além dos argumentos clínicos em defesa dessa conexão, há também um argumento comercial. Pelo menos nos Estados Unidos, onde o mercado médico se torna cada vez mais competitivo, "entrevistas de saída" com pacientes que decidiram desistir de seu plano de saúde revelam que 25% deles fazem isso porque "não gostavam da maneira como o médico se comunicava comigo".[8]

A transformação do dr. Robin Youngson começou no dia em que sua filha, com fratura no pescoço, foi levada às pressas para o hospital. Durante noventa dias, ele e a esposa agonizaram enquanto a filha, de apenas cinco anos, jazia amarrada a uma cama, olhando apenas para o teto.

Essa atribulação inspirou o dr. Youngson, um anestesiologista de Auckland, Nova Zelândia, a iniciar uma campanha para alterar o código legal que regia os direitos dos pacientes de seu país. Ele quer acrescentar aos direitos já existentes — dignidade e respeito — o direito de ser tratado com compaixão.

"Durante a maior parte de minha carreira como médico", confessa ele, "reduzi o ser humano diante de mim a uma 'preparação fisiológica'." Mas essa atitude Eu-Isso, hoje ele percebe, diminui o potencial pleno para uma relação de cura. A hospitalização da filha, diz ele, "trouxe-me de volta para a minha humanidade".

Sem dúvida, em qualquer sistema médico há pessoas de bom coração. Mas na maioria das vezes a própria cultura da medicina sufoca ou destrói a expressão de preocupação empática, convertendo os cuidados médicos em vítimas não apenas das pressões de tempo e de custos, mas também do que o dr. Youngson chama de "estilos disfuncionais de pensamento e crença por parte dos médicos: linear, reducionista, excessivamente crítico e pessimista, intolerante com a ambiguidade. Acreditamos que esse 'desapego clínico' é elementar para uma percepção clara. Errado".

De acordo com o diagnóstico do dr. Youngson, sua profissão sofre de uma deficiência aprendida: "Perdemos completamente a compaixão". O principal inimigo, diz ele, não é o coração de cada médico ou enfermeiro individualmente

— seus colegas prontamente se comprometem com a bondade —, mas a pressão inexorável no sentido da dependência da tecnologia médica. Acrescentem-se a isso a implacável fragmentação da assistência médica, em que os pacientes são encaminhados de especialista em especialista, e a redução das equipes de enfermagem, em que um único enfermeiro tem de atender um número cada vez maior de pacientes. Os próprios pacientes acabam por se responsabilizar pelos cuidados médicos, estando ou não preparados para isso.

A palavra *heal* ("curar", em inglês) veio do inglês antigo *hal*, que significa "tornar inteiro, ou consertar, remendar". A ideia de curar tem um significado mais amplo do que simplesmente debelar uma doença; implica ajudar a pessoa a recuperar uma sensação de inteireza e de bem-estar emocional. Os pacientes precisam de um processo de cura realizado junto com a assistência médica — e a compaixão cura de maneiras que nenhum tipo de medicina ou tecnologia é capaz.

O FLUXOGRAMA DOS CUIDADOS

Nancy Abernathy estava apresentando um seminário sobre habilidades interpessoais e de tomada de decisões para alunos do primeiro ano de medicina quando o pior aconteceu: seu marido, de apenas cinquenta anos, morreu de infarto enquanto praticava esqui cross-country no bosque atrás de sua casa, em Vermont. Morreu em plenas férias de inverno.

Subitamente desolada e tendo de criar sozinha os dois filhos adolescentes, a viúva Abernathy lutou muito para seguir em frente ao longo do semestre seguinte, compartilhando com os alunos seus próprios sentimentos de consternação e luto — uma realidade que eles enfrentariam em sua rotina com as famílias dos pacientes que morressem.

Em dado momento, Abernathy confidenciou que estava com medo do ano seguinte, especialmente receosa da aula em que todos os alunos mostravam fotos dos familiares. Abernathy se perguntava que retratos da própria família ela traria e que parcela de seu luto ela compartilharia com os alunos. Como ela conseguiria não chorar quando falasse da morte do marido?

Ainda assim, ela se inscreveu para dar o curso no ano seguinte e se despediu dos alunos da turma atual.

No outono, no dia da temida aula, Abernathy chegou cedo e descobriu que a sala já estava quase lotada. Para a sua surpresa, as cadeiras estavam ocupadas pelos alunos do ano anterior.

Agora estudantes do segundo ano de medicina, tinham ido apenas para oferecer a sua presença e seu apoio.

"Isso é compaixão", assevera Abernathy. "Uma simples conexão humana entre a pessoa que sofre e a que é capaz de curar."[9]

Assim como compartilham a missão de oferecer cuidados, os que tratam da saúde e do bem-estar das pessoas precisam cuidar uns dos outros. Em qualquer organização que presta serviços humanos, a preocupação dos membros da equipe uns com os outros afeta a qualidade dos cuidados que eles podem oferecer.

Os cuidados entre os membros de uma equipe são uma versão adulta de oferecer uma base segura. Isso pode ser testemunhado nas mais corriqueiras interações para "levantar o astral" que acontecem em qualquer local de trabalho ao longo do dia, do simples ato de se mostrar disponível e dar ouvidos a parar para ouvir solidariamente uma reclamação. Ou pode assumir a forma de demonstrar respeito ou oferecer uma palavra de admiração ou um elogio, ou ainda valorizar o trabalho de alguém.

Quando as pessoas que exercem profissões de cuidado com o outro não conseguem obter na convivência com seus colegas de trabalho uma noção consistente de que têm uma base segura, tornam-se mais suscetíveis à "fadiga por compaixão".[10] O abraço, o ombro amigo, o olhar solidário, tudo isso é importante, mas se perde facilmente em meio ao frenético alvoroço de atividades, típico de qualquer ambiente de serviços humanos.

A observação cuidadosa pode produzir um mapa do intercâmbio desse oferecimento de cuidados. Na verdade, um fluxograma virtual dos cuidados foi o resultado de três anos de observações de William Kahn, que lançou um olhar antropológico sobre as pequenas interações diárias entre a equipe de uma agência de serviço social.[11] A função da agência era disponibilizar um adulto voluntário para atuar como companhia, mentor e modelo de comportamento para crianças desabrigadas. Como muitas organizações sem fins lucrativos, a agência pelejava com a escassez de verbas e de pessoal.

As interações cuidadosas não são nada especiais, Kahn descobriu; ao contrário, estão inseridas na vida cotidiana de qualquer ambiente de trabalho. Por exemplo, quando uma nova assistente social apresentava um caso difícil em uma reunião semanal, outra mais experiente ouvia atentamente suas frustrações, fazia perguntas para esquadrinhar o caso, refreava seus juízos mais negativos e dizia com todas as letras o quanto estava impressionada com a sensibilidade da novata. Essa era uma demonstração natural dos vários modos de oferecer cuidados.

Em outra reunião, porém, na qual a supervisora dos assistentes sociais deveria discutir os casos mais problemáticos, as coisas foram muito diferentes. A supervisora ignorou despreocupadamente o propósito da reunião e, em vez disso, iniciou um monólogo sobre questões administrativas que interessavam muito mais a ela.

A supervisora passou o tempo todo consultando as próprias anotações, e evitava o contato visual; deixava poucas oportunidades para perguntas dos funcionários, muito menos para comentários; e não fez nem sequer menção de indagar o que pensavam os assistentes sociais. Não expressou a menor simpatia pela esmagadora quantidade de casos dos assistentes sociais, e, quando alguém lhe fez um questionamento sobre o cronograma, ela não soube fornecer a informação decisiva. Placar dos cuidados: zero.

No que diz respeito ao fluxo de cuidados nessa agência, comecemos por cima. O afortunado diretor-executivo tinha um conselho de gestão que o apoiava entusiasticamente. O presidente do conselho era uma base segura exemplar, que ouvia solidariamente os problemas e frustrações do diretor, oferecia-lhe ajuda e o tranquilizava, reassegurando que o conselho não o abandonaria, ao mesmo tempo que lhe dava autonomia para fazer as coisas a seu próprio modo.

Mas o diretor-executivo não oferecia nem um pouco desses mesmos cuidados aos sobrecarregados assistentes sociais, que faziam a maior parte do trabalho da agência. Ele nunca lhes perguntava como estavam se sentindo, não os incentivava, nem demonstrava um pingo de respeito por seus valorosos esforços. Seu relacionamento com eles era emocionalmente estéril: falava com eles apenas nos termos mais abstratos, indiferente à frustração e à indignação que expressavam nas raras oportunidades que tinham para fazê-lo. O resultado era apenas desconexão.

No entanto, o diretor-executivo oferecia certos cuidados aos níveis mais baixos da hierarquia — ao responsável pela arrecadação de fundos, que retribuía. Os dois formavam uma sociedade de apoio mútuo, ouvindo os problemas um do outro, oferecendo conselhos e conforto. Entretanto, nenhum deles oferecia nada disso a nenhuma outra pessoa na agência.

Paradoxalmente, a supervisora dos assistentes sociais, subordinada ao diretor-executivo, oferecia muito mais apoio ao chefe do que ele dava a ela. Esse tipo de oferta de cuidados reversa é surpreendentemente comum, com os subordinados oferecendo cuidados a seus superiores sem reciprocidade. O fluxo de baixo para cima assemelha-se à dinâmica de famílias disfuncionais, em que os pais abdicam da responsabilidade e em vez disso invertem os papéis, procurando receber cuidados dos filhos.

A supervisora também inverteu o fluxo com os assistentes sociais sob seu comando, não lhes oferecendo praticamente cuidado algum, mas, ao contrário, buscando o apoio deles. Por exemplo, em uma reunião em que uma assistente social perguntou à supervisora se ela já havia descoberto em outra agência de que maneira eles deveriam preencher os formulários para o relato de maus-tratos a crianças, a supervisora respondeu que tentara, mas sem sorte. Nesse momento, outro assistente social se ofereceu para se incumbir da tarefa. Os assistentes sociais assumiam várias outras atribuições da supervisora, como a definição dos cronogramas e horários, e a protegiam da força emocional de sua própria aflição.

O maior volume de cuidados circulava entre os próprios assistentes sociais. Abandonados emocionalmente por sua supervisora, enfrentando pressões intimidadoras e lutando para rechaçar a exaustão emocional, tentavam construir ao redor de si um casulo emocional. Nas reuniões sem a presença da supervisora, faziam perguntas pessoais, queriam saber como o outro estava, ouviam com empatia, ofereciam apoio emocional e amparo concreto e, de modo geral, ajudavam-se mutuamente.

Muitos deles relataram a Kahn que, quando eles mesmos se sentiam alvo dos cuidados de alguém, consideravam-se mais dispostos e capazes de ser cuidadores mais ativos em seu trabalho. Um deles disse: "Quando sinto que tenho algum valor aqui, mergulho de cabeça na supervisão das crianças sob minha responsabilidade".

Mesmo assim, os assistentes sociais tinham um imenso débito emocional: davam muito mais do que recebiam. Sua energia estava sendo drenada à medida que trabalhavam para cuidar do bem-estar de crianças e adultos, a despeito dos esforços no sentido de reabastecerem um ao outro. Mês após mês, afastavam-se emocionalmente do trabalho, esgotados pela sobrecarga ou intensa atividade, e, por fim, desistiam. Em um período de dois anos e meio, catorze pessoas abandonaram os seis cargos na agência de assistência social.

Sem recarga emocional, os cuidadores ficavam debilitados. Na medida em que os profissionais que trabalham na área de assistência à saúde sentem que os outros lhes dão o apoio emocional de que necessitam, tornam-se mais capazes de oferecer os mesmos cuidados aos pacientes. Mas um assistente social, um médico ou enfermeiro esgotados não têm recursos emocionais de onde podem tirar energia.

CURANDO OS QUE CURAM

Há outro argumento pragmático para justificar o aumento do papel da compaixão na medicina: em termos de relação custo-benefício, esse padrão indiscutível para tantas decisões organizacionais, a compaixão ajuda a reter uma equipe valiosa. Os dados aqui vêm de um estudo sobre "trabalho emocional" feito por profissionais da área de saúde, principalmente enfermeiras.[12]

As enfermeiras cujo trabalho as deixava aborrecidas perdiam o contato com o sentido de missão e tinham uma saúde física mais precária — e eram as que tinham o desejo mais intenso de sair do emprego. Os pesquisadores concluíram que a raiz desses problemas estava no fato de as enfermeiras "pegarem" a aflição do desespero, da raiva ou da ansiedade das pessoas de quem cuidavam. Essa negatividade ameaçava transbordar sobre suas interações com os outros, fossem pacientes ou colegas de trabalho.

Porém se uma enfermeira tinha relacionamentos gratificantes com os pacientes e sentia com frequência que melhorava o estado de ânimo deles, ela mesma se beneficiava emocionalmente. Coisas simples como falar com gentileza e demonstrar afeto faziam as enfermeiras sentirem menos estresse psicológico devido ao trabalho, e o mesmo efeito tinham as reuniões com os pacientes ou a equipe. Essas enfermeiras mais emocionalmente conectadas tinham melhor saúde física, bem como uma noção de missão significativa. E tinham menor probabilidade de querer abandonar o emprego.

Quanto mais uma enfermeira enfrenta ou causa aflição nos pacientes, mais aflição ela capta; quanto mais uma enfermeira faz com que os pacientes e suas famílias se sintam melhor, melhor *ela* se sente. Ao longo de um dia de trabalho, qualquer enfermeira certamente fará as duas coisas, mas os dados sugerem que quanto mais vezes ela suscitar bons sentimentos, melhor se sentirá. E essa proporção de interações emocionais positivas e negativas está, em grande medida, nas mãos da própria enfermeira.

Uma tarefa emocional que quase sempre provoca estresse é a de ouvir continuadamente as preocupações de alguém. Esse problema foi chamado de "fadiga por compaixão", no qual a própria pessoa que oferece ajuda acaba sobrecarregada pela angústia daqueles a quem ela tenta ajudar. Uma solução consiste não em parar de ouvir, mas sim em buscar apoio emocional. Em um ambiente médico compassivo, pessoas como as enfermeiras que atuam na linha de frente da dor e do desespero precisam de ajuda para "metabolizar" esse inevitável sofrimento, tornando-as mais resilientes no aspecto emocional. As instituições precisam assegurar-se de que as enfermeiras e outros membros da equipe recebam apoio suficiente para ter empatia sem se exaurir emocionalmente.

Assim como as pessoas cujo trabalho as torna vulneráveis a repetidas lesões por estresse tiram intervalos para se alongar, as que trabalham em funções emocionalmente estressantes podem se beneficiar das folgas para se acalmar antes de voltar. Porém esses intervalos restauradores jamais se tornarão rotineiros, a menos que o trabalho emocional realizado pelos profissionais da saúde seja valorizado pelos administradores como uma parte importante, até crucial, de sua tarefa — parte que precisa ser feita com outros deveres, e não apesar deles.

Normalmente, o componente emocional dos empregos na área dos serviços de saúde não é considerado um trabalho "de verdade". No entanto, se a necessidade de cuidados emocionais fosse considerada rotineiramente uma parte essencial do trabalho, então os funcionários da área de saúde poderiam realizar melhor suas tarefas. O problema imediato se resume a introduzir mais dessas qualidades na medicina tal como ela é praticada. O trabalho emocional não aparece em parte alguma nas descrições de cargo dos funcionários da área de saúde.

Pior ainda é que a medicina pode estar suscetível ao erro mais comum na escolha dos líderes, o que um observador irônico percebeu como a tendência a promover pessoas a seu nível de *in*competência. Alguém pode provavelmente tornar-se um chefe de departamento ou um executivo com base em sua excelência técnica como indivíduo, como um cirurgião brilhante – mas sem que se levem em conta habilidades essenciais como a empatia.

"Quando pessoas são promovidas a funções gerenciais com base em seus conhecimentos médicos especializados, não em suas habilidades interpessoais", observa Joan Strauss, gerente de projetos sênior para a melhoria dos serviços no Hospital Geral de Massachusetts, famoso hospital da Escola de Medicina de Harvard, "às vezes precisam de treinamento. Por exemplo, talvez não saibam como responsabilizar as pessoas de maneira respeitosa e aberta – sem ser um bobo por um lado ou Átila, o Huno, por outro."

Estudos comparando líderes excepcionais a líderes medíocres revelaram que as competências que distinguem os melhores dos piores nos serviços humanos têm pouco ou nada a ver com conhecimentos médicos especializados ou habilidades técnicas, e tudo a ver com inteligência social e emocional.[13] É óbvio que o conhecimento médico é importante para os líderes na área de saúde – mas é um pressuposto, uma competência mínima que todo profissional de saúde precisa ter. O que *distingue* os líderes na medicina vai muito além desse conhecimento e chega às habilidades interpessoais como empatia, resolução de conflitos e desenvolvimento de pessoal. A medicina compassiva precisa de líderes solícitos que se preocupem e que sejam capazes de oferecer à equipe médica a sensação de uma base emocional segura.

RELACIONAMENTOS QUE CURAM

Kenneth Schwartz, um bem-sucedido advogado de Boston, tinha quarenta anos de idade quando recebeu o diagnóstico de câncer no pulmão. Na véspera do dia marcado para a cirurgia, ele chegou à ala de pré-cirurgia do hospital e se sentou em uma sala de espera lotada, com enfermeiras ocupadas passando de um lado para o outro.

Finalmente, chamaram o nome de Schwartz e ele foi para um consultório onde uma enfermeira realizou uma consulta pré-cirúrgica. No início, ela pareceu bastante rude – Schwartz se sentiu exatamente como um outro paciente qualquer. Porém, quando ele lhe disse que tinha câncer no pulmão, a expressão dela se abrandou. Ela pegou sua mão e perguntou como ele estava passando.

De repente, eles deixaram seus papéis de enfermeira e paciente, enquanto Schwartz começou a contar sobre seu filho de dois anos, Ben. Ela disse que tinha um sobrinho que também se chamava Ben. No final da conversa, a enfermeira estava enxugando as lágrimas. Embora normalmente seu trabalho não exigisse que ela fosse ao andar das cirurgias, ela prometeu que o visitaria.

No dia seguinte, enquanto ele estava sentado na cadeira de rodas, esperando para ser levado até a sala de cirurgia, lá estava ela. A enfermeira pegou a mão dele e, com os olhos marejados, desejou-lhe boa sorte.

Essa foi uma de uma série de interações compassivas com membros da equipe médica, atos de bondade que, nas palavras do próprio Schwartz à época, "tornaram suportável o que era insuportável".[14]

Pouco antes de sua morte, alguns meses depois, Schwartz criou um legado que, ele esperava, deixaria esses momentos de benevolência ao alcance de um número muito maior de pacientes. Ele fundou o Centro Kenneth B. Schwartz no Hospital Geral de Massachusetts, com o objetivo de "apoiar e estimular a assistência médica compassiva", que oferece esperança a pacientes e apoio aos cuidadores e a todos os que auxiliam no processo de cura.[15]

O Centro Schwartz oferece anualmente o prêmio Cuidador Compassivo para homenagear profissionais da área da saúde que demonstram bondade extraordinária nos cuidados com os pacientes e, assim, podem servir como exemplos a ser seguidos. Outra inovação promissora do centro é uma variação das mesas-redondas para a discussão de assuntos médicos, que normalmente atualizam os profissionais de medicina quanto aos mais recentes avanços em suas áreas de atuação. As "mesas-redondas do Centro Schwartz" dão à equipe do hospital uma oportunidade de se reunir para compartilhar suas preocupações e temores. A premissa é que, obtendo clareza sobre as próprias reações e sentimentos, os cuidadores serão capazes de estabelecer uma melhor conexão pessoal com seus pacientes.[16]

"Quando fizemos nossa primeira mesa-redonda", relata a dra. Beth Lown, do Hospital Mount Auburn, em Cambridge, Massachusetts, "a expectativa era de reunir não mais que sessenta ou setenta pessoas, que é um bom número de participantes. Mas, para a nossa surpresa, cerca de 160 pessoas da área de saúde compareceram. Essas mesas-redondas na verdade assinalam uma necessidade que temos de falar honestamente uns com os outros sobre como é fazer nosso trabalho."

Como membro da Academia Norte-Americana das Relações Médico--Paciente, a dra. Lown tem uma perspectiva singular: "O motivo para a conexão com as pessoas que atraem tantos à medicina é lentamente suplantado pela cultura hospitalar — uma orientação biomédica, norteada pela tecnologia e concebida para internar pacientes e lhes dar alta o mais rapidamente possível. A pergunta não é se a empatia pode ou não ser ensinada, mas sim o que estamos fazendo que afugenta a empatia dos estudantes de medicina".

O fato de que hoje os exames para certificação médica incluem uma avaliação da aptidão interpessoal atesta a importância atribuída a médicos que cultivam habilidades como relacionamento e construção de conexões com os pacientes. Um dos focos é a consulta médica, atividade que um médico comum realiza por volta de 200 mil vezes ao longo de sua carreira.[17] Essa conversa é a melhor oportunidade de médico e paciente desenvolverem uma boa aliança de trabalho.

A sempre analítica mente médica fragmentou a consulta com o paciente em sete partes distintas, da abertura da discussão, passando pela coleta e compartilhamento de informações aos planos de tratamento. As diretrizes da consulta enfatizam não as dimensões médicas — que são dadas como certas —, mas sim a dimensão humana.

Os médicos são estimulados, por exemplo, a deixar um paciente concluir a primeira frase, em vez de tomar as rédeas da conversa desde os primeiros segundos, e a extrair do paciente todas as suas preocupações e dúvidas. Eles precisam criar uma conexão pessoal e entender como o paciente percebe a doença e o tratamento. Em outras palavras, precisam lançar mão da empatia e se conectar harmonicamente.

Essas habilidades, diz a dra. Lown, "podem ser ensinadas e aprendidas, mas devem ser praticadas e cultivadas como qualquer outra habilidade clínica". E fazer isso, argumenta, não só torna os médicos mais eficientes, como também faz com que os pacientes sigam mais comprometidos com o tratamento e se sintam mais satisfeitos com os cuidados.

Kenneth Schwartz, escrevendo apenas alguns meses antes de morrer, definiu de maneira mais direta: "Discretos atos de humanidade pareceram mais capazes de curar do que as altas doses de radioterapia e quimioterapia que sustentam a esperança de cura. Embora eu não acredite que esperança e conforto possam sozinhos vencer o câncer, para mim certamente fizeram uma enorme diferença".

Parte VI

Consequência social

19. O ponto ideal para o sucesso

Você está dirigindo a caminho do trabalho, planejando uma importante reunião com um colega e intermitentemente lembrando a si mesmo de que tem de virar à esquerda no semáforo, e não à direita, como de hábito, para deixar seu terno na lavanderia.

De repente, uma ambulância surge barulhenta atrás de você, e você acelera para sair da frente. Você sente o coração disparar.

Tenta retomar o planejamento da reunião da manhã, mas agora seus pensamentos estão desorganizados e você perdeu a concentração, distraiu-se. Quando chega ao trabalho, dá uma bronca em si mesmo por ter se esquecido de ir à lavanderia.

Essa situação não vem de uma cartilha de negócios, mas sim da revista acadêmica *Science*, como o início de um artigo intitulado "The Biology of Being Frazzled" [A biologia de estar esgotado].[1] O artigo resume os efeitos que um pequeno aborrecimento causa no raciocínio e no desempenho — o esgotamento dos contratempos cotidianos.

"Esgotamento" é um estado neural em que repentinos aumentos de ondas emocionais prejudicam o funcionamento do centro executivo. Quando estamos esgotados, não conseguimos nos concentrar ou pensar com clareza. Essa verdade neural tem implicações diretas no que diz respeito a alcançar a atmosfera emocional ideal em uma sala de aula ou no escritório.

Do ponto de vista do cérebro, ter um bom desempenho escolar e profissional envolve um único e mesmo estado, o ponto cerebral ideal para o desempenho. A biologia da ansiedade nos expulsa dessa zona de excelência.

"Elimine o medo" era um slogan usado pelo falecido guru do controle da qualidade, W. Edwards Deming. Ele viu que o medo paralisava um ambiente de trabalho: os funcionários relutavam em opinar, compartilhar novas ideias ou coordenar-se bem, mais ainda a melhorar a qualidade de seu rendimento. O mesmo slogan se aplica à sala de aula — o medo esgota a mente, atrapalhando a aprendizagem.

A neurobiologia básica do esgotamento reflete o plano-padrão do corpo para emergências. Quando estamos sob estresse, o eixo HPA entra ruidosamente em ação, preparando o organismo para a crise. Entre outras manobras biológicas, a amígdala recruta o córtex pré-frontal, o centro executivo do cérebro. Essa mudança no controle para o atalho favorece hábitos automáticos, à medida que a amígdala utiliza reações imediatas para nos salvar. O cérebro pensante e racional fica à margem, em funções secundárias enquanto isso durar; a estrada principal se move muito devagar.[2]

À medida que o cérebro transfere para o atalho os processos de tomada de decisão, perdemos a capacidade de pensar da melhor forma possível. Quanto mais intensa a pressão, mais o nosso desempenho e o nosso raciocínio sofrem.[3] A amígdala ascendente prejudica nossas capacidades de aprender, de reter informações na memória de trabalho, de reagir de modo flexível e criativo, de concentrar a atenção conforme nossa vontade e de planejar e organizar com eficiência. Mergulhamos no que os neurocientistas chamam de "disfunção cognitiva".[4]

"O pior período pelo qual passei no trabalho", confidenciou-me um amigo, "foi quando a empresa estava se reestruturando e as pessoas começaram a 'ser desaparecidas' diariamente, e recebíamos memorandos mentirosos informando que estavam se desligando da empresa 'por motivos pessoais'. Ninguém conseguia se concentrar enquanto aquela atmosfera de medo pairava no ar. Ninguém conseguia trabalhar de verdade."

Não é de admirar. Quanto maior é a ansiedade que sentimos, mais debilitada é a eficiência cognitiva do cérebro. Nessa zona de sofrimento mental, pensamentos que distraem sequestram nossa atenção e espremem nossos recursos cognitivos. Uma vez que a elevada ansiedade encolhe o espaço disponível para a nossa atenção, acaba por minar nossa própria capacidade de assimilar novas informações, quanto mais de gerar ideias novas. O quase pânico é o inimigo da aprendizagem e da criatividade.

A rota neural da disforia vai da amígdala para o lado direito do córtex pré-frontal. Quando esse circuito é ativado, nossos pensamentos se fixam naquilo que desencadeou a aflição. E, à medida que ficamos preocupados com problemas ou ressentimentos, por exemplo, nossa agilidade mental fica confusa. Da mesma forma, quando estamos tristes, os níveis de atividade no córtex pré-frontal caem e geramos menos pensamentos.[5] Extremos de ansiedade e raiva de um lado, e tristeza do outro, empurram a atividade cerebral para além de suas zonas de eficiência.

O tédio obscurece e confunde o cérebro com sua própria mácula de ineficiência. A mente vagueia e perde o foco; a motivação desaparece. Em qualquer reunião longa demais (a maioria é), os olhos vagos das pessoas presas à cadeira denunciam sua ausência interior. E nós todos nos lembramos dos nossos dias de tédio da época de estudantes, em que fitávamos, distraídos, o vazio janela afora.

UM ESTADO IDEAL

Em duplas, os alunos de uma turma de ensino médio estão resolvendo um jogo de palavras cruzadas. Ambos os parceiros têm em mãos o mesmo desafio, mas na cópia de um deles os quadradinhos já estão preenchidos por letras, e na do outro os espaços estão em branco. O desafio: ajudar o parceiro a acertar as palavras que faltam, fornecendo-lhe dicas. E como se trata de aula de espanhol, essas dicas devem ser em espanhol, assim como as palavras a ser deduzidas.

Os estudantes ficam tão absortos no jogo que se esquecem completamente do sinal sonoro que anuncia o fim da aula. Ninguém se levanta para sair — todos querem continuar trabalhando na resolução das palavras cruzadas. Não foi por acaso que, no dia seguinte, quando redigiram redações em espanhol utilizando as palavras aprendidas no jogo, os estudantes mostraram excelente compreensão do novo vocabulário. Esses estudantes estavam se divertindo enquanto aprendiam, mas, mesmo assim, dominaram bem suas lições. Na verdade, esses momentos de absorção e prazer total talvez sejam a marca da aprendizagem em sua melhor forma.

Comparemos essa aula de espanhol com uma aula de inglês. O tema da aula era o uso de vírgulas. Uma aluna, entediada e distraída, enfiou a mão na mochila e, discretamente, pegou um catálogo de uma loja de roupas. Era como se tivesse saído de uma loja no shopping e entrado em outra.

O educador Sam Intrator passou um ano observando salas de aula de ensino médio como essa.[6] Sempre que testemunhava um momento de concentração como aquele das palavras cruzadas na aula de espanhol, entrevistava os estudantes para saber o que eles estavam pensando e sentindo.

Se a maioria dos estudantes relatasse um estado de total envolvimento no assunto que estava sendo ensinado, ele classificava o momento como "inspirado". Os momentos inspirados de aprendizagem tinham em comum os mesmos ingredientes ativos: uma potente combinação de atenção plena, interesse entusiástico e intensidade emocional positiva. A alegria da aprendizagem aparece nessas ocasiões.

Esses momentos alegres, diz António Damásio, neurocientista da Universidade do Sul da Califórnia, significam "coordenação psicológica ideal e administração suave das operações da vida". Damásio, um dos mais destacados neurocientistas do mundo, é pioneiro em vincular descobertas na ciência do cérebro às experiências humanas. Damásio argumenta que, mais do que meramente nos possibilitarem sobreviver ao massacrante cotidiano, os estados de alegria nos permitem florescer, viver bem e sentir bem-estar.

Esses estados de ânimo felizes, observa ele, possibilitam "maior tranquilidade na capacidade de agir", uma maior harmonia em nosso funcionamento, que intensifica a nossa força e liberdade em tudo o que fazemos. O campo da ciência cognitiva, aponta Damásio, ao estudar as redes neurais que regem as operações mentais, encontra condições semelhantes e as chama de "estados de harmonia máxima".

Quando a mente funciona com essa harmonia interna, tranquilidade, eficiência, rapidez e potência operam no nível máximo. Vivenciamos esses momentos com uma empolgação comedida e silenciosa. Estudos de imagens cerebrais mostram que, quando a pessoa está em um desses estados alegres e estimulantes, a área do cérebro que exibe mais atividades é o córtex pré-frontal, o entroncamento da estrada principal.

A acentuada atividade do córtex pré-frontal intensifica as habilidades mentais, como pensamento criativo, flexibilidade cognitiva e processamento de informações.[7] Até mesmo os médicos, modelos de racionalidade, pensam com mais clareza quando estão de bom humor. Os radiologistas (que analisam raios X para ajudar outros médicos a fazer seu diagnóstico) trabalham com maior velocidade e exatidão depois de receberem um presentinho que instiga para melhor a sua disposição de espírito — e suas anotações para o diagnóstico incluem sugestões mais úteis para tratamentos adicionais, bem como mais ofertas para realizar consultas posteriores.[8]

UM U INVERTIDO

Representar em um gráfico a relação entre a proficiência mental (e o desempenho de modo geral) e o espectro de estados de ânimo cria o que parece ser um U invertido com as pernas um pouco abertas. Alegria, eficiência cognitiva e performance excepcional ocorrem no pico do U invertido. Junto a uma das pernas do U invertido está o tédio; ao lado da outra, a ansiedade. Quanto mais apatia ou angústia sentimos, pior será nosso desempenho, seja numa prova de fim de semestre ou num memorando do escritório.[9]

O que nos tira do torpor do tédio é um desafio que desperta nosso interesse; quando algo faz aumentar nossa motivação e nossa atenção focar. O ápice do desempenho cognitivo ocorre onde a motivação e a concentração alcançam seu ponto máximo, na interseção da dificuldade de uma tarefa e nossa habilidade de corresponder às exigências para sua realização. Em um ponto de virada no limiar desse pico de eficiência cognitiva, os desafios começam a sobrepujar a habilidade e, então, tem início o aspecto negativo ou adverso do U invertido.

Entramos em pânico quando percebemos, por exemplo, que a nossa procrastinação no prazo de entrega de um artigo ou memorando nos levou a um atraso desastroso. A partir daí, nossa progressiva ansiedade corrói nossa eficiência cognitiva.[10] À medida que as tarefas se avolumam em grau de dificuldade e os desafios se fundem em sobrecarga, o atalho torna-se cada vez mais ativo. A estrada principal se desgasta à proporção que os desafios engolem nossas habilidades e o cérebro entrega as rédeas nas mãos do atalho. Essa mudança neural de controle da estrada principal para o atalho responde pelo formato do U invertido.[11]

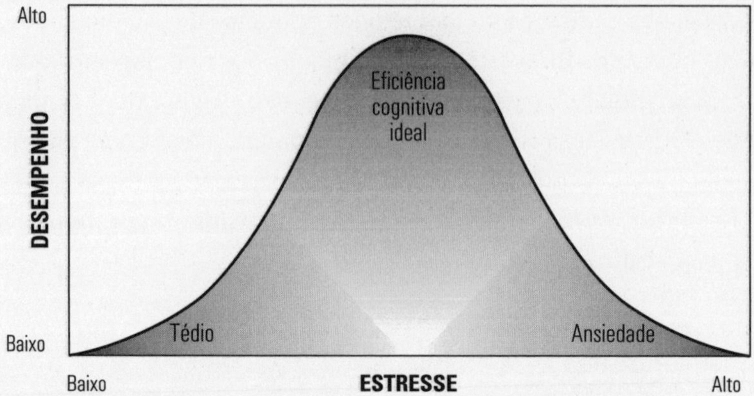

Um U invertido representa graficamente a relação entre os níveis de estresse e desempenho mental, como a aprendizagem e a tomada de decisões. O estresse varia de acordo com o desafio; no ponto mais baixo, o estresse escasso gera desinteresse e tédio, ao passo que o aumento do desafio incita o interesse e estimula a atenção e a motivação — que, em seu nível ideal, produzem eficiência cognitiva e realização máximas. À proporção que os desafios continuam a aumentar além de nossa capacidade de lidar com eles, o estresse se intensifica; em seu ponto extremo, nosso desempenho e aprendizagem desmoronam.

O U invertido reflete o impacto de dois diferentes sistemas neurais sobre a aprendizagem e o desempenho. Ambos se desenvolvem à medida que a atenção e a motivação intensificadas aumentam a atividade do sistema de glicocorticoides; níveis saudáveis de cortisol nos energizam para a batalha.[12] Estados de ânimo positivos trazem à tona a faixa de branda a moderada de cortisol associada à melhor aprendizagem.

Mas se o estresse continua em ascensão e aumenta até ultrapassar o ponto ideal em que as pessoas aprendem e realizam tarefas com seu melhor desempenho possível, um segundo sistema neural entra em cena para secretar norepinefrina nos altos níveis verificados quando sentimos medo absoluto.[13] A partir desse ponto — o início da ladeira abaixo rumo ao pânico —, quanto maior o estresse, piores tornam-se a nossa eficiência mental e o nosso desempenho.

Nos momentos de grande ansiedade, o cérebro secreta altos níveis de cortisol e mais norepinefrina, que interferem na operação calma e regular dos mecanismos neurais da aprendizagem e da memória. Quando esses hormônios do estresse alcançam um nível crítico, ampliam a função da amígdala mas debilitam as áreas pré-frontais, que perdem sua habilidade de conter os impulsos controlados pela amígdala.

Como bem sabe qualquer estudante que de repente se flagra estudando com mais afinco diante da aproximação da data da prova, uma quantidade módica de pressão melhora a motivação e concentra a atenção. Até determinado ponto, a atenção seletiva aumenta à medida que se elevam os níveis de pressão, a exemplo de prazos iminentes, um professor observando ou uma tarefa complexa. Prestar atenção plena significa que a memória de trabalho opera com mais eficiência cognitiva, culminando na tranquilidade mental máxima.

Porém, em um ponto crítico um pouco além do estado ideal — no qual os desafios começam a sobrepujar a habilidade —, a ansiedade crescente começa a desgastar a eficiência cognitiva. Por exemplo, nessa zona de desempenho desastroso, os estudantes em que a matemática causa ansiedade têm menos atenção disponível quando precisam enfrentar um problema matemático. Sua ansiosa preocupação ocupa o espaço da atenção que é necessária, prejudicando a capacidade de resolver problemas ou compreender novos conceitos.[14]

Tudo isso afeta diretamente nosso rendimento na sala de aula — ou no trabalho. Quando estamos de alguma forma aflitos, não pensamos com clareza e nossa tendência é perder o interesse por alcançar até mesmo as metas que são importantes para nós.[15] Os psicólogos que estudaram os efeitos do estado de ânimo na aprendizagem concluíram que, quando não estão nem atentos nem felizes na sala de aula, os estudantes absorvem apenas uma fração das informações que lhes são apresentadas.[16]

Os obstáculos aplicam-se também a professores e líderes. Sentimentos nocivos enfraquecem a empatia e o interesse. Por exemplo, gerentes de mau humor fazem avaliações de desempenho mais negativas, concentrando-se apenas nos aspectos adversos, e suas opiniões tendem a ser mais desfavoráveis.[17] Certamente o mesmo vale para os professores.

Nós nos saímos melhor em níveis moderados a desafiadores de estresse, ao passo que a mente se desgasta sob pressão extrema.[18]

UMA CHAVE NEURAL PARA A APRENDIZAGEM

Na aula de química em uma escola de ensino médio, a tensão na sala é palpável. Os alunos estão apreensivos porque sabem que, a qualquer momento, o professor pode chamá-los aleatoriamente para irem ao quadro e pedir que calculem, na frente da turma, a resposta de uma complicada equação química. Todos, com exceção dos aspirantes a químicos mais brilhantes, fracassam nessas questões. Para os jovens brilhantes, é um momento de orgulho; para os outros, de vergonha.

O tipo de estresse que mais ativa os hormônios do estresse, e assim dispara os níveis de cortisol, espreita as salas de aula sob a forma de ameaças sociais, como o medo do julgamento do professor ou de parecer "burro" aos olhos dos colegas. Esses medos sociais são muito debilitantes para os mecanismos cerebrais da aprendizagem.[19]

O ponto de ajuste em que o U invertido se inclina difere de pessoa para pessoa. Os alunos que são capazes de aguentar o maior nível de estresse sem desativar as habilidades da estrada principal serão imperturbáveis no quadro-negro, acertando ou errando a questão. (Na vida adulta, provavelmente fariam sucesso como operadores do mercado financeiro, podendo ganhar ou perder fortunas na bolsa de valores em um piscar de olhos.) No entanto, os mais suscetíveis à ativação do HPA ficarão mentalmente paralisados mesmo em baixos níveis de estresse – e, se estiverem despreparados para o teste-surpresa de química ou se forem aprendizes morosos, ser chamados ao quadro-negro significa apenas sofrimento.

O hipocampo, próximo à amígdala no mesencéfalo, é nosso órgão central para a aprendizagem. Essa estrutura nos possibilita converter o conteúdo da "memória de trabalho" – novas informações mantidas por um breve período no córtex pré-frontal – em uma forma de longo prazo para armazenamento. Esse ato neural é o cerne da aprendizagem. Assim que a nossa mente conectar essa informação ao que já sabemos, seremos capazes de evocar essa nova compreensão semanas ou anos depois.

Tudo o que um estudante escuta na aula ou lê em um livro trafega por esses caminhos, à medida que ele domina outro volume de conhecimento. Com efeito, tudo o que acontece conosco, todos os detalhes de que nos lembraremos, dependerão do hipocampo. A retenção contínua de lembranças exige um frenesi de atividade neuronal. Na verdade, uma imensa parte da neurogênese – a produção de novos neurônios e o estabelecimento de conexões com outros neurônios – ocorre no hipocampo.

O hipocampo é especialmente vulnerável à aflição emocional ininterrupta, devido aos efeitos danosos do cortisol. Sob estresse prolongado, o cortisol ataca os neurônios do hipocampo, desacelerando a velocidade com que neurônios são acrescentados ou até mesmo reduzindo seu número total, com desastrosos impactos na aprendizagem. A efetiva matança de neurônios do hipocampo acontece durante prolongadas inundações de cortisol, induzidas, por exemplo, por depressão severa ou trauma intenso. (No entanto, com recuperação, o hipocampo readquire os neurônios e aumenta de novo.[20]) Mesmo quando o estresse é menos extremo, períodos prolongados de altos níveis de cortisol parecem obstruir esses mesmos neurônios.

O cortisol estimula a amígdala enquanto prejudica o hipocampo, forçando nossa atenção a se concentrar nas emoções que sentimos e restringindo nossa capacidade de absorver novas informações. Em vez disso, gravamos o que nos aborrece. Um dia depois de ter entrado em pânico por causa de um teste-surpresa, o estudante se lembrará mais dos detalhes do pânico do que de qualquer matéria que tenha sido cobrada no teste.

Em uma simulação do impacto do cortisol na aprendizagem, estudantes universitários ofereceram-se como voluntários para tomar injeções que elevavam seus níveis de cortisol e, em seguida, dispuseram-se a memorizar uma série de palavras e imagens. O resultado refletiu o U invertido: em graus de suave a moderado, o cortisol ajudou os estudantes a se lembrarem do conteúdo que tinham estudado quando submetidos a testes dois dias depois. Mas, em níveis extremos, o cortisol prejudicou a recordação, aparentemente por ter inibido o papel decisivo do hipocampo.[21]

Isso tem profundas implicações para o tipo de atmosfera de sala de aula que fomenta a aprendizagem. O ambiente social, vale lembrar, afeta o ritmo e o destino das células cerebrais recém-criadas. As novas células demoram um mês para amadurecer e mais quatro meses para se ligar completamente aos outros neurônios; durante esse intervalo, o ambiente determina em parte o formato e a função finais da célula. As novas células que facilitam a memória durante o decorrer de um semestre codificarão em suas ligações o que foi aprendido durante aquele período — e quanto mais propícia à aprendizagem for a atmosfera, melhor será a codificação.

A aflição mata a aprendizagem. Uma clássica descoberta remonta a quase meio século, em 1960, quando Richard Alpert, então em Stanford, demonstrou em um experimento o que todos os estudantes já sabiam: o excesso de ansiedade debilita a habilidade de realizar provas.[22] Um estudo mais recente realizado com universitários incumbidos de fazer provas de matemática revelou que, quando os estudantes eram informados de que o teste integrava um treinamento, tinham um desempenho 10% melhor do que quando pensavam fazer parte de uma equipe que dependia de sua pontuação para ganhar um prêmio em dinheiro — sob estresse social, sua memória de trabalho ficava avariada. De forma intrigante, o déficit nessa habilidade cognitiva básica era ainda maior entre os estudantes mais inteligentes.[23]

Em um teste nacional de potencial matemático, um grupo de jovens com dezesseis anos obteve uma pontuação que os colocou entre os 5% melhores do país.[24] Alguns saíam-se extremamente bem nas aulas de matemática, mas outros mostravam um péssimo desempenho, apesar de sua aptidão para a matéria. A diferença essencial estava no fato de que os estudantes de altíssimo rendimento no teste nacional sentiam prazer concentrado durante cerca de 40% do tempo em que ficaram imersos em seus estudos — mais frequente do que a sensação de ansiedade (aproximadamente 30% do tempo). Por outro lado, quando estudaram matemática, os estudantes de notas baixas só vivenciavam esses estados ideais em 16% do tempo, e uma elevada ansiedade em 55% do tempo.

Dada a forma como as emoções afetam o desempenho, a tarefa emocional dos professores ou líderes é uma só: ajudar as pessoas a chegar e se manter o mais perto possível do topo do U invertido.

PODER E FLUXO EMOCIONAL

Toda vez que uma reunião ameaçava cair em tedioso mal-estar, de repente o presidente da empresa lançava uma crítica a alguém que estava presente que fosse capaz de acatá-la (quase sempre o diretor de marketing, seu melhor amigo). Depois, rapidamente mudava de assunto e seguia adiante, tendo chamado a atenção de todos na sala. Com frequência essa tática reavivava a concentração do grupo ao voltar a aguçar o combalido interesse da equipe. Ele estava direcionando a plateia do U invertido do tédio ao envolvimento.

Demonstrações de insatisfação de um líder fazem uso de contágio emocional. Desde que calibrada de modo engenhoso, até mesmo uma explosão de irritação pode instigar os subordinados para captar sua atenção e motivá-los.

Muitos líderes eficazes julgam que — assim como os elogios — a quantidade apropriada de irritação pode energizar. A medida que define se a mensagem de contrariedade está bem calibrada é se ela leva as pessoas em direção a seu pico de desempenho ou se faz com que sua performance desabe, passando do ponto de virada e adentrando a zona em que a aflição corrói o desempenho.

Nem todos os parceiros emocionais são iguais. Há uma dinâmica de poder em ação no contágio emocional, determinando qual é a pessoa cujo cérebro atrairá mais a outra para a sua órbita emocional. As emoções fluem com força especial da pessoa mais socialmente dominante para a menos dominante.

Uma das razões é que em qualquer grupo as pessoas prestam naturalmente mais atenção àquilo que o membro mais poderoso do grupo diz ou faz, e atribuem uma importância menor à fala e às ações do líder do grupo. Isso amplifica a força da mensagem emocional que o líder possa enviar, seja ela qual for, tornando suas emoções especialmente contagiosas. Como ouvi certa vez o chefe de uma pequena empresa dizer, bastante pesaroso: "Quando a minha mente está tomada de raiva, outras pessoas conseguem pegá-la, como uma gripe".

O tom emocional de um líder pode ter uma potência surpreendente. Quando um gerente comunicava uma notícia ruim (a decepção pelo fato de um funcionário não ter atingido as metas de desempenho) com certa sensibilidade, as pessoas classificavam positivamente a interação. Quando comunicava uma boa notícia (a satisfação pela concretização das metas) com expressão mal-humorada, a interação, paradoxalmente, causava mal-estar nas pessoas.[25]

Essa potência emocional foi posta à prova quando 56 líderes de equipes de trabalho simuladas foram induzidos a estados de bom ou mau humor, e seu subsequente impacto emocional sobre os grupos que lideravam foi avaliado.[26] Os participantes das equipes cujos líderes eram animados relataram a sensação alto-astral. Indo mais direto ao ponto, punham em prática um trabalho bem coordenado e realizavam mais com menos esforço. As equipes com chefes mal-humorados saíam de sincronia, o que as tornava ineficazes. Pior ainda, suas apavoradas tentativas de agradar ao líder levavam a decisões ruins e a péssimas escolhas estratégicas.

Embora a insatisfação de um chefe engenhosamente revelada possa ser um estímulo eficaz, o temperamento enfurecido é autodestrutivo como tática de liderança. Quando os líderes utilizam habitualmente demonstrações de mau humor para motivar, a impressão é a de que seus subordinados cumprem mais tarefas — mas isso não significa necessariamente um melhor trabalho. E os temperamentos implacavelmente irritadiços corroem o clima emocional, sabotando a capacidade do cérebro de funcionar em sua melhor forma.

Nesse sentido, a liderança se reduz a uma série de trocas sociais em que o líder pode levar as emoções da outra pessoa a um estado melhor ou pior. Em trocas de alta qualidade, o subordinado sente a atenção, a empatia, o apoio e a positividade do líder. Em interações de baixa qualidade, sente-se isolado e ameaçado.

A contaminação dos estados de ânimo entre líder e seguidor é típica de qualquer relacionamento em que uma pessoa tem poder sobre a outra, como ocorre na relação entre professor e aluno, médico e paciente e pais e filhos. Apesar da diferença de poder nesses relacionamentos, todos têm um potencial benigno: promover o crescimento, a educação ou a cura da pessoa menos poderosa.

Outra razão poderosa para que os líderes estejam atentos ao que dizem aos funcionários: as pessoas se lembram das interações negativas com um chefe de forma mais intensa, mais detalhada e mais frequente do que se lembram das positivas. A facilidade com que a desmotivação pode ser disseminada por um chefe torna ainda mais imperativo que ele aja de modo a fazer com que sejam positivas as emoções que deixa para trás.[27]

A insensibilidade por parte de um chefe não apenas aumenta o risco de perder bons funcionários, como também sabota a eficiência cognitiva. Um líder socialmente inteligente ajuda as pessoas a se conterem e a se recuperarem da aflição emocional. Ainda que apenas de uma perspectiva dos negócios, a melhor atitude para um líder seria reagir com empatia, em vez de com indiferença — e agir de acordo.

TRÊS HOMENS EM CONFLITO: OS BONS, OS MAUS E OS FEIOS

Qualquer grupo de pessoas que já tenham trabalhado na vida é capaz de reconhecer facilmente dois tipos de chefes com que devem ter familiaridade, um com quem adorou trabalhar e outro do qual mal via a hora de se livrar. Pedi a dezenas de grupos — desde reuniões de executivos de empresas a convenções de professores do ensino fundamental, em cidades tão diferentes quanto São Paulo, Bruxelas e St. Louis — que me enviassem essa lista. Independentemente do lugar, as listas que esses grupos tão díspares geraram são extraordinariamente semelhantes a esta:

Chefe bom	**Chefe ruim**
Excelente ouvinte	Intransponível
Encorajador	Cético
Comunicador	Fechado
Corajoso	Intimidador
Senso de humor	Mal-humorado
Mostra empatia	Egoísta
Decidido	Indeciso
Assume responsabilidade	Atribui culpa
Humilde	Arrogante
Compartilha a autoridade	Desconfiado

Os melhores chefes são pessoas dignas de confiança, empáticas e conectadas, que nos fazem sentir calmos, valorizados e inspirados. Os piores — pessoas distantes, difíceis e arrogantes — nos causam desconforto, na melhor das hipóteses, e ressentimento, no pior dos casos.

Esses conjuntos contrastantes de atributos mapeiam bem o tipo de pais que fomentam segurança de um lado e, do outro, ansiedade. Na verdade, a dinâmica emocional em ação no gerenciamento de subordinados tem muita coisa em comum com a criação dos filhos. Pais formam nosso modelo elementar de uma base segura na infância, mas outros continuam contribuindo com esse modelo no decorrer de nossa vida. Na escola, nossos professores desempenham esse papel; no trabalho, o chefe.

"As bases seguras são fontes de proteção, energia e conforto, permitindo-nos liberar nossa energia", disse-me George Kohlrieser. Psicólogo e professor de liderança do Instituto Internacional para o Desenvolvimento de Gestão, na Suíça, Kohlrieser observa que ter uma base segura no trabalho é essencial para o alto desempenho.

Sentir-se seguro, Kohlrieser argumenta, permite à pessoa concentrar-se de modo mais satisfatório na tarefa à mão, alcançar metas e encarar obstáculos como desafios, não como ameaças. Os ansiosos, por outro lado, ficam imediatamente preocupados com a possibilidade de falhar, temendo que um desempenho fraco possa resultar em sua rejeição ou abandono (nesse contexto, demissão) — e por isso não se arriscam.

De acordo com Kohlrieser, as pessoas para quem o chefe é uma base segura sentem-se mais livres para efetuar descobertas, divertir-se, assumir riscos, inovar e enfrentar novos desafios. Outro benefício profissional: se os líderes estabelecem esse tipo de confiança e segurança, então quando fazem críticas severas, a pessoa que recebe a avaliação negativa fica não só mais aberta, como também vê benefícios em obter informações ainda mais difíceis de ouvir.

No entanto, como os pais, os líderes não devem poupar seus subordinados de todas as tensões e estresses; a resiliência cresce a partir de uma quantidade módica de desconforto gerada por necessárias pressões da vida profissional. Mas, uma vez que o excesso de estresse se transforma em sobrecarga, um líder astuto atua como uma base segura pela redução das pressões mais devastadoras, se possível — ou pelo menos não as agrava.

Por exemplo, um executivo de nível médio me disse: "Meu chefe é um extraordinário amortecedor. Qualquer que seja o tipo de pressão de desempenho financeiro que ele recebe da sede da empresa — e elas são consideráveis —, ele não as repassa para nós. Porém o chefe de outra divisão da nossa corporação faz isso, submetendo todos os funcionários a uma avaliação pessoal de lucros e perdas a cada trimestre — embora os produtos que eles desenvolvem levem de dois a três anos para chegar ao mercado".

Por outro lado, se os membros de uma equipe de trabalho são resilientes, muito motivados e bons no que fazem — em outras palavras, se tiverem altos pontos de transição na curva do U invertido —, um líder pode ser desafiador e exigente e, ainda assim, obter bons resultados. Contudo, em uma cultura menos eufórica podem resultar em desastre as pressões da atuação de um líder tão exigente. Um banqueiro de investimentos relatou-me o caso de um "líder cabeça-dura, pragmático, dedicado 24 horas por dia, sete dias por semana", que berrava ao se sentir insatisfeito. Quando sua empresa passou por uma fusão, "o mesmo estilo que havia funcionado para ele antes afugentou todos os gerentes da empresa adquirida, que o consideravam intolerável. Dois anos depois da fusão, o preço das ações da empresa ainda não tinha subido".

Nenhuma criança pode evitar a dor emocional do crescimento e, da mesma forma, a toxicidade emocional parece ser um subproduto normal da vida profissional — pessoas são demitidas, a sede da empresa impõe políticas injustas, funcionários frustrados descarregam a raiva em colegas. As causas são inúmeras: chefes abusivos e colegas de trabalho desagradáveis, procedimentos frustrantes, mudanças caóticas. As reações variam e vão da angústia e da raiva à perda de confiança e à impotência.

Talvez, com sorte, não tenhamos de depender somente do chefe. Colegas, uma equipe de trabalho, amigos na empresa e até mesmo o próprio local de trabalho podem criar a sensação de que contamos com uma base segura. Todos em determinado local de trabalho contribuem para o caldo emocional, a soma total dos estados de ânimo que surgem quando as pessoas interagem ao longo de um dia de trabalho. Independentemente de qual seja a função que desempenhamos, a maneira como realizamos nosso trabalho, interagimos e fazemos os outros se sentirem se soma ao tom emocional geral.

Seja um supervisor ou colega de trabalho a quem podemos recorrer quando estamos chateados, sua mera existência tem benefício fortificante. Para muitos profissionais, os colegas de trabalho transformam-se em uma espécie de "família", um grupo cujos membros sentem um forte apego emocional entre si. Isso faz com que se tornem especialmente leais uns com os outros como equipe. Quanto mais fortes forem os laços emocionais entre os funcionários, mais motivados, produtivos e satisfeitos eles ficarão com seu trabalho.

Nossa noção de comprometimento e satisfação no trabalho resulta, em grande parte, das centenas e centenas de interações diárias pelas quais passamos, seja com o supervisor, com os colegas ou com os clientes. O acúmulo e a frequência dos momentos positivos em comparação com os momentos negativos determinam em larga medida nossa satisfação e capacidade de desempenho; as pequenas trocas — um elogio pelo trabalho bem realizado, uma palavra de conforto após um revés — contribuem para o modo como nos sentimos no trabalho.[28]

Até mesmo ter uma única pessoa com quem contar no trabalho pode fazer uma diferença reveladora no modo como nos sentimos. Em pesquisas realizadas com mais de 5 milhões de trabalhadores de cerca de quinhentas empresas, um dos fatores mais eficazes para prognosticar a satisfação de uma pessoa no emprego era concordar com a seguinte afirmativa: "Tenho um grande amigo no trabalho".[29]

Quanto mais fontes de apoio emocional tivermos na vida profissional, melhores seremos. Um grupo coeso, com um líder seguro — e que promova segurança —, cria um ambiente emocional que pode ser tão contagiante que até mesmo as pessoas com tendência à extrema ansiedade sentem-se relaxadas.

Como me contou o chefe de uma equipe científica de alto desempenho: "Nunca contrato alguém para o meu laboratório sem que antes trabalhe conosco temporariamente por algum tempo. Depois, pergunto a opinião dos outros funcionários do laboratório e acato a vontade deles. Se a química interpessoal não for boa, não quero correr o risco de contratar a pessoa — por mais eficiente que seja em outros aspectos".

O LÍDER SOCIALMENTE INTELIGENTE

O departamento de recursos humanos de uma grande corporação organizou uma oficina de um dia com um famoso especialista da área de atuação da empresa. Uma multidão maior do que a esperada compareceu e, na última hora, o evento foi transferido para uma sala mais espaçosa, capaz de comportar todas as pessoas, mas pouco equipada.

Como resultado, as pessoas no fundo da sala tiveram dificuldade para enxergar e ouvir o palestrante. No intervalo da manhã, uma mulher que estava sentada no fundo dirigiu-se, furiosa, ao chefe de recursos humanos, reclamando que não conseguia enxergar nem sequer um pedaço do telão onde a imagem do palestrante estava sendo projetada, muito menos entender as palavras dele.

"Eu sabia que tudo o que eu podia fazer era escutar, demonstrar empatia, reconhecer o problema dela e dizer que faria tudo que pudesse para consertar as coisas", disse o chefe de recursos humanos. "No intervalo, ela me viu falando com o pessoal do audiovisual, tentando pelo menos erguer o telão. Não havia muito o que fazer sobre a qualidade da acústica.

"Vi aquela mulher de novo no fim do dia. Ela me disse que na verdade não conseguiu escutar nem ver muito bem, mas estava mais relaxada. Ela estava realmente agradecida pelo fato de eu tê-la ouvido e tentado ajudar."

Quando as pessoas em uma organização sentem raiva ou aflição, um líder, a exemplo do chefe de RH, pode pelo menos escutar com empatia, demonstrar preocupação e se esforçar com boa vontade na tentativa de melhorar as coisas. Se o empenho resolve ou não o problema, o importante é que pelo menos resulta em algo emocionalmente bom. Ao prestar atenção aos sentimentos de outra pessoa, o líder ajuda a metabolizá-los, de modo que a pessoa possa seguir em frente em vez de ficar espumando de raiva.

O líder não precisa necessariamente concordar com a posição ou a reação da pessoa. Simplesmente por reconhecer o ponto de vista dela, depois pedir desculpas, se houver necessidade, ou de resto buscar uma solução para o problema, ele desativa a bomba e neutraliza um pouco da toxicidade, tornando menos danosas as emoções negativas. Em uma pesquisa com funcionários de setecentas empresas, a maioria afirmou que um chefe atencioso era mais importante do que o salário que recebiam.[30] Essa constatação tem implicações comerciais que vão além de apenas fazer as pessoas se sentirem bem. A mesma pesquisa revelou que o fato de os funcionários gostarem do chefe era a principal força motriz da produtividade e da quantidade de tempo que permaneciam no emprego. Se tiverem a opção, as pessoas não querem trabalhar com um chefe tóxico praticamente por salário nenhum – exceto se for para acumular uma quantia de dinheiro suficiente para dizer "dane-se" e ter segurança para pedir demissão.

A liderança socialmente inteligente começa pela presença plena e pela sincronia total. Tão logo um líder se compromete, todo o conjunto da inteligência social pode entrar em ação: de sentir como as pessoas se sentem e por que interagir com tranquilidade suficiente para conduzir as pessoas a um estado de ânimo positivo. Não existe receita mágica para o que fazer em cada situação, nenhum manual de dicas sobre a inteligência social no trabalho. Independentemente do que fizermos quando interagirmos, a medida única de seu sucesso será em que posição do U invertido cada pessoa ficará.

As empresas estão na linha de frente da aplicação da inteligência social. À medida que as pessoas dedicam cada vez mais tempo ao trabalho em expedientes cada vez mais longos, as empresas estão se tornando um substituto da família, da cidade e da rede de vínculos sociais – embora a maioria de nós possa ser descartada de acordo com a vontade da gerência. Essa ambivalência inerente significa que, em um número cada vez maior de organizações, esperança e medo crescem desenfreadamente.

A excelência no gerenciamento de pessoas não pode ignorar essas correntes afetivas subterrâneas: elas têm consequências humanas reais e são importantes para as habilidades das pessoas no sentido de oferecer o seu melhor desempenho possível. E, como as emoções são tão contagiantes, todos os chefes, em todos os níveis, precisam se lembrar de que podem fazer a diferença, para melhor ou para pior.

UMA CONEXÃO ESPECIAL

A escola de Maeva ficava em um dos bairros mais pobres da cidade de Nova York. Aos treze anos, ela estava no sexto ano, dois anos atrás de seus colegas. Tinha repetido de ano duas vezes.

E Maeva tinha a reputação de encrenqueira. Entre os professores, era famosa por sair da aula bufando de raiva e recusar-se a voltar, passando o dia pelos corredores da escola.

Antes de conhecê-la, Pamela, a nova professora de inglês, foi avisada sobre os problemas de comportamento de Maeva. Assim, no primeiro dia de aula, depois de passar uma tarefa em que os alunos deveriam definir a ideia principal de um texto, Pamela aproximou-se de Maeva para ajudá-la.

Depois de apenas um minuto, Pamela descobriu o que incomodava Maeva: o nível de leitura da menina equivalia ao de uma criança no jardim de infância.

"Com muita frequência os problemas de comportamento são causados pelo fato de o aluno se sentir inseguro quanto à sua capacidade de realizar o trabalho", disse-me Pamela. "Maeva não conseguia nem sequer pronunciar as palavras. Fiquei chocada com o fato de ela ter chegado ao sexto ano sem ter aprendido a ler."

Naquele dia, Pamela ajudou Maeva a fazer a lição lendo o texto para ela. Mais tarde, Pamela procurou uma professora de educação especial cuja tarefa era ajudar crianças como Maeva. As duas professoras sentiram que tinham uma última chance de evitar que Maeva desistisse da escola. A professora de educação especial concordou em dar aulas particulares de leitura diárias a Maeva, começando pelo nível mais básico.

Mesmo assim, Maeva continuou sendo um problema, como os outros professores tinham alertado. Conversava durante as aulas, era rude e petulante com as outras crianças e criava problemas — qualquer coisa para evitar a leitura. E, como se isso não fosse suficiente, exclamava: "Não quero fazer isso!", saía correndo da sala e ficava zanzando pelos corredores.

Apesar da resistência, Pamela obstinadamente dava uma ajuda extra a Maeva nos deveres em sala de aula. E, quando Maeva explodia de raiva com algum colega, Pamela a levava para a privacidade do corredor e refletia junto com ela sobre uma melhor maneira de resolver as coisas.

O que Pamela mostrou de mais importante a Maeva foi o fato de que se importava com ela. "Nós nos divertíamos, passávamos tempo juntas. Ela vinha me procurar para ficar comigo na sala de aula depois do almoço. Conheci a mãe dela."

A mãe de Maeva ficou tão surpresa quanto Pamela ao descobrir que a menina não sabia ler direito. A mãe tinha outros sete filhos para cuidar, e por isso o problema de Maeva passou despercebido em meio à tumultuada multidão de casa, assim como na escola. Pamela fez a mãe de Maeva concordar em ajudar a filha a se comportar melhor, a dedicar um pouco de atenção à menina e a ajudá-la com o dever de casa.

O boletim escolar de Maeva no primeiro semestre — quando ela tinha tido outra professora de inglês — mostrava que a menina havia faltado a praticamente todas as aulas, ausência que vinha se repetindo havia anos. Depois de apenas quatro meses com Pamela, porém, havia acentuadas mudanças para melhor.

No fim do semestre, ela tinha parado de zanzar pelos corredores para esconder sua frustração e agora permanecia na sala. O mais importante: o boletim mostrou que Maeva tinha passado em todas as matérias — raspando, mas com uma nota surpreendentemente alta em matemática. Ela havia dominado os dois primeiros anos de leitura em apenas alguns meses.

E então chegou o momento em seu círculo de leitura em que Maeva percebeu que era mais competente do que outras crianças, inclusive um garoto que acabara de chegar da África Ocidental. Então, ela se dispôs a ajudá-lo a desvendar os segredos da leitura.

Essa conexão especial entre Pamela e Maeva representa uma poderosa ferramenta para ajudar na aprendizagem das crianças. Um número crescente de pesquisas mostra que os alunos que se sentem conectados à escola — aos professores, aos outros alunos, à escola em si — têm melhor desempenho acadêmico.[31] Eles também se saem melhor no que diz respeito a resistir aos perigos da adolescência moderna: estudantes emocionalmente conectados apresentam menores índices de violência, bullying e vandalismo; ansiedade e depressão, uso de drogas e suicídio; faltas e evasão escolar.

"Sentir-se conectado" aqui refere-se não apenas a alguma vaga amabilidade, mas sim a vínculos emocionais concretos entre os estudantes e as pessoas da escola: outros alunos, professores, funcionários. Um poderoso método para estimular esses vínculos consiste em construir exatamente o tipo de relacionamento sintonizado entre o aluno e o adulto, como o que Pamela ofereceu a Maeva. Pamela tornou-se a base segura de Maeva.

Considere o que isso poderia significar para os 10% de alunos de desempenho mais fraco, como Maeva, à beira da reprovação. Em um estudo realizado com 910 alunos do primeiro ano do ensino fundamental de uma amostra nacional representativa de todos os Estados Unidos, observadores treinados analisaram os professores e avaliaram os efeitos do estilo de ensino sobre quão bem as crianças em risco de reprovação aprenderam.[32] Os melhores resultados eram observados quando os professores:

- Sintonizavam-se com a criança e respondiam a seus interesses, necessidades, estados de ânimo e habilidades, deixando-a guiar suas interações.

- Criavam um clima alegre em sala de aula, com conversas agradáveis, muitas risadas e empolgação.

- Demonstravam afeto e "consideração positiva" em relação aos alunos.

- Tinham um bom controle da sala de aula, com expectativas e rotinas claras mas flexíveis, para que os estudantes seguissem as regras em grande medida por conta própria.

Os piores resultados vinham à tona quando os professores assumiam uma postura Eu-Isso e impunham suas pautas de prioridades aos estudantes sem se sintonizar, ou permaneciam emocionalmente distantes, sem se envolver. Esses professores brigavam com os estudantes com mais frequência e precisavam recorrer a métodos punitivos para restaurar a ordem.

Os estudantes que já se saíam bem continuaram com bom desempenho, independentemente do contexto. Mas os alunos em risco de reprovação que tinham professores frios ou controladores possuíam enormes dificuldades acadêmicas – mesmo quando seus professores seguiam as diretrizes pedagógicas para uma boa instrução. Porém o estudo encontrou uma diferença impressionante entre os alunos sob risco de reprovação: se tivessem um professor afetuoso e responsivo, prosperavam, aprendendo tão bem quanto as outras crianças.

O poder de um professor emocionalmente conectado não se esgota nos primeiros anos do ensino fundamental. As crianças do sexto ano que tiveram aulas com esse tipo de professor conseguiram notas melhores não somente naquele ano, mas também nos anos seguintes.[33] Bons professores são como bons pais. Ao propiciar uma base segura, um professor engendra um ambiente que permite ao cérebro do estudante dar o melhor de si. Essa base torna-se um porto seguro, uma área de força a partir da qual eles podem aventurar-se para explorar, dominar algo novo, conquistar.

Essa base segura pode tornar-se internalizada quando os estudantes são ensinados a controlar melhor a ansiedade e, assim, concentrar mais intensamente a sua atenção; isso amplia sua capacidade de atingir aquela zona ideal para a aprendizagem. Já existem dezenas de programas de "aprendizagem social/emocional" que fazem exatamente isso. Os melhores são concebidos para se ajustar de forma homogênea ao currículo escolar padrão de crianças de todas as idades, inculcando-lhes habilidades como autoconhecimento, controle das emoções aflitivas, empatia e meios de lidar tranquilamente com relacionamentos. Uma meta-análise definitiva de mais de cem desses programas mostrou que os estudantes não apenas dominaram habilidades como acalmar-se e conviver melhor com as pessoas, como também, o que é mais pertinente aqui, aprenderam de forma mais eficaz: suas notas melhoraram — e a pontuação que obtiveram em testes de desempenho acadêmico era 12% maior em comparação com estudantes em condições semelhantes que não contavam com os programas.[34]

Esses programas funcionam melhor quando os estudantes sentem que os professores realmente se importam com eles. Porém, independentemente de a escola oferecer ou não essa oportunidade, toda vez que os professores criam um ambiente empático e responsivo, os estudantes não apenas aumentam suas notas e melhoram seu desempenho em provas — eles se tornam aprendizes ávidos.[35] Até mesmo um único adulto encorajador na escola pode fazer toda a diferença para um estudante.[36]

Toda Maeva precisa de uma Pamela.

20. O corretivo da conexão

Eis uma lista das cicatrizes da vida que Martin, de apenas quinze anos de idade, enumerou em um desenho linear de seu próprio corpo, começando pelos pés:

Ele quebrou os pés aos onze e doze anos. As duas mãos tinham cicatrizes de brigas e estavam "manchadas" devido a seu contato com drogas, furtos e "relações sexuais negativas". Em um dos braços, queimaduras adquiridas enquanto ele fumava maconha; no outro, a cicatriz de um ferimento causado por facada.

Sobre a cabeça de Martin, fervilhava a insônia da qual ele padecia desde os onze anos; o trauma emocional que sentiu na pele pela primeira vez aos dois anos, com maus-tratos físicos e abuso sexual contínuos (inclusive do próprio pai, quando tinha sete anos); e lesões cerebrais resultantes de uma tentativa de suicídio aos onze anos. E, a partir dos oito anos, observou, seu cérebro foi "fritado" pelo abuso de "pílulas, maconha, metanfetamina, álcool, cogumelos e ópio".

A assustadora litania de ferimentos de Martin é típica de inúmeros adolescentes que atualmente cumprem pena em instituições juvenis. As prisões destinadas a jovens tornaram-se uma parada aparentemente inevitável para vidas problemáticas, cujo conturbado histórico de abusos na infância funde-se com o abuso de substâncias e predação social.

Enquanto em muitos países sistemas sociais mais humanitários oferecem tratamento em vez de punição a esses adolescentes, nos Estados Unidos eles geralmente recebem "cuidados" em presídios — exatamente o contexto errado para a cura. Normalmente as prisões para jovens são a receita para uma vida na criminalidade, e não um passaporte para sair do mundo do crime.

Martin, porém, é sortudo: vive no Missouri, estado norte-americano que tomou a iniciativa de tratar os jovens criminosos em vez de apenas puni-los. O Missouri percorreu um longo caminho; um tribunal federal descreveu a principal instalação estadual para correção de delinquentes juvenis como uma atmosfera "quase militar-penal", que foi condenada pela prática frequente de confinar os presos indisciplinados em uma solitária escura conhecida como "o Buraco". Um ex-superintendente da instituição confessou: "Eu via olhos roxos, rostos espancados e narizes quebrados entre os meninos. O procedimento corretivo normal entre os guardas era derrubar os meninos com socos e, em seguida, dar pontapés em sua virilha. Muitos desses homens eram sádicos".[1]

Essa descrição, de décadas atrás, talvez ainda continue sendo válida para diversas penitenciárias. Mas agora que o Missouri optou por tratar seus menores infratores, a instalação de Martin oferece uma alternativa esperançosa. Ele mora em uma unidade da rede de lares para adolescentes problemáticos e delinquentes juvenis como ele. Criados em 1983, alguns desses lares funcionam em antigas escolas ou em casarões; um deles ocupa um convento abandonado.

Cada unidade abriga, no máximo, três dúzias de adolescentes e uma pequena equipe de adultos. Esses adolescentes não são apenas peças anônimas da engrenagem de uma vasta instituição; em cada casa, todos os moradores sabem os nomes uns dos outros. Vivem como uma "família" que propicia aos adolescentes relacionamentos pessoais com adultos atenciosos.

Não há grades de ferro nem celas; poucas são as portas trancadas, e os equipamentos de segurança são mínimos, embora monitores de vídeo acompanhem tudo o que acontece. A atmosfera se assemelha mais a uma residência do que a uma prisão. Os adolescentes são agrupados em turmas de mais ou menos dez, e são responsáveis por checar se todos estão cumprindo as regras. As equipes comem, dormem, estudam e tomam banho juntas, sempre supervisionadas por dois especialistas em adolescentes.

Se um dos residentes cria problemas, não há celas de isolamento, restrições ou algemas — o típico conjunto de ferramentas da maioria das instituições correcionais juvenis. Ao contrário, as equipes são ensinadas a conter com segurança qualquer membro que ameace a segurança de outra pessoa. Eles agarram seus braços e pernas e lutam com o colega até colocá-lo no chão. Em seguida, simplesmente o imobilizam até que se acalme e recupere a compostura. O diretor do programa relata que jamais houve um ferimento sério com essa contenção em equipe, e que as brigas são praticamente inexistentes.

Seis vezes por dia, os membros dos grupos formam um círculo para verificar como cada um está se sentindo. Um membro da equipe pode solicitar uma reunião extra para apresentar suas preocupações com alguma coisa ou discutir alguma queixa — na maioria das vezes, questões de segurança, cortesia e respeito. Dessa maneira, o foco pode mudar de uma aula, exercício ou limpeza para aspectos emocionais urgentes, que, se ignorados, talvez provocassem uma explosão. Todas as tardes, eles se reúnem para atividades que são concebidas para melhorar a camaradagem e a cooperação, estimular a empatia, aprimorar as percepções de uns sobre os outros e desenvolver habilidades de comunicação e confiança.

Tudo isso constrói uma base segura e proporciona aos jovens as habilidades sociais das quais precisam tão desesperadamente. Essa aura de segurança é essencial, particularmente para que os adolescentes se sintam estimulados a se abrir sobre seu passado problemático. A confiança é o fator primordial: um a um eles contam ao restante do grupo suas histórias de vida, relatam casos de violência doméstica e vitimização sexual, abusos e negligência. Além disso, também desabafam sobre os erros e delitos em decorrência dos quais foram parar naquele lugar.

O tratamento não termina no dia em que os jovens vão embora da instituição. Em vez de simplesmente serem encaminhados a um sobrecarregado oficial de condicional — a prática-padrão nesse casos —, assim que chegam à instituição os jovens do Missouri conhecem seu coordenador pós-libertação. Quando ganham a liberdade, os meninos já criaram um relacionamento duradouro com a pessoa que os guiará de volta para a vida em comunidade.

Os cuidados posteriores são uma parte fundamental na fórmula do Missouri. Todos os adolescentes encontram-se periodicamente com o coordenador e, com uma frequência ainda maior, se reúnem com um "rastreador" — normalmente alguém de sua cidade natal ou um estudante universitário local —, responsável por monitorar seu progresso diário e ajudá-lo a encontrar emprego.

Todo esse esmerado tratamento faz muita diferença? Estudos de acompanhamento com adolescentes que foram libertados de instituições correcionais são raros. Uma investigação de 1999, porém, descobriu que o índice de reincidência do programa adotado no Missouri era de apenas 8% nos três anos após a libertação dos jovens — ao passo que, em Maryland, 30% dos jovens voltavam para a prisão em três anos. Outra comparação examinou os índices de jovens libertados que voltavam para a custódia ou para prisões de adultos ou que ficavam em condicional durante o primeiro ano após terem sido libertados. No Missouri a taxa foi de apenas 9%, em comparação aos 29% na Flórida.[2]

E há o custo humano do aprisionamento de jovens nos terríveis presídios. Nos quatro últimos anos, 110 adolescentes cometeram suicídio nas instituições correcionais juvenis dos Estados Unidos. Nos vinte anos do programa de Missouri, não houve nem um único suicídio.

O MODELO DE KALAMAZOO

Na cidadezinha de Kalamazoo, no Michigan, reinava o tumulto; os eleitores estavam irritados com um referendo destinado a levantar 140 milhões de dólares para um novo presídio juvenil. Todos concordavam que o antigo estava superlotado e era desumano — disso não havia dúvida. A briga era para decidir o que deveria substituir o antiquado prédio.

Alguns defendiam ferozmente uma mera reforma do prédio antigo, utilizando arame farpado, celas e fechaduras de melhor qualidade — e uma ligeira ampliação do espaço. Mas os adversários rebateram com a alegação de que a comunidade precisava primeiro encontrar melhores soluções para evitar que os jovens cometessem crimes e reincidissem na criminalidade.

Um dos juízes locais sugeriu que ambos os lados discutissem a questão em uma reunião de um dia no Instituto Fetzer, que ficava nos arredores. Todas as pessoas envolvidas no debate compareceram à reunião: líderes religiosos, grupos de defesa jurídica dos prisioneiros, o delegado, juízes, o superintendente escolar, especialistas em saúde mental e alguns dos democratas mais liberais e dos republicanos mais conservadores.

Essa reunião em Kalamazoo é emblemática de um movimento que varreu o país, à medida que cidadãos preocupados confrontavam o fracasso do sistema carcerário em protegê-los de criminosos que simplesmente repetem o que conhecem melhor: o crime. Por toda parte, grupos estão repensando o próprio significado das "correções".

Uma filosofia dominante nos círculos penais é a de que os condenados cometeram atos que extrapolam os limites do território humano, por isso devem pagar por seus crimes. Sem dúvida, há distinções no espectro dos crimes, e os prisioneiros são classificados segundo o tipo de crime cometido, nos níveis da feiura humana que eles enfrentarão em seu cotidiano. Para muitos, a prisão é um reino infernal, onde os condenados se engalfinham em uma batalha cruel; todos lutam para ser respeitados, e os mais durões ganham prestígio. O pátio da prisão torna-se uma selva onde os mais fortes mandam e o medo predomina. É um paraíso de psicopatas, em que a crueldade imperturbável sempre vence.

Mas as lições neurais aprendidas por uma pessoa depois de ter estado presa na armadilha de um universo Eu-Isso certamente são as piores. A sobrevivência nesses lugares exige uma amígdala que é preparada para a hipervigilância paranoica, em adição a um distanciamento emocional protetivo ou à total desconfiança, além da prontidão para a luta. Não seria possível criarmos um ambiente melhor para estimular os instintos criminosos.

São essas as melhores "escolas" para onde a sociedade deve enviar as pessoas — mais exatamente adolescentes ou jovens na casa dos vinte e poucos anos, que têm uma vida inteira pela frente? Vivendo em um ambiente como esses durante meses ou anos, não surpreende que tantos recaiam no crime assim que ganham a liberdade e acabem voltando direto para o mesmo buraco corrompido.

Em vez de confiar em abordagens que simplesmente geram mais criminalidade, poderíamos aproveitar o significado de "correção" da perspectiva da neuroplasticidade social, a modelagem dos circuitos cerebrais por meio de interações benéficas. Muitíssimas pessoas encarceradas provavelmente estão lá por causa de déficits neurais no cérebro social, como insuficiência de empatia e deficiências no controle de impulsos.

Um dos segredos neurais do autocontrole é a gama de neurônios no córtex orbitofrontal que são capazes de inibir os impulsos de raiva da amígdala. Pessoas com déficit no COF são propensas à brutalidade nos momentos em que seus impulsos violentos inundam sua habilidade de inibi-las. Nossas prisões são o lar de muitos criminosos desse tipo. Um padrão neural subjacente a essa violência descontrolada parece ser a subativação dos lobos frontais, quase sempre devido a violentas lesões ocasionadas na infância.[3]

Esse déficit gira em torno do circuito que vai do COF até a amígdala — a ligação neural que forma o freio do cérebro para impulsos destrutivos.[4] Pessoas com lesões no lobo frontal têm dificuldade no que os psicólogos chamam de "controle cognitivo": não conseguem direcionar voluntariamente seus pensamentos, sobretudo quando assoladas por vigorosos sentimentos negativos.[5] Essa inabilidade torna as pessoas impotentes diante da torrente de sentimentos destrutivos: uma vez que seus freios neurais estão enguiçados, seus impulsos cruéis tornam-se irrefreáveis.

Esse decisivo circuito do cérebro continua a crescer e a ser moldado até os vinte e poucos anos de idade.[6] Do ponto de vista neural, durante o encarceramento a sociedade tem uma escolha entre optar pelo fortalecimento do circuito dos prisioneiros para a hostilidade, a impulsividade e a violência ou fortalecer o circuito dos detentos para o autocontrole, o pensamento antes da ação e a própria capacidade de obediência à lei. Talvez a maior oportunidade perdida no sistema penal tenha sido o fracasso no que diz respeito a tratar adequadamente os prisioneiros mais jovens, que ainda estão no período em que o cérebro social permanece mais flexível. As lições que eles aprendem dia após dia no pátio de um presídio deixam uma profunda e duradoura marca em seu destino neural, para o bem ou para o mal.

No momento, é para o mal. A tragédia é dupla: não apenas desperdiçamos a oportunidade de ajudar a remodelar o circuito neural que pode ajudar esses jovens a entrar nos eixos, mas também os lançamos a uma escola de criminalidade. Em âmbito nacional, a reincidência de prisioneiros com 25 anos ou menos no crime — os mais novos candidatos à carreira criminal — inevitavelmente é a maior em comparação a qualquer outra faixa etária.

Nos Estados Unidos há mais de 2 milhões de pessoas na prisão, ou 482 presidiários por 100 mil habitantes — um dos mais altos índices de encarceramento no mundo, seguido por Grã-Bretanha, China, França e Japão.[7] A população carcerária atual é sete vezes maior do que há três décadas. Os custos aumentaram ainda mais, de aproximadamente 9 bilhões de dólares na década de 1980 para mais de 60 bilhões em 2005; os custos do sistema prisional são as despesas que aumentam mais rapidamente nos estados, atrás apenas dos custos com saúde. O incessante aumento no número de detentos nos presídios norte-americanos criou uma explosão populacional em prisões perigosamente superlotadas, além de estados e condados, a exemplo de Kalamazoo, lutando para encontrar maneiras de arcar com esses custos.

Mais espantosos do que os custos econômicos são os custos humanos: uma vez enredada no sistema carcerário, as chances de uma pessoa escapar de sua força gravitacional são deploravelmente baixas. Dois terços dos prisioneiros libertados dos presídios norte-americanos voltam para trás das grades em um intervalo de três anos.[8]

Essas eram as dolorosas realidades contempladas pelos preocupados cidadãos de Kalamazoo. No fim daquele dia de reunião, eles haviam chegado a um objetivo comum: "Fazer de Kalamazoo a comunidade mais segura e mais justa dos Estados Unidos". Para tanto, vasculharam o país a fim de descobrir o que funciona: abordagens que efetivamente tivessem diminuído a taxa de retorno à prisão ou resultado em outros benefícios concretos, e os dados numéricos que demonstrassem isso.

O saldo é uma raridade, um plano baseado em evidências para reorganizar vidas, em grande medida restaurando o tecido conectivo que liga as pessoas em apuros àquelas que se importam com o que acontece com elas.[9] A proposta do grupo de Kalamazoo abarca esforços para, em primeiro lugar, evitar os crimes, usar o tempo na prisão de maneira produtiva e reintegrar os infratores libertados a uma rede de relacionamentos que os ajudará a continuar fora da prisão.

O primeiro princípio orientador é que as conexões de apoio evitam o crime — e essas conexões devem começar nos bairros onde os jovens mais correm risco de entrar na criminalidade.

COMUNIDADES CONECTADAS

Em um bairro pobre no lado sul de Boston, um terreno baldio foi transformado em uma horta comunitária, na qual os vizinhos se reúnem todo ano durante a primavera e o verão para plantar repolho, couve e tomate. Na cerca, uma placa pintada à mão avisa: "Por favor, respeite nosso esforço".

Essa pequena mensagem de esperança apela para a disposição de ajudar um vizinho. Um grupo de adolescentes vadiando na esquina está autorizado a intimidar uma criança menor que passa por ali? Ou um adulto pedirá que se dispersem, talvez até ligando para os pais deles? Respeito e cuidado fazem a diferença, a mesma que existe entre um terreno baldio abandonado, apinhado de lixo e frequentado por traficantes de drogas e uma horta comunitária.[10]

Em meados da década de 1990, uma coalizão de pastores negros ocupou as varandas e esquinas dos bairros mais barra-pesada de Boston a fim de atrair as crianças que ficavam à toa pelas ruas para os programas extracurriculares encabeçados por adultos locais. O índice de assassinatos em Boston despencou de 151 em 1991 para 35 dez anos depois — a mesma coisa aconteceu em outras cidades de uma ponta à outra do país.

Durante a década de 1990, a queda nas taxas de criminalidade em âmbito nacional foi atribuída, em larga medida, ao acelerado crescimento econômico. Mas, à exceção dessas amplas forças, persiste a pergunta: unir as pessoas, como fizeram aqueles pastores, pode em si ajudar a reduzir a criminalidade em determinadas áreas? A resposta a essa pergunta veio da maior análise entre o envolvimento da comunidade e a criminalidade já realizada, um estudo de dez anos liderado pelo psiquiatra Felton Earls, de Harvard. O estudo sugere que a resposta é um poderoso "sim".

Com um grupo de pesquisa, Earls realizou gravações em vídeo de 1408 quarteirões mostrando a vida nas ruas em 196 bairros de Chicago, inclusive os mais pobres e os mais dominados pela criminalidade. Documentaram tudo, desde as vendas de bolos em quermesses de igreja até as transações de drogas. As fitas foram comparadas com registros de crimes dos mesmos bairros, bem como entrevistas com 8782 moradores dos bairros.[11]

O grupo de Earls descobriu duas influências primordiais nos índices de criminalidade de um bairro. A primeira é o nível geral de pobreza da área: há muito se sabe que índices elevados de miséria aumentam a criminalidade (assim como o analfabetismo, outro fator oculto). A segunda é o grau de conexão entre as pessoas de uma comunidade. A mistura de pobreza e desconexão, ao mesmo tempo, exerce sobre os índices de criminalidade da área uma influência mais forte do que os fatores-padrão normalmente citados, incluindo raça, origem étnica ou estrutura familiar.

Mesmo nos bairros mais pobres, Earls constatou, as conexões pessoais positivas estavam associadas não somente a menores índices de criminalidade, como também a um menor consumo de drogas entre os jovens, um número menor de casos de gravidez indesejada entre adolescentes e uma melhora no desempenho acadêmico das crianças. Muitas comunidades afro-americanas de baixa renda têm fortes tradições de ajuda mútua por meio de igrejas e famílias estendidas. Earls vê a ampliação desse espírito de ajuda entre vizinhos como uma fértil estratégia de combate ao crime.[12]

Se um grupo de moradores locais — e não as equipes de limpeza da prefeitura — incumbir-se de limpar as pichações nos muros, provavelmente diminuirá o número de futuras pichações. A vigilância contra a criminalidade em um bairro significa que as crianças do local se sentirão seguras ao saber que existem pessoas carinhosas olhando por elas. Nos bairros pobres do mundo, essa atitude conta muito quando se trata de vizinhos que agem para proteger uns aos outros e, especialmente, os filhos uns dos outros.

CHEGA DE PENSAMENTOS DESTRUTIVOS

O filho de um velho amigo — a quem chamarei de Brad — tornou-se um alcoólatra ainda na adolescência e, quando bebia, tornava-se combativo e até violento. Esse comportamento levou Brad a ter uma série de problemas com a lei, até que por fim ele foi mandado para a prisão por ter ferido gravemente um colega de turma em uma briga no dormitório da faculdade.

Quando visitei Brad na prisão, ele me disse: "Qualquer que seja a acusação, basicamente todos os caras estão aqui por causa do temperamento ruim". Ele teve a sorte de ser encaminhado a um programa-piloto especial para prisioneiros que demonstram algum comprometimento com a perspectiva de mudar de vida. Os detentos que vivem nessa unidade especial de seis celas têm aulas diárias sobre temas como reconhecer a diferença entre ações baseadas em "pensamento criativo, pensamento destrutivo ou sem pensamento".

No resto da prisão, as brigas e posturas intimidantes são a ordem do dia. O desafio de Brad, ele sabe, será aprender a controlar a raiva em um mundo social onde a violência e a agressividade determinam o lugar da pessoa na hierarquia do pátio da prisão. Esse mundo, disse ele, é baseado em uma paranoia do tipo nós contra eles, em que qualquer pessoa de uniforme é "o inimigo", assim como qualquer pessoa que trabalhe com elas.

"Todos esses caras se irritam com facilidade, se exasperam por qualquer coisinha. E qualquer desavença eles resolvem na base da briga. Mas no meu programa não precisa ser assim."

Contudo, Brad teve seus percalços: "Um rapaz, mais ou menos da minha idade, entrou no nosso programa. Ele vivia me provocando e me ridicularizando, sempre me infernizando. Ele me deixava louco — mas eu não permitia que a minha raiva tomasse conta de mim. No começo eu só me afastava, mas ele me seguia aonde quer que eu fosse, sempre pegando no meu pé. Aí um dia eu disse a ele que ele estava sendo um idiota e que eu não dava a mínima pro que ele dizia. Mas ele continuou atrás, incansável.

"No fim das contas, deixei a raiva transbordar e berrei com ele. Eu me mantive firme — gritei na cara dele que ele era um idiota. A gente ficou se fuzilando com o olhar. Parecia certo que íamos brigar.

"Aqui as brigas acontecem assim: você entra numa cela e fecha a porta. Desse jeito os guardas não veem o que acontece. A luta dura até que um dos caras desista e, em seguida, saia da cela. Por isso a gente foi pra minha cela e fechou a porta. Mas eu não queria brigar. Eu só disse pra ele: 'Se você quiser ir em frente e me dar um soco, pode fazer isso agora. Já apanhei um monte de vezes, posso aguentar, mas eu não vou brigar com você'.

"Ele não me bateu. A gente acabou conversando durante uma ou duas horas seguidas. Ele me contou tudo sobre ele, e eu, sobre mim. No dia seguinte, ele foi transferido de nossa unidade, mas quando o encontro no pátio agora ele não me inferniza mais."

O programa de Brad exemplifica o que a força-tarefa de Kalamazoo identificou como o melhor para os menores infratores. Adolescentes encarcerados por conta de comportamento agressivo que passam por programas de treinamento semelhantes — onde aprendem a parar e pensar antes de reagir, a ponderar sobre soluções e as consequências de diferentes reações, e a manter a calma — envolvem-se menos em brigas e são menos impulsivos e inflexíveis.[13]

Mas, ao contrário de meu jovem amigo, a maioria dos prisioneiros jamais chega a corrigir os hábitos e as circunstâncias que os mantêm presos no ciclo da libertação, reincidência e prisão. Uma vez que apenas uma minoria de detentos libertados consegue evitar a volta à prisão, o termo usado para esse sistema, "correcional", parece um trágico erro: nada é corrigido.

Ao contrário, na maioria das vezes as prisões são faculdades do crime, fortalecendo a predileção e as habilidades do detento para a criminalidade. Na cadeia, os internos mais jovens estabelecem os piores tipos de conexões, normalmente tornando-se discípulos de prisioneiros mais experientes que passam a atuar como seus mentores — ao serem libertados, os jovens infratores estão mais endurecidos, raivosos e dotados de maiores habilidades como criminosos.[14]

Os circuitos do cérebro social para a empatia e para o controle dos impulsos emocionais — talvez as duas deficiências mais patentes na população carcerária — estão entre as últimas partes do cérebro humano a adquirir maturidade anatômica. Um levantamento de prisioneiros em instituições estaduais e federais mostra que cerca de um quarto deles tem menos de 25 anos de idade — não é tarde demais para trazer esses circuitos de volta a um padrão mais obediente à lei.[15] Uma cuidadosa avaliação dos programas de reabilitação vigentes descobriu que aqueles que têm como público-alvo os delinquentes juvenis são os mais bem-sucedidos no sentido de prevenir o retorno à criminalidade.[16]

Esses programas poderiam tornar-se mais eficientes tomando de empréstimo os métodos de muitos cursos escolares, com comprovada produção de efeitos, sobre aprendizagem social e emocional.[17] Esses cursos ensinam lições básicas como controle da raiva e conflitos, empatia e autocontrole. Nas escolas, esses programas reduziram em aproximadamente 69% o número de brigas, em 75% o bullying e em 67% os casos de assédio.[18] A questão é até que ponto esses esforços poderiam ser adaptados para uso com a população carcerária adolescente ou na casa dos vinte anos (ou, de modo concebível, detentos mais velhos).[19]

A perspectiva de reinventar a prisão para oferecer programas correcionais é um intrigante ponto de alavancagem para a sociedade. À medida que esses programas para réus primários e jovens infratores se disseminarem, o número de prisioneiros em todo o país certamente diminuirá com o passar dos anos. Impedir que os criminosos mais jovens embarquem em uma vida contínua de criminalidade terá papel muito relevante para secar os rios de humanos que hoje inundam as nossas prisões.

Uma exaustiva análise dos 272 111 prisioneiros libertados de instituições correcionais norte-americanas em 1994 revelou que, ao longo de sua carreira criminal, eles tinham sido presos por um total de aproximadamente 4 877 000 crimes — uma média de mais de dezessete acusações criminais para cada um. E esses foram apenas os crimes pelos quais respondiam por ações penais.[20]

Com o corretivo adequado, esse cômputo poderia muito bem ter se encerrado logo no início. Mas hoje é provável que os réus primários ingressem em uma carreira no crime, aumentando inexoravelmente seu histórico de delitos com o passar dos anos.

Quando eu era jovem, costumávamos chamar essas prisões juvenis de "reformatórios". Esses estabelecimentos poderiam realmente ser reformatórios se fossem concebidos como ambientes de aprendizagem que aprimorassem as habilidades das quais as pessoas precisam para ficar longe da cadeia: não apenas alfabetização e qualificação profissional (e recolocação no mercado de trabalho), mas também a autoconsciência, o autocontrole e a empatia. Se assim fosse, poderíamos transformar a prisão em um lugar onde os hábitos neurais seriam literalmente "re-formados" — um reformatório em seu sentido mais profundo.

Quanto a Brad, quando verifiquei, dois anos depois, ele tinha voltado para a faculdade e estava se sustentando com um emprego de ajudante de garçom em um restaurante chique.

Durante algum tempo ele havia morado em uma casa com alguns amigos dos tempos de escola. Mas, como ele me disse, "eles não levavam a faculdade minimamente a sério — só bebiam e brigavam. Por isso eu preferi me mudar". Ele foi para a casa do pai e manteve o foco nos estudos.

Embora isso tenha significado perder alguns de seus velhos amigos, Brad disse: "Não me arrependo nem um pouco. Estou feliz".

FORTALECENDO AS CONEXÕES

Em junho de 2004, de manhã bem cedo, um incêndio destruiu a Ponte Mood's Covered, um tradicional ponto de referência no condado de Bucks, Pensilvânia. Quando os incendiários foram presos, dois meses depois, a comunidade ficou chocada.

Os seis jovens eram conhecidos estudantes da escola local, todos eles formandos vindos de "boas" famílias. As pessoas ficaram perplexas e indignadas; toda a comunidade se sentiu vitimizada, destituída de um precioso vínculo com uma época mais idílica.

Em uma reunião entre os moradores e os seis incendiários, o pai de um dos garotos expressou sua raiva pelo fato de que pessoas desconhecidas tinham atacado a ele e a seu filho na imprensa local. Mas, quando indagado se o crime de seu filho o havia afetado, ele admitiu que pensava constantemente no assunto, não conseguia dormir e sentia o estômago revirar. Em seguida, tomado pela emoção, chorou.

Ouvindo a dor que seus familiares e vizinhos expressavam, os jovens ficaram angustiados e arrependidos. Pediram desculpas e disseram que gostariam de poder desfazer o que tinham feito.[21]

A reunião foi um exercício de "justiça restaurativa", segundo a qual, além da punição, os infratores devem enfrentar os desdobramentos emocionais do que fizeram e, quando possível, reparar o dano.[22] O plano de Kalamazoo dá ênfase especial à justiça restaurativa entre os ingredientes ativos do combate efetivo ao crime.

Em programas desse tipo, os mediadores invariavelmente encontram alguma maneira de o criminoso corrigir os erros cometidos — seja por meio de pagamentos, ouvindo os relatos em que a vítima expõe seu ponto de vista ou desculpando-se com remorso genuíno. Nas palavras do diretor de um desses programas em um presídio da Califórnia: "As sessões de impacto à vítima são muito emotivas. Para muitos homens, é a primeira vez que percebem a conexão entre o crime que cometeram e a vítima".

Emarco Washington era um desses homens da Califórnia. Na adolescência, foi viciado em crack, recorrendo a roubos, furtos e agressões físicas para sustentar seu vício. Era abusivo principalmente com a mãe, quando ela não lhe dava dinheiro para comprar droga. Aos trinta anos de idade, cumprira uma rotina de ter sido preso quase todos os anos desde a adolescência.[23]

Após passar pelos programas de justiça restaurativa — associados a um treinamento em redução da violência — na prisão de San Francisco, Washington fez algo diferente tão logo ganhou a liberdade: telefonou para a mãe e pediu desculpas. "Eu disse a ela que antes eu ficava com raiva porque ela não me dava dinheiro, mas que a última coisa que eu queria era machucá-la. Foi como se uma chuva despencasse sobre mim e me lavasse de cima a baixo. Isso serviu para eu ver que, se mudasse meu comportamento, minha linguagem, eu poderia provar a mim mesmo e aos outros que eu não era uma maçã podre."

O subtexto emocional da justiça restaurativa instiga os criminosos a mudar a percepção em relação a suas vítimas de Isso para Tu — para despertar a empatia. Muitos crimes praticados por jovens são cometidos quando eles estão bêbados ou drogados; em certo sentido as vítimas não existem para os criminosos; tampouco os jovens têm alguma noção de responsabilidade por ferir as pessoas. Ao forjar um vínculo empático entre o criminoso e a vítima, a justiça restaurativa soma-se ao círculo de conexões que podem ser poderosas a ponto de dar uma guinada na vida de um jovem.

O grupo de Kalamazoo identificou outro importante ponto de inflexão: aquele perigoso momento em que um jovem detento volta para casa. Sem intervenção, é fácil demais que o jovem tenha uma recaída e volte aos antigos grupos, aos velhos hábitos — e, muitas vezes, novamente à prisão.

Entre as inúmeras abordagens que buscam manter os ex-detentos no rumo certo, uma delas se destaca como sendo particularmente bem-sucedida: a terapia multissistêmica.[24] A palavra "terapia" aqui pode parecer inapropriada; não há sessões de cinquenta minutos entre paciente e terapeuta, frente a frente, em um consultório. Em vez disso, a intervenção é realizada diretamente em meio à vida cotidiana: em casa, nas ruas, na escola — em qualquer lugar e com quaisquer pessoas com quem o ex-detento passe seu tempo.

Um monitor acompanha de perto o criminoso recém-liberto e passa a conhecer sua vida particular. Ele busca, no mundo do ex-criminoso, arrimos positivos e pontos de apoio — um bom rapaz que possa ser amigo daquele que está sob sua tutela, um tio que possa ser seu mentor, uma igreja que possa lhe propiciar uma família potencial. Depois, o monitor toma providências para que seu tutelado passe mais tempo com essas pessoas de influência construtiva e fique longe daquelas cuja influência possa fazê-lo voltar à prisão.

Aqui não há o envolvimento de terapias sofisticadas. O enfoque é pragmático: aumentar pouco a pouco os níveis de disciplina e afeto em casa, diminuir o tempo na companhia de colegas propensos a causar problemas, esforçar-se com mais afinco na escola ou arranjar um emprego e praticar atividades esportivas. O mais importante: cultivar uma rede de conexões saudáveis que cercarão o infrator de pessoas que se importam com ele e que podem servir como modelos de um estilo de vida mais responsável. Tudo é feito com pessoas: famílias estendidas, vizinhos e amigos.[25]

Embora dure apenas quatro meses, a terapia multissistêmica parece funcionar. Entre os jovens infratores que passaram pelo programa, os índices de reincidência ao longo dos três anos de monitoramento após a libertação despencaram de 70% para 25%. O mais impressionante: esses resultados aplicam-se aos prisioneiros mais intransigentes e difíceis, aqueles cujos crimes foram violentos e graves.

O governo realizou um levantamento sobre a idade dos prisioneiros e observou que o grupo que mais cresce nos presídios é o de homens de meia-idade; praticamente todos eles têm uma longa folha corrida de criminalidade.[26] A maioria está no inevitável ponto-final de uma vida de delitos que começou com a primeira detenção, ainda na juventude.

Essa primeira prisão é a oportunidade de ouro para intervir, para mudar o vetor da vida dos jovens para longe da criminalidade. É o momento essencial, em que o jovem ou se desvia do caminho e pega o rumo da cadeia ou se distancia dela.

Se adotarmos os programas que funcionam, como a reeducação do cérebro social, todos sairão ganhando. Certamente, um plano abrangente como o de Kalamazoo compõe-se de muitas outras partes: a lista do que "funciona" inclui também a alfabetização e um emprego com remuneração suficiente para a sobrevivência, assim como o indivíduo assumir a responsabilidade pelas próprias ações. Mas todas as partes compartilham um objetivo: ajudar os criminosos a ser pessoas melhores, e não criminosos melhores.

21. Deles para nós

Foi na África do Sul durante os últimos anos do apartheid, o sistema de total segregação entre os africânderes, descendentes dos conquistadores holandeses, e os grupos de pessoas "de cor". Trinta pessoas vinham se reunindo clandestinamente havia quatro dias. Metade era composta por homens de negócios brancos; a outra metade, por líderes comunitários negros. O grupo estava recebendo treinamento para conduzir em conjunto seminários de liderança, de modo que pudessem ajudar a desenvolver habilidades de governança no seio da comunidade negra.

No último dia do programa, eles se sentaram atentos na frente de um aparelho de televisão enquanto o presidente W. F. de Klerk fazia seu hoje famoso discurso anunciando o fim iminente do apartheid. De Klerk restaurou à legalidade uma longa lista de organizações que haviam sido banidas e ordenou a libertação de muitos prisioneiros políticos.

Anne Loersebe, uma das líderes comunitárias negras ali presentes, estava radiante: a cada nome de organização que era citado, Loersebe pensava no rosto de alguém que ela conhecia e que, agora, poderia sair do esconderijo.

Depois do discurso, o grupo realizou um ritual de encerramento em que cada participante teve a oportunidade de dizer palavras de despedida. A maioria simplesmente expressou o quanto o treinamento tinha sido importante e como estava feliz por ter estado presente.

Mas a quinta pessoa a falar, um africânder alto e reservado em termos emocionais, levantou-se e olhou diretamente para Anne. "Eu quero que você saiba", disse ele, "que fui criado para pensar que você era um animal." E, assim, ele irrompeu em lágrimas.[1]

O Nós-Eles reafirma o Eu-Isso no plural: a dinâmica subjacente é uma só. Com as palavras "Nós-Eles", definiu Walter Kaufmann, o tradutor de Martin Buber para a língua inglesa, "o mundo está dividido em dois: os filhos da luz e os filhos das trevas, as ovelhas e as cabras, os eleitos e os condenados".[2]

O relacionamento entre um de Nós e um Deles carece, por definição, de empatia, sem falar em sintonia. Se um Deles tomasse a liberdade de falar com um de Nós, a voz não seria ouvida de forma tão plena ou aberta como seria a de um de Nós — isso se fosse ouvida.

O abismo que divide o Nós do Eles aumenta com o silenciamento da empatia. E através dessa fenda somos livres para projetar no Eles o que bem quisermos. Kaufmann acrescenta: "Retidão, inteligência, integridade, humanidade e vitória são as prerrogativas do Nós, ao passo que perversidade, estupidez, hipocrisia e derrota definitiva pertencem ao Eles".

Quando identificamos alguém como um Deles, obstruímos nossos impulsos altruístas. Vejamos, por exemplo, uma série de experimentos em que se perguntou a voluntários se estariam dispostos a levar um choque elétrico no lugar de outra pessoa. A pegadinha: eles não poderiam ver a vítima em potencial, mas simplesmente ouvir uma descrição dele ou dela. Quanto mais diferente de cada voluntário a outra pessoa descrita era — mais próxima a um Deles —, menos dispostos os voluntários se mostravam em ajudá-la.[3]

"O ódio", disse Elie Wiesel, ganhador do prêmio Nobel da Paz e sobrevivente do Holocausto, "é um câncer transmitido de uma pessoa para outra."[4] A história humana narra uma infindável torrente de horrores praticados por um grupo que se volta cruelmente contra outro — mesmo quando esse outro grupo tem em relação a eles muito mais similaridades do que diferenças. Os protestantes e os católicos da Irlanda do Norte, assim como os sérvios e os croatas, lutam há anos entre si, embora, em termos genéticos, sejam os irmãos e irmãs biológicos mais próximos uns dos outros.

Enfrentamos os desafios de viver em uma civilização global com um cérebro que, de modo primal, nos liga à nossa tribo ancestral. Como disse um psiquiatra que cresceu em meio à turbulência étnica do Chipre, grupos que são parecidíssimos passam do Nós para o Eles por intermédio do "narcisismo das pequenas diferenças", aferrando-se a características menos importantes que distinguem os grupos, ao mesmo tempo que ignoram as enormes semelhanças humanas entre si. Quando os outros são colocados a uma distância psicológica, podem tornar-se alvo para a hostilidade.

Esse processo é uma corrupção de uma função cognitiva normal: a categorização. A mente humana depende de categorias para atribuir ordem e sentido ao mundo ao nosso redor. Ao pressupor que a entidade que encontramos em determinada categoria tem as mesmas características essenciais da anterior, percorremos nosso caminho através de um ambiente marcado por constantes mudanças.

No entanto, assim que um viés negativo se inicia, nossas lentes se obscurecem. Temos a tendência de nos agarrar a qualquer coisa que confirme o viés e ignorar o que o contraria. O preconceito, nesse sentido, é uma hipótese que tenta, desesperadamente, comprovar-se para nós. E assim, quando encontramos alguém a quem o preconceito possa se aplicar, o viés distorce nossa percepção, tornando impossível testar se o estereótipo é realmente adequado. Estereótipos abertamente hostis a respeito de um grupo — na medida em que são baseados em pressupostos não testados — são categorias mentais deturpadas.

Uma vaga sensação de ansiedade, uma pitada de medo ou a mera inquietação causada pelo desconhecimento dos sinais culturais Deles podem ser suficientes para começar a distorcer uma categoria cognitiva. A mente constrói suas "evidências" contra o outro com cada inquietação adicional, cada descrição desagradável e pouco lisonjeira na mídia, cada sensação de ter sido tratado de maneira errada. À medida que esses incidentes se avolumam, a apreensão se converte em antipatia, que por sua vez se transforma em hostilidade.

A raiva completa prepara o terreno para o preconceito mesmo naqueles cujos vieses são superficiais. Tal qual um fósforo em um pavio, o antagonismo catalisa a virada do Nós *e* Eles (a mera percepção da diferença) para o Nós *contra* Eles, a hostilidade ativa.

Raiva e medo, ambos impulsionados pela amígdala, amplificam a destrutividade de um viés incipiente. Quando é inundada por essas fortes emoções, a área pré-frontal torna-se incapacitada, uma vez que o atalho sequestra a estrada principal. Isso sabota a capacidade de pensar com clareza, obliterando assim uma resposta corretiva àquela pergunta essencial: ele realmente tem todas as características ruins que atribuo a Eles? E se uma visão condenatória Deles já tiver sido aceita, mesmo na ausência da raiva ou do medo essa pergunta deixa de ser feita.

VIÉS IMPLÍCITO

O Nós e Eles vem em muitas formas, do ódio fanático aos estereótipos nada lisonjeiros, tão sutis que escapam à atenção até mesmo daqueles que os manifestam. Esses preconceitos sutilíssimos ocultam-se no atalho na forma de vieses "implícitos", estereótipos automáticos e inconscientes. Esses vieses silenciosos parecem capazes de suscitar reações — por exemplo, a decisão de quem contratar em meio a um grupo de candidatos igualmente qualificados — mesmo quando eles não se ajustam a nossas convicções conscientes.[5]

As pessoas que não mostram o menor sinal externo de preconceito e que encampam visões positivas com relação a um grupo ainda podem nutrir inclinações ocultas, como revelam medidas cognitivas inteligentes. Por exemplo, o Teste de Associação Implícita apresenta uma palavra e pede que a associemos a uma categoria, o mais rápido possível.[6] A escala do teste para os comportamentos ocultos acerca de se as mulheres são tão qualificadas quanto os homens para carreiras na área científica pede para a pessoa associar palavras como "física" e "humanidades" a "mulheres" ou "homens".

Podemos fazer esse tipo de correlação com maior rapidez quando uma ideia se ajusta à maneira como já pensamos sobre alguma coisa. Alguém que acreditasse que os homens são melhores do que as mulheres em ciências seria mais rápido para combinar "homens" com as palavras relacionadas a ciências. Essas diferenças são calculadas em meros décimos de segundos e são discerníveis apenas por uma análise computadorizada.

Esses vieses implícitos, por mais fracos que sejam, parecem distorcer os julgamentos sobre as pessoas em um grupo-alvo, bem como decisões como trabalhar ou não com alguém, ou o julgamento da culpa de um réu.[7] Quando há regras claras a seguir, as predisposições implícitas surtem menos efeitos — mas quanto mais vagos são os padrões em uma situação, mais poderosas elas se tornam.

Uma cientista cognitiva ficou perplexa ao descobrir que um teste de inclinações implícitas revelou que, inconscientemente, endossava um estereótipo contra mulheres cientistas — a mesma profissão em que ela atuava! Por isso, mudou a decoração de sua sala de trabalho, cercando-se de fotografias de mulheres cientistas famosas, como Marie Curie.

Isso poderia fazer alguma diferença no comportamento dela? Talvez sim.

No passado, os psicólogos viam as categorias mentais inconscientes, a exemplo das atitudes implícitas, como algo fixo; porque a influência delas funciona de forma automática e inconsciente, o pressuposto era de que suas consequências eram inevitáveis. Afinal, a amígdala exerce o papel mais importante no viés implícito (bem como no preconceito escancarado).[8] E os circuitos do atalho pareciam difíceis de manejar.

No entanto, pesquisas mais recentes mostram que os estereótipos e os preconceitos automáticos são fluidos — predisposições implícitas não refletem os "verdadeiros" sentimentos de uma pessoa, mas podem mudar.[9] No nível neural, essa fluidez pode refletir o fato de que até mesmo o atalho continua sendo um ávido aprendiz ao longo da vida.

Vejamos um experimento simples sobre redução de estereótipos.[10] Pessoas que manifestavam tendências implícitas contra negros observaram fotografias de negros muito admirados, como Bill Cosby e Martin Luther King Jr., e de brancos que eram odiados, como o assassino em série Jeffrey Dahmer. O tempo de exposição às imagens era mínimo, apenas uma sessão de quinze minutos com um conjunto de quarenta fotografias cuidadosamente selecionadas.

Esse breve tutorial para a amígdala resultou em uma drástica alteração na pontuação daquelas pessoas no teste de atitudes implícitas: posturas inconscientes antinegros desapareceram. E a mudança positiva perdurou quando os voluntários foram submetidos ao teste 24 horas depois. Provavelmente, se essas imagens de membros admirados de um grupo-alvo fossem vistas de tempos em tempos em sessões "de reforço" (ou, digamos, como protagonistas de uma série de televisão favorita), a mudança persistiria. A amígdala aprende continuamente, e por isso não precisa ficar presa a um viés.

Muitos métodos revelaram-se capazes de reduzir os vieses implícitos, pelo menos momentaneamente.[11] Quando as pessoas eram informadas de que um teste de QI mostrava que elas tinham uma inteligência elevada, seus vieses implícitos negativos desapareciam — porém, quando lhes diziam que o teste mostrava que tinham pouca inteligência, os vieses se fortaleciam. O viés implícito contra os negros diminuía depois que as pessoas recebiam um feedback positivo de um supervisor negro.

As demandas sociais podem fazer isso: pessoas que são colocadas em um ambiente social no qual uma ideia preconceituosa está "fora do compasso" registram um viés implícito menor. Mesmo a determinação explícita de ignorar a associação de uma pessoa a um grupo-alvo pode reduzir os preconceitos ocultos.[12]

Essas descobertas são compatíveis com uma espécie de judô neural: quando as pessoas pensam em suas atitudes tolerantes ou falam sobre elas, a área pré-frontal é ativada e a amígdala, a sede dos preconceitos implícitos, se aquieta.[13] À medida que a estrada principal se mobiliza em um caminho positivo, o atalho perde seu poder de instigar vieses. Essa dinâmica neural pode estar em ação em pessoas que estão passando por programas que aumentam explicitamente a tolerância.

Uma maneira diferente, e bastante nova, de neutralizar um pouco o preconceito foi descoberta em experimentos em Israel; neles a noção de segurança das pessoas era ativada via métodos sutis, como trazer à lembrança entes queridos. A momentânea sensação de segurança fazia com que a atitude dos participantes preconceituosos mudasse para uma postura positiva com relação a grupos como árabes e judeus ultraortodoxos, ambos alvos iniciais de seu viés. Quando eram informados de que poderiam passar algum tempo com um árabe ou com um judeu ultraortodoxo, eles ficavam muito mais dispostos do que tinham estado poucos minutos antes.

Ninguém alega que essa efêmera sensação de segurança possa resolver longevos conflitos históricos e políticos. No entanto, essa demonstração reforça a ideia de que até o preconceito oculto pode ser reduzido.[14]

FECHANDO A LACUNA DE HOSTILIDADE

Há anos está em curso um debate entre os psicólogos que estudam as relações intergrupais acerca do que exatamente é capaz de reparar as lacunas entre Nós e Eles. Mas em grande medida esse debate agora foi resolvido com o trabalho de Thomas Pettigrew, psicólogo social que vem estudando o preconceito desde que o movimento pelos direitos civis nos Estados Unidos destruiu as barreiras legais entre as raças. Pettigrew, nascido no estado da Virgínia, foi um dos primeiros psicólogos a investigar o cerne do ódio racial. Ele começou como aluno de Gordon Allport, psicólogo social para quem as relações amigáveis e mantidas por períodos prolongados eliminam o preconceito.

Agora, três décadas depois, Pettigrew conduz a análise de estudos de maior envergadura já realizada sobre que tipos de contatos mudam as opiniões que grupos hostis têm uns dos outros. Pettigrew e seus colegas rastrearam 515 estudos realizados entre a década de 1940 e o ano 2000 e os combinaram em uma única e gigantesca análise estatística, com respostas de um impressionante número de pessoas — 250 493 — de 38 países. A gama de dissensões entre Nós e Eles nos estudos variava desde as relações entre negros e brancos nos Estados Unidos até uma miríade de animosidades étnicas, raciais e religiosas ao redor do mundo, bem como propensões contra idosos, deficientes físicos e doentes mentais.[15]

A conclusão concreta: os envolvimentos emocionais, a exemplo das amizades e dos relacionamentos românticos entre indivíduos de lados opostos de uma divisão hostil, fazem com que as pessoas aceitem muito mais os grupos adversários. Por exemplo: ter tido um amigo de infância no grupo oposto normalmente inocula as pessoas contra o preconceito em períodos posteriores na vida — conforme se descobriu em um estudo com negros norte-americanos que, quando crianças, brincavam com brancos (embora suas escolas fossem segregadas à época). O mesmo efeito era verificado durante o apartheid entre as donas de casa africânderes que haviam feito amizade com suas empregadas domésticas africanas.

De modo significativo, os estudos que investigaram as amizades entre grupos antagônicos no decorrer do tempo mostram que a proximidade em si leva a uma redução do preconceito. Mas o mero contato casual na rua ou no trabalho surte relativamente pouco ou nenhum efeito para mudar estereótipos hostis.[16] Pettigrew argumenta que o requisito essencial para a superação do preconceito é uma forte conexão emocional. Com o tempo, o carinho que uma pessoa sente em relação a outra se generaliza para todos os Eles. Por exemplo: quando as pessoas tinham bons amigos em diferentes grupos étnicos divididos por tensões na Europa — alemães e turcos, franceses e norte-africanos, britânicos e caribenhos —, os amigos tinham muito menos preconceito em relação ao outro grupo como um todo.[17]

"A pessoa ainda pode ter uma visão geral estereotipada sobre eles, mas essa noção já não está mais associada a fortes sentimentos negativos", disse-me Pettigrew.

O papel decisivo do contato – ou da sua ausência – no preconceito foi demonstrado em estudos que Pettigrew realizou na Alemanha com colegas de lá. "Os alemães orientais são, em média, bem mais preconceituosos do que os alemães ocidentais contra todos os grupos, dos poloneses aos turcos", disse Pettigrew. "Por exemplo, atos de violência contra minorias são muito mais frequentes na antiga Alemanha Oriental do que na Ocidental. Quando estudamos os agressores que tinham sido presos por conta dessa violência, constatamos duas coisas: essas pessoas são intensamente preconceituosas e quase não tinham contato algum com os grupos que elas odeiam com tanta veemência.

"Na Alemanha Oriental, mesmo quando o governo comunista aceitava receber grandes grupos de cubanos ou africanos, eles eram mantidos segregados", observou Pettigrew. "Mas, na Alemanha Ocidental, durante décadas havia amizades entre pessoas dos diferentes grupos. E descobrimos que quanto mais contato os alemães tinham com as minorias, mais amigáveis se sentiam em relação ao grupo como um todo."[18] Quando o Isso se transforma em Tu, o Eles se transforma em Nós.

Mas o que acontece com o viés implícito, os estereótipos sutis que passam despercebidos até mesmo por aqueles que alegam não ter preconceito nenhum? Eles também não são importantes? Pettigrew é cético.

"Grupos frequentemente acreditam em estereótipos a respeito de si mesmos que são disseminados em sua cultura", observou. "Por exemplo: sou escocês; meus pais eram imigrantes. Os escoceses são estereotipados como avarentos. Mas mudamos isso, dizendo que estávamos apenas sendo econômicos e frugais. O estereótipo permanece, mas a valência emocional mudou."

Os testes para medir o viés implícito examinam as categorias cognitivas de uma pessoa, que, em si, não passam de frias abstrações, desprovidas de sentimento. O que conta com relação a um estereótipo, Pettigrew argumenta, é o tom do sentimento que vem junto com ele: simplesmente formar uma ideia ou imagem classificatória preconcebida sobre alguém ou algo é menos importante do que as emoções a ele atreladas.

Dada a intensidade, até mesmo a violência, de algumas tensões intergrupais, preocupar-se com o viés implícito pode ser um luxo reservado aos locais onde o preconceito é minguado e em larga medida reduzido a sutilezas em vez de expressões de puro ódio. Quando os grupos estão em conflito aberto, o que conta são as emoções; quando eles se dão bem entre si, os resíduos mentais do preconceito declarado importam na medida em que fomentam sutis atitudes de preconceito.

A pesquisa de Pettigrew mostra que adotar sentimentos negativos em relação a um grupo é um fator que prognostica ações hostis com muito mais eficácia do que manter um estereótipo pouco lisonjeiro em relação a Eles.[19] Mesmo depois que pessoas de grupos hostis criam amizades, alguns dos estereótipos originais permanecem. Mas seus sentimentos se aquecem — e isso faz a diferença: "Agora eu gosto deles, mesmo me aferrando ao estereótipo geral". Pettigrew especula: "O viés implícito pode perdurar, mas, se minhas emoções mudarem, meu comportamento também vai mudar".

A SOLUÇÃO DO QUEBRA-CABEÇA

A fim de se protegerem contra os desenfreados e violentos atritos entre os grupos em sua imensa escola de ensino médio em Manhattan, meninas de Porto Rico e da República Dominicana uniram-se em um único grupo. Mas, dentro desse clã coeso, volta e meia irrompiam sentimentos negativos entre as facções dominicana e porto-riquenha.

Um dia, uma menina porto-riquenha repreendeu uma dominicana por ser orgulhosa demais para quem era uma imigrante tão recente. As duas brigaram e se tornaram inimigas, dividindo as lealdades do grupo.

Nas escolas de ensino médio nos Estados Unidos, cada vez mais os alunos se veem em meio a uma mistura étnica progressivamente diversificada. Nesse novo microcosmo global, as categorias-padrão de discriminação — as maneiras como o Nós e o Eles são definidos — reinventam-se constantemente.[20] As categorias antigas, como negros e brancos, foram substituídas por vertentes muito mais sutis. Nessa escola de Manhattan, as divisões separatistas incluíam não apenas negros contra latinos, mas, entre os asiáticos, os ABCs (American Born Chinese, chineses nascidos nos Estados Unidos) e os FOBs (Fresh Off the Boat, imigrantes recém-chegados ao país). Dadas as projeções de fluxo imigratório para os Estados Unidos nas próximas décadas, essa mistura étnica de múltiplas camadas, com sua crescente diversidade de grupos de dentro e de fora, vai apenas complicar a situação das variedades do Nós e do Eles.

Uma lição sensata sobre os custos de um clima socialmente despedaçado nos foi deixada pelo terrível tiroteio na escola secundária Columbine em 20 de abril de 1999, quando dois garotos "excluídos" buscaram vingança matando vários colegas e um professor, suicidando-se em seguida. Essa tragédia inspirou o psicólogo Elliot Aronson a examinar o problema, que a seu ver tem raízes nas atmosferas escolares, que são "competitivas, sectaristas e excludentes".

Nesse contexto, Aronson viu "adolescentes em agonia pelo fato de que há entre seus pares uma atmosfera geral de insultos e rejeição que torna desagradável a experiência escolar. Para muitos, é pior do que desagradável — eles a descrevem como um verdadeiro inferno, onde se sentem inseguros, impopulares, humilhados e intimidados".[21]

Não só os Estados Unidos, mas países da Noruega ao Japão têm lutado contra o problema de como impedir que crianças pratiquem bullying. Em qualquer lugar onde haja alunos "populares" e os impopulares que os demais colegas afastam e excluem, o problema da desconexão aflige o mundo social dos estudantes.

Para alguns, esse fato pode parecer um trivial efeito colateral das correntes sociais normais, que transformam alguns estudantes em estrelas e relegam outros ao esquecimento. Porém, pesquisas com pessoas que são forçadas a se sentir excluídas ou que são levadas a se considerar parte de um grupo de "intrusos" mostram que essa rejeição pode afundá-las em um estado de transtorno, preocupação, ansiedade e letargia e gerar a sensação de que sua vida é insignificante.[22] Grandes doses de angústia adolescente formam-se exatamente por causa desse medo da exclusão.

Vale lembrar que a dor do ostracismo é registrada no nódulo do cérebro social que também reage à dor física efetiva. A rejeição social em estudantes pode destruir o desempenho acadêmico.[23] A capacidade da sua memória de trabalho — a fundamental habilidade cognitiva de assimilar novas informações — torna-se suficientemente debilitada para ocasionar um considerável declínio no domínio de matérias como a matemática.[24] Além de ter dificuldades de aprendizagem, esses estudantes desconectados tendem a apresentar índices de violência mais elevados e exibir um comportamento desordeiro em sala de aula, baixa frequência às aulas e altas taxas de evasão escolar.

O universo social da escola ocupa o centro da vida dos adolescentes. Esse fato representa um perigo, como mostram os dados sobre alienação, mas uma esperança: pois a escola também oferece a todo adolescente um laboratório vivo para a aprendizagem de como se conectar positivamente com as outras pessoas.

Aronson assumiu o desafio de ajudar os alunos a se conectar de maneiras saudáveis. Com a psicologia social ele aprendeu uma dinâmica para a passagem do Eles para o Nós: quando pessoas de grupos hostis trabalham em conjunto por um objetivo comum, acabam gostando umas das outras.

Dessa forma, Aronson defendeu o que chamou de "sala de aula quebra-cabeça", onde os alunos trabalham em grupos para realizar uma tarefa sobre a qual serão testados. Exatamente como em um quebra-cabeça, cada aluno no grupo tem uma peça essencial para a compreensão plena. Estudando a Segunda Guerra Mundial, por exemplo, cada membro do grupo torna-se um especialista em uma área, digamos as campanhas militares na Itália. O especialista estuda esse tópico com estudantes de outros grupos. Depois volta para o próprio grupo e ensina os demais.

Para dominar o tema, o grupo inteiro deve ouvir com atenção o que cada um tem a dizer. Se os outros importunarem ou saírem de sintonia por não gostarem de quem está falando, arriscam-se a se sair mal no teste. A aprendizagem em si torna-se um laboratório que encoraja o hábito de ouvir, respeitar e cooperar.

Os alunos dos grupos de aprendizagem quebra-cabeça livram-se rapidamente dos estereótipos negativos. Do mesmo modo, estudos em escolas multiculturais mostram que quanto mais contatos amigáveis os alunos têm com pessoas de grupos diferentes, menor a quantidade de seus vieses.[25]

Vejamos o caso de Carlos, um aluno do quinto ano que, de repente, precisou sair da escola onde estudava, frequentada por uma maioria de alunos de origem mexicana (como ele), e ser transferido para uma escola do outro lado da cidade, em um bairro rico. As crianças da nova escola eram mais bem informadas do que ele em todas as matérias e ridicularizavam seu sotaque. Carlos tornou-se instantaneamente um excluído, tímido e inseguro.

No entanto, na sala de aula quebra-cabeça, os mesmos alunos que o ridicularizavam agora dependiam, para o próprio sucesso, da peça que Carlos representava no quebra-cabeça de aprendizagem. No início eles o menosprezaram por sua performance hesitante, o que o deixava paralisado, e todos se saíram mal. Em seguida, começaram ajudá-lo e a incentivá-lo. Quanto mais o ajudavam, mais relaxado — e articulado — Carlos ficava. Seu desempenho melhorou à medida que seus colegas de grupo o viam sob uma luz cada vez mais favorável.

Vários anos depois, do nada, Aronson recebeu uma carta de Carlos, contando que estava prestes a se formar na universidade. Em seu relato, Carlos recordou que tinha sentido medo, odiara a escola e chegara a se achar burro — e como as outras crianças o trataram de forma cruel e hostil. Mas, tão logo passou a participar da sala de aula quebra-cabeça, isso mudou, e seus torturadores se tornaram seus amigos.[26]

"Comecei a gostar de aprender", Carlos escreveu. "E agora estou prestes a ingressar na Escola de Direito de Harvard."

PERDOAR E ESQUECER

Era um dia frio de dezembro, e o reverendíssimo James Parks Morton, antigo decano da Catedral Episcopal da Cidade de Nova York e atual diretor do Interfaith Center [Centro Ecumênico], tinha notícias muito ruins para a sua equipe. Os principais patrocinadores da instituição haviam cortado suas doações em dinheiro e o centro não tinha mais como pagar o aluguel. Estava a ponto de ficar sem sede.

Então, a poucos dias do Natal, surgiu um salvador improvável. O xeque Moussa Drammeh, imigrante do Senegal, ficou sabendo dos apuros de Morton e ofereceu ao centro um espaço em um edifício onde ele estava prestes a inaugurar uma creche.

Nesse resgate realizado por um muçulmano de um centro no qual budistas, hinduístas, cristãos, judeus, muçulmanos e outros podiam se reunir para se debruçar sobre problemas em comum, o decano Morton viu uma parábola adequada, que validava a própria missão de seu grupo. Nas palavras de Drammeh: "Quanto mais sabemos uns sobre os outros e quanto mais estamos dispostos a nos sentar e beber e rir juntos, menos propensos estaremos a derramar sangue".[27]

Mas o que pode ser feito para curar o ódio dos povos quando eles *já* derramaram sangue? Na esteira da violência entre grupos, preconceito e animosidade inevitavelmente espalham-se por metástase.

Assim que as hostilidades cessam, acima e além das relações harmoniosas, há bons motivos pessoais para acelerar o processo. Um deles é biológico:

aferrar-se ao ódio e a rancores tem graves consequências psicológicas. Estudos com pessoas em situações pós-hostilidade revelam que toda vez que elas simplesmente pensam no grupo que odeiam seu próprio corpo reage com raiva represada; o ódio jorra com os hormônios do estresse, elevando a pressão arterial e prejudicando sua eficácia imunológica. Provavelmente, quanto maiores a frequência e a intensidade com que essa sequência de raiva silenciosa se repetir, maior será o risco de consequências biológicas duradouras.

Um dos antídotos é o perdão.[28] Perdoar uma pessoa contra quem sentimos rancor reverte a reação biológica: reduz a nossa pressão arterial, os batimentos cardíacos e os níveis dos hormônios do estresse, além de diminuir a nossa dor e a depressão.[29]

O perdão pode ter consequências sociais, como fazer amizade com velhos inimigos. Mas não precisa tomar essa forma. Especialmente enquanto as feridas ainda são recentes, o perdão não exige que uma pessoa faça vista grossa a um ato ofensivo, esqueça o que aconteceu ou se reconcilie com o agressor. O perdão significa encontrar uma maneira de se libertar das garras da obsessão acerca da mágoa.

Durante uma semana, psicólogos deram um treinamento a dezessete homens e mulheres da Irlanda do Norte, católicos e protestantes, ensinando-os a perdoar. Cada um deles havia perdido um parente para a violência sectária. Ao longo daquela semana, os enlutados desabafaram sobre suas dores e receberam ajuda para descobrir novas maneiras de pensar sobre a tragédia — a maioria decidiu não continuar vivendo no sofrimento, mas sim honrar a memória dos entes queridos dedicando-se a um futuro mais esperançoso. Muitos tinham a intenção de ajudar os outros a passar pelo mesmo ritual de perdão. Depois do treinamento, o grupo não só se sentiu menos ferido emocionalmente, mas também demonstrou uma substancial queda nos sintomas físicos do trauma, como inapetência e insônia.[30]

Perdoar, talvez; mas não esquecer — pelo menos não inteiramente. A humanidade pode aprender lições maiores a partir de atos de opressão e brutalidade. Essas lições precisam ser retidas na mente como histórias sobre moralidade, lembretes para a posteridade. Como diz o rabino Lawrence Kushner sobre o Holocausto: "Quero me lembrar do horror apenas para garantir que uma coisa dessas nunca mais aconteça comigo ou com qualquer outra pessoa".[31]

Nas palavras de Kushner, tendo aprendido a mais terrível lição sobre "o que significa ser uma vítima do poder total de um Estado tecnocrata ensandecido", a melhor resposta para essa lembrança está em ajudar outras pessoas que hoje correm risco de genocídio.

Esta é a força motriz por trás da produção de *New Dawn* [Nova alvorada], uma radionovela semanal popular em Ruanda, país onde, de 1990 a 1994, violentos ataques de hutus massacraram 700 mil de seus vizinhos da etnia tutsi, com a complacência de hutus moderados que poderiam opor-se à matança. O enredo da novela, ambientada nos dias de hoje, segue as fervilhantes tensões entre dois paupérrimos vilarejos em uma disputa pela posse de terra fértil encravada entre eles.

Em uma reviravolta à la Romeu e Julieta, a jovem Batamuliza nutre um interesse romântico por Shema, um rapaz do outro vilarejo. Para complicar a situação, o irmão mais velho dela, Rutanagira, comanda uma facção de seu povoado que tenta incitar o ódio contra o vilarejo vizinho a fim de fomentar um ataque — e está tentando obrigar Batamuliza a se casar com um de seus comparsas. Batamuliza, no entanto, faz parte de um grupo que tem amigos tanto em seu vilarejo quanto no povoado vizinho. Esses jovens articulam meios de se opor aos desordeiros, como avisar sobre futuros alvos do ataque planejado e denunciar os instigadores.

Essa resistência ativa ao ódio estava simplesmente ausente durante os genocídios de duas décadas atrás. Cultivar a capacidade de combater o ódio é o subtexto de *New Dawn*, um projeto conjunto de filantropos holandeses e psicólogos norte-americanos.[32] "Estamos dando às pessoas uma compreensão das influências que levaram ao genocídio e do que podem fazer para que isso nunca mais aconteça", disse Ervin Staub, psicólogo da Universidade de Massachusetts em Armherst e um dos criadores do programa.

Staub conhece a dinâmica do genocídio por experiência própria, bem como por meio de suas pesquisas. Na infância, ele foi um entre dezenas de milhares de judeus húngaros salvos dos nazistas pelo embaixador sueco Raoul Wallenberg.

O livro de Staub, *The Roots of Evil* [As raízes do mal], sintetiza as forças psicológicas que geram esse tipo de assassinato em massa.[33] Os alicerces são estabelecidos durante graves convulsões sociais, como crises econômicas e caos político, em locais com histórico de litígios entre um grupo dominante e outro, menos poderoso. O alvoroço faz com que os membros de um grupo que detém o poder considerem atraentes as ideologias que convertem em bode expiatório um grupo mais fraco, culpando-o pelo problema e vislumbrando um futuro melhor que Eles estão impedindo. O ódio se espalha ainda mais facilmente quando o próprio grupo preponderante foi vitimizado no passado e ainda se sente injustiçado ou prejudicado. Previamente julgando o mundo um lugar perigoso, quando surgem as tensões esse grupo sente a necessidade de recorrer à violência contra Eles a fim de se defender, mesmo quando sua "autodefesa" seja equivalente ao genocídio.

Diversas características tornam essa violência mais provável: quando os alvos são incapazes de se expressar sem medo para se defender e quando os espectadores — aqueles que poderiam se opor, ou as pessoas nos países vizinhos — nada dizem e nada fazem. "Se os outros ficam passivos quando as vítimas são agredidas pela primeira vez, os criminosos interpretam esse silêncio como um endosso", diz Staub. "E quando as pessoas iniciam a violência, gradativamente excluem sua vítima do domínio da moral. Depois disso, nada mais é capaz de detê-las."

Trabalhando com a psicóloga Laurie Anne Pearlman, Staub vem ensinando essas percepções — e antídotos ao ódio, como opor-se abertamente, por exemplo — a grupos de políticos, jornalistas e líderes comunitários ruandeses.[34] "Pedimos a eles que apliquem essas noções à sua própria experiência com o que aconteceu. É um discernimento muito poderoso. Estamos tentando promover a cura da comunidade e construir as ferramentas para resistir às forças da violência."

A pesquisa de Staub e Pearlman mostra que tanto os hutus quanto os tutsis que passaram pelo treinamento se sentem menos traumatizados com o que aconteceu a eles e se mostram mais receptivos à ideia de aceitar o outro grupo. Mas a superação da divisão entre Nós e Eles exige mais do que conexões emocionais fortes e amizade. O perdão pode não ajudar quando os grupos continuam a viver ao lado uns dos outros, Staub constata, e quando os agressores não conseguem reconhecer o que fizeram, não demonstram o menor sinal de arrependimento e não expressam empatia pelos sobreviventes. O desequilíbrio aumenta quando o perdão é unilateral.

Staub faz uma distinção entre perdão e reconciliação, que é a revisão honesta da opressão e os esforços para corrigir os erros, a exemplo do trabalho da Comissão de Verdade e Reconciliação na África do Sul após o fim do apartheid. Nos programas de Staub em Ruanda, a reconciliação significou que aqueles do lado dos criminosos admitiram o que foi feito, e pessoas de ambos os lados passaram a se ver de maneira mais realista. Isso pavimenta o caminho para que ambos os povos vivam juntos de uma nova maneira.

"Os tutsis dirão", afirma Staub, "que alguns hutus tentaram salvar nossa vida. Estou disposto a trabalhar com eles pelo bem das nossas crianças. Se eles pedirem desculpas, acredito que poderei perdoá-los."

Epílogo

O que realmente importa

Certa vez, conheci um homem que tinha sido convidado para passar uma semana em um iate particular que fazia um passeio pelas ilhas gregas. Não era um iate qualquer, mas um "superiate", um mininavio a vapor, que de tão comprido figurava em uma brochura especial como um dos maiores barcos de lazer do mundo. Um exemplar da brochura estava disponível sobre uma mesinha no *lounge*: no grosso volume, fartamente ilustrado, havia duas páginas sequenciais dedicadas aos suntuosos detalhes de cada superiate.

Os cerca de dez convidados a bordo ficaram impressionados com os confortos e a imensidão da elegante embarcação – até o dia em que um iate ainda maior ancorou por perto. Consultando a brochura, descobriram que seu novo vizinho náutico era um dos cinco maiores iates do mundo e pertencia a um príncipe saudita. Além disso, havia um navio-tênder que acompanhava o iate, carregando os suprimentos, como um enorme trampolim aquático atrelado à proa. Só o navio-tênder era do tamanho do iate em que eles estavam.

Será possível existir algo como inveja de iate? Claro que sim, de acordo com Daniel Kahneman, psicólogo da Universidade Princeton. Essa inveja do alto luxo resulta do que ele chamou de "esteira hedonista". Kahneman, ganhador do prêmio Nobel de Economia, usa a imagem de uma esteira para explicar por que razão circunstâncias melhoradas da vida, como uma maior riqueza, têm uma péssima correlação com os níveis de satisfação na vida.

Ao explicar por que as pessoas mais abastadas não são as mais felizes, Kahneman argumenta que, à proporção que ganhamos mais dinheiro, adaptamos nossas expectativas, elevando-as, por isso passamos a querer prazeres cada vez mais elevados e dispendiosos — uma esteira que nunca chega ao fim, nem mesmo para os bilionários. Na definição dele, "os ricos podem sentir mais prazer do que os pobres, mas também precisam de mais prazer para ficarem igualmente satisfeitos".[1]

Mas a pesquisa de Kahneman sugere também uma maneira de escapar da esteira hedonista: uma vida rica em relacionamentos gratificantes. Ele e sua equipe de pesquisadores entrevistaram mais de mil mulheres norte-americanas, pedindo que avaliassem todas as suas atividades durante determinado dia em termos do que estavam fazendo, com quem estavam naquele momento e como se sentiam. As influências mais poderosas sobre o grau de felicidade das mulheres eram as pessoas com as quais elas passavam seu tempo — não sua renda, nem as pressões profissionais, tampouco seu estado civil.[2]

As duas atividades mais prazerosas eram, sem nenhuma surpresa, fazer amor e socializar-se. As menos agradáveis eram o trabalho e o trajeto diário de ida e volta para o trabalho. E quanto ao ranking das pessoas que despertavam a felicidade delas? Eis a lista, em ordem decrescente:

Amigos
Parentes
Cônjuge ou parceiro
Filhos
Clientes ou fregueses
Colegas de trabalho
Chefe
Ficar sozinha

Kahneman sugere, com efeito, que atribuímos valor às pessoas em nossa vida e ao prazer que sentimos na convivência com elas e, em seguida, tentamos "otimizar" nosso dia passando mais tempo com elas de maneiras satisfatórias (conforme permitam nossos compromissos e disponibilidade financeira). Mas, além dessas soluções logísticas óbvias, uma possibilidade mais rica é recriar nossos relacionamentos de modo a torná-los mutuamente mais gratificantes.

Certamente, grande parte do que faz a vida valer a pena se resume à nossa sensação de bem-estar — nossa felicidade e sensação de realização. E os relacionamentos de boa qualidade são uma das mais poderosas fontes desses sentimentos. O contágio emocional significa que uma parte considerável dos nossos estados de ânimo depende das interações que temos com as outras pessoas. Em certo sentido, os relacionamentos que reverberam em nossa vida são como vitaminas emocionais, dando-nos sustento nos momentos difíceis e proporcionando nossa nutrição diária.

Entre as pessoas do mundo inteiro, os relacionamentos gratificantes são o aspecto mais universalmente consensual de uma vida boa. Embora os detalhes específicos variem de uma cultura para outra, todas as pessoas em toda parte consideram as conexões afetuosas com os outros o aspecto essencial da "existência humana ideal".[3]

Como vimos no capítulo 15, o pesquisador de relacionamentos conjugais John Gottman descobriu que, em um casamento feliz e estável, o casal vivencia cinco interações positivas para cada experiência negativa. Talvez essa mesma proporção de cinco para um seja uma média ideal aproximada para qualquer conexão contínua em nossa vida. Poderíamos, em teoria, fazer um inventário que avaliasse o valor "nutricional" de cada um de nossos relacionamentos.

Se, digamos, a proporção fosse inversa, de cinco interações negativas para cada positiva, o relacionamento precisaria de cuidados urgentes. Uma proporção negativa, é claro, não significa necessariamente que devemos terminar os relacionamentos apenas porque às vezes (ou vezes demais) eles são difíceis. A questão é fazer o que estiver ao nosso alcance a fim de mudar para melhor o comportamento problemático, e não banir a pessoa. Hordas de especialistas propõem soluções. Algumas funcionam apenas se as outras pessoas também estão dispostas a tentar. Caso contrário, ainda é possível intensificar a nossa própria resiliência e inteligência social, assim alterando nosso papel no tango emocional.

Obviamente, precisamos também refletir sobre de que maneira afetamos a vida das pessoas ao nosso redor. O impacto que exercemos sobre os outros indica como cumprimos nossas próprias responsabilidades como carinhosos cônjuges, parentes, amigos e membros de nossas comunidades.

Um enfoque Eu-Tu em relação aos outros permite que a empatia siga adiante rumo a seu próximo passo natural: a ação interessada. O cérebro social age então como nosso sistema de orientação para gestos de caridade, boas ações e atos de compaixão. Dada a dura realidade social e econômica de nossos tempos, essa sensibilidade cuidadosa em inteligência social pode conter um valor ainda maior.

ENGENHARIA SOCIAL

Martin Buber acredita que a crescente preponderância de relacionamentos Eu-Isso nas sociedades modernas ameaça o bem-estar humano. Ele nos adverte contra a "coisificação" das pessoas — a despersonalização dos relacionamentos que corrói nossa qualidade de vida e o próprio espírito humano.[4]

Uma voz profética que prenunciou Buber foi George Herbert Mead, filósofo norte-americano do início do século XX. Mead deu origem à ideia do "eu social", a noção de identidade que formamos quando nos vemos no espelho de nossos relacionamentos. Mead propôs como um objetivo singular para o progresso social uma "inteligência social aperfeiçoada", com uma conexão e uma compreensão mútua extremamente intensificadas.[5]

Esses ideais utópicos para a comunidade humana podem parecer fora de sincronia com as tragédias e os atritos do século XXI. E a sensibilidade científica em geral — não apenas na psicologia — há muito está desconfortável com a dimensão moral, que muitos cientistas prefeririam relegar à área de humanidades, à filosofia ou à teologia. Mas a apurada responsividade social do cérebro exige a nossa compreensão de que não somente nossas emoções, mas também nossa própria biologia, são direcionadas e moldadas, para o bem ou para o mal, pelos outros — e, por sua vez, impõe que assumamos a responsabilidade pela forma como afetamos as pessoas em nossas vidas.

A mensagem de Buber para nós hoje é um alerta contra uma perspectiva que é indiferente ao sofrimento do outro e que usa habilidades sociais para fins puramente egoístas. E recomenda uma postura que envolve empatia e cuidados, uma perspectiva solidária, que assuma a responsabilidade tanto pelos outros quanto por nós mesmos.

Essa dicotomia tem implicações para a própria neurociência social. Como sempre, as inferências científicas idênticas podem encontrar aplicações malignas ou benignas. Um uso orwelliano das descobertas da neurociência social poderia ser sua utilização indevida, por exemplo, na publicidade e propaganda; as leituras de IRMf da reação de um grupo-alvo a determinada mensagem poderiam ser usadas para fazer a sintonia fina e amplificar o impacto emocional da mensagem. Em um cenário como esse, a ciência regride para se converter em uma ferramenta que permite a manipuladores da mídia divulgar mensagens predatórias com uma potência cada vez maior.

Não há nada novo: consequências involuntárias de novas invenções são a inevitável outra face do progresso tecnológico. A sociedade é inundada por novas gerações de parafernálias antes mesmo que possamos entender inteiramente que diferença fazem esses dispositivos. A próxima novidade é sempre um experimento social em andamento.

Por outro lado, os neurocientistas sociais já estão planejando aplicações muito mais benignas. Uma delas seria a utilização da descoberta de um logaritmo para a empatia — aquela correspondência fisiológica que ocorre durante os momentos de conexão —, a fim de treinar os médicos residentes e psicoterapeutas a desenvolver uma melhor empatia com os pacientes. Outra usaria uma engenhosa pochete com tecnologia sem fio para o monitoramento fisiológico. Os pacientes poderiam usá-la em casa, 24 horas por dia; o equipamento enviaria automaticamente um sinal ao identificar que o paciente começou a ter, por exemplo, um episódio de depressão — um psiquiatra virtual de plantão.[6]

Nossa crescente compreensão do cérebro social e dos efeitos que nossas conexões sociais exercem sobre nossa biologia também aponta para uma gama de maneiras como poderíamos fazer uma reengenharia de nossas instituições sociais, mudando-as para melhor. Dado o aspecto benéfico que é propiciado pelas conexões saudáveis, precisamos reconsiderar o modo como tratamos os doentes, os idosos e os presidiários.

Com relação aos doentes crônicos ou agonizantes, por exemplo, poderíamos fazer mais do que arregimentar voluntários entre os membros da família e do círculo social do paciente para ajudar, mas também encontrar formas de dar apoio às pessoas que oferecem cuidados. No caso dos idosos, que hoje são tantas vezes relegados ao isolamento em esquemas de vida deprimentes e solitários, poderíamos em vez disso oferecer programas de "coabitação", residências onde pessoas de todas as idades vivem juntas e compartilham as refeições — recriando, assim, a família estendida que durante grande parte da história humana serviu de porto seguro para os idosos. E, como vimos, podemos reorientar nossos sistemas correcionais, de modo a reiterar conexões decentes para os detentos, em vez de excluí-los dos próprios vínculos humanos que poderiam ajudá-los a corrigir seus erros.

Em seguida, consideremos as pessoas que trabalham nessas instituições, das escolas às prisões, passando pelos hospitais. Todos esses setores estão vulneráveis à ilusão contábil de que metas sociais podem ser avaliadas apenas por medidas fiscais. Essa mentalidade ignora as conexões emocionais que norteiam nossa própria capacidade de existir — e trabalhar — no ápice do nosso potencial.

Os líderes precisam compreender que eles próprios estabelecem grande parte do tom emocional que flui pelos corredores de suas organizações e que isso, por sua vez, tem consequências para a bem-sucedida concretização dos objetivos coletivos — tanto faz se o resultado é medido na forma de pontuação em testes de desempenho, metas de vendas ou retenção de funcionários.

E por tudo isso, como propôs Edward Thorndike em 1920, precisamos cultivar a sabedoria social, as qualidades que permitem às pessoas com quem nos conectamos florescer.

A FELICIDADE INTERNA BRUTA

O pequeno reino do Butão, nos Himalaias, leva a sério a "Felicidade Interna Bruta" do país, que os butaneses consideram tão importante quanto o Produto Interno Bruto, um indicador econômico padrão.[7] As políticas públicas, declarou o rei, devem estar vinculadas à noção de bem-estar do povo, não apenas à economia. Sem dúvida, no Butão os pilares da felicidade nacional incluem independência financeira, um ambiente livre de corrupção, assistência médica, a educação que preserva a cultura local, e a democracia. Mas o crescimento econômico em si é apenas uma parte da equação.

A Felicidade Interna Bruta não serve apenas ao Butão: a noção de atribuir à felicidade do povo e à satisfação na vida igual ou maior valor do que ao crescimento econômico em si foi adotada por um pequeno mas crescente grupo internacional de economistas. Para eles, está equivocado o pressuposto universal nos círculos políticos do mundo inteiro de que o consumo de mais bens significa que as pessoas se sentem em melhores condições na vida. Eles estão desenvolvendo novas formas de medir o bem-estar em termos não apenas de renda e emprego, mas também de satisfação com os relacionamentos pessoais e uma noção de propósito de vida.[8]

Daniel Kahneman observou a bem-documentada falta de correlação entre vantagens econômicas e felicidade (à exceção de um grande incremento na parte de baixo da pirâmide, quando as pessoas deixam de ser miseráveis e passam a ter uma vida frugal).[9] Recentemente, alguns economistas começaram a entender que seus modelos hiper-racionais ignoram o atalho — e emoções em geral — e por isso não são capazes de prever com total precisão as escolhas que as pessoas farão e muito menos o que as deixará felizes.[10]

O termo "solução tecnológica" — com o sentido de intervenções da tecnologia em questões humanas — foi cunhado por Alvin Weinberg, durante muito tempo diretor do Laboratório Nacional Oak Ridge e fundador do Instituto para Análise Energética. Weinberg chegou à maturidade em meio à ciência das décadas de 1950 e 1960, época afeita à visão utópica de que as novas tecnologias representariam uma panaceia para diversos males humanos e sociais.[11] Uma dessas propostas era um descomunal sistema de usinas de energia nuclear que, em tese, reduziria drasticamente os custos de energia — e, se instaladas no litoral, produziriam uma imensa quantidade de água potável —, dessa forma impulsionando o bem-estar de nações inteiras. (Recentemente, diversos ambientalistas endossaram a energia nuclear como uma solução para o aquecimento global.)

Weinberg faleceu em 2006, aos 91 anos de idade, e suas ideias tomaram um rumo filosófico e cauteloso. "A tecnologia faz com que seja cada vez mais e mais fácil nos desconectarmos das pessoas e de nós mesmos", disse-me Weinberg. "A civilização está no meio de uma vasta singularidade. O que outrora era importante hoje foi varrido do mapa. As pessoas passam a vida sentadas na frente de uma tela de computador, estabelecendo conexões pessoais à distância. Vivemos em um metamundo, com nosso foco fixo na novidade tecnológica mais recente. Mas as questões mais importantes são a família, a comunidade e a responsabilidade social."

Na função de conselheiro científico presidencial na década de 1960, Weinberg escreveu um influente artigo sobre o que ele chamou de "critérios para escolhas científicas". O artigo apresentou a noção de que valores podem orientar as escolhas nos gastos na área científica e são uma questão válida na filosofia da ciência. Cerca de meio século depois, ele vinha refletindo com mais profundidade sobre o que é "útil" ou proveitoso no que diz respeito à definição das prioridades de gastos de uma nação. Ele me disse: "A noção convencional preconiza que o capitalismo é a única forma eficiente de alocar recursos. Mas ele é desprovido de compaixão".

"Eu me pergunto se as possibilidades de nossos modelos econômicos estão sendo exauridas — e se os altos índices de desemprego globais que estamos vendo na verdade são estruturais e bastante profundos, não um fenômeno passageiro. Talvez sempre haja um número considerável — e provavelmente crescente — de pessoas que não conseguem encontrar bons empregos. Pergunto-me, então: como poderíamos modificar nosso sistema, para que ele seja não apenas eficiente, mas também compassivo?"

Paul Farmer, o paladino da saúde pública conhecido por seu trabalho no Haiti e na África, também condena a "violência estrutural" praticada por um sistema econômico que mantém tantos pobres do mundo doentes demais para escapar de seu infortúnio.[12] Para Farmer, uma solução está em tratar a assistência médica como um direito humano e fazer do acesso aos serviços de saúde uma prioridade, e não uma reflexão tardia. Nessa mesma linha de raciocínio, Weinberg propõe que "um capitalismo compassivo exigiria que mudássemos as prioridades, reservando uma porção maior do orçamento nacional para as boas ações. Modificar o sistema econômico de modo que ele se tornasse adequadamente compassivo também o faria muito mais estável em termos políticos".

As teorias econômicas que atualmente orientam as políticas nacionais, contudo, dispõem de poucos dispositivos para levar em conta o sofrimento humano (embora seja rotina estimar os custos econômicos de desastres como enchentes ou escassez de alimentos). Um dos resultados mais explícitos são as diretrizes políticas que sobrecarregam os países mais pobres com dívidas tão imensas que lhes sobra muito pouco para custear a produção de comida e arcar com as despesas para a assistência médica às crianças.

Essa atitude econômica parece cegueira mental, desprovida da capacidade de imaginar a realidade do outro. A empatia é essencial para um capitalismo compassivo, um sistema em que o sofrimento humano e seu alívio tenham peso e importância.

Isso apresenta argumentos a favor do desenvolvimento da capacidade de compaixão de uma sociedade. Por exemplo, os economistas fariam bem em estudar os benefícios mais amplos à sociedade de uma forma de criação de filhos inteligente do ponto de vista social, e de currículos que incluíssem habilidades emocionais e sociais tanto no sistema educacional quanto no sistema penitenciário.[13] Esses esforços de toda a sociedade para otimizar os mecanismos do cérebro social talvez proporcionassem um vitalício efeito cascata de recompensas tanto para as crianças quanto para as comunidades nas quais elas vivem. Esses benefícios, desconfio, abrangeriam desde realizações maiores na escola até um melhor desempenho no trabalho; de crianças mais felizes e socialmente mais capazes até comunidades mais seguras e com acesso a melhores serviços de saúde ao longo da vida. E pessoas que são mais educadas, mais seguras e mais saudáveis contribuem para praticamente qualquer economia.

Especulações grandiosas à parte, conexões sociais mais afetuosas poderiam render recompensas imediatas para todos nós.

A PURA ALEGRIA DA EMPATIA

O poeta Walt Whitman, em seu exuberante hino "Eu canto o corpo elétrico", define de forma lírica:

Percebi que estar com aqueles de quem gosto basta,
Ficar em sua companhia ao cair da noite é quanto basta,
Estar rodeado pela carne bela, curiosa, palpitante, risonha basta [...]

Não peço nenhum outro deleite além deste, eu me banho nele como num mar.
Há algo em permanecer junto a homens e mulheres e olhar para eles,
e no contato e no odor deles, que agrada muito a alma,
Todas as coisas agradam a alma, mas essas agradam muito à alma.

A vitalidade brota do puro contato humano, sobretudo nas conexões amorosas. As pessoas de quem mais gostamos são como uma espécie de elixir, uma fonte de energia eternamente revigorante. A troca neural entre pais e filhos, entre avós e netos, entre namorados ou um casal satisfeito, ou entre bons amigos, tem virtudes palpáveis.

Agora que a neurociência pode atribuir números à intensa alegria da empatia, quantificando seus benefícios, devemos prestar atenção ao impacto biológico da vida social. Os elos ocultos entre os nossos relacionamentos, nossa função cerebral e nossa própria saúde e bem-estar são impressionantes em suas implicações.

Devemos reconsiderar o pressuposto de que somos imunes a interações sociais tóxicas. Exceto pelas passageiras explosões de mau humor, invariavelmente supomos que nossas interações são pouco relevantes para nós no nível biológico. Mas no fim fica claro que isso é uma ilusão reconfortante. Assim como pegamos um vírus de outra pessoa, também podemos "contrair" um estado de espírito depressivo que nos torna mais vulneráveis a esse mesmo vírus ou que solapa nosso bem-estar.

Dessa perspectiva, estados de ânimo altamente aflitivos, como repulsa, desprezo e explosões de raiva, são o equivalente emocional da fumaça inalada por fumantes passivos, que aos poucos causa danos aos pulmões dos outros que a respiram. O equivalente interpessoal das vitaminas que estimulam a boa saúde seria acrescentar emoções positivas ao ambiente ao nosso redor.

Nesse sentido, a responsabilidade social começa aqui e agora, quando agimos de maneiras que ajudam a criar estados de ânimo ótimos nos outros — desde as pessoas que encontramos por acaso até aqueles que mais amamos e com quem mais nos preocupamos. De acordo com Whitman, um cientista que estuda o valor da sociabilidade para a sobrevivência afirma que a lição prática para todos nós se resume a "Nutra suas conexões sociais".[14]

Tudo muito bom para a nossa vida pessoal. Mas todos nós somos açoitados pelas vastas correntes sociais e políticas do nosso tempo. O último século realçou o que nos divide, confrontando-nos com os limites de nossa empatia e compaixão coletivas.

Ao longo da maior parte da história humana, os cruéis antagonismos que instigaram o ódio entre os grupos foram administráveis em um sentido estritamente logístico: os limitados meios de destruição à disposição mantiveram os danos em uma proporção relativamente pequena. No século XX, porém, a tecnologia e a eficiência organizacional tornaram imensamente maior o potencial destrutivo desse ódio. Um poeta desses tempos, W. H. Auden, profetizou de forma pungente: "Ou nos amamos ou morremos".

A desolada perspectiva de Auden capta a urgência forjada pelos ódios desenfreados. Mas ainda há esperança. Essa sensação de urgência pode servir como um despertar coletivo, lembrando-nos de que o desafio crucial para este século será expandir o círculo daqueles que consideramos parte do Nós e reduzir a multidão que enumeramos como Eles.

A nova ciência da inteligência social nos oferece ferramentas capazes de alargar essas fronteiras, passo a passo. Em primeiro lugar, não precisamos aceitar as divisões geradas pelo ódio, mas, antes, estender nossa empatia, a fim de compreender uns aos outros apesar de nossas diferenças, e construir pontes para superar essas divisões. A fiação do cérebro social nos conecta a todos em nosso núcleo humano comum.

Apêndice A
A estrada principal e o atalho: uma nota

O atalho opera no automático e a uma grande velocidade, sem que tenhamos consciência. A estrada principal funciona com controle voluntário, exige esforço e intenção conscientes e trabalha a uma velocidade menor. A dicotomia entre a estrada principal e o atalho, conforme eu a utilizo aqui, nos ajuda a identificar uma distinção claramente importante para o comportamento, mas também pode simplificar em excesso o desordenado, complicado e entretecido circuito cerebral.[1]

Os detalhes neurais específicos de ambos os sistemas ainda precisam ser desvendados e continuam sendo alvo de debates controversos. Um resumo bastante útil foi elaborado por Matthew Lieberman, da Universidade da Califórnia em Los Angeles (UCLA). Lieberman chama o modo automático de "sistema X" (incluindo a amígdala, entre outras áreas neurais), e o modo de controle de "sistema C" (incluindo o córtex cingulado anterior e áreas do córtex pré-frontal, entre outras).[2]

Esses colossais sistemas funcionam em paralelo, mesclando funções automáticas e controladas em proporções variadas. Quando lemos, por exemplo, decidimos o que olhar e intencionalmente refletimos sobre o significado – habilidades da estrada principal –, enquanto uma grande quantidade de mecanismos automáticos desempenha as inúmeras funções de apoio – reconhecimento de padrões, significados, decodificação da sintaxe e coisas do tipo. Na realidade, talvez não exista uma função mental puramente da "estrada principal", embora certamente haja inúmeras do atalho. A bem da verdade, o que descrevo aqui como uma dicotomia — estrada principal versus atalho — é na realidade um espectro.

A tipologia estrada principal e atalho fecha as duas dimensões de cognitiva-afetiva e automática-controlada em uma única dimensão: automática-afetiva e controlada-cognitiva. Para os propósitos desta discussão, casos de emoções geradas intencionalmente (raras, mas vistas em atores que conseguem se emocionar a seu critério) são deixados de lado.[3]

Os processos automáticos do atalho parecem ser o modo-padrão do cérebro, agitando-se dia e noite. A estrada principal entra em ação especialmente quando esses processos automáticos são interrompidos — por conta de um acontecimento inesperado, por engano ou quando lutamos deliberadamente com nossos pensamentos, como na hora de tomar uma decisão difícil. De acordo com essa visão, grande parte ou a maior parte de nosso fluxo de pensamentos ocorre no automático, lidando com a rotina — e deixando a cargo da estrada principal o que precisamos refletir, aprender ou corrigir.

Não obstante, se assim a direcionarmos, a estrada principal pode desconsiderar o atalho, dentro de limites. Essa própria capacidade nos fornece escolha na vida.

Apêndice B
O cérebro social

Para despontar no cérebro, um novo conjunto de circuitos precisa ter grande valor para quem o possui, aumentando as chances de seu possuidor de viver de modo a transmitir esse circuito às próximas gerações. No surgimento dos primatas, a vida em grupo foi apenas uma dessas adaptações. Todos os primatas vivem entre outros que podem ajudar a cumprir as exigências da vida, assim multiplicando os recursos disponíveis a qualquer um dos membros do grupo — e valorizando as interações sociais tranquilas. O cérebro social parece estar entre os mecanismos adaptativos da natureza para dar conta do desafio da sobrevivência como parte de um grupo.

O que os neurocientistas querem dizer quando falam em "cérebro social"? A ideia de que o cérebro consiste em áreas distintas, cada uma delas a cargo de uma tarefa específica em isolamento, parece tão antiquada quanto os diagramas de frenologia do século XIX, que "explicavam" o significado das protuberâncias do crânio. Na realidade, contudo, o circuito para determinada tarefa mental não está localizado em um único lugar, mas sim distribuído por todo o cérebro; quanto mais complexa a tarefa, mais ampla sua distribuição.

As zonas do cérebro interconectam-se com uma vertiginosa complexidade; portanto, expressões como "cérebro social" são ficções, embora úteis. Por conveniência, os cientistas examinam sistemas orquestrados do cérebro que cooperam durante a realização de determinada função. Sendo assim, os centros do movimento são agrupados conceitualmente sob uma denominação abreviada, o "cérebro motor"; para a atividade dos sentidos, o termo usado é "cérebro sensorial". Alguns "cérebros" referem-se a zonas anatômicas unidas de modo mais firme, como o "cérebro reptiliano", aquelas regiões inferiores que controlam os reflexos automáticos e afins, e tão antigas na evolução que as compartilhamos com os répteis. Esses rótulos heurísticos são mais úteis quando os neurocientistas querem se concentrar nos níveis de ordem superior de organização cerebral, os módulos e redes de neurônios que se orquestram durante uma função específica.

E assim o "cérebro social" — os extensos módulos neurais que orquestram nossas atividades quando nos relacionamos com outras pessoas — consiste em circuitos que se estendem por todo o cérebro, de ponta a ponta. Não há dentro do cérebro um lugar único que controle as interações sociais. Ao contrário, o cérebro social é um conjunto de redes neurais distintas, mas fluidas e diversificadas, que se sincronizam com outras enquanto com elas se relacionam. Ele opera no nível sistêmico, em que extensas redes neurais são coordenadas para servir a um propósito unificador.

Até agora, a neurociência não desenvolveu um mapa específico, de aceitação consensual, do cérebro social, embora estudos convergentes estejam começando a se concentrar em áreas mais frequentemente ativas durante interações sociais. Uma proposta preliminar identificou estruturas na região pré-frontal, particularmente no córtex orbitofrontal e no córtex cingulado anterior, em conexão com áreas no subcórtex, em especial a amígdala.[1] Estudos mais recentes mostram que essa proposta continua em larga medida certeira, mas acrescentam a ela outros detalhes.[2]

Uma vez que o circuito do cérebro social é extremamente disperso, o envolvimento dessas ou daquelas redes neurais depende, em grande medida, de que atividade social nos ocupamos em um dado momento. Assim, durante uma simples conversa, uma gama de locais nos mantêm em sincronia, ao passo que um sistema diferente (ainda que sobreposto) pode ser ativado enquanto ponderamos se gostamos ou não de alguém. Eis aqui um breve levantamento de algumas descobertas realizadas até o momento sobre quais circuitos se ativam durante determinadas atividades.

Neurônios-espelho salpicam o cérebro. Os que se localizam na área do córtex pré-frontal ou parietal (e provavelmente em outras partes) lidam com representações compartilhadas — as imagens mentais que vêm à nossa mente quando conversamos com alguém sobre alguma coisa com que ambos estejamos familiarizados. Outros neurônios-espelho envolvidos no movimento são ativados quando simplesmente observamos as ações de outra pessoa — inclusive a intrincada dança de gestos e movimentos corporais que são parte de qualquer conversa. Células no opérculo parietal direito que codificam uma resposta sinestésica e sensorial entram em ação ao orquestrarmos nossos movimentos como reação aos do nosso interlocutor.

Quando se trata de ler e reagir às mensagens emocionais no tom de voz da outra pessoa, os neurônios-espelho preparam o circuito que conecta a ínsula e o córtex pré-motor ao sistema límbico, particularmente a amígdala. À medida que a conversa continua, conexões da amígdala ao tronco cerebral controlam nossas respostas automáticas, intensificando nossa frequência cardíaca se o bate-papo esquentar.

Neurônios na área fusiforme do lobo temporal são dedicados ao reconhecimento e à leitura de emoções no rosto das pessoas, bem como ao monitoramento da direção para onde o olhar do outro tenha se desviado. Áreas somatossensoriais entram em ação enquanto percebemos o estado do outro — e nosso próprio estado, em reação ao da outra pessoa. E quando enviamos de volta nossas mensagens emocionais, projeções dos núcleos do tronco cerebral em nossos nervos faciais criam o sorriso, a testa franzida ou as sobrancelhas erguidas — a expressão mais adequada.

Enquanto nos sintonizamos com a outra pessoa, o cérebro experimenta duas variedades de empatia: um fluxo acelerado pelo atalho via conexões entre os córtices sensoriais, o tálamo e a amígdala e adiante até nossa reação; e um fluxo mais lento, pela estrada principal, que do tálamo vai até o neocórtex, de lá para a amígdala, até nossa reação mais ponderada. O contágio emocional atravessa essa primeira trajetória, permitindo a nossa imitação neural automática dos sentimentos da outra pessoa. Mas a segunda rota, que faz uma acrobacia em arco para chegar até o cérebro pensante, oferece uma empatia considerada com mais cuidado e que contém a possibilidade de bloquear a nossa sintonia, se assim quisermos.

Aqui a conexão do circuito límbico até o córtex orbitofrontal e o córtex cingulado anterior entra em ação. Essas áreas estão ativas quando percebemos a emoção da outra pessoa e ajustamos a sintonia fina de nossa própria reação emocional. Em geral, o córtex pré-frontal tem a tarefa de modular nossas emoções de maneiras que sejam apropriadas e eficazes; se o que a outra pessoa diz nos perturba, a área pré-frontal nos permite continuar a conversa e manter o foco, apesar de termos ficado desconcertados.

Se tivermos de refletir sobre o que fazer com a mensagem emocional da outra pessoa, as regiões pré-frontais dorsolateral e ventromedial nos ajudam a considerar atentamente o significado de tudo e a ponderar sobre nossas alternativas. Que reação, por exemplo, funcionará na situação imediata e ao mesmo tempo em conformidade com as nossas metas de longo prazo?

Subjacente a toda essa dança interpessoal, o cerebelo, lá na base do cérebro, vai mantendo objetivamente nossa atenção bem focalizada, de modo que possamos monitorar a outra pessoa, captando até mesmo as pistas sutis de efêmeras expressões faciais. A sincronia inconsciente e não verbal — a intrincada coreografia de uma conversa, digamos — exige que detectemos uma contínua enxurrada de pistas sociais. E isso, por sua vez, depende de antigas estruturas existentes no tronco cerebral, particularmente o cerebelo e os gânglios basais. Seu papel nas interações tranquilas outorga a essas áreas da parte inferior do cérebro uma função complementar no circuito do cérebro social.[3]

Todas essas áreas juntam-se à orquestração das interações sociais (até mesmo as imaginadas), e lesões em qualquer uma delas prejudicam nossa habilidade de entrar em sintonia. Quanto mais complicada for uma interação social, mais complexas e interconectadas as redes de neurônios ativadas. Em suma, inúmeros circuitos e locais desempenham importante papel no cérebro social — um território neural que mal começamos a mapear em detalhes.

Uma forma de começarmos a identificar o circuito central do cérebro social poderia ser delinear as redes neurais mínimas que são mobilizadas durante determinado ato social.[4] Por exemplo, para o mero ato de perceber e imitar as emoções de outra pessoa, neurocientistas da UCLA propuseram os seguintes conjuntos de circuito neural interconectados: o córtex temporal superior permite uma percepção visual inicial da outra pessoa, enviando a descrição a neurônios nessas áreas parietais que são capazes de estabelecer uma correspondência entre um ato observado e a execução desse ato. Então, os neurônios adequados acrescentam mais informações sensoriais e somáticas à descrição. Esse conjunto mais complexo de dados vai até o córtex frontal inferior, que, em seguida, codifica o objetivo da ação a ser imitada. E, assim, as cópias sensoriais das ações são enviadas de volta ao córtex temporal superior, que monitora a ação subsequente.

Quando se trata de empatia, o circuito afetivo "quente" deve estabelecer uma ligação com esses circuitos motores e sensoriais "frios" — isto é, o sistema sensório-motor emocionalmente árido precisa comunicar-se com o centro afetivo no sistema límbico. A equipe de pesquisadores da UCLA propõe que o candidato mais plausível em termos anatômicos para ser esse conector parece ser uma região da ínsula, que une as áreas límbicas a partes do córtex pré-frontal.[5]

Cientistas do Instituto Nacional de Saúde Mental (NIMH, na sigla em inglês) argumentam que, na tentativa de mapear o cérebro social, não estamos falando de um sistema neural único e unitário, mas sim de circuitos interconectados que podem trabalhar em conjunto na realização de algumas tarefas e de forma independente na execução de outras.[6] Por exemplo, para a empatia primordial — o contágio direto, pessoa a pessoa, de um sentimento —, os neurocientistas indicam caminhos que conectam os córtices sensoriais com o tálamo e a amígdala e, a partir de lá, para quaisquer circuitos que a reação apropriada exigir. Mas, para a empatia cognitiva, à medida que captamos os pensamentos da outra pessoa, os circuitos correm do tálamo até o *córtex*, de lá para a amígdala e depois para o circuito incumbido da resposta.

Assim, quando o assunto é demonstrar empatia por meio de emoções específicas, os pesquisadores do Instituto Nacional de Saúde Mental sugerem que distinções adicionais são possíveis. Alguns dados obtidos em IRMf sugerem, por exemplo, que há diferentes caminhos para a leitura do medo da outra pessoa em contraste com a leitura da raiva. As expressões de medo parecem ativar a amígdala, mas raramente o córtex orbitofrontal, ao passo que as expressões de raiva ativam o córtex orbitofrontal, mas não a amígdala. Pode ser que essa diferença esteja relacionada com as discrepantes funções de cada emoção: com o medo, nossa atenção se volta para o que causou o medo; já no caso da raiva, nos concentramos no que fazer para reverter a reação da pessoa. E, no que diz respeito à repugnância, a amígdala fica fora da jogada; a ação envolve estruturas nos gânglios basais e na ínsula anterior.[7] Todos esses circuitos específicos das emoções se ativam quando sentimos determinada emoção ou quando simplesmente testemunhamos outra pessoa vivenciando a emoção.

Os cientistas do Instituto Nacional de Saúde Mental propõem ainda outro circuito para uma variedade de empatia cognitiva, não apenas fazendo uma ideia de qual deve ser a configuração mental ou estado de ânimo da outra pessoa, mas também decidindo o que devemos fazer em reação. Aqui, os circuitos-chave parecem envolver o córtex medial frontal, o sulco temporal superior e o lobo temporal.

O vínculo entre empatia e a nossa noção de certo e errado tem esteio no nível neural. Estudos de pacientes que sofreram lesões cerebrais em decorrência das quais foram obrigados a abandonar seus padrões morais anteriores, ou levados a ficar confusos quando diante de uma questão de discernimento entre certo e errado, sugerem que esses atos éticos exigem que estejam intactas as áreas cerebrais para a evocação e interpretação de estados viscerais.[8] As áreas cerebrais ativas durante os julgamentos morais — um encadeamento de circuitos que se estendem das partes do tronco cerebral (sobretudo o cerebelo) até as áreas do córtex — incluem a amígdala, o tálamo, a ínsula e a parte superior do tronco encefálico. Todas essas áreas estão envolvidas também na percepção dos sentimentos de outras pessoas, bem como dos nossos próprios sentimentos. Um circuito interconectado que se estende entre o lobo frontal e o lobo temporal anterior (incluindo a amígdala e o córtex insular) foi proposto como um aspecto fundamental para a empatia.

A função cerebral pode ser mapeada por meio do estudo de quais outras habilidades ficam debilitadas em pacientes com outras lesões neurais. Por exemplo, pacientes neurológicos com danos em vários circuitos emocionais no cérebro social foram comparados a pacientes cujas lesões estavam em áreas do cérebro diferentes.[9] Embora ambos os grupos fossem igualmente capazes quanto à realização de tarefas cognitivas, como responder a perguntas de um teste de QI, apenas os pacientes com áreas emocionais danificadas tinham um funcionamento ruim em seus relacionamentos: eles tomavam decisões interpessoais ruins, julgavam de forma equivocada como as outras pessoas se sentiam e eram incapazes de lidar com as exigências da vida social.

Os pacientes com esses déficits sociais tinham, todos, lesões em pontos dentro de um mecanismo neural chamado de sistema de "marcadores somáticos" por António Damásio, neurologista da Universidade do Sul da Califórnia em cujo laboratório foi realizado o estudo de pacientes com lesões encefálicas. Ligando áreas nas regiões ventromedial parietal, parietal e cingulada, bem como a amígdala direita e a ínsula, os marcadores somáticos atuam toda vez que tomamos uma decisão, particularmente em nossa vida pessoal e social.[10] As habilidades sociais fomentadas por essa parte-chave do cérebro social são essenciais para os relacionamentos tranquilos. Por exemplo, pacientes neurológicos com lesões no circuito de marcadores somáticos têm uma capacidade precária de interpretar ou enviar sinais emocionais e, por isso, podem facilmente tomar decisões desastrosas em seus relacionamentos.

Os marcadores somáticos de Damásio justapõem-se fortemente aos sistemas neurais citados por Stephanie Preston e Frans de Waal no modelo de percepção-ação do cérebro social por eles postulado. Ambos os modelos propõem que, quando percebemos uma emoção em outra pessoa, neurônios-espelho ativam em nós os mesmos caminhos neurais para aquele sentimento, bem como o circuito para as imagens mentais e ações correlatas (ou impulso à ação). Estudos isolados de imagens de ressonância magnética funcional sugerem que a ínsula liga os sistemas de espelhamento à área límbica, gerando o componente emocional da ligação em circuito neural.[11]

Os detalhes específicos de uma interação, obviamente, determinarão quais áreas do cérebro operam quando reagimos, conforme estão revelando estudos de imagens de ressonância magnética funcional de diferentes momentos sociais. Por exemplo, imagens cerebrais de voluntários ouvindo histórias sobre situações socialmente constrangedoras (uma delas contava o caso de uma pessoa que cuspiu a comida no prato durante um jantar formal) revelaram maior atividade nas áreas do córtex pré-frontal medial e temporal (ambas são ativadas quando sentimos empatia pelo estado mental de outra pessoa), bem como no córtex orbitofrontal lateral e no córtex pré-frontal medial.[12] Essas mesmas áreas tornam-se ativas quando fica claro que a reação de cuspir a comida dentro do prato foi involuntária (a pessoa se engasgou). Essa rede neural parece lidar com o caso mais geral de decidir se determinada ação será apropriada do ponto de vista social, uma das incessantes pequenas decisões que enfrentamos continuamente na vida interpessoal.

Estudos clínicos de pacientes neurológicos que são incapazes de tomar de maneira conveniente essa decisão — e que, por isso, rotineiramente cometem gafes ou atitudes insensatas em suas atividades interpessoais — mostram danos na região ventromedial do córtex pré-frontal. Antoine Bechara, um dos pesquisadores da equipe de Damásio, observa que essa região desempenha um papel decisivo na integração de sistemas cerebrais para a memória, a emoção e o sentimento; uma lesão nessa região prejudica a tomada de decisões sociais. No estudo dos momentos constrangedores, os sistemas mais ativos sugeriram uma rede alternativa em uma região dorsal do córtex pré-frontal medial ali perto — uma área que inclui o córtex cingulado anterior.[13] Essa região, Damásio descobriu, forma um gargalo interconectando redes que controlam planejamento motor, movimento, emoção, atenção e memória de trabalho.

Para o neurocientista, essas são pistas tentadoras, e muito mais precisa ser conhecido para desvendar a trama da neurologia da vida social.

Apêndice C

Repensando a inteligência social

O cérebro social tornou-se extremamente desenvolvido nas espécies de mamíferos que vivem em grupos, evoluindo como um mecanismo de sobrevivência.[1] Os sistemas cerebrais que distinguem os humanos de outros mamíferos cresceram em proporção direta ao tamanho dos vínculos humanos primordiais.[2] Alguns cientistas especulam que a habilidade social — não a superioridade cognitiva ou a vantagem física — talvez tenha sido o fator que permitiu ao *Homo sapiens* eclipsar os outros humanoides.[3]

Psicólogos evolutivos argumentam que o cérebro social — e, portanto, a inteligência social — evoluiu para atender à necessidade de dar conta do desafio de navegar nas correntes sociais em um grupo de primatas: ele equipa os indivíduos munindo-os da capacidade de determinar quem é o macho alfa, com quem se pode contar para a defesa, a quem se deve agradar, e como (o *grooming* é a resposta mais usual aqui). Nos humanos, nossa necessidade de envolvimento no raciocínio social — particularmente a coordenação e a cooperação, bem como a competição — norteou a evolução do nosso cérebro de tamanho maior e o desenvolvimento da inteligência de modo geral.[4]

As funções mais importantes do cérebro social — sincronia nas interações, os tipos de empatia, cognição social, habilidades de interação e preocupação com os outros — sugerem vertentes de inteligência social. A perspectiva evolutiva nos desafia a pensar mais uma vez acerca do lugar da inteligência social na taxonomia das habilidades humanas — e a reconhecer que a "inteligência" pode incluir habilidades não cognitivas. (Howard Gardner notavelmente defendeu essa ideia em seu revolucionário trabalho sobre inteligências múltiplas.)

Os novos achados neurocientíficos sobre a vida social têm o potencial de revigorar as ciências sociais e comportamentais. Os pressupostos básicos da economia, por exemplo, foram questionados pela emergente "neuroeconomia", que estuda o cérebro durante processos de tomada de decisões.[5] As descobertas da neuroeconomia abalaram o pensamento econômico vigente, em especial a noção de que as pessoas tomam decisões racionais sobre dinheiro que podem ser moldadas por análises do tipo árvores de decisão. Os sistemas do atalho, hoje os economistas bem sabem, são muito mais poderosos nesses processos decisórios do que modelos puramente racionais são capazes de prever. Da mesma forma, o campo da teoria e dos testes de inteligência parece maduro para passar por um processo em que repensamos seus pressupostos básicos.

Em anos recentes, a inteligência social vinha sendo um campo em grande medida ignorado tanto por psicólogos sociais quanto pelos estudiosos da inteligência. Uma exceção foi o pequeno crescimento nas pesquisas sobre inteligência emocional, desencadeado pelo trabalho seminal de John Mayer e Peter Salovey, em 1990.[6]

Como Mayer frisou, a visão original de Thorndike via uma tríade de inteligência mecânica, abstrata e social, mas na sequência ele não conseguiu encontrar uma maneira de medir o aspecto social. Na década de 1990, à medida que a localização das emoções no cérebro passou a ser compreendida mais a fundo, Mayer observou: "A inteligência emocional poderia ser preparada para assumir o papel de membro substituto do triunvirato no ponto em que a inteligência social falhara".

O surgimento mais recente da neurociência significa que chegou o momento propício para um reavivamento da inteligência social equivalente ao da sua irmã, a inteligência emocional. Repensar a inteligência social deverá refletir mais plenamente a operação do cérebro social, assim acrescentando capacidades quase sempre ignoradas que, contudo, têm imensa importância para os nossos relacionamentos.

O modelo de inteligência social que proponho neste livro é meramente indicativo, uma sugestão, não definitiva, de como poderia ser o conceito expandido. Outros podem reorganizar seus aspectos de maneira diferente ou sugerir seus próprios modelos; o meu é apenas uma das muitas maneiras de categorizar. Modelos de inteligência social mais robustos e válidos surgirão gradualmente a partir de pesquisas cumulativas. Meu objetivo é simplesmente catalisar esse pensamento renovado.

Como as habilidades de inteligência social se ajustam ao modelo de inteligência emocional

INTELIGÊNCIA EMOCIONAL	INTELIGÊNCIA SOCIAL
Autoconsciência	**Consciência social** Empatia primordial Precisão empática Capacidade de ouvir Cognição social
Autogestão	**Aptidão social (ou gestão dos relacionamentos)** Sincronia Apresentação pessoal Influência Preocupação

Alguns psicólogos podem queixar-se de que as capacidades definidoras da inteligência social que eu proponho acrescentam às definições-padrão de "inteligência" aptidões de domínios não cognitivos. Mas é exatamente esse meu argumento: no que diz respeito à inteligência na vida social, o cérebro em si mistura as capacidades. As habilidades não cognitivas, a exemplo da empatia primordial, sincronia e preocupação, são aspectos imensamente adaptativos do repertório social humano para a sobrevivência. E essas habilidades certamente nos permitem seguir melhor a instrução de Thorndike de "agir com sabedoria" em nossos relacionamentos.

O antigo conceito de inteligência social como noção puramente cognitiva pressupõe, como muitos dos primeiros teóricos da inteligência alegavam, que a inteligência social pode não ser diferente da inteligência em geral. Sem dúvida, alguns cientistas cognitivos afirmariam que as duas habilidades são idênticas. Afinal, sua disciplina modela a vida mental no computador, e os módulos para o processamento de informações seguem linhas puramente racionais, acompanhando a lógica computacional.

Mas um foco exclusivo nas habilidades mentais na inteligência social ignora os inestimáveis papéis tanto do afeto como do atalho. Sugiro uma mudança de perspectiva que vá além de apenas sabermos *sobre* a vida social de modo a incluir as habilidades automáticas tão importantes quando interagimos, tanto na estrada principal quanto no atalho. As várias teorias de inteligência social atualmente em voga detalham essas capacidades entrelaçadas apenas de maneira irregular, inconsistente e com variados graus de idiossincracias.

As concepções dos teóricos da inteligência sobre as aptidões sociais para a vida podem ser mais bem compreendidas à luz do histórico de seu campo de estudos. Em 1920, quando Edward Thorndike propôs pela primeira vez o conceito de inteligência social, a recém-desenvolvida noção de "QI" ainda estava moldando o pensamento de um campo igualmente novo, a psicometria, que visava encontrar maneiras de mensurar as habilidades humanas. Naqueles dias de empolgação, os recentes sucessos da psicologia em classificar, de acordo com o QI, os milhões de soldados norte-americanos durante a Primeira Guerra Mundial e, assim, atribuir-lhes tarefas e cargos com os quais pudessem lidar de modo eficaz despertaram compreensível entusiasmo.

Os primeiros teóricos da inteligência social buscaram encontrar um análogo ao QI que pudesse ser aplicado ao talento na vida social. Norteados pelo incipiente campo da psicometria, estavam à procura de maneiras de avaliar as diferenças nas aptidões sociais que pudessem ser equivalentes, digamos, às diferenças no raciocínio espacial e verbal medido pelo QI.

Essas tentativas iniciais fracassaram, principalmente porque pareciam medir apenas a compreensão intelectual de situações sociais. Por exemplo, um dos primeiros testes de inteligência social avaliava habilidades cognitivas como a capacidade de identificar em que situação social determinada frase seria mais adequada. No final da década de 1950, David Wechsler, que desenvolveu uma das mais utilizadas medidas de estimativa do QI, basicamente descartou a importância da inteligência social, por considerá-la uma mera "inteligência geral aplicada a situações sociais".[7] Esse juízo se espalhou pela psicologia, e a inteligência social foi descartada dos principais mapas da inteligência humana.

Uma exceção foi o complexo modelo de inteligência proposto por J. P. Guilford, no final da década de 1960, enumerando 120 habilidades intelectuais distintas, trinta das quais tinham a ver com inteligência social.[8] Apesar dos imensos esforços, todavia, a linha de ação de Guilford foi incapaz de produzir previsões significativas de como as pessoas efetivamente agiam no mundo social. Mais recentemente, modelos relevantes para a inteligência social — o modelo de "inteligência prática" de Robert Sternberg e a "inteligência interpessoal" de Howard Gardner — ganharam mais força.[9] Mas ainda escapa à psicologia uma teoria coesa de inteligência social que consiga distingui-la nitidamente do QI e que tenha aplicações práticas.

A perspectiva antiga via a inteligência social como a aplicação da inteligência geral a situações sociais — uma aptidão em grande medida cognitiva. Essa abordagem atribui à inteligência social o estatuto de mero fundo de conhecimento acerca do mundo social. Porém tal enfoque não diferencia essa capacidade de "*g*", a inteligência geral em si.

Mas, então, o que distingue a inteligência social de *g*? Até o momento ainda não há uma resposta satisfatória para essa pergunta. Um dos motivos é que a psicologia, como profissão, é uma subcultura científica, com que as pessoas têm contato durante a pós-graduação ou quando passam por algum outro treinamento profissional. Como resultado, os psicólogos tendem a enxergar o mundo basicamente através das lentes mentais do próprio campo da psicologia. Essa tendência, contudo, talvez esteja distorcendo a habilidade da psicologia de compreender a verdadeira natureza da inteligência social.

Quando se pediu a pessoas comuns que enumerassem o que torna uma pessoa inteligente, a competência social figurou como uma categoria natural relevante. Mas quando se solicitou a psicólogos tidos como especialistas em inteligência que elaborassem uma lista semelhante, sua ênfase recaiu sobre as habilidades cognitivas, como a destreza verbal e a aptidão para a resolução de problemas.[10] O enfoque de Wechsler, que menosprezava a inteligência social, parece continuar vivo nos pressupostos implícitos em seu campo.

Os psicólogos que buscaram medir a inteligência social foram impedidos por correlações espantosamente altas entre seus resultados e os resultados dos testes de QI, sugerindo que talvez não haja diferença real entre talento cognitivo e talento social.[11] Essa foi uma das principais razões pelas quais as pesquisas sobre inteligência social acabaram sendo praticamente abandonadas. Mas esse problema parece ser consequência da definição distorcida de inteligência social como simplesmente a habilidade cognitiva aplicada à arena social.

Essa abordagem avalia o talento interpessoal em termos do que as pessoas alegam saber, perguntando-se a elas se concordam com afirmações como "Eu consigo entender o comportamento das outras pessoas" e "Eu sei como as minhas ações fazem com que as outras pessoas se sintam".

Perguntas como essas estão incluídas em uma escala de inteligência social desenvolvida recentemente.[12] Os psicólogos que elaboraram o teste pediram a catorze outros professores de psicologia, um suposto "painel de especialistas", para definir inteligência social. A definição resultante foi "a habilidade de entender outras pessoas e de que forma elas reagirão a diferentes situações sociais" — em outras palavras, pura cognição social.[13] Mesmo assim, os psicólogos sabiam que essa definição não era suficiente. Por isso, formularam algumas perguntas visando compreender como as pessoas realmente se entrosam em termos sociais, indagando, por exemplo, se concordavam ou não com a afirmação "Eu demoro um bom tempo para conhecer bem as outras pessoas".

No entanto, esse teste, como outros, alcançaria melhores resultados se fosse adiante para avaliar as habilidades do atalho tão importantes para uma vida plena. A neurociência social está detalhando de que modo as múltiplas formas de conhecer e fazer entram em ação quando interagimos com os outros. Certamente essas formas incluem as habilidades da estrada principal, como a cognição social. Mas a inteligência social também lança mão de funções do atalho como sincronia e sintonia, intuição social e preocupação empática e, provavelmente, o impulso para a compaixão. Nossas ideias acerca do que faz uma pessoa inteligente na vida social seriam mais completas se abarcassem também essas habilidades.

Essas habilidades são não verbais e intuitivas e ocorrem em um intervalo de microssegundos, mais rapidamente do que a mente é capaz de formular pensamentos sobre elas. Embora as habilidades do atalho possam parecer triviais para algumas pessoas, são elas que moldam a própria plataforma para a construção de uma vida social tranquila. Por serem não verbais, as habilidades do atalho escapam ao que pode ser detectado em um teste tradicional de papel e caneta — a maior parte dos atuais testes de inteligência social adota esse padrão.[14] Na verdade, esses testes fazem questionamentos à estrada principal sobre o atalho, uma tática questionável.

Colwyn Trevarthen, psicólogo do desenvolvimento da Universidade de Edimburgo, argumenta de modo persuasivo que as noções amplamente aceitas de cognição social criam profundos equívocos acerca dos relacionamentos humanos e o lugar das emoções na vida social.[15] Embora tenha servido muito bem à linguística e à inteligência artificial, quando aplicada aos relacionamentos humanos a ciência cognitiva tem seus limites. Ela negligencia as capacidades não cognitivas, a exemplo da empatia primordial e da sincronia, que nos conectam aos outros. A revolução afetiva (sem falar da social) na neurociência cognitiva ainda tem de alcançar a teoria da inteligência.

Uma medida mais robusta da inteligência social deveria incluir não apenas enfoques da estrada principal (papel que os questionários cumprem bem), como também medidas do atalho, como o PONS ou o Teste de Ekman para a leitura de microexpressões faciais.[16] Ou poderiam submeter as pessoas que fazem os testes a simulações de situações sociais (talvez por meio da realidade virtual), ou pelo menos obter as opiniões de outras pessoas sobre as habilidades sociais de quem está fazendo o teste. Só então chegaríamos a um perfil mais adequado da inteligência social de um indivíduo.[17]

Em um constrangimento científico pouco comentado, os testes de QI em si não têm um fundamento lógico teórico subjacente que os corrobore. Pelo contrário, foram concebidos ad hoc, com o intuito de prognosticar o sucesso na sala de aula. Como observam John Kihlstrom e Nancy Cantor, o teste de QI é quase inteiramente ateórico; foi desenvolvido meramente para "moldar os tipos de coisas que as crianças fazem na escola".[18]

Mas as escolas em si são um artefato muito recente da civilização. Provavelmente, a força mais poderosa na arquitetura do cérebro social é a necessidade de navegar pelo mundo social, não a necessidade de tirar nota dez em tudo. Os teóricos evolutivos postulam que a inteligência social foi o talento primordial do cérebro humano, o que se reflete em nosso córtex de tamanho grande, e que aquilo que hoje vemos como "inteligência" pegou carona nos sistemas neurais usados para a convivência harmoniosa em um grupo complexo. Aqueles que dizem que a inteligência social equivale a pouco mais do que a inteligência geral aplicada a situações sociais deveria pensar melhor e adotar o argumento inverso: considerar que a inteligência geral é um mero derivativo da inteligência social, embora extremamente valorizado por nossa cultura.

Agradecimentos

Muitas pessoas contribuíram para as minhas reflexões na elaboração deste livro, embora as conclusões apresentadas sejam minhas. Tenho uma especial dívida de gratidão para com os especialistas em temas que revisaram partes de meu livro, particularmente: Cary Cherniss, da Universidade Rutgers; Jonathan Cohen, da Universidade Princeton; John Crabbe, da Universidade de Saúde e Ciência do Oregon e Centro Médico de Veteranos de Guerra de Portland; John Cacioppo, da Universidade de Chicago; Richard Davidson, da Universidade de Wisconsin; Owen Flanagan, da Universidade Duke; Denise Gottfredson, da Universidade de Maryland; Joseph LeDoux, da Universidade de Nova York; Matthew Lieberman, da UCLA; Kevin Ochsner, da Universidade Columbia; Phillip Shaver, da Universidade da Califórnia em Davis; Ariana Vora, da Escola de Medicina de Harvard; e Jeffrey Walker, da J. P. Morgan Partners. Se os leitores encontrarem erros factuais no texto, por favor, notifiquem-me por meio de meu site (www.danielgoleman.info), e me esforçarei para corrigi-los em futuras edições.

Entre outros que despertaram meu pensamento, agradeço a:

Elliot Aronson, da Universidade Stanford; Neal Ashkanasy, da Universidade de Queensland, Brisbane, Austrália; Warren Bennis, da Universidade do Sul da Califórnia (USC); Richard Boyatzis, da Universidade Case Western Reserve; Sheldon Cohen, da Universidade Carnegie Mellon; Jonathan Cott, cidade de Nova York; Frans de Waal, da Universidade Emory; Georges Dreyfus, da Williams College; Mark Epstein, cidade de Nova York; Howard Gardner, da

Universidade Harvard; Paul Ekman, da Universidade da Califórnia em San Francisco; John Gottman, da Universidade de Washington; Sam Harris, da UCLA; Fred Gage, do Instituto Salk; Layne Habib, Shokan, Nova York; Judith Hall, da Universidade Northeastern; Kathy Hall, da American International College; Judith Jordan, da Wellesley College; John Kolodin, Hadley, Massachusetts; Jerome Kagan, da Universidade Harvard; Daniel Kahneman, da Universidade Princeton; Margaret Kemeny, da Universidade da Califórnia em San Francisco; John Kihlstrom, da Universidade da Califórnia em Berkeley; George Kohlrieser, do Instituto Internacional para o Desenvolvimento de Gestão, Lausanne, Suíça; Robert Levenson, da Universidade da Califórnia em Berkeley; Carey Lowell, cidade de Nova York; Beth Lown, da Escola de Medicina de Harvard; Pema Latshang, do Departamento de Educação da cidade de Nova York; Annie Mckee, do Teleos Leadership Institute; Carl Marci, da Escola de Medicina de Harvard; John Mayer, da Universidade de New Hampshire; Michael Meaney, da Universidade McGill; Mario Mikulincer, da Universidade Bar-Ilan, Ramat Gan, Israel; Mudita Nisker e Dan Clurman, da Communication Options; Stephen Nowicki, da Universidade Emory; Stephanie Preston, Hospitais e Clínicas da Universidade de Iowa; Hersh Shefrin, da Universidade de Santa Clara; Thomas Pettigrew, da Universidade da Califórnia em Santa Cruz; Stefan Rechstaffen, do Instituto Omega; Robert Riggio, da Claremont McKenna College; Robert Rosenthal, da Universidade da Califórnia em Riverside; Susan Rosenbloom, da Universidade Drew; John F. Sheridan, da Universidade Estadual de Ohio; Joan Strauss, do Hospital Geral de Massachusetts; Daniel Siegel, da UCLA; David Spiegel, da Escola de Medicina de Stanford; Ervin Staub, da Universidade de Massachusetts; Daniel Stern, da Universidade de Genebra; Erica Vora, da Universidade Estadual St. Cloud; David Sluyter, do Instituto Fetzer; Leonard Wolf, cidade de Nova York; Alvin Weinberg, do Instituto para Análise Energética (aposentado); Robin Youngson, da Associação de Líderes Clínicos da Nova Zelândia.

Rachel Brod, minha principal pesquisadora, forneceu acesso fácil a uma vasta quantidade de fontes científicas. Meu imenso obrigado a Rowan Foster, que está sempre a postos para o que for preciso e mantém tudo funcionando perfeitamente. Toni Burbank continua sendo um esplêndido editor, com quem é um prazer trabalhar. E, como sempre, tenho uma gratidão eterna a Tara Bennett-Goleman, uma parceira extraordinariamente perspicaz na escrita e na vida, e um guia para a inteligência social.

Notas

PRÓLOGO: DESVENDANDO UMA NOVA CIÊNCIA [pp. 9-20]

1. O episódio dos soldados na mesquita foi relatado no programa *All Things Considered*, National Public Radio, NPR, 4 abr. 2003.

2. Sobre a mínima força necessária, ver, por exemplo, modelos de competência na aplicação da lei em MOSAIC Competencies: Professional & Administrative Occupations, Departamento de Gerenciamento de Pessoal dos EUA, 1996; Elizabeth Brondolo et al., "Correlates of Risk for Conflict Among New York City Traffic Agents", in Gary VandenBos e Elizabeth Bulatao (org.), *Violence on the Job*. Washington: American Psychological Association Press, 1996.

3. Para ver de que forma isso expande nosso discurso, pensemos na empatia versus conexão harmônica. A empatia é uma habilidade individual, que há dentro da pessoa. Mas a conexão surge *entre* as pessoas, como uma propriedade que vem à tona a partir da interação delas.

4. Minha intenção aqui, como em *Inteligência emocional*, é apresentar o que vejo como um novo paradigma para a psicologia e sua inevitável parceira, a neurociência. Ainda que o conceito de inteligência emocional tenha enfrentado bolsões de resistência na psicologia, a noção também foi encampada por muitos outros — sobretudo por uma geração de estudantes de pós-graduação que a transformaram no foco de suas próprias pesquisas. Toda ciência avança por meio da busca de ideias provocativas e frutíferas, e não pela busca, em ritmo duro e inflexível, de tópicos seguros mas estéreis. Minha esperança é a de que a nova compreensão dos relacionamentos e do cérebro social aqui apresentada estimulará uma maré semelhante de pesquisa e investigação. Esse novo foco sobre o que acontece nas interações, em oposição ao que se passa dentro das pessoas, como a unidade básica de estudo, foi exigido, mas em larga medida negligenciado, no âmbito da psicologia. Ver, por exemplo, Frank Bernieri et al., "Synchrony, Pseudosynchrony, and Dissynchrony: Measuring the Entrainment Prosody in Mother-Infant Interactions", *Journal of Personality and Social Psychology*, v. 2, pp. 243-53, 1988.

5. Sobre acessos de raiva, consultar Cynthia Garza, "Young Students Seen as Increasingly Hostile", *Fort Worth Star-Telegram*, p. 1A , 15 ago. 2004.

6. A Associação Norte-Americana de Pediatria recomenda que crianças com menos de dois anos não assistam à televisão e que as crianças maiores não o façam por mais de duas horas por dia. O relatório sobre televisão e crianças pequenas foi apresentado por Laura Certain na reunião anual das Sociedades Acadêmicas de Pediatria, Baltimore, 30 abr. 2003.

7. Robert Putnam, *Bowling Alone*, Nova York: Simon and Schuster, 2000.

8. Citado em "The Glue of Society", *The Economist*, pp. 13-7, 14 jul. 2005.

9. Sobre a Hot & Crusty, consultar Warren St. John, "The World at Ear's Length", *The New York Times*, seção 9, p. 1, 15 fev. 2004.

10. Os dados sobre a verificação de e-mail são citados em Anne Fisher, "Does Your Employer Help You Stay Healthy?", *Fortune*, p. 60, 12 de jul. 2005.

11. A audiência televisiva média global foi informada por Eurodata TV Worldwide, *One Television Year in the World*: 2004 *Issue*. Paris: Médiamétrie, 2004.

12. Sobre o uso da internet, consultar Norman H. Nie, "What Do Americans Do on the Internet?", Instituto Stanford para o Estudo Quantitativo da Sociedade, no endereço <www.stanford.edu/group/siqss>; informado em John Markoff, "Internet Use Said to Cut into TV Viewing and Socializing", *The New York Times*, 30 dez 2004.

13. As primeiras referências ao termo "neurociência social" que encontrei até o momento estão em um artigo de John Cacioppo e Gary Berntson publicado em 1992. Consultar "Social Psychological Contributions to the Decade of the Brain: Doctrine of Multilevel Analysis", *American Psychologist* v. 47, pp. 1019-28, 1992. O ano de 2001 marcou a publicação de um artigo saudando o surgimento dessa nova disciplina sob um nome alternativo, "neurociência cognitiva social", de autoria de Matthew Lieberman (atualmente na UCLA) e Kevin Ochsner (hoje na Universidade Columbia). Consultar Matthew Lieberman e Kevin Ochsner, "The Emergence of Social Cognitive Neuroscience", *American Psychologist*, v. 56, pp. 717-34, 2001. Daniel Siegel cunhou a expressão "neurobiologia interpessoal" para vincular as dimensões interpessoal e neurobiológica da mente humana de modo que possamos compreender o desenvolvimento do bem-estar mental de maneira mais completa; isso marca outra raiz da neurociência social. Ver Daniel Siegel, *The Developing Mind: How Relationships and the Brain Interact to Shape Who We Are*. Nova York: Guilford Press, 1999.

14. A neurociência social levou uma década para alcançar massa crítica como um campo de estudos, mas hoje há dezenas de laboratórios científicos dedicados a pesquisas na área. A primeira conferência sobre Neurociência Cognitiva Social foi realizada na UCLA entre os dias 28 e 30 de abril de 2001, com a presença de trinta palestrantes e mais de trezentos participantes de diversos países. Em 2004, Thomas Insel, diretor do Instituto Nacional de Saúde Mental, declarou que, àquela altura, uma década de pesquisas já havia demonstrado que a neurociência social amadurecera como um campo de estudos. A busca pelo cérebro social, ele previu, produziria dados valiosos para o bem público. Ver Thomas Insel e Russell Fernald, "How the Brain Processes Social Information: Searching for the Social Brain", *Annual Review of Neuroscience* v. 27, pp. 697-722, 2004. Em 2007, a Oxford University Press lançou um periódico intitulado *Social Neuroscience*, o primeiro nesse campo.

15. A expressão "cérebro social" tornou-se de uso corrente na neurociência nos últimos anos. Por exemplo, uma conferência científica internacional sobre "O cérebro social" foi realizada em Gotemburgo, Suécia, entre os dias 25 e 27 de março de 2003. No mesmo ano, foi publicada a primeira compilação de artigos acadêmicos sobre o assunto, Martin Brüne et al., *The Social Brain:*

Evolution and Pathology Sussex: John Wiley, 2003. A primeira conferência internacional sobre o cérebro social foi realizada na Universidade de Bochum, Alemanha, em novembro de 2000.

16. Para a definição original de inteligência social, ver Edward Thorndike, "Intelligence and Its Use", *Harper's Magazine*, v. 140, pp. 227-35, 1920.

17. Uma advertência: os leitores interessados na revisão-padrão do conceito psicológico de "inteligência social" não a encontrarão aqui; para isso, recomendo o excelente sumário elaborado por John Kihlstrom e Nancy Cantor. Minha intenção é estimular uma nova geração de psicólogos a expandir os limites dos conceitos atuais, integrando as descobertas da neurociência social, em vez de seguir de forma rígida as categorias-padrão que a psicologia chamou de "inteligência social". Ver John Kihlstrom e Nancy Cantor, "Social Intelligence", in Robert Sternberg (Org.), *Handbook of Intelligence*, 2. ed., Cambridge: Cambridge University Press, 2000, pp. 359-79.

18. Edward Thorndike, op. cit., p. 228.

PARTE I

1. A ECONOMIA EMOCIONAL [pp. 23-38]

1. Quando faço menção à amígdala ou a outra estrutura neural específica, geralmente me refiro não apenas àquela região, mas também a seu circuito de conexão com outras áreas neurais. A exceção ocorre quando discuto algum aspecto da estrutura em si.

2. Brooks Gump e James Kulik, "Stress, Affiliation, and Emotional Contagion", *Journal of Personality and Social Psychology*, v. 72, n 2, pp. 305-19, 1997.

3. Essa função investigativa é realizada através das ligações da amígdala até o córtex, que guia nossa atenção para investigar as incertezas. Quando a amígdala começa a disparar em reação a uma possível ameaça, direciona os centros corticais a fixar nossa atenção no possível perigo, e nós nos sentimos aflitos, inquietos ou até um pouco apavorados. Assim, se alguém tem um alto nível de ativação da amígdala, seu mundo é um lugar ambíguo e eternamente ameaçador. Um trauma devastador, como ser vítima de um assalto violento, pode estimular a amígdala a vigiar o mundo, elevando os níveis de neurotransmissores que nos mantêm esquadrinhando os arredores em busca de ameaças. Em sua maior parte, os sintomas do transtorno do estresse pós-traumático, a exemplo da reação exagerada aos eventos neurais que lembram vagamente o trauma original, são sinais desse tipo de amígdala que reage de modo desmedido. Ver Dennis Charney et al., "Psychobiologic Mechanisms of Posttraumatic Stress Disorder", *Archives of General Psychiatry*, v. 50, pp. 294-305, 1993.

4. Ver, por exemplo, Beatrice de Gelder et al., "Fear Fosters Flight: A Mechanism for Fear Contagion When Perceiving Emotion Expressed by a Whole Body", *Proceedings of the National Academy of Sciences* v. 101, n. 47, pp. 16, 701-6, 2004.

5. Pelo menos essa é uma das formas como reconhecemos a emoção. A existência de outras rotas neurais pode significar, por exemplo, que não temos que estar felizes para reconhecer que outra pessoa está.

6. A cegueira afetiva, em que uma pessoa funcionalmente cega com certas lesões cerebrais consegue registrar as emoções de outra pessoa a partir de suas expressões faciais via amígdala, foi

verificada também em outros pacientes. Ver, por exemplo, J. S. Morris et al., "Differential Extrageniculostriate and Amygdala Responses to Presentation of Emotional Faces in a Cortically Blind Field", *Brain*, v. 124, n. 6, pp. 1241-52, 2001.

7. A obra clássica sobre contágio emocional é de Elaine Hatfield et al., *Emotional Contagion*, Cambridge: Cambridge University Press, 1994.

8. A estrada principal, porém, pode ser usada para gerar intencionalmente uma emoção; para os atores, isso é rotineiro. Outro exemplo é a geração sistemática de compaixão em práticas religiosas; essa produção intencional de emoção positiva usa a estrada principal para direcionar o atalho.

9. É óbvio, cognição e emoção normalmente não estão em conflito. Na maior parte do tempo, a "estrada principal" e o "atalho" atuam em conjunto, ou pelo menos entrelaçam caminhos paralelos e próximos rumo ao mesmo lugar. Igualmente, cognição e emoção costumam atuar juntas de modo uniforme e homogêneo para motivar e guiar nosso comportamento no sentido da concretização de nossas metas. Contudo, em algumas circunstâncias elas divergem. Essas divergências produzem as idiossincrasias e os comportamentos aparentemente irracionais que tanto intrigam os cientistas comportamentais (inclusive os psicólogos e economistas). Além disso, elas nos dizem muito sobre as características distintas desses dois sistemas componentes de nosso cérebro — quando dois sistemas trabalham intimamente em conjunto, é difícil dizer qual é a contribuição de cada um; quando estão em competição, é mais fácil distinguir essa contribuição.

10. A amígdala, no centro do cérebro abaixo do córtex, lida com os processos emocionais automáticos; o córtex pré-frontal, em sua função executiva, extrai informações de muitas outras regiões neurais, integra e faz planos com base nelas. Ver Timothy Shallice e Paul Burgess, "The Domain of Supervisory Processes and Temporal Organization of Behaviour", *Philosophical Transactions of the Royal Society B: Biological Sciences*, v. 351, pp. 1405-12, 1996.

11. A estrada principal, no entanto, não está imune aos vieses e à distorção perceptual. Sobre a estrada principal versus o atalho, ver Mark Williams et al., "Amygdala Responses to Fearful and Happy Facial Expressions Under Conditions of Binocular Suppression", *Journal of Neuroscience*, v. 24, n. 12, pp, 2898-904, 2004.

12. Sobre esse dois modos, consultar John Dewey, *Experience and Nature*. Nova York: Dover Publications, 1958.

13. Roland Neumann e Fritz Strack, "'Mood Contagion': The Automatic Transfer of Mood Between Persons", *Journal of Personality and Social Psychology*, v. 79, n. 2, pp. 3022-514, 2000.

14. Sobre a imitação facial das emoções, ver Ulf Dimberg e Monika Thunberg, "Rapid Facial Reactions to Emotional Facial Expression", *Scandinavian Journal of Psychology*, v. 39, pp. 39-46, 2000; Ulf Dimberg, "Facial EMG and Emotional Reactions", *Psychophysiology*, v. 27, pp. 481-94, 1990.

15. Ver Ulf Dimberg, Monika Thunberg e Kurt Elmehed, "Unconscious Facial Reactions to Emotional Facial Expressions", *Psychological Science*, v. 11, pp. 86-9, 2000.

16. Edgar Allan Poe é citado em Robert Levenson et al., "Voluntary Facial Action Generates Emotion-Specific Autonomic Nervous System Activity", *Psychophysiology*, v. 27, pp. 363-84, 1990.

17. David Denby, "The Quick and the Dead", *The New Yorker*, pp. 103-5, 29 mar. 2004.

18. Sobre a forma como os filmes afetam o cérebro, ver Uri Hasson et al., "Intersubject Synchronization of Cortical Activity During Natural Vision", *Science*, v. 303, n. 5664, pp. 1634-40, 2004.

19. Ver, por exemplo, Stephanie D. Preston e Frans B. M. de Waal, "Empathy: Its Ultimate and Proximate Bases", *Behavioral and Brain Sciences*, v. 25, pp. 1-20, 2002.

20. Nosso cérebro é pré-programado para prestar a máxima atenção a essas pistas provavelmente porque, na natureza selvagem, momentos de intensidade perceptiva e emocional podem sinalizar perigo. No mundo de hoje, porém, talvez sinalizem apenas o que vai passar à noite na televisão.

21. Emily Butler et al., "The Social Consequences of Expressive Suppression", *Emotion*, v. 3, n. 1, pp. 48-67, 2003.

22. Essa própria tentativa de supressão instiga pensamentos repetitivos sobre a questão; esses pensamentos se intrometem quando estamos tentando nos concentrar em outra coisa, ou apenas relaxar. Apesar de nosso desejo de exercer controle voluntário e vetar nossos impulsos naturais, nem sempre conseguimos fazê-lo por completo. Se intencionalmente sufocamos nossas emoções mais sinceras — exibindo um rosto plácido quando na verdade estamos perturbados —, nossos sentimentos acabam por transparecer de uma forma ou de outra. A conexão fica mais forte à medida que demonstramos mais abertamente nossos sentimentos aos outros. Da mesma forma, quanto mais tentamos subjugar esses sentimentos, e quanto mais fortes eles são, mais aumentamos, inadvertidamente, a tensão no ar — uma sensação conhecida de qualquer pessoa cujo parceiro "oculta" emoções intensas. Sobre os custos da inibição de sentimentos, ver E. Kennedy-Moore e J. C. Watson, "How and When Does Emotional Expression Help?", *Review of General Psychology*, v. 5, pp. 187-212, 2001.

23. O radar neural convergiu para a área ventromedial do córtex pré-frontal. Ver Jean Decety e Thierry Chaminade, "Neural Correlates of Feeling Sympathy", *Neuropsychologia*, v. 41, pp. 127-38, 2003.

24. Sobre confiabilidade, ver Ralph Adolphs et al., "The Human Amygdala in Social Judgment", *Nature*, v. 393, pp. 410-74, 1998.

25. Sobre a fiação para a confiança, ver Joel. s. Winston et al., "Automatic and Intentional Brain Responses During Evaluation of Trustworthiness of Faces", *Nature Neuroscience*, v. 5, n. 3, pp. 277-83, 2002. Em suma, a amígdala analisa cada pessoa que encontramos, fazendo um julgamento automático de sua confiabilidade. Quando julga que alguém é indigno de confiança, a ínsula direita se ativa para transmitir esse juízo às vísceras, e a região que responde por expressões faciais do giro fusiforme também é acionada. O córtex orbitofrontal reage de forma mais intensa quando a amígdala julga alguém como "confiável". O sulco temporal superior direito opera como um córtex de associação para processar o veredicto, que, em seguida, é rotulado pelos sistemas emocionais, incluindo a amígdala e o córtex orbitofrontal.

26. Sobre a direção do olhar e mentiras, ver Paul Ekman, *Telling Lies: Clues to Deceit in the Marketplace, Politics, and Marriage*. Nova York: W. W. Norton, 1985.

27. Sobre pistas para mentiras, ver ibid.

28. Sobre controle cognitivo e mentiras, ver Sean Spence, "The Deceptive Brain", *Journal of the Royal Society of Medicine*, v. 97, pp. 6-9, 2004. Mentir exige, do circuito neural, um esforço cognitivo e emocional adicional. Essa descoberta gerou a noção de que um dia a ressonância magnética funcional poderia ser usada como um detector de mentiras. Mas esse dia só chegará depois que aqueles que utilizam essa tecnologia de imagens tiverem resolvido complexos desafios logísticos, como os artefatos criados no sinal por alguém falando.

29. Sobre como um parceiro com menos poder converge mais, ver Cameron Anderson, Dacher Keltner e Oliver P. John, "Emotional Convergence Between People over Time", *Journal of Personality and Social Psychology*, v. 84, n. 5, pp. 1054-68, 2003).

30. Frances La Barre, *On Moving and Being Moved: Nonverbal Behavior in Clinical Practice*. Hillsdale: Analytic Press, 2001.

31. Embora nas décadas de 1950 e 1960 tenha havido um grande número de estudos psicofisiológicos da interação de duas pessoas, os métodos utilizados na época não eram suficientemente precisos ou poderosos, e essa linha de pesquisa se extinguiu, sendo ressuscitada apenas na década de 1990.

32. Sobre empatia e fisiologia compartilhada, ver Robert Levinson e Anna Ruef, "Empathy: A Physiological Substrate", *Journal of Personality and Social Psychology*, v. 63, pp. 234-46, 1992.

2. UMA RECEITA PARA A CONEXÃO [pp. 39-51]

1. Sobre o estudo da psicoterapia, ver Stuart Ablon e Carl Marci, "Psychotherapy Process: The Missing Link", *Psychological Bulletin*, v. 130, pp. 664-8, 2004; Carl Marci et al., "Physiologic Evidence for the Interpersonal Role of Laughter During Psychotherapy", *Journal of Nervous and Mental Disease*, v. 192, pp. 689-95, 2004.

2. Sobre os ingredientes dessa conexão, ver Linda Tickle-Degnan e Robert Rosenthal, "The Nature of Rapport and Its Nonverbal Correlates", *Psychological Inquiry*, v. 1, n. 4, pp. 285-93, 1990.

3. Frank J. Bernieri e John S. Gillis, "Judging Rapport", in Judith A. Hall e Frank J. Bernieri, *Interpersonal Sensitivity: Theory and Measurement*. Mahwah: Erlbaum, 2001.

4. Para que a conexão floresça, atenção plena, sentimentos positivos e sincronia devem vir à tona juntos. Uma luta de boxe envolve coordenação física sem positividade. Da mesma forma, um desentendimento conjugal envolve atenção mútua e um pouco de coordenação desprovida de afeto. A combinação de atenção mútua e coordenação desprovida de sentimento positivo é típica de desconhecidos que caminham um na direção do outro em uma calçada lotada: eles podem passar um pelo outro sem se esbarrar e, ao mesmo tempo, não demonstrar o menor interesse recíproco.

5. Sobre encolher-se de medo e contato visual, ver J. B. Bavelas et al., "I Show How You Feel: Motor Mimicry as a Communicative Act", *Journal of Social and Personality Psychology*, v. 50, pp. 322-9, 1986. Da mesma forma, na medida em que o foco mútuo se torna uma absorção conjunta — em uma conversa interessante, por exemplo —, a entrada de uma terceira pessoa quebrará o encanto da conversa.

6. Sobre feedback negativo com expressão positiva, ver Michael J. Newcombe e Neal M. Ashkanasy, "The Code of Affect and Affective Congruence in Perceptions of Leaders: An Experimental Study", *Leadership Quarterly*, v. 13, pp. 601-4, 2002.

7. Estudos sistemáticos sobre o hábito de dar gorjetas revelam que as melhores gratificações para serviços que os clientes consideram bons são dadas à noite. Em um dos estudos, a garçonete que mais recebia gorjetas ganhava em média 17% da conta, e a que recebia menos, 12%. Ao longo de um ano, a média calculada representava uma diferença substancial de renda. Ver Michael Lynn e Tony Simons, "Predictors of Male and Female Servers'Average Tip Earnings", *Journal of Applied Social Psychology*, v. 30, pp. 241-52, 2000.

8. Sobre conexão, combinação e afinidade, ver Tanya Chartrand e John Bargh, "The Chameleon Effect: The Perception Behavior Link and Social Behavior", *Journal of Personality and Social Psychology*, v. 76, pp. 893-910, 1999.

9. Sobre falsas imitações, o estudo foi realizado por um aluno de Frank Bernieri e apresentado em Mark Greer, "The Science of Savoir Faire", *Monitor on Psychology*, v. 36, jan. 2005.

10. Sobre movimentos em sincronia, ver Frank Bernieri e Robert Rosenthal, "Interpersonal Coordination: Behavior Matching and Interactional Synchrony", in Robert Feldman e Bernard Rimé, *Fundamentals of Nonverbal Behavior*. Nova York: Cambridge University Press, 1991.

11. Embora desconhecidos, mesmo em um primeiro encontro, conseguem administrar uma coordenação não verbal adequada; a sincronia aumenta com o grau de familiaridade. Velhos amigos são os que mais facilmente estabelecem um dueto não verbal, em parte porque se conhecem suficientemente bem para se adaptar às peculiaridades que poderiam confundir outras pessoas.

12. Sobre respirar durante a conversa, ver David McFarland, "Respiratory Markers of Conversational Interaction", *Journal of Speech, Language, and Hearing Research*, v. 44, pp. 128-45, 2001.

13. Sobre a boa relação aluno-professor, ver M. LaFrance, "Nonverbal Synchrony and Rapport: Analysis by Cross-lag Panel Technique", *Social Psychology Quarterly*, v. 42, pp. 66-70, 1979; M. LaFrance e M. Broadbent, "Group Rapport: Posture Sharing as a Nonverbal Behavior", in Martha Davis (Org.), *Interaction Rhythms*. Nova York: Human Sciences Press, 1982. Os mecanismos dessa coreografia às vezes podem ser contraintuitivos; a conexão, na verdade, parece mais forte na interação cara a cara, quando a imitação se assemelha ao que faz um espelho — ou seja, quando a pessoa A levanta o braço direito em resposta ao fato de a pessoa B ter erguido o esquerdo.

14. Sobre o cérebro dos músicos em sincronia: E. Roy John, comunicação pessoal.

15. Sobre osciladores adaptativos, ver R. Port e T. Van Gelder, *Mind as Motion: Explorations in the Dynamics of Cognition*. Cambridge: MIT Press, 1995.

16. Sobre modelos para sincronia, ver D. N. Lee, "Guiding Movements by Coupling Taus", *Ecological Psychology*, v. 10, pp. 221-50, 1998.

17. Para um panorama da pesquisa, ver Frank Bernieri e Robert Rosenthal, op. cit.

18. Essa sincronia movimento e fala pode ser extraordinariamente sutil. Por exemplo, é mais provável que ocorra cedo em "orações fonêmicas", blocos naturais de uma sequência de sílabas mantidas juntas como uma única unidade de tom, ritmo e volume. (As palavras de um falante formam cadeias dessas orações, cada uma delas terminando com uma diminuição quase imperceptível do ritmo da fala antes de a outra começar.) Ver ibid.

19. Sobre sincronia membro a membro, ver Richard Schmidt, "Effects of Visual and Verbal Interaction on Unintended Interpersonal Coordination", *Journal of Experimental Psychology: Human Perception and Performance*, v. 31, pp. 62-79, 2005.

20. Joseph Jaffe et al., "Rhythms of Dialogue in Infancy", *Monographs of the Society for Research in Child Development*, v. 66, n. 264, 2001. Quando os bebês têm por volta de quatro meses, seu foco de interesse deixa de ser as ações de uma pessoa que são perfeitamente sincronizadas com as suas e se desloca para as ações que são coordenadas, mas sincronizadas de modo imperfeito com as deles — indicação de que seus osciladores internos estão aperfeiçoando a capacidade de sincronizar com o timing. Ver G. Gergely e J. S. Watson, "Early Socio-Emotional Development: Contingency Perception and the Social Feedback Model", in Philippe Rochat (Org.), *Early Social Cognition*. Hillsdale: Erlbaum, 1999.

21. Sobre a interação mãe-bebê, ver Beatrice Beebe e Frank M. Lachmann, "Representation and Internalization in Infancy: Three Principles of Salience", *Psychoanalytic Psychology*, v. 11, pp. 127-66, 1994.

22. Colwyn Trevarthen, "The Self Born in Intersubjectivity: The Psychology of Infant Communicating", in Ulric Neisser (Org.), *The Perceived Self: Ecological and Interpersonal Sources of Self-knowledge*. Nova York: Cambridge University Press, 1993, pp. 121-73.

3. WI-FI NEURAL [pp. 52-65]

1. Sobre medo, imitação e contágio, ver Brooks Gump e James Kulik, "Stress, Affiliation, and Emotional Contagion", *Journal of Personality and Social Psychology*, v. 72, pp. 305-19, 1997.

2. Ver, por exemplo, Paul J. Whalen et al., "A Functional MRI Study of Human Amygdala Responses to Facial Expressions of Fear Versus Anger", *Emotion*, v. 1, pp. 70-83, 2001; J. S. Morris et al., "Conscious and Unconscious Emotional Learning in the Human Amygdala", *Nature*, v. 393, pp. 467-70, 1998.

3. A pessoa que vê o rosto de alguém aterrorizado sente o mesmo estímulo interno, porém com menor intensidade. Uma das principais diferenças está na reatividade do sistema nervoso autônomo, que se encontra em nível máximo na pessoa aterrorizada e bem mais fraca naquela que a observa. Quanto mais a ínsula da testemunha se ativa, mais forte sua reação emocional.

4. Sobre imitação, ver J. A. Bargh, M. Chen e L. Burrows, "Automaticity of Social Behavior: Direct Effects of Trait Construct and Stereotype Activation on Action", *Journal of Personality and Social Psychology*, v. 71, pp. 230-44, 1996.

5. Sobre velocidade da percepção do medo, ver Luiz Pessoa et al., "Visual Awareness and the Detection of Fearful Faces", *Emotion*, v. 5, pp. 243-7, 2005.

6. Sobre a descoberta dos neurônios-espelho, consultar G. di Pelligrino et al., "Understanding Motor Events: A Neurophysiological Study", *Experimental Brain Research*, v. 91, pp. 176-80, 1992.

7. Sobre o neurônio da alfinetada, ver W. D. Hutchinson et al., "Pain-related Neurons in the Human Cingulate Cortex", *Nature Neuroscience*, v. 2, pp. 403-5, 1999. Outros estudos de IRMf revelam que áreas cerebrais idênticas são ativadas quando uma pessoa observa um movimento do dedo e quando ela faz o mesmo movimento; em um deles, a atividade atingiu o pico máximo quando a pessoa fez o movimento em resposta a outra pessoa que o tinha feito — ou seja, quando estava imitando a pessoa: Marco Iacoboni et al., "Cortical Mechanisms of Human Imitation", *Science*, v. 286, pp. 2526-8, 1999. Por outro lado, alguns estudos constataram que observar um movimento ativava um conjunto diferente de áreas neurais de quando se imaginava a execução do movimento; a interpretação foi que as áreas envolvidas no reconhecimento dos movimentos diferem das que contribuem para a efetiva produção do movimento — neste caso, agarrar um objeto. Ver S. T. Grafton et al., "Localization of Grasp Representations in Humans by PET: Observation Compared with Imagination", *Experimental Brain Research*, v. 112, pp. 103-11, 1996.

8. Sobre espelhamento em humanos, ver, por exemplo, L. Fadiga et al., "Motor Facilitation During Action Observation: A Magnetic Stimulation Study", *Journal of Neurophysiology*, v. 73, pp. 2608-26, 1995.

9. Esse bloqueio é feito por neurônios inibidores no córtex pré-frontal. Pacientes com lesões nesse circuito pré-frontal são notoriamente desprovidos de inibição: dizem ou fazem o que lhes vier à cabeça. As áreas pré-frontais podem ter conexões inibidoras diretas, ou regiões corticais posteriores com conexões inibidoras locais podem ser ativadas.

10. Até o momento, neurônios-espelho foram descobertos em diversas áreas do cérebro humano além do córtex pré-motor, inclusive no lobo parietal superior, no sulco temporal superior e na ínsula.

11. Sobre neurônios-espelho em humanos, ver Marco Iacoboni et al., "Cortical Mechanisms", *Science*, v. 286, pp. 2526-8, 1999.

12. Ver Kiyoshe Nakahara e Yasushi Miyashita, "Understanding Intentions: Through the Looking Glass", *Science*, v. 308, pp. 644-5, 2005; Leonardo Fogassi, "Parietal Lobe: From Action Organization to Intention Understanding", *Science*, v. 308, pp. 662-6, 2005.

13. Ver Stephanie D. Preston e Frans de Waal, "The Communication of Emotions and the Possibility of Empathy in Animals", in Stephen G. Post et al. (Org.), *Altruism and Altruistic Love: Science, Philosophy, and Religion in Dialogue*. Nova York: Oxford University Press, 2002.

14. Se as ações da outra pessoa tiverem grande interesse emocional por nós, fazemos automaticamente um pequeno gesto ou expressão facial que revela que sentimos a mesma coisa. Essa "prévia" de um sentimento ou movimento, sugerem alguns neurocientistas, pode ter sido essencial ao desenvolvimento da linguagem e da comunicação entre os humanos. Uma teoria afirma que, na Pré-História, a evolução da linguagem surgiu das atividades dos neurônios-espelho, inicialmente para um idioma feito de gestos e, depois, para uma forma vocal. Ver Giacomo Rizzolatti e M. A. Arbib, "Language Within Our Grasp", *Trends in Neuroscience*, v. 21, pp. 188-94, 1998.

15. Giacomo Rizzolatti é citado em Sandra Blakeslee, "Cells That Read Minds", *The New York Times*, p. c3, 10 jan. 2006.

16. Daniel Stern, *The Present Moment in Psychotherapy and Everyday Life*. Nova York: W. W. Norton, 2004, p. 76.

17. Paul Ekman, *Telling Lies: Clues to Deceit in the Marketplace, Politics, and Marriage*. Nova York: W. W. Norton, 1985.

18. Robert Provine, *Laughter: A Scientific Investigation*. Nova York: Viking Press, 2000.

19. Sobre a preferência do cérebro por rostos felizes, ver Jukka Leppanen e Jari Hietanen, "Affect and Face Perception", *Emotion*, v. 3, pp. 315-26, 2003.

20. Barbara Fraley e Arthur Aron, "The Effect of a Shared Humorous Experience on Closeness in Initial Encounters", *Personal Relationships*, v. 11, pp. 61-78, 2004.

21. O circuito do riso reside nas partes mais primitivas do cérebro, no tronco encefálico. Ver Stephen Sivvy e Jaak Panksepp, "Juvenile Play in the Rat", *Physiology and Behavior*, v. 41, pp. 103-14, 1987.

22. Sobre melhores amigos, ver Brenda Lundy et al., "Same-sex and Opposite-sex Best Friend Interactions Among High School Juniors and Seniors", *Adolescence*, v. 33, pp. 279-88, 1998.

23. Darryl McDaniels é citado em Josh Tyrangiel, "Why You Can't Ignore Kanye", *Time*, 21 ago. 2005. Disponível em: <content.time.com/time/magazine/article/0,9171,1096499,00.html>. Acesso em: 20 dez. 2018.

24. A "Lenda" foi citado em "Bling Is Not Their Thing: Hip-hop Takes a Relentlessly Positive Turn", *Los Angeles Daily News*, 24 fev. 2005.

25. Sobre memes, ver Susan Blakemore, *The Meme Machine*. Oxford: Oxford University Press, 1999.

26. Para um relato mais detalhado da preparação, ver E. Tory Higgins, "Knowledge Activation: Accessibility, Applicability, and Salience", in E. Tory Higgins e Arie W. Kruglanski (Orgs.), *Social Psychology: Handbook of Basic Principles*. Nova York: Guilford Press, 1996.

27. Sobre a preparação para a polidez, ver J. Bargh, M. Chen e L. Burrows, op. cit., p. 71.

28. Sobre linhas de pensamento e sequências automáticas de pensamentos conectados, ver John A. Bargh, "The Automaticity of Everyday Life", in R. S. Wyer (Org.), *Advances in Social Cognition*, v. 10. Hillsdale: Erlbaum, 1997.

29. Sobre a exatidão da leitura mental, ver Thomas Geoff e Garth Fletcher, "Mind-reading Accuracy in Intimate Relationships: Assessing the Roles of the Relationship, the Target, and the Judge", *Journal of Personality and Social Psychology*, v. 85, pp. 1079-94, 2003.

30. Sobre a confluência de duas mentes, ver Colwyn Trevarthen, "The Self Born in Intersubjectivity: The Psychology of Infant Communicating", in Ulric Neisser, op. cit., pp. 121-73.

31. A fusão emocional ocorreu independentemente de os dois terem sentido que haviam se tornado amigos íntimos. Cameron Anderson, Dacher Keltner e Oliver P. John, "Emotional Convergence Between People over Time", *Journal of Personality and Social Psychology*, v. 84, n. 5, pp. 1054-68, 2003.

32. No infame desastre de Heysel em 1985, *hooligans* ingleses atacaram torcedores belgas, causando o desabamento de um muro e 39 mortes. Desde então tem havido tumultos em partidas de futebol por toda a Europa, com feridos e vítimas fatais.

33. Elias Canetti, *Masse und Macht*, 1960 [Ed. bras.: *Massa e poder*. São Paulo: Companhia das Letras, 1995].

34. A rapidez das variações dos estados de ânimo em grupos é observada em Robert Levenson e Anna Reuf, "Emotional Knowledge and Rapport", in William Ickes (Org.), *Empathic Accuracy*. Nova York: Guilford Press, 1997, pp. 44-72.

35. Sobre compartilhar emoções, ver Elaine Hatfield et al., *Emotional Contagion* Cambridge: Cambridge University Press, 1994.

36. Sobre contágio emocional em equipes, ver Sigal Barsade, "The Ripple Effect: Emotional Contagion and Its Influence on Group Behavior", *Administrative Science Quarterly* v. 47, pp. 644-75, 2002.

37. O circuito de retroalimentação em um grupo ajuda a manter todos no mesmo comprimento de onda. Em grupos formados para processos decisórios, isso fomenta o tipo de conexão que pode permitir que as diferenças sejam expressas abertamente, sem medo de explosões. A harmonia em um grupo permite que a mais ampla gama de opiniões seja considerada e as melhores decisões sejam tomadas — desde que as pessoas se sintam livres para manifestar opiniões divergentes. Durante uma discussão acalorada, é difícil assimilar o que o outro está dizendo e mais ainda se sintonizar.

4. UM INSTINTO PARA O ALTRUÍSMO [pp. 66-81]

1. Sobre o experimento do Bom Samaritano, um clássico na psicologia social, ver J. M. Darley e C. D. Batson, "From Jerusalem to Jericho", *Journal of Personality and Social Psychology*, v. 27, pp. 100-8, 1973. Citei o estudo em meu livro de 1985, publicado como *Mentiras essenciais, verdades simples: a psicologia da autoilusão*. Rio de Janeiro: Rocco, 1997.

2. Como no caso dos alunos apressados, situações sociais influenciam o grau de conexão que parece apropriado, ou até mesmo se ocorre essa conexão ou não. Por exemplo, sentiríamos pouca necessidade de correr para ajudar uma pessoa caída no chão, gemendo, se víssemos enfermeiros

saindo de uma ambulância e se aproximando dela. E, uma vez que interagimos de imediato com pessoas que parecem semelhantes a nós e progressivamente menos quanto maiores forem as diferenças percebidas, é mais provável oferecermos ajuda a um amigo do que a um desconhecido.

3. Sobre o Bom Samaritano e ajuda, ver, por exemplo, C. Daniel Batson et al., "Five Studies Testing Two New Egoistic Alternatives to the Empathy-Altruism Hypothesis", *Journal of Personality and Social Psychology*, v. 55, pp. 52-7, 1988.

4. A língua inglesa parece não ter uma palavra com o significado de *kandou*, conceito existente nos idiomas asiáticos. Em sânscrito, por exemplo, a palavra *mudita* significa "sentir prazer no ato de bondade que se faz ou se recebe". Ver também Tania Singer et al., "Empathy for Pain Involves the Affective but Not Sensory Components of Pain", *Science*, v. 303, pp. 1157-62, 2004.

5. Ver Jonathan D. Haidt e Corey L. M. Keyes, *Flourishing: Positive Psychology and the Life Well Lived*. Washington, D.C.: American Psychological Association Press, 2003.

6. Sobre o cérebro dos peixes, ver Joseph Sisneros et al., "Steroid-Dependent Auditory Plasticity Leads to Adaptive Coupling of Sender and Receiver", *Science*, v. 305, pp. 404-7, 2004.

7. Se o bebê estiver cansado ou chateado, ele faz o contrário, movimentando-se de maneiras que "interrompem" seu sistema perceptivo, enquanto ele se encolhe, esperando que o peguem no colo ou o acariciem para se acalmar. Ver Colwyn Trevarthen, "The Self Born in Intersubjectivity: The Psychology of Infant Communicating", in Ulric Neisser, op. cit., pp. 121-73.

8. Sobre empatia na evolução e nas espécies, ver Charles Darwin, *The Descent of Man*, 1872. Princeton: Princeton University Press, 1998 [Ed. bras.: *A origem do homem e a seleção sexual*. Belo Horizonte: Itatiaia, 2004].

9. S. E. Shelton et al., "Aggression, Fear and Cortisol in Young Rhesus Monkeys", *Psychoneuroendocrinology*, v. 22, sup. 2, p. s198, 1997.

10. Sobre babuínos sociáveis, ver J. B. Silk et al., "Social Bonds of Female Baboons Enhance Infant Survival", *Science*, v. 302, pp. 1231-4, 2003.

11. Por um bom tempo predominou o pensamento de que foi a habilidade de segurar e fabricar ferramentas que permitiu aos humanos desenvolver um cérebro tão grande e inteligente. Nas últimas décadas, a utilidade para a sobrevivência — e para a criação de filhos que sobrevivam até a idade de terem os próprios filhos — propiciada por uma vida sociável vem ganhando mais adeptos.

12. Stephen Hill, "Storyteller, Recovering from Head-on Crash, Cites 'Miracle of Mother's Day'", *Daily Hampshire Gazette*, p. B1, 11 maio 2005.

13. A noção de que a empatia implica compartilhamento emocional tem uma longa história na psicologia. Um dos primeiros teóricos, William McDougall, propôs em 1908 que durante a "simpatia" o estado físico da primeira pessoa é provocado na segunda. Oitenta anos mais tarde, os irmãos Leslie sugeriram que compreender a emoção do outro exigia que sentíssemos na pele a mesma emoção, até certo ponto. Em 1992, por fim, Robert Levenson e Anna Reuf, relatando a harmonia do ritmo de batimentos cardíacos em um casal durante uma discussão emocional, sugeriram que essa semelhança fisiológica poderia ser uma base para a empatia.

14. O neurocientista é Christian Keysers, da Universidade de Groningen, nos Países Baixos, citado em Greg Miller, "New Neurons Strive to Fit In", *Science*, v. 311, pp. 938-40, 2005.

15. Constantin Stanislavski é citado em Jonathan Cott, *On a Sea of Memory*. Nova York: Random House, 2005, p. 138.

16. O circuito neural para os nossos sentimentos e os dos outros é discutido em Kevin Ochsner et al., "Reflecting upon Feelings: An fMRI Study of Neural Systems Supporting the Attribution of Emotion to Self and Other", *Journal of Cognitive Neuroscience*, v. 16, pp. 1746-72, 2004.

17. Sobre o circuito ativo durante a observação ou imitação da emoção, ver Laurie Carr et al., "Neural Mechanisms of Empathy in Humans: A Relay from Neural Systems for Imitation to Limbic Areas", *Proceedings of the National Academy of Sciences*, v. 100, n. 9, pp. 5497-502, 2003. As áreas ativadas: córtex pré-motor, córtex frontal interior e ínsula anterior, e amígdala direita (que mostraram um aumento significativo comparando-se os níveis durante a simples observação aos níveis durante a imitação).

18. Para *Einfühlung*, ver Theodore Lipps, citado em Vittorio Gallese, "The 'Shared Manifold' Hypothesis: From Mirror Neurons to Empathy", *Journal of Consciousness Studies*, v. 8, n. 5-7, pp. 33-50, 2001.

19. Sobre empatia e cérebro, ver Stephanie D. Preston e Frans B. M. de Waal, "Empathy: Its Ultimate and Proximate Bases", *Behavioral and Brain Sciences*, v. 25, pp. 1-20, 2002.

20. Essa semelhança, porém, não indica necessariamente empatia. Pode ser que, na atual resolução de nossos instrumentos de medição, a felicidade de duas fontes neurais diferentes pareça similar.

21. Sobre o circuito cerebral da empatia, ver Stephanie D. Preston et al., "Functional Neuroanatomy of Emotional Imagery: PET of Personal and Hypothetical Experiences", *Journal of Cognitive Neuroscience: April Supplement*, p. 126, 2002.

22. Em termos técnicos, essa taquigrafia neural é "computacionalmente eficiente", tanto no processamento de informações quanto no espaço necessário para armazená-las. Stephanie D. Preston e de Frans de Waal, "Empathy: Its Ultimate and Proximate Bases", *Behavioral and Brain Science*, v. 35, n. 1, pp. 1-20, 2002.

23. Sobre a sensação do que está sendo sentido, ver António Damásio, *The Feeling of What Happens*. Nova York: Harcourt, 2000.

24. Sobre Hobbes, ver J. Aubrey, *Brief Lives, Chiefly of Contemporaries, set down by John Aubrey, Between the Years 1669 and 1696*, v. 1, A. Clark., (Org.). Londres: Clarendon Press, 1898.

25. Uma versão mais suave do "cada um por si" foi apresentada por Adam Smith, filósofo inglês do século XVIII defensor da criação de riqueza em um sistema econômico liberal e não intervencionista. Smith insistiu na tese de que deveríamos confiar que o interesse pessoal individual geraria mercados justos, um dos pressupostos econômicos subjacentes ao sistema de livre mercado. Tanto Hobbes quanto Smith são citados com frequência nas tentativas modernas de analisar a força motriz do comportamento humano, particularmente por aqueles que advogam o puro interesse pessoal — brutal no caso de Hobbes, racional em Smith.

26. Stephanie D. Preston e Frans de Waal — "The Communication of Emotions and the Possibility of Empathy in Animals", in S. Post et al. (Org.), *Altruism and Altruistic Love: Science, Philosophy, and Religion in Dialogue*. Nova York: Oxford University Press, 2002 — argumentam que a distinção egoísta versus altruísta é irrelevante de uma perspectiva evolutiva, que pode interpretar uma ampla gama de comportamentos como tecnicamente "egoístas".

27. Mêncio citado em Frans de Waal, *The Ape and the Sushi Master: Cultural Reflections by a Primatologist*. Nova York: Basic Books-Perseus, 2001, p. 256. Mêncio propõe que se uma criança estiver prestes a cair em um poço, qualquer pessoa, ao ver a cena, terá o impulso de ajudar.

28. Jean Decety e Thierry Chaminade, "Neural Correlates of Feeling Sympathy", *Neuropsychologia*, v. 41, pp. 127-38, 2003.

29. Ap Dijksterhuis e John A. Bargh, "The Perception-Behavior Expressway: Automatic Effects of Social Perception on Social Behavior", *Advances in Experimental Social Psychology*, v. 33, pp. 1-40, 2001.

30. Charles Darwin, *The Expression of the Emotions in Man and Animals*, com comentários de Paul Ekman, 1872. Nova York: Oxford University Press, 1998 [Ed. bras.: *A expressão das emoções no homem e nos animais*. São Paulo: Companhia das Letras, 2009].

31. Beatrice de Gelder et al., "Fear Fosters Flight: A Mechanism for Fear Contagion When Perceiving Emotion Expressed by a Whole Body", *Proceedings of the National Academy of Sciences*, v. 101, pp. 16 701-6, 2004. O circuito pré-frontal medial-cingulado anterior, que responde a estímulos sociais como imagens de pessoas em sofrimento, por sua vez recruta outros sistemas cerebrais de acordo com a natureza do percalço.

32. Sobre similaridade, ver, por exemplo, Dennis Krebs, "Empathy and Altruism: An Examination of the Concept and a Review of the Literature", *Psychological Bulletin* v. 73, pp. 258-302, 1970; C. D. Batson, *The Altruism Question: Toward a Scientific Answer*. Mahwah: Erlbaum, 1991. Paradigmas experimentais convencionais em psicologia social talvez não apresentem a necessidade humana de uma maneira suficientemente urgente para utilizar os caminhos da empatia-ação. Uma lista de verificação indagando se uma pessoa doaria algo para uma instituição de caridade apela tanto para o sistema cognitivo quanto para o emocional. Porém um equivalente ao teste de Mêncio — ver um bebê caindo em um poço — deveria utilizar um circuito neural diferente e, assim, gerar resultados contrastantes.

33. Stephanie D. Preston e Frans de Waal, "Communication of Emotions and the Possibility of Empathy in Animals ", propõem um gradiente emocional ao se relacionar com a aflição do outro. *O contágio emocional* provoca no observador o mesmo estado intenso vivenciado pela pessoa aflita, amenizando a fronteira entre o eu individual e o outro. Na *empatia*, o observador assume um estado emocional semelhante — embora mais tênue —, mas mantém uma fronteira nítida entre o eu individual e o outro. Na *empatia cognitiva*, o observador chega a um estado compartilhado, pensando à distância na situação aflitiva do outro. E *solidariedade* é uma noção da aflição do outro, com nenhum ou pouco compartilhamento desse estado. A probabilidade de ajudar aumenta com a força do compartilhamento emocional.

34. Sobre a defesa da bondade, ver Jerome Kagan in Anne Harrington e Arthur Zajonc, eds., *The Dalai Lama at MIT* Cambridge: Harvard University Press, 2006.

35. Um enfoque filosófico que oferece uma maneira de conciliar essas posições: Owen Flanagan, "Ethical Expressions: Why Moralists Scowl, Frown, and Smile", in Jonathan Hodge e Gregory Radick, *The Cambridge Companion to Darwin*. Nova York: Cambridge University Press, 2003.

5. A NEUROANATOMIA DE UM BEIJO [pp. 82-104]

1. O COF foi chamado de "a definitiva zona de convergência de integração neural". Entre as áreas-chave do cérebro com fortes conexões com o COF estão o córtex pré-frontal dorsolateral, que regula a atenção; o córtex sensorial, responsável pela percepção; o córtex somatossensorial e

o tronco encefálico, que regulam as sensações do corpo; o hipotálamo, centro neuroendócrino do cérebro que controla a secreção de hormônios pelo organismo; o sistema nervoso autônomo, que controla funções corporais, como ritmo cardíaco e respiração; o lobo temporal medial, responsável pela memória; o córtex de associação, responsável pelo pensamento abstrato; e os centros do tronco encefálico, como a formação reticular, que regulam os níveis de alerta no cérebro. Para as funções do COF e as estruturas cerebrais conectoras, ver, por exemplo, Allan Schore, *Affect Regulation and the Origin of the Self: The Neurobiology of Emotional Development*. Hillsdale: Erlbaum, 1994; Simon Baron-Cohen, *Mindblindness: An Essay on Autism and Theory of Mind*. Cambridge: MIT Press, 1995; António Damásio, *Descartes' Error: Emotion, Reason and the Human Brain*. Nova York: Grosset/Putnam, 1994 [Ed. bras.: *O erro de Descartes: emoção, razão e cérebro humano*. São Paulo: Companhia das Letras, 2012].

2. A região orbitofrontal (áreas de Brodmann 11, 12, 14 e 47) regula uma ampla gama de comportamentos sociais. Ela tem valiosas conexões com a amígdala, o córtex cingulado anterior e as áreas somatossensoriais. Outra área cortical relacionada é o lobo temporal, crucial para a identificação do que é um objeto ou do significado das coisas. Todas essas áreas desempenham importantes funções na coordenação de interações sociais tranquilas. O lobo orbitofrontal tem uma extensa rede de projeções em todos os centros emocionais, o que lhe permite modular respostas emocionais. Uma das principais funções dessas redes durante uma interação social parece ser inibir reações emocionais, coordenando-as com informações sobre o momento social de modo a tornar nossas respostas bem sintonizadas. Ver, por exemplo, Allan N. Schore, *Affect Regulation*. Nova York: W. W. Norton, 2003. Ver também Jennifer S. Beer et al., "The Regulatory Function of Selfconscious Emotion: Insights from Patients with Orbitofrontal Damage", *Journal of Personality and Social Psychology*, v. 85, pp. 594-604, 2003; Jennifer S. Beer, "Orbitofrontal Cortex and Social Behavior: Integrating Self-Monitoring and Emotion-Cognition Interactions", *Journal of Cognitive Neuroscience*, v. 18, pp. 871-80, 2006.

3. O COF se conecta diretamente com o sistema autônomo, fazendo dele o centro de controle para o alerta corporal e o relaxamento. Outras áreas corticais com projeções autônomas incluem o córtex cingulado anterior e o córtex pré-frontal medial.

4. Durante os momentos de amor materno, o COF essencialmente alaga outras áreas do cérebro, provavelmente provocando uma inundação de pensamentos afetuosos. Ver Jack B. Nitschke et al., "Orbitofrontal Cortex Tracks Positive Mood in Mothers Viewing Pictures of Their Newborn Infants", *NeuroImage*, v. 21, pp. 583-92, 2004.

5. Sobre primeiras impressões, ver Michael Sunnafrank e Artemio Ramirez, Jr., "At First Sight: Persistent Relationship Effects of Get-Acquainted Conversations", *Journal of Social and Personal Relationship*, v. 21, n. 3, pp. 361-79, 2004. Não surpreende que o parceiro menos atraído pelo outro detenha o maior poder para determinar se uma amizade florescerá ou não. Se uma pessoa quiser conectar-se e a outra não, a relutante tem poder de veto. Em outras palavras, se você não quiser ser meu amigo, não posso obrigá-lo. Dois fatores que intuitivamente poderiam parecer importantes não foram: a atração inicial e uma sensação de similaridade.

6. O córtex cingulado anterior (CCA) está envolvido em uma série de funções, especialmente nortear a atenção, sentir a dor, notar os erros e regular órgãos internos, como da respiração e do ritmo cardíaco. Essa parte do córtex tem abundantes conexões com os centros emocionais, como a amígdala, mais abaixo no cérebro; alguns pesquisadores em neuroanatomia especulam que o

CCA evoluiu como uma interface, conectando nossos pensamentos com nossos sentimentos. Esse entrelaçamento confere ao CCA uma função-chave na consciência social.

7. Sobre células fusiformes, ver John M. Allman et al., "The Anterior Cingulate Cortex: The Evolution of an Interface Between Emotion and Cognition", *Annals of the New York Academy of Sciences*, v. 935, pp. 107-17, 2001.

8. Embora a maior parte das centenas de tipos de neurônios no cérebro humano seja encontrada em outros mamíferos, as células fusiformes são uma exceção. Nós as compartilhamos apenas com nossos primos mais próximos, os macacos. Os orangotangos, parentes distantes, têm algumas centenas dessas células; os gorilas, chimpanzés e bonobos, nossos parentes genéticos mais próximos, têm muitas mais. E nós, humanos, somos os que mais as temos, por volta de 100 mil.

9. Ver A. D. Craig, "Human Feelings: Why Are Some More Aware Than Others", *Trends in Cognitive Sciences*, v. 8, pp. 239-41, 2004.

10. Sobre CCA e percepção social, ver R. D. Lane et al., "Neural Correlates of Levels of Emotional Awareness: Evidence of an Interaction Between Emotion and Attention in the Anterior Cingulate Cortex", *Journal of Cognitive Neuroscience*, v. 10, pp. 525-35, 1998. Em geral, as pessoas que sofrem de depressão crônica tão intensa que nem mesmo os medicamentos podem ajudá-las apresentam atividade atipicamente baixa no CCA.

11. Sobre emoções sociais, ver Andrea Bartels e Semir Zeki, "The Neural Basis of Romantic Love", *NeuroReport*, v. 17, pp. 3829-34, 2000. Área F1 do COF e área Z4 do CCA são abundantes em células fusiformes.

12. Sobre o CCA e o COF no julgamento social, ver Don M. Tucker et al., "Corticolimbic Mechanisms in Emotional Decisions", *Emotion*, v. 3, n. 2, pp. 127-49, 2003.

13. Tanya Chartrand e John Bargh, "The Chameleon Effect: The Perception-Behavior Link and Social Interaction", *Journal of Personality and Social Psychology*, v. 76, pp. 893-910, 1999.

14. O CCA pode ser apenas uma entre muitas regiões envolvidas em um amplamente distribuído sistema neural de gostar-detestar. Entre outros candidatos inclui-se a ínsula.

15. Henry James, *The Golden Bowl*. Nova York: Penguin, 1985, pp. 14-9. [Ed. bras: *A taça de ouro*. Rio de Janeiro: Record, 2002].

16. Sobre os "circuitos para pessoas", ver J. P. Mitchell et al., "Distinct Neural Systems Subserve Person and Object Knowledge", *Proceedings of the National Academy of Sciences*, v. 99, n 23, pp. 15238-43, 2002. Os circuitos neurais que se ativam durante os julgamentos sobre as pessoas: aspectos dorsal e ventral do córtex pré-frontal medial, sulco intraparietal direito, giro fusiforme direito, córtex temporal superior esquerdo e córtex temporal medial, córtex motor esquerdo e regiões do córtex occipital. Os três que são ativados enquanto o cérebro está em descanso: aspectos dorsal e ventral do córtex pré-frontal medial e áreas do sulco intraparietal.

17. Matthew Lieberman é diretor do Laboratório de Neurociência Cognitiva Social da UCLA. Em 2001, ele e Kevin Ochsner conseguiram um feito profissional inédito. Um artigo que escreveram no tempo de estudantes de pós-graduação em Harvard foi aceito no mais prestigioso periódico de psicologia, *The American Psychologist*, no qual até professores famosos podem ter dificuldade de publicar seus trabalhos. O artigo em coautoria proclamava a junção de psicologia social, ciência cognitiva e estudos cerebrais, marcando o início uma empreitada de grande envergadura na área da neurociência social. Lieberman assumiu a função de editor do primeiro periódico acadêmico da disciplina, *Social, Cognitive, and Affective Neuroscience*, que seria lançado em 2006.

18. Sobre a atividade-padrão, ver Marco Iacoboni et al., "Watching Social Interactions Produces Dorsomedial Prefrontal and Medial Parietal BOLD fMRI Signal Increases Compared to a Resting Baseline", *NeuroImage*, v. 21, pp. 1167-73, 2004.

19. Sobre emoções como o sistema de valor do cérebro, ver, por exemplo, Daniel J. Siegel, op. cit.

20. Essa decisão binária produz um característico padrão de ativação celular "sim" ou "não", o equivalente neural do sinal de aprovação ou desaprovação feito com um gesto do polegar. Essa assinatura de disparo neural dura apenas um vigésimo de segundo, mantendo a decisão tempo suficiente para dar às outras áreas uma chance de lê-lo. O padrão de sim/não leva aproximadamente dez vezes mais tempo — cerca de quinhentos milissegundos — para finalmente ser registrado de forma nítida no COF. Esse estágio inicial da decisão de gostar/desgostar demora cerca de meio segundo.

21. Se esta é uma sessão de negociação, ou seja, uma transação com oportunidades para interações repetidas, então a rejeição torna-se efetivamente racional (e comum) na medida em que estabelece uma posição de barganha que compensa em ofertas posteriores. A rejeição é "irracional" somente se ocorre em uma situação confidencial exclusiva, em que não há oportunidade de estabelecer uma posição de pechinchar com o atual parceiro.

22. Quanto maior a atividade pré-frontal, melhor o resultado no Jogo do Ultimato; ver Alan G. Sanfey et al., "The Neural Basis of Economic Decision-making in the Ultimatum Game", *Science*, v. 300, pp. 1755-7, 2003.

23. A área pré-frontal dorsolateral contém um aparato inibidor que entra em ação quando inibimos conscientemente um impulso. Outra rota para a inibição percorre a área média do córtex pré-frontal, que abriga os neurônios excitatórios que ativam os neurônios inibidores dentro da amígdala. Ver Gregory J. Quirk e Donald R. Gehlert, "Inhibition of the Amygdala: Key to Pathological States?", *Annals of the New York Academy of Sciences*, v. 985, pp. 263-72, 2003. Contudo, os neurocientistas discordam quanto aos detalhes específicos dos caminhos para a inibição.

24. Sobre arrependimento, ver Natalie Camille et al., "The Involvement of the Orbitofrontal Cortex in the Experience of Regret", *Science*, v. 304, pp. 1167-70, 2004.

25. O COF é apenas um dos mecanismos da estrada principal para modular a amígdala. A área ventromedial é outra região pré-frontal que o faz. A influência é recíproca — a amígdala também afeta a função pré-frontal. Ainda precisam ser descobertas as condições exatas que determinam se o COF e a amígdala se inibem ou agem em sinergia.

26. Essa inconsciência é conhecida como "anosognosia social", a falta de discernimento sobre a própria inadequação. Sobre lesões no COF e gafes sociais, ver Jennifer S. Beer et al., "Orbitofrontal Cortex and Social Behavior", *Journal of Cognitive Neuroscience*, v. 18, n. 6, pp. 871-9, 2006.

27. O COF parece importante para regular implicitamente o comportamento, ao passo que o córtex pré-frontal dorsolateral é importante para fazê-lo de modo explícito. Se o último permanecer intacto, os pacientes *podem* corrigir parte de seu comportamento tão logo tomem consciência explícita do fato de que se comportaram de maneira inapropriada. Para eles, o truque é perceber, em primeiro lugar, que fizeram algo de errado.

28. Sobre salas de bate-papo, ver Kate G. Niederhoffer e James W. Pennebaker, "Linguistic Style Matching in Social Interaction", *Journal of Language and Social Psychology*, v. 21, pp. 337-60, 2002.

29. Um sinal da desinibição na internet entre as meninas no início da adolescência é o "ciberbullying", assédio, provocação e fofoca excessivamente cruéis que levam às lágrimas as pessoas afetadas. Ver Kristin Palpini, "Computer Harassment: Meanness Bottled in a Message", *Daily Hampshire*

Gazette, p. 1, 17 dez. 2005. Um lado mais sinistro dessa ciberdesinibição é a repugnante prática de adultos que, pela internet, atraem adolescentes para realizar atos sexuais diante de webcams em suas próprias casas, em troca de dinheiro. Ver Kurt Eichenwald, "Through His Webcam, a Boy Joins a Sordid Online World", *The New York Times*, p. 1, 19 dez. 2005.

30. Kevin Ochsner et al., "Rethinking Feelings: An fMRI Study of the Cognitive Regulation of Emotion", *Journal of Cognitive Neuroscience*, v. 14, pp. 1215-29, 2002. Os pensamentos da mulher são reconstruídos a partir da descrição do estudo.

31. Alguns estudos de ressonância magnética utilizam óculos de proteção especiais para apresentar as imagens.

32. O córtex pré-frontal dorsolateral (CPF) parece estar envolvido quando a pessoa usa a linguagem e a memória de trabalho para encontrar uma nova "solução" para um problema emocional, e faz isso por meio do raciocínio explícito e deliberativo. Por outro lado, o COF regula a emoção aparentemente por meio de representações do contexto social, regras sociais e assim por diante, que não são explicitamente verbalizáveis. Kevin Ochsner vê esse processo em termos de representações associativas que vinculam ações a valores afetivos. O córtex pré-frontal dorsolateral pode guardar na mente descrições dessas associações e guiar o comportamento com base nelas. Ver Kevin Ochsner e James Gross, "The Cognitive Control of Emotion", *Trends in Neuroscience*, v. 9, pp. 242-9, 2005.

33. Sobre caminhos alternativos, ver Kevin Ochsner et al., "For Better or for Worse: Neural Systems Supporting the Cognitive Downand Upregulation of Negative Emotion", *NeuroImage*, v. 23, pp. 483-99, 2004.

34. Kevin Ochsner, "How Thinking Controls Feeling: A Social Cognitive Neuroscience Approach", in Piotr. Winkleman e Eddie. Harmon-Jones (Orgs.), *Social Neuroscience*. Nova York: Guilford Press, 2007.

35. Sobre nomear uma emoção, ver Ahmad R. Hariri *et al.*, "Modulating Emotional Response: Effects of a Neocortical Network on the Limbic System", *NeuroReport*, v. 8, pp. 11-43, 2000; Matthew D. Lieberman et al., "Putting Feelings into Words: Affect Labeling Disrupts Affect-related Amygdala Activity", *Psychological Science*, v. 18, n. 5, pp, 421-8, 2007.

36. Embora nos primeiros momentos da conexão de interação o cérebro equipare nossas emoções àquelas que percebemos, a estrada principal nos oferece, em seguida, um ponto de escolha no qual podemos optar por um dos tipos de resposta. Em um deles, continuamos a combinar o que sentimos com o que a outra pessoa sente — a alegria dela nos deixa contentes, sua aflição nos aborrece. No outro, sentimos inveja de sua alegria e prazer com sua tristeza.

37. Sobre medo de falar em público, ver David Guy, "Trying to Speak: A Personal History", *Tricycle*, 2003. Disponível em: <tricycle.org/magazine/trying-speak-personal-history-stage-fright/>. Acesso em: 11 jan. 2019.

38. Sobre a amígdala e fobia social, ver, por exemplo, M. B. Stein et al., "Increased Amygdala Activation to Angry and Contemptuous Faces in Generalized Social Phobia", *Archives of General Psychiatry*, v. 59, pp. 1027-34, 2002.

39. A parte lateral da amígdala abriga um local onde todas as informações sensoriais são registradas primeiro; a área central próxima abriga as células que adquirem um medo, de acordo com Joseph LeDoux.

40. Para reconsolidação da memória, ver o trabalho de Karim Nader, da Universidade McGill, citado por Joseph LeDoux, apresentado durante a reunião do Consortium for Research on

Emotional Intelligence in Organizations [Consórcio para Pesquisa em Inteligência Emocional em Organizações], Cambridge, Massachussets, 14 dez. 2004.

41. Essa estratégia aplica-se tanto à terapia cognitiva quanto às intervenções farmacológicas com propanolol. Quando se trata de superar um medo traumático, reconsolidar a memória com menos medo seria algo direto em termos neurais, segundo LeDoux. Os neurônios que armazenam o medo da memória localizam-se em uma parte da amígdala que não se conecta diretamente à área do córtex pré-frontal que recupera o aspecto consciente da memória, tais como os detalhes do que aconteceu, onde e com quem. Porém o relaxamento intencional — como na terapia de extinção — utiliza a parte da área pré-frontal que se vincula diretamente ao centro de medo da amígdala, oferecendo uma rota para alterar a lembrança amedrontadora por meio da reconsolidação. LeDoux propôs que toda vez que voltamos a vivenciar o medo original podemos ter uma janela de duas horas para a reconsolidação de uma lembrança do medo. Dentro dessa janela, a ingestão de propanolol, que bloqueia a ação das células na amígdala (ou, provavelmente, passar por relaxamento profundo, como na terapia da extinção), altera a reconsolidação, de modo que a amígdala não reagirá ao medo específico da próxima vez que uma lembrança traumática for revisitada.

42. Uma teoria alternativa alega que a terapia fortalece o circuito pré-frontal que se projeta para o circuito inibidor na amígdala. Ver Gregory Quirk e Don Gehlert, "Inhibition of Amygdala: key to pathological states?", *Annals of the New York Academy of Sciences*, v. 985, n. 1, pp. 263-72, 2003.

43. Sobre redução da raiva, ver Elizabeth Brondolo et al., "Exposure-based Treatment for Anger Problems: Focus on the Feeling", *Cognitive and Behavioral Practice*, v. 4, pp. 75-98, 1997. Cada vez mais, a exposição ao estímulo é virtual, como em simulações de voo.

44. Sobre terapia para fobia social, ver David Barlow, *Anxiety and Its Disorders*. Nova York: Guilford Press, 1988.

45. LeDoux usa os termos "estrada principal" e "atalho" aqui em um sentido técnico específico para se referir a caminhos de entrada sensoriais para a amígdala a partir do tálamo sensorial e do córtex sensorial. O "atalho" fornece uma impressão sensorial rápida e suja, enquanto a estrada principal providencia mais informações sensoriais. O atalho não é capaz de distinguir uma cobra de um pedaço de pau; a estrada principal, sim. O atalho não se arrisca, toma precauções para evitar a decisão errada — é melhor prevenir do que remediar. Em termos do processamento automático versus controlado — o sentido no qual uso a heurística estrada principal x atalho —, a estrada principal e o atalho de LeDoux são, ambos, "atalhos", caminhos secundários automáticos e rápidos.

46. A expressão "cérebro social" foi usada pelo destacado neurocientista Michael Gazzaniga em um sentido diferente: não para se referir às partes do cérebro ativas durante as interações sociais, mas como uma metáfora para a própria estrutura e função do cérebro em si. O cérebro funciona como uma pequena sociedade, argumenta Gazzaniga, com módulos distintamente independentes cooperando entre si para realizar determinada tarefa — de modo muito parecido como as pessoas concordam em trabalhar juntas durante certo tempo em algum projeto. No sentido do termo que utilizo aqui, porém, o "cérebro social" é o módulo que faz a orquestração durante as interações pessoais.

47. Todas as áreas do cérebro participam de inúmeras funções, então não existe uma área exclusivamente "social", a não ser, talvez, circuitos especializados como os neurônios-espelho. O fato de uma área se ativar durante determinado processo social não significa que ela "cause" esse processo; envolvimento não é causação. Para outras advertências sobre relacionar a atividade neural ao processo social, ver Daniel Willingham e Elizabeth Dunn, "What Neuroimaging and Brain

Localization Can Do, Cannot Do, and Should Not Do for Social Psychology", *Journal of Personality and Social Psychology*, v. 85, pp. 662-71, 2003.

48. Sobre serotonina, ver Michael Gershon, *The Second Brain*. Nova York: Harper, 1999; Michael Gershon, "Plasticity in Serotonin Control Mechanisms in the Gut", *Current Opinion in Pharmacology*, v. 3, p. 600, 1999.

49. A identificação de quais são exatamente as redes envolvidas depende da atividade específica; todos esses circuitos, em conjunto, compõem o cérebro social. Sobre o caminho dos relacionamentos, ver Stephanie D. Preston e Frans B. M. de Waal, "Empathy: Its Ultimate and Proximate Bases", *Behavioral and Brain Sciences*, v. 25, pp. 1-20, 2005.

6. O QUE É INTELIGÊNCIA SOCIAL? [pp. 105-27]

1. A interação foi testemunhada por Dee Speese-Linehan, diretor do Departamento de Desenvolvimento das Escolas Públicas de New Haven.

2. Edward L. Thorndike, "Intelligence and Its Use", *Harper's Monthly Magazine*, n. 140, pp. 227-35, 1920. As habilidades da inteligência social estão inseridas em meu modelo de inteligência social dentro dos domínios de "consciência social" e "administração de relacionamentos".

3. Essa observação agora foi corroborada por centenas de estudos independentes realizados dentro de organizações para identificar as competências que diferenciam os profissionais com melhor desempenho, sobretudo os líderes mais talentosos, dos medíocres. Ver Lyle Spencer e Signe Spencer, *Competence at Work*. Nova York: John Wiley, 1993; Daniel Goleman, *Working with Emotional Intelligence*. Nova York: Bantam Books, 1998 [Ed. bras.: *Trabalhando com a inteligência emocional*. Rio de Janeiro: Objetiva, 1999]; Daniel Goleman, Richard Boyatzis e Annie McKee, Primal Leadership. Boston: Harvard Business School Press, 2002.

4. David Wechsler, *The Measurement and Appraisal of Adult Intelligence*, 4. ed. Baltimore: Williams and Wilkins, 1958, p. 75.

5. Ver Brian Parkinson, "Emotions Are Social", *British Journal of Psychology*, v. 87, pp. 663-83, 1996; Catherine Norris et al., "The Interaction of Social and Emotional Processes in the Brain", *Journal of Cognitive Neuroscience*, v. 16, n. 10, pp. 1819-29, 2004.

6. O protótipo de inteligência emocional desenvolvido por John Mayer e Peter Salovey inclui aspectos da inteligência social. Reuven Bar-On enfrentou esse dilema abertamente renomeando seu modelo de inteligência social de "inteligência socioemocional". Ver Reuven Bar-On, "The Bar-On Model of Emotional-Social Intelligence (ESI)", *Psicothema*, v. 17, 2005. O apêndice C explica como meu modelo incorpora a inteligência social.

7. A necessidade dessa distinção entre aptidão pessoal e social foi reconhecida por Howard Gardner em seu revolucionário livro *Frames of Mind: The Theory of Multiple Intelligences*. Nova York: Basic Books, 1983 [Ed. bras.: *Estruturas da mente: a teoria das inteligências múltiplas*. Porto Alegre: Artmed, 2002].

8. Sobre empatia primordial e neurônios-espelho, ver Greg Miller, op. cit.

9. Judith A. Hall, "The PONS Test and the Psychometric Approach to Measuring *Interpersonal Sensitivity*", in Judith A. Hall e Frank J. Bernieri, *Interpersonal Sensitivity: Theory and Measurement*. Mahwah: Erlbaum, 2001. O PONS testa a sensibilidade a cada canal de pistas não verbais para

emoções e solicita às pessoas que fazem o teste que adivinhem a situação social. Assim, talvez não represente um teste puro de empatia primordial (tampouco foi desenvolvido para sê-lo). Aspectos do PONS, entretanto, parecem detectar essa dimensão.

10. Sobre o teste "Ler a mente nos olhos", ver Simon Baron-Cohen, *The Essential Difference: Men, Women, and the Extreme Male Brain*. Londres: Allen Lane, 2003.

11. Para uma visão geral da teoria, pesquisa e prática de ouvir, ver A. D. Wolvin e C. G. Coakley (Org.), *Perspectives on Listening*. Norwood: Ablex, 1993. Ver também B. R. Witkin, "Listening Theory and Research: The State of the Art", *Journal of the International Listening Association*, v. 4, pp. 7-32, 1990.

12. Isso é válido sempre que o sucesso de uma pessoa depende dos clientes repetidos ou de manter felizes os sucessivos clientes de uma empresa. Sobre vendedores extremamente competentes, ver Signe Spencer e Lyle Spencer, op. cit.

13. Curt Bechler e Scott D. Johnson, "Leading and Listening: A Study of Member Perception", *Small Group Research*, v. 26, pp. 77-85, 1995; Scott D. Johnson e Curt Bechler, "Examining the Relationship Between Listening Effectiveness and Leadership Emergence: Perceptions, Behaviors, and Recall", *Small Group Research*, v. 29, pp. 452-71, 1998; S. C. Wilmington, "Oral Communication Skills Necessary for Successful Teaching", *Educational Research Quarterly*, v. 16, pp. 5-17, 1992.

14. Sobre profissionais de desempenho excepcional na área de ajuda ao outro, ver Signe Spencer e Lyle Spencer, op. cit.

15. Ver Edward Hollowell, "The Human Moment at Work", *Harvard Business Review*, p. 59, jan.-fev., 1999. Disponível em: <hbr.org/1999/01/the-human-moment-at-work>. Acesso em: 14 jan. 2019.

16. Sobre sincronia fisiológica e saber ouvir, ver Robert Levenson e Anna Reuf, "Emotional Knowledge and Rapport", in William Ickes (Org.), *Empathic Accuracy*. Nova York: Guilford Press, 1997, pp. 44-72.

17. Sobre precisão empática, ver William Ickes, *Empathic Accuracy*, Nova York: Guilford Press, 1997, p. 2.

18. A empatia primordial parece envolver caminhos conectando os córtices sensoriais ao tálamo e à amígdala e, dali, a quais circuitos que a resposta apropriada exija. Porém, para a empatia cognitiva — como a precisão empática ou a teoria da mente —, o circuito provável viaja do tálamo ao córtex e de lá para a amígdala, depois vai até o circuito que engendra a resposta. Ver James Blair e Karina Perschardt, "Empathy: A Unitary Circuit or a Set of Dissociable Neuro-cognitive Systems?", in Stephanie D. Preston e Frans B. M. de Waal, "Empathy: Its Ultimate and Proximate Bases", *Behavioral and Brain Sciences*, v. 25, pp. 1-72, 2002.

19. Há diferenças de pessoa para pessoa quanto à exatidão com que percebem e interpretam os sinais constantes. Mas o espectro amplo dessa habilidade em qualquer grupo de pessoas recomenda exatamente essa empatia certeira como forma de avaliar diferenças individuais, o trivial da psicometria. Ver: William Ickes, "Measuring Empathic Accuracy", in Judith A. Hall e Frank J. Bernieri, *Interpersonal Sensitivity: Theory and Measurement*. Mahwah, Nova Jersey: Erlbaum, 2001.

20. Victor Bissonette et al., "Empathic Accuracy and Marital Conflict Resolution", in William Ickes, *Empathic Accuracy*. Nova York: Guilford Press, 1997, p. 251.

21. Robert Levenson e Anna Ruef, "Emotional Knowledge", in William Ickes, *Empathic Accuracy*. Nova York: Guilford Press, 1997, p. 44.

22. Uso o termo "cognição social" aqui em sentido mais limitado do que seu significado mais geral em psicologia social. Ver, por exemplo, Ziva Kunda, *Social Cognition*. Cambridge: MIT Press, 1999.

23. Pessoas agitadas ou confusas demais para perceber ou refletir bem, ou impulsivas demais para compreender ou executar uma solução, se saem mal. Daí as dificuldades na resolução de problemas sociais entre as pessoas com uma gama de transtornos psiquiátricos. Ver Edward Chang et al. (Org.), *Social Problem Solving*. Washington, D.C.: American Psychological Association Press, 2004.

24. Sobre a medida de inteligência social, ver K. Jones e J. D. Day, "Discrimination of Two Aspects of Cognitive-Social Intelligence from Academic Intelligence", *Journal of Educational Psychology*, v. 89, pp. 486-97, 1997.

25. A sinergia dos elementos de consciência social que proponho aqui é, obviamente, uma hipótese à espera de testes rigorosos.

26. Embora grande parte das pesquisas sobre sincronia na interação tenha sido realizada nas décadas de 1970 e 1980, a área saiu de moda e passou a ser amplamente ignorada tanto pela sociologia quanto pela psicologia social, apesar das tentativas mais recentes de revitalização. Uma das primeiras barreiras às pesquisas, o enorme esforço necessário para avaliar a sincronia no trabalho humano hoje pode ser realizado com análises computacionais, embora alguns pesquisadores argumentem que a percepção humana ainda supere em desempenho a capacidade dos computadores em reconhecimento de padrões. Ver Frank Bernieri et al., "Synchrony, Pseudosynchrony, and Dissynchrony: Measuring the Entrainment Prosody in Mother-Infant Interactions", *Journal of Personality and Social Psychology*, v. 2, pp. 243-53, 1988. Contudo, correlação não é causação: o relacionamento pode funcionar na outra direção. Por exemplo, uma sensação de conexão pode guiar nosso corpo até a harmonia. Para facilitadores não verbais da conexão, ver a meta-análise de dezoito estudos em Linda Tickle-Degnan e Robert Rosenthal, "The Nature of Rapport and Its Nonverbal Correlates", *Psychological Inquiry*, v. 1, n. 4, pp. 285-93, 1990.

27. Pesquisadores da Universidade Emory, em Atlanta, elaboraram uma versão do PONS para diagnosticar esse problema em jovens. O teste mostra rostos de crianças e adultos expressando uma das quatro emoções seguintes: felicidade, tristeza, raiva e medo. As pessoas também têm de ouvir uma frase neutra como "Vou sair da sala agora, mas volto depois", dita em cada um desses tons de voz emocionais. A maior parte das crianças de dez anos consegue identificar muito bem esses sentimentos quando ouve as nuances da frase — mas as crianças dissêmicas não conseguem. Ver Stephen Nowicki e Marshall P. Duke, "Nonverbal Receptivity: The Diagnostic Analysis of Nonverbal Accuracy (DANVA)", in Judith A. Hall e Frank J. Bernieri, *Interpersonal Sensitivity*. Nova York: Psychology Press, s/d.

28. Uma vez que essas aptidões sociais básicas são tão essenciais para a formação de relacionamentos satisfatórios no decorrer da vida, hoje existem programas tutoriais que ajudam as crianças dissêmicas a desenvolvê-las. Ver Stephen Nowicki, *The Diagnostic Analysis of Nonverbal Accuracy-2: Remediation*, Universidade Emory; e Marshall P. Duke et al., *Teaching Your Child the Language of Social Success*. Atlanta: Peachtree Press, 1996. Outra causa de dissintonia pode ser o que alguns especialistas agora chamam de "transtorno do processamento sensorial". Ver Carol Stock Kranowitz, *The Out-of--Synch Child: Recognizing and Coping with Sensory Processing Disorder*. Nova York: Penguin, 2005.

29. Para a lista de verificação das crianças, ver Stephen Nowicki e Marshall P. Duke, "Nonverbal Receptivity: The Diagnostic Analysis of Nonverbal Accuracy (DANVA)", in Judith A. Hall e Frank J. Bernieri, *Interpersonal Sensitivity*. Nova York: Psychology Press, s/d.

30. Sobre dissemia em adultos, ver Stephen Nowicki e Marshall P. Duke, *Will I Ever Fit In?* Nova York: Free Press, 2002.

31. Sobre o que explica a dissemia: Stephen Nowicki, comunicação pessoal.

32. Sobre programas corretivos para dissemia em adultos, ver Stephen Nowicki e Marshall P. Duke, *Will I Ever Fit In?* Sobre programas para crianças, ver Id. et al., *Teaching Your Child the Language of Social Success*. Atlanta: Peachtree Press, 1996. Nowicki, pioneiro na identificação da dissemia e desenvolvimento de programas, disse-me que, seja qual for a causa, todos que apresentam esses déficits podem beneficiar-se da aprendizagem — contudo, no caso das pessoas com deficiências neurológicas ou emocionais, o processo será mais demorado.

33. Em experimentos que comparam a sincronia natural com tentativas intencionais de influenciar outra pessoa por meio, digamos, de um sorriso ou uma expressão zangada, a manipulação artificial não tem bons resultados. Ver, por exemplo, Brooks B. Gump e James A. Kulik, "Stress, Affiliation, and Emotional Contagion", *Journal of Personality and Social Psychology*, v. 72, pp. 305-19, 1997.

34. Ronald R. Riggio, "Charisma", in Howard Friedman (Org.), *Encyclopedia of Mental Health*. San Diego: Academic Press, 1998.

35. Por outro lado, uma presença de palco adequada pode intensificar a aura de poder de um indivíduo. Como bem sabem os assessores de políticos, símbolos e adereços potentes, a exemplo de oceanos de bandeirinhas, um palco imponente e os estrondosos aplausos de uma multidão receptiva podem aumentar a aura de carisma até mesmo das pessoas que carecem de expressividade ou força de caráter.

36. Sobre uma multidão em sincronia, ver Frank Bernieri, citado em Mark Greer, "The Science of Savoir Faire", *American Psychology Association*, v. 36, jan. 2005.

37. Sobre gênero e normas de emoção, ver Ursula Hess et al., *Cognition and Emotion*, v. 19, pp. 515-36, 2005.

38. Elizabeth Brondolo et al., "Correlates of Risk for Conflict Among New York City Traffic Agents", in Gary VandenBos e Elizabeth Brondolo (Org.), *Violence on the Job*. Washington, D.C.: American Psychological Association Press, 1996.

39. Ronald Riggio e Howard Friedman, "Impression Formation: The Role of Expressive Behavior", *Journal of Personality and Social Psychology*, v. 50, pp. 421-7, 1986.

40. Suponhamos que, de forma indelicada, um parceiro revele ao outro verdades desagradáveis, causando-lhe dor e sofrimento. Nesse caso, a maior precisão empática talvez aumentasse as dúvidas, criando um clima desagradável que poderia prejudicar o relacionamento. Nesses casos, Ickes propõe uma alternativa: "conceitos equivocados benevolentes". Ver Jeffrey Simpson et al., "When Accuracy Hurts, and When It Helps: A Test of the Empathic Accuracy Model in Marital Interactions", *Journal of Personality and Social Psychology*, v. 85, pp. 881-93, 2003. Sobre os momentos em que a empatia não funciona, ver William Ickes e Jeffrey A. Simpson, "Managing Empathic Accuracy in Close Relationships", in William Ickes, *Empathic Accuracy*. Nova York: Guilford Press, 1997, pp. 218-50.

41. Um estudo comparando norte-americanos de origem chinesa e de origem mexicana revelou que, embora não existam diferenças nas emoções vivenciadas por eles, o grupo de origem mexicana era invariavelmente mais expressivo do que o de origem chinesa. Ver Jose Soto et al., "Culture of Moderation and Expression", *Emotion*, v. 5, pp. 154-65, 2005.

42. A medida de inteligência emocional e social de Reuven Bar-On, em versões anteriores, avaliava empatia e responsabilidade social separadamente. Porém os testes revelaram que os dois

estão tão intimamente associados que pareciam estar medindo as mesmas qualidades. A evolução da escala de Bar-On pode ser acompanhada comparando-se o modelo apresentado em Reuven Bar-On e James D. A. Parker (Org.), *The Handbook of Emotional Intelligence*. San Francisco: Jossey-Bass, 2000; e a revisão posterior descrita em Bar-On, "Bar-On Model".

43. A. R. Weisenfeld et al., "Individual Differences Among Adult Women in Sensitivity to Infants: Evidence in Support of an Empathy Concept", *Journal of Personality and Social Psychology*, v. 46, pp. 118-24, 1984.

44. Sobre doações, ver Theo Schuyt et al., "Constructing a Philanthropy Scale: Social Responsibility and Philanthropy", artigo apresentado na 33ª Conferência da Associação para Pesquisa em Organizações Sem Fins Lucrativos e Ação Voluntária, Los Angeles, nov. 2004.

45. Sobre preocupação empática, ver Paul D. Hastings et al., "The Development of Concern for Others in Children with Behavior Problems", *Developmental Psychology*, v. 36, pp. 531-46, 2000.

46. Sobre treinamento na leitura de microexpressões, ver MicroExpression Training Tool [Ferramenta de Treinamento em Microexpressões, Mett], CD disponível no site www.PaulEkman.com. No presente momento, não existem estudos de validação do METT publicados, embora no site tenham sido postados dados preliminares positivos. É necessário realizar outros testes para avaliar quanto tempo os ganhos do treinamento persistem e até que ponto são robustos em aplicações da vida real.

47. Sobre o médico e a tachinha, Joseph LeDoux foi entrevistado no site Edge, 17 fev. 1997. Disponível em: <www.edge.org/conversation/joseph_ledoux-parallel-memories-putting-emotions-back-into-the-brain>. Acesso em: 21 jan. 2019.

48. LeDoux fez um comentário crítico sobre os pesquisadores da emoção que ignoram o atalho. Ele escreveu: "Todos reconhecem que os processos cognitivos, em sua maior parte, ocorrem inconscientemente, e que apenas os produtos finais chegam à consciência, e ainda assim só às vezes. Os pesquisadores das emoções, entretanto, não deram esse salto conceitual", e tampouco o fizeram os teóricos da inteligência social, que continuam fixados na cognição social. Para ver a crítica de LeDoux, ver Joseph LeDoux, "Emotion Circuits in the Brain", *Annual Review of Neuroscience*, v. 23, p. 156, 2000.

49. Por exemplo, ver Karen Jones e Jeanne Day, "Cognitive Similarities Between Academically and Socially Gifted Students", *Roeper Review*, v. 18, pp. 270-4, 1996; ver também John Kihlstrom e Nancy Cantor, op. cit.

50. A meu ver, são convincentes os argumentos de Colwyn Trevarthen, psicólogo do desenvolvimento da Universidade de Edimburgo, que defende que as noções amplamente aceitas de cognição social criam profundos mal-entendidos sobre relações humanas e o lugar das emoções na vida social. Ver Trevarthen, "The Self Born in Intersubjectivity: The Psychology of Infant Communicating", in Ulric Neisser, op. cit., pp. 121-73.

51. Lawrence Kohlberg, prefácio a John Gibbs e Keith Widaman, *Social Intelligence*. Englewood Cliffs: Prentice Hall, 1982.

PARTE II

7. TU E ISSO [pp. 131-44]

1. Sobre agência e comunhão, ver David Bakan, *The Duality of Human Existence*. Boston: Beacon Press, 1966. Desde a década de 1950, modelos teóricos de vida interpessoal usaram agência e comunhão como as duas dimensões ao longo das quais o comportamento se organiza, começando pelo influente modelo "circumplexo" de Timothy Leary. Ver Timothy Leary, *Interpersonal Diagnosis of Personality*. Nova York: Roland, 1957. Essa tradição teve um ressurgimento recente: ver Leonard M. Horowitz, *Interpersonal Foundations of Psychopathology*. Washington, D.C.: American Psychological Association Press, 2004.

2. Sobre a pergunta com "você", ver Marcelle S. Fischler, "Vows: Allison Charney and Adam Epstein", *The New York Times*, sec. 9, p. 11, 25 jan. 2004. Allison Charney Epstein, por e-mail, disse-me que nem teve chance de começar a contar.

3. Para um relato psicanalítico da intersubjetividade, ver Daniel Stern, *The Present Moment in Psychotherapy and Everyday Life*. Nova York: W. W. Norton, 2004.

4. Sobre Eu-Tu, ver Martin Buber, *I and Thou*, tradução de Walter Kaufmann 1937; Nova York: Simon and Schuster, 1990. O principal foco de Buber nesse texto aforístico era o modo de se relacionar, que sacraliza os relacionamentos cotidianos e a conexão humana com uma dimensão sagrada do ser [Ed. bras.: *Eu e Tu*. São Paulo: Cortez e Moraes, 1974, além de sucessivas reedições e novas edições pela Centauro a partir de 2001].

5. Buber observou que qualquer uma das partes pode começar essa interação; ela não precisa vir de ambos os lados inicialmente — porém, logo que uma pessoa se sintoniza, a probabilidade de conexão bilateral aumenta. Em estudo sueco, quando pessoas descreveram as vezes em que foram alvo da empatia de alguém, disseram sentir que a outra pessoa tinha compartilhado seus sentimentos, compreendido e demonstrado preocupação genuína. Ver Jakob Hakansson e Henry Montgomery, "Empathy as an Interpersonal Phenomenon", *Journal of Social and Personal Relationships*, v. 20, pp. 267-84, 2003.

6. Sobre *amae*, ver Takeo Doi, *The Anatomy of Dependence*. Nova York: Kodansha International, 1973.

7. Ver, por exemplo, Emmanuel Lévinas, "Martin Buber and the Theory of Knowledge", in Sean Hand (Org.), *The Lévinas Reader*. Oxford: Blackwell, 1989.

8. Sobre semelhanças mentais, ver Roy F. Baumeister e M. R. Leary, "The Need to Belong: Desire for Interpersonal Attachments as a Fundamental Human Motivation", *Psychological Bulletin*, v. 117, pp. 497-529, 1995.

9. Alguns teóricos invocam essa noção de unidade para explicar até que ponto as pessoas estão propensas a se dar ao trabalho de ajudar outras — por exemplo, alguém prestes a ser despejado. Estudos descobriram que a escolha de ajudar é fortemente impulsionada tanto pela proximidade do relacionamento quanto pela gravidade da necessidade da pessoa. Essa noção de proximidade não precisa limitar-se às pessoas mais queridas por nós; simplesmente *perceber* proximidade com alguém tem o mesmo efeito. Ver Robert Cialdini et al., "Reinterpreting the Empathy-Altruism Relationship: When One into One Equals Oneness", *Journal of Personality and Social Psychology*, v. 73, pp. 481-94, 1997.

10. Sobre validação de alta intensidade, ver Lynn Fainsilber Katz e Erica Woodin, "Hostility, Hostile Detachment, and Conflict Engagement in Marriages: Effects on *Child* and Family Functioning", *Child Development*, v. 73, pp. 636-52, 2002.

11. Martin Buber, *I and Thou*. Nova York: Simon and Schuster, 1990, p. 11.

12. Ver Nicholas D. Kristof, "Leaving the Brothel Behind", *The New York Times*, p. A19, 19 jan. 2005.

13. Ver Stephanie D. Preston e Frans de Waal, "The Communication of Emotions and the Possibility of Empathy in Animals," in S. Post et al., (Org.), *Altruism and Altruistic Love: Science, Philosophy, and Religion in Dialogue*. Nova York: Oxford University Press, 2002.

14. Jean-Paul Sartre, *L'être et le Néant, Being and Nothingness*, traduzido para o inglês por Hazel Barnes. Nova York: Philosophical Library, 1959, p. 59 [Ed. bras.: *O ser e o nada – ensaio de ontologia fenomenológica*. Petrópolis: Vozes, 1997].

15. Sobre conexão ajudando relacionamentos, ver Linda Tickle-Degnan e Robert Rosenthal, "The Nature of Rapport and Its Nonverbal Coordinates", *Psychological Inquiry*, v. 1, n. 4, pp. 285-93, 1990.

16. A história de Mary Duffy foi contada em Benedict Carey, "In the Hospital, a Degrading Shift from Person to Patient", *The New York Times*, p. A1, 16 ago. 2005.

17. Sobre rejeição social e sofrimento, ver Naomi Eisenberger e Matthew Lieberman, "Why Rejection Hurts: A Common Neural Alarm System for Physical and Social Pain", *Science*, v. 87, pp. 294-300, 2004.

18. Sobre um sistema de alarme neural, ver Matthew Lieberman et al., "A Pain by Any Other Name (Rejection, Exclusion, Ostracism) Still Hurts the Same: The Role of Dorsal Anterior Cingulate Cortex in Social and Physical Pain", in J. Cacioppo et al. (Org.), *Social Neuroscience: People Thinking About People*. Cambridge, Massachusetts: MIT Press, 2005.

19. Sobre riso e lágrimas, ver "The Instinctual Basis of Human Affect", *Consciousness and Emotion*, v. 4, pp. 197-206, 2003.

20. Sobre o número de contatos e solidão, ver, por exemplo, Louise Hawkley et al., "Loneliness in Everyday Life: Cardiovascular Activity, Psychosocial Context, and Health Behaviors", *Journal of Personality and Social Psychology*, v. 85, pp. 105-20, 2003.

21. Sobre o psicanalista, ver George Ganick Fishman, "Knowing Another from a Dynamic System Point of View: The Need for a Multimodal Concept of Empathy", *Psychoanalytic Quarterly*, v. 66, pp. 1-25, 1999.

22. A citação de Hume foi ligeiramente parafraseada. Ver David Hume, *A Treatise on Human Nature*. 1888; Londres: Clarendon Press, 1990, p. 224 [Ed. bras.: *Tratado da natureza humana*. São Paulo: Editora da Unesp, 2009]; ele é citado em Stephanie D. Preston e Frans B. M. de Waal, "Empathy: Its Ultimate and Proximate Bases", *Behavioral and Brain Sciences*, v. 25, p. 18, 2002.

8. A TRÍADE SOMBRIA [pp. 145-62]

1. Delroy Paulhus e Kevin Williams, "The Dark Triad of Personality: Narcissism, Machiavellianism, and Psychopathy", *Journal of Research in Personality*, v. 36, n. 6, pp. 556-63, 2002.

2. Harry Wallace e Roy Baumeister, "The Performance of Narcissists Rises and Falls with Perceived Opportunity for Glory", *Journal of Personality and Social Psychology*, v. 82, pp. 819-34, 2002.

3. Sobre líderes narcisistas, ver Michael Maccoby, "Narcissistic Leaders", *Harvard Business Review*, v. 78, pp. 68-7, jan.-fev. 2000.

4. Para o professor da faculdade de economia, ver Howard S. Schwartz, *Narcissistic Process and Corporate Decay*. Nova York: New York University Press, 1990.

5. Sobre os universitários que tiveram favores sexuais negados, ver Brad J. Bushman et al., "Narcissism, Sexual Refusal, and Aggression: Testing a Narcissistic Reactance Model of Sexual Coercion", *Journal of Personality and Social Psychology*, v. 84, n. 5, pp. 1027-40, 2003.

6. Sobre narcisistas, ver Constantine Sedikides et al., "Are Normal Narcissists Psychologically Healthy? Self-esteem Matters", *Journal of Personality and Social Psychology*, v. 87, n. 3, pp. 40-416, e 400, 2004.

7. Delroy Paulhus et al., "Shedding Light on the Dark Triad of Personality: Narcissism, Machiavellianism, and Psychopathy", trabalho apresentado na conferência Society for Personality and Social Psychology, San Antonio, Texas, 2001.

8. Robert Raskin e Calvin Hall, "Narcissistic Personality Inventory", *Psychological Reports*, v. 45, pp. 450-7, 1979.

9. Sobre o bem-estar em narcisistas, ver Constantine Sedikides et al., op. cit.

10. Shinobu Kitayama e Hazel Markus, "The Pursuit of Happiness and the Realization of Sympathy", in Ed Diener e Eunbook Suh (Orgs.), *Culture and Subjective Well-being*. Cambridge, Massachussets: MIT Press, 2000.

11. Certamente, Maquiavel estimulava os tiranos a agir de maneiras que fariam com que os cidadãos os amassem – mesmo que apenas o suficiente para evitar as insurreições.

12. Delroy Paulhus et al., "Shedding Light on the Dark Triad of Personality: Narcissism, Machiavellianism, and Psychopathy", conferência Society for Personality and Social Psychology, San Antonio, Texas, 2001.

13. A falta de empatia do narcisista é particularmente impressionante quando comparado a pessoas que presumem que as outras são basicamente dignas de confiança; essas pessoas entram em sintonia com os sentimentos alheios com altíssimo nível de exatidão. Mark Davis e Linda Kraus, "Personality and Empathic Accuracy", in William Ickes (Org.), *Empathic Accuracy*. Nova York: Guilford Press, 1997.

14. Sobre confusão emocional, ver Henry Krystal, *Integration and Self-Healing*. Hillsdale: Analytic Press, 1988.

15. Até mesmo os estudos científicos dos maquiavélicos transmitem um tom de desaprovação moral. Por trás da aversão há um pressuposto de que a pessoa maquiavélica *escolheu* trilhar o caminho malévolo na vida. Mas uma análise recente dos mecanismos psicológicos que impelem a manipulação oportunista sugere que os feitos dos maquiavélicos não dependem inteiramente da vontade individual. Segundo essa teoria, os maquiavélicos estão simplesmente fazendo o melhor que podem para viver bem, apesar da total perplexidade com relação aos sentimentos dos outros. Ver Colin Wastell e Alexandra Booth, "Machiavellianism: An Alexithymic Perspective", *Journal of Social and Clinical Psychology*, v. 22, pp. 730-44, 2003.

16. Sobre o caso de Peter, ver Leo J. Potts et al., "Comprehensive Treatment of a Severely Antisocial Adolescent", in William H. Reid *et al.* (org.), *Unmasking the Psychopath*. Nova York: W. W. Norton, 1986.

17. John McHoskey et al., "Machiavellianism and Psychopathy", *Journal of Clinical and Social Psychology*, v. 74, pp. 192-210, 1998.

18. John Edens et al., "Further Validation of the Psychopathic Personality Inventory Among Offenders: Personality and Behavioral Correlates", *Journal of Personality Disorders*, v. 15, pp. 403-15, 2001.

19. Ver, por exemplo, Christopher Patrick, "Emotion in the Criminal Psychopath: Fear Imaging Processing", *Journal of Abnormal Psychology*, v. 103, pp. 523-34, 1994; Adrian Raine e P. H. Venables, "Skin Conductance Responsivity in Psychopaths to Orienting, Defensive, and Consonant-Vowel Stimuli", *Journal of Psychophysiology*, v. 2, pp. 221-5, 1988.

20. Delroy Paulhus, "Shedding Light on the Dark Triad of Personality: Narcissism, Machiavellianism, and Psychopathy", conferência Society for Personality and Social Psychology, San Antonio, Texas, 2001.

21. Sobre a baixa ansiedade de psicopatas, ver Delroy Paulhus e Kevin Williams, "Dark Triad of Personality: Narcissism, Machiavellianism, and Psychopathy", *Journal* of *Research in Personality*, v. 36, n. 6, pp. 556-63, 2002.

22. Sobre as imagens cerebrais dos psicopatas, ver: K. A. Kiehl et al., "Limbic Abnormalities in Affective Processing by Criminal Psychopaths as Revealed by fMRI", *Biological Psychiatry*, v. 50, pp. 677-84, 2001; Adrian Raine et al., "Reduced Prefrontal Gray Matter Volume and Reduced Autonomic Activity in Antisocial Personality Disorder", *Archives of General Psychiatry*, v. 57, pp. 119-27, 2000; António Damásio, "A Neural Basis for Sociopathy", *Archives of General Psychiatry*, v. 57, pp. 128-9, 2000.

23. Sobre a falta de ressonância emocional dos psicopatas, ver Linda Mealey e Stuart Kinner, "The Perception-Action Model of Empathy and the Psychopathic 'Coldheartedness'", *Behavioral* and *Brain Sciences*, v. 25, pp. 42-3, 2002.

24. Sobre a falta de impulso dos psicopatas para oferecer ajuda, ver Linda Mealey, "The Sociobiology of Sociopathy", *Behavioral and Brain Sciences*, v. 18, pp. 523-99, 1995.

25. Sobre psicopatas bem-sucedidos, ver Sharon Ishikawa et al., "Autonomic Stress Reactivity and Executive Functions in Successful and Unsuccessful Criminal Psychopaths from the Community", *Journal of Abnormal Psychology*, v. 110, pp. 423-32, 2001.

26. Sobre o estuprador sociopata, ver Robert D. Hare, *Without Conscience: The Disturbing World of the Sociopaths Among Us*. Nova York: Pocket Books, 1993, p. 14.

27. Sobre John Chaney, ver Matt Vautour, "Temple Extends Chaney's Suspension", *Hampshire Daily Gazette*, p. D1, 26 fev. 2005.

28. Sobre a prateleira de supermercado, ver G. R. Semin e A. Manstead, "The Social Implications of Embarrassment Displays and Restitution Behavior", *European Journal of Social Psychology*, v. 12, pp. 367-77, 1982.

29. Sobre pacientes orbitofrontais, ver Jennifer S. Beer et al., "The Regulatory Function of Self-conscious Emotion: Insights from Patients with Orbitofrontal Damage", *Journal of Personality and Social Psychology*, v. 85, pp. 594-604, 2003.

30. Sobre raiva virtuosa, ver D. J. de Quervain et al., "The Neural Basis of Altruistic Punishment", *Science*, v. 305, pp. 1254-8, 2004.

9. CEGUEIRA MENTAL [pp. 163-75]

1. Sobre a síndrome de Asperger, ver Simon Baron-Cohen, *The Essential Difference: Men, Women, and the Extreme Male Brain*. Londres: Allen Lane, 2003.

2. A respeito de testes para o entendimento de crianças sobre o olho da mente, ver David Bjorklund e Jesse Bering, "Big Brains, Slow Development and Social Complexity: The Developmental and Evolutionary Origins of Social Cognition", in Martin Brüne et al. (Orgs.), *The Social Brain: Evolution and Pathology*. Sussex, John Wiley, 2003.

3. Quando macacos de verdade (chimpanzés, neste caso) jogam uma versão do Macaco Malvado, não conseguem aprender a lição de que os outros podem ter desejos diferentes dos seus. Na versão para os chimpanzés, de uma dupla, um dos macacos deve escolher qual de duas guloseimas ele pode comer; a guloseima escolhida, porém, é sempre dada ao outro chimpanzé, nunca ao que a escolheu. Os macacos — ao contrário do que ocorre com as crianças de quatro anos — nunca aprendem a lição. A razão parece ser o fato de os chimpanzés não serem capazes de refrear seu desejo de comer a guloseima mais apetitosa, nem mesmo somente selecionar a menos saborosa, para, no fim, conseguir o que querem.

4. Sobre os estágios de empatia nas crianças, ver Phillipe Rochat, "Various Kinds of Empathy as Revealed by the Developing Child, not the Monkey's Brain", *Behavioral and Brain Science*, v. 25, pp. 45-6, 2002.

5. Sobre os neurônios-espelho, ver Marco Iacoboni, apresentação na reunião anual da Associação Norte-Americana para o Avanço da Ciência, realizada em fevereiro de 2005, relatada em Greg Miller, "New Neurons Strive to Fit In", *Science*, v. 311, pp. 938-40, 2005.

6. C. A. Sanderson, J. M. Darley e C. S. Messinger, "'I'm not as thin as you think I am': The Development and Consequences of Feeling Discrepant from the Thinness Norm", *Personality and Social Psychology Bulletin*, v. 27, pp. 172-83, 2001; Mark Cherrington, "The Sin in Thin", *Amherst*, pp. 28-31, 2004.

7. Ver Temple Grandin e Catherine Johnson, *Animals in Translation: Using the Mysteries of Autism to Decode Animal Behavior*. Nova York: Scribner, 2005.

8. De todas essas avaliações, as pessoas com autismo ou síndrome de Asperger têm pontuação menor do que a maior parte dos homens.

9. As diferenças no que Baron-Cohen denomina cérebros "masculino" e "feminino" vêm à tona apenas nas extremidades de uma curva em forma de sino para a proporção de empatia e sistematização, entre os 2% ou 3% de homens e mulheres cujo cérebro exemplifica os maiores extremos. Outra advertência: Baron-Cohen não pretende atribuir o cérebro "masculino" a todos os homens, tampouco o protótipo do cérebro "feminino" a todas as mulheres. Alguns homens têm um cérebro "feminino" e algumas mulheres têm o cérebro "masculino" — cerca de uma em cada cinco pessoas autistas é mulher. E, embora não existam maneiras rápidas e fáceis de calcular o número de homens que possuem extraordinárias habilidades de empatia, existem todos os motivos para esperar que haja um número tão grande de homens com esse talento para a sintonia quanto é o de mulheres versadas no pensamento sistêmico.

10. Layne Habib integra o Circle of Friends [Círculo de Amigos], Shokan, Nova York.

11. O caso de Marie, que foi usado em um teste de compreensão da teoria da mente, foi extraído de S. Channon e S. Crawford, "The Effects of Anterior Lesions on Performance of a Story Comprehension Test: Left Anterior Impairment on a Theory of Mind-type Task", *Neuropsychologia*,

v. 38, pp. 1006-17, 2000; citado em R. G. Morris et al., "Social Cognition Following Prefrontal Cortical Lesions", in MartinBrüne *et al.*, op. cit., p. 235.

12. Por exemplo, o que pode parecer um fato social óbvio desconcerta não apenas pessoas com autismo, como também pessoas com diversos transtornos clínicos que danificam partes-chave do circuito social, como um traumatismo craniano, decorrência comum de acidentes de carros. Esses déficits cerebrais abalam a capacidade da pessoa de ter uma visão mental, por isso ela carece de uma noção do que as outras pessoas necessitam, sentem ou pretendem. Sobre traumatismo craniano, ver Skye McDonald e Sharon Flanagan, "Social Perception Deficits After Traumatic Brain Injury", *Neuropsychology*, v. 18, pp. 572-9, 2004. Pesquisas relacionadas revelam que a área da face se coordena com uma rede distribuída que inclui a amídgala, os córtices pré-frontais mediais e o giro temporal superior, que juntos interpretam como ler e reagir durante interações sociais. Essa rede realiza a tarefa crucial de reconhecer pessoas e ler suas emoções, bem como entender os relacionamentos. Paradoxalmente, pessoas com déficits nesses circuitos neurais às vezes têm habilidades impressionantes em outros. Sobre as redes neurais de interação social, ver, por exemplo, Robert Schultz et al., "fMRI Evidence for Differences in Social Affective Processing in Autism", apresentação realizada no National Institute of Child Health and Development, 29 out. 2003. Outra base cerebral do autismo parece estar localizada na área fusiforme, que exames de ressonância magnética e outros estudos constataram ser menor no cérebro dos autistas. Esse déficit pode levar a dificuldades de aprendizado dos vínculos normais entre percepções e reações sociais — possivelmente no nível mais básico, deixando de reagir aos estímulos apropriados. A falta de atenção coordenada com outra pessoa leva as crianças autistas a não perceberem as pistas sociais e emocionais mais fundamentais, arriscando sua capacidade de compartilhar sentimentos — e, ainda mais, de demonstrar empatia — com os outros. Ver Stephanie D. Preston e Frans B. M. de Waal, "Empathy Its Ultimate and Proximate Bases", *Behavioral and Brain Sciences*, v. 25, p. 18, 2002.

13. Frédéric. Gougoux et al., "A Functional Neuroimaging Study of Sound Localization: Visual Cortex Activity Predicts Performance in Early-Blind Individuals", *Public Library of Science: Biology*, v. 3, p. E27, 2005 (publicação eletrônica).

14. Kim. M. Dalton et al., "Gaze-fixation and the Neural Circuitry of Face Processing in Autism", *Nature Neuroscience*, v. 8, pp. 519-26, 2005.

15. Ver Simon Baron-Cohen et al., "Social Intelligence in the Normal and Autistic Brain: An fMRI Study", *European Journal of Neuroscience*, v. 11, pp. 1891-8, 1999. Além disso, deficiências de neurônios-espelho também fazem parte do quadro; ver Lindsay M. Oberman et al., "EEG Evidence for Mirror Neuron Dysfunction in Autism Spectrum Disorders", *Cognitive Brain Research*, v. 24, pp. 190-8, 2005.

PARTE III

10. GENES NÃO SÃO DESTINO [pp. 179-96]

1. A polêmica estava ainda mais acirrada na década de 1970, com outro teórico de Harvard, Edwin O. Wilson, um biólogo que acabara de articular sua teoria da sociobiologia, e com o antropólogo Irven DeVore e seu aluno, Robert Trivers, que começavam a desenvolver sua teoria da

psicologia evolutiva — bastante influente hoje. Na época, essas escolas de pensamento tinham a oposição veemente de um grupo liderado pelo paleontologista Stephen Jay Gould e pelo geneticista Richard Lewontin, também professores de Harvard.

2. John Crabbe et al., "Genetics of Mouse Behavior: Interactions with Laboratory Environment", *Science*, v. 284, pp. 1670-2, 1999.

3. Alguns geneticistas comportamentais opuseram-se ao que a seu ver era uma descoberta do tipo "o rei está nu", em grande parte porque esse foi o ângulo destacado pelos comentários que acompanharam a descoberta. Porém a leitura mais séria do artigo revelava que um único teste do mesmo comportamento já não era mais suficiente; o estudo elevou o padrão metodológico na área. Agora, como comentou Crabbe, "quando alguém desativa o gene da ansiedade, tem de usar três testes para mostrar o efeito, quando antes um único teste bastaria".

4. A molécula de metil é composta de apenas quatro átomos — um de carbono e três de hidrogênio; precisamente o modo como eles se ligam a um gene determina o que ocorre. Em uma formação, o grupo de metil desativa o gene, enrolando ainda mais seu DNA para que o gene não possa ser expresso. Em outra configuração, o grupo de metil relaxa a espiral do DNA, permitindo que o gene produza seu RNA específico (e, assim, sua proteína).

5. Sobre genes e ambiente, ver Robert Plomin e John Crabbe, "DNA", *Psychological Bulletin*, v. 126, pp. 806-28, 2000.

6. Michael J. Meaney, "Nature, Nurture, and the Disunity of Knowledge", *Annals of the New York Academy of Sciences*, v. 935, pp. 50-61, 2001.

7. Sobre a plasticidade dos mecanismos genéticos que regulam o comportamento, ver Elizabeth Hammock e Larry Young, "Microsatellite Instability Generates Diversity in Brain and Sociobehavioral Traits", *Science*, v. 308, pp. 1630-4, 2005.

8. Sobre famílias de origem ruim e crianças adaptadas por lares bons ou ruins, ver R. J. Cadoret et al., "Genetic-Environmental Interaction in the Genesis of Aggressivity and Conduct *Disorders*", *Archives of General Psychiatry*, v. 52, pp. 916-24, 2005.

9. Michael Meaney, "Maternal Care, Gene Expression, and the Transmission of Individual Differences in Stress Reactivity Across Generations", *Annual Review of Neuroscience*, v. 24, pp. 1161-92, 2001.

10. Sobre a genética do comportamento, ver S. McGuire e J. Dunn, "Nonshared Environment in Middle Childhood", in J. C. DeFries et al. (Eds.), *Nature and Nurture During Middle Childhood*. Oxford: Blackwell, 1994.

11. Sobre proximidade genética, ver David Reiss et al., *The Relationship Code*. Cambridge: Harvard University Press, 2000.

12. Na genética do comportamento, a experiência singular de cada criança da mesma família tem o nome de "ambiente não compartilhado". Ver Judy Dunn e Robert Plomin, *Unshared Lives: Why Siblings Are So Different*. Nova York: Basic Books, 2000.

13. Isso se complica ainda mais por uma linha do tempo genética. Por exemplo, o estudo descobriu que cerca de um terço dos genes que influenciam o comportamento antissocial no início da adolescência já não o faz no meio da adolescência; os genes são então substituídos por novos fatores genéticos e sociais que antes não estavam em operação.

14. Por outro lado, um bebê sociável, que flerta e gosta de acariciar, recebe mais carinho em retribuição. À medida que cresce, a criança continuará despertando o carinho dos outros e reforçando

sua própria sociabilidade; de qualquer forma, o modo como os pais tratam o bebê parece intensificar os genes envolvidos, amplificando a forma como a criança reage de uma maneira ou de outra.

15. Sobre neurogênese, ver Fred Gage, Instituto Salk, comunicação pessoal.

16. Neurônios que disparam juntos conectam-se juntos. Por exemplo, no nível celular, o processo de aprendizagem implica que o glutamato ative um receptor em um neurônio, enquanto canais de cálcio abram um outro, que desencadeia a síntese de proteína no corpo de célula, que "cola" seus receptores. Essa conexão resulta em uma resposta maior de célula para célula. No nível da aprendizagem significa que a entrada de uma célula agora tem uma saída maior. Ver Joseph LeDoux, apresentação na reunião do Consórcio para Pesquisa em Inteligência Emocional em Organizações, Cambridge, Massachusetts, 14 dez. 2004.

17. Sobre experiência e o desenvolvimento de sistemas neurais, ver B. J. Casey, "Imaging the Developing Brain: What Have We Learned About Cognitive Development?" *Trends in Cognitive Science*, v. 9, pp. 104-10, 2005.

18. Esse estresse debilita a neurogênese, reduz o volume do hipocampo, produz alterações na função do eixo HPA e provoca hiper-reatividade emocional. Ver C. L. Coe et al., "Prenatal Stress Diminishes Neurogenesis in the Dentate Gyrus of Juvenile Rhesus Monkeys", *Biological Psychiatry*, v. 54, pp. 1025-34, 2003.

19. Sobre padrões neurais, ver Gerald Edelman, *Neural Darwinism*. Nova York: Basic Books, 1987.

20. Sobre células fusiformes e estresse durante a migração para o lugar adequado, ver John Allman et al., "The Anterior Cingulate Cortex: The Evolution of an Interface Between Emotion and Cognition", *Annals of the New York Academy of Science*, v. 935, pp. 107-17, 2001.

21. Davidson acrescenta que ainda teremos de identificar com maior precisão quais circuitos podem ser mais maleáveis ao longo da vida e quais podem ser particularmente flexíveis na infância, mas se tornarem relativamente rígidos na idade adulta.

22. Jerome Kagan e Nancy Snidman, *The Long Shadow of Temperament*. Cambridge: Harvard University Press, 2004.

23. Carl Schwartz et al., "Inhibited and Uninhibited Infants 'Grown Up': Adult Amygdalar Response to Novel Versus Newly Familiar Faces", *Science*, v. 399, pp. 1952-3, 2003.

24. Ver Jerome Kagan e Nancy Snidman, op. cit., pp. 28-9.

11. UMA BASE SEGURA [pp. 197-209]

1. Sobre o paciente suicida, ver John Bowlby, *A Secure Base: Parent-Child Attachment and Healthy Human Development*. Nova York: Basic Books, 1988.

2. Sobre crianças seguras, ver Mary Ainsworth et al., "Infant-Mother Attachment and Social Development: Socialization as a Product of Reciprocal Responsiveness to Signals", in M. P. M. Richards (Org.), *The Integration of a Child into a Social World*. Londres: Cambridge University Press, 1974.

3. Sobre protoconversa e pensamento, ver Trevarthen, "The Self Born in Intersubjectivity: The Psychology of Infant Communicating", in Ulric Neisser, op. cit., pp. 121-73.

4. Sobre circuitos cerebrais de apego, ver Jaak Panksepp, *Affective Neuroscience: The Foundations of Human and Animal Emotions*. Nova York: Oxford University Press, 1998.

5. Os circuitos de apego incluem "o córtex cingulado, a área do septo, o núcleo BNST (núcleo leito da estria terminal) e as áreas pré-óptica e medial do hipotálamo, junto com suas respectivas áreas de projeção mesencefálica", segundo Panksepp, ibid., p. 249. Lesões no núcleo BNST, que contém uma profusão de receptores de oxitocina, prejudicam severamente a maternidade.

6. Sobre bebês seguros e suas mães, ver Russell Isabella e Jay Belsky, "Interactional Synchrony and the Origins of Infant-Mother Attachments: A Replication Study", *Child Development*, v. 62, pp. 373-94, 1991.

7. Ver, por exemplo, M. J. Bakermans-Kranenburg et al., "The Importance of Shared Environment in Infant-Father Attachment: A Behavioral Genetic Study of the Attachment Q-Sort", *Journal of Family Psychology*, v. 18, pp. 545-9, 2004; C. L. Bokhorst et al., "The Importance of Shared Environment in Mother-Infant Attachment Security: A Behavioral Genetic Study", *Child Development*, v. 74, pp. 1769-82, 2003.

8. Sobre os estilos de apego, ver Erik Hesse, "The Adult Attachment Interview: Historical and Current Perspectives", in Jude Cassidy e Phillip Shaver (Orgs.), *Handbook of Attachment: Theory, Research and Clinical Applications*.Nova York: Guilford Press, 1999.

9. A sincronia entre bebês e mães foi avaliada por seus movimentos sincronizados, os tempos semelhantes de suas ações e a coordenação de suas interações. Frank Bernieri et al., "Synchrony, Pseudosynchrony, and Dissynchrony: Measuring the Entrainment Prosody in Mother-Infant Interactions", *Journal of Personality and Social Psychology*, v. 2, pp. 243-53, 1998.

10. A canção em italiano é: "*Batti, batti, le manine, / Che tra poco vie-ne papà. / Ti porta le cara-mel-line / Fabiana le man-ge-rà*".

11. Sobre a mãe deprimida e o bebê, ver Colwyn Trevarthen, "Development of Intersubjective Motor Control in Infants", in M. G. Wade e H. T. A. Whiting, *Motor Development in Children*. Dordrecht: Martinus Nijhoff, 1986, pp. 209-61.

12. Sobre a interação deprimida, ver Edward Z. Tronick, "Emotions and Emotional Communication in Infants", *American Psychologist*, v. 44, pp. 112-9, 1989.

13. Meaney argumenta que faz mais sentido identificar não apenas os genes relevantes, mas também os estilos de criação dos filhos (e outros fatores semelhantes) que possam alterar os níveis de expressão dos genes da depressão. Em outras palavras, que experiências poderiam ajudar a vacinar a criança contra a depressão? Respostas para essa pergunta poderiam guiar intervenções essenciais, possibilitando a redução do risco de a criança mais tarde apresentar depressão. Ver Michael Meaney, "Maternal Care, Gene Expression and the Transmission of Individual Differences in Stress Reactivity Across Generations", *Annual Review of Neuroscience*, v. 24, pp. 1161-92, 2001.

14. Sobre mães deprimidas e cortisol no bebê, ver Tiffany Field et al., "Maternal Depression Effects on Infants and Early Interventions", *Preventive Medicine*, v. 27, pp. 200-3, 1998.

15. Sobre a prevenção da transmissão dos déficits de estados de ânimo, ver A. Cumberland-Li et al., "The Relation of Parental Emotionality and Related Dispositional Traits to Parental Expression of Emotion and Children's Social Functioning", *Motivation and Emotion*, v. 27, n. 1, pp. 27-56, 2003.

16. Sobre filhos de mães deprimidas, ver Edward Z. Tronick, "Emotions and Emotional Communication in Infants", *American Psychologist*, v. 44, pp. 112-9, 1989.

17. Sobre a negligência no reconhecimento das emoções da criança, ver Seth Pollak et al., "Recognizing Emotion in Faces: Developmental Effects of Child Abuse and Neglect", *Developmental Psychology*, v. 36, pp. 679-88, 2000.

18. Um extremo pungente pode ser visto nos milhares de bebês abandonados em orfanatos romenos durante os graves problemas econômicos da década de 1980. Esses bebês passaram até vinte horas por dia no berço, sem ninguém para suprir suas necessidades. Aos oito anos, uma amostra dos que foram adotados por famílias norte-americanas ainda apresentava sinais perturbadores: eram ultraestoicos, não choravam nem expressavam dor; não demonstravam interesse por brincadeiras e acumulavam comida. Muitos desses problemas melhoraram com a adaptação à nova família. Mesmo assim, exames de imagens cerebrais mostraram que as principais áreas de seu cérebro social estavam subativas, inclusive o COF. Ver Harry Chugani et al., "Local Brain Functional Activity Following Early Deprivation: A Study of Postinstitutionalized Romanian Orphans", *NeuroImage*, v. 14, pp. 1290-301, 2001.

19. Sobre crianças que sofreram maus-tratos e rostos zangados, ver Seth Pollak et al., "P3b Reflects Maltreated Children's Reactions to Facial Displays of Emotion", *Psychophysiology*, v. 38, pp. 267-74, 2001.

20. Sobre esquadrinhar em busca da raiva, ver Seth Pollak e Stephanie Tolley-Schell, "Selective Attention to Facial Emotion in Physically Abused Children", *Journal of Abnormal Psychology*, v. 112, pp. 323-38, 2003.

21. Sobre os pais moldarem o córtex orbitofrontal, ver Allan Schore, *Affect Regulation and the Origin of the Self: The Neurobiology of Emotional Development*. Hillsdale: Erlbaum, 1994.

22. Sobre a reparação de traumas de infância, ver Daniel J. Siegel, op. cit.

12. O PONTO DE AJUSTE IDEAL PARA A FELICIDADE [pp. 210-25]

1. E. Z. Tronick e J. F. Cohn, "Infant-Mother Face-to-Face Interaction: Age and Gender Differences in Coordination and the Occurrence of Miscoordination", *Child Development*, v. 60, pp. 85-92, 1989.

2. Sobre casais e crianças em idade pré-escolar hostis, ver Lynn Fainsilber Katz e Erica Woodin, "Hostility, Hostile Detachment, and Conflict Engagement in Marriages: Effect on Child and Family Functioning", *Child Development*, v. 73, pp. 636-52, 2002.

3. Sobre as classificações de pais e professores a crianças, ver John Gottman e Lynn Fainsilber Katz, "Parental Meta-emotion Philosophy and the Emotional Life of Families: The Theoretical Models and Preliminary Data", *Journal of Family Psychology*, v. 10, pp. 243-68, 1996.

4. Sobre núcleo afetivo positivo, ver Robert Emde, "The Pre-presentational Self and Its Affective Core", *Psychoanalytic Study of the Child*, v. 38, pp. 165-92, 1983.

5. Sobre os três cenários, ver Daniel J. Siegel, op. cit.

6. Sobre o córtex orbitofrontal, ver Allan Schore, *Affect Regulation and the Origin of the Self: The Neurobiology of Emotional Development*. Hillsdale: Erlbaum, 1994.

7. Essa sintonia começa no primeiro ano de vida, quando o sistema nervoso simpático é ligado e conectado, ramificando-se além do cérebro corpo adentro para controlar estímulos fisiológicos como, por exemplo, a frequência cardíaca. O ramo simpático do sistema nervoso atua como um energizador do organismo, gerando emoções positivas como animação e interesse, prazer e alegria — a exuberante felicidade da infância. Quando os pais combinam essa energia à sua própria — por exemplo, interagindo com a alegria do bebê —, ensinam aos filhos pequenos que a alegria e outros

estados positivos podem ser compartilhados e que eles podem expressá-los com segurança. Em famílias saudáveis, a maior parte da comunicação entre o bebê e os pais durante o primeiro ano de vida ocorre basicamente na forma de interações que alinham os sentimentos positivos. No segundo ano de vida, o sistema nervoso parassimpático se desenvolve; esse ramo atua como uma espécie de freio, modulando ou inibindo os impulsos — acalmando-nos e relaxando-nos. Vale notar a sincronia oportuna: o sistema nervoso parassimpático amadurece à medida que aumentam a mobilidade e a independência do bebê — capaz de subir na mesa e derrubar o abajur. Ver ibid.

8. Sobre estilos parentais de criação de filhos, ver Daniel J. Siegel, op. cit.

9. Bem mais raros são os pais que, furiosos, arremessam um abajur no chão. Eles reagem à criança como se ela fosse um Isso, não um Tu. Nesses momentos, pais não têm empatia, mas são guiados apenas por seus piores impulsos. Sempre que reagem a uma pirraça ou travessura infantil com total incapacidade de controlar os seus próprios impulsos emocionais, enchem de terror a criança, que aprende a temer pela própria segurança. Neurologicamente, sugere Siegel, a criança sofre uma simultânea e contraditória irrupção no sistema nervoso, como se estivesse acelerando e freando ao mesmo tempo. Involuntariamente, os pais — muitas vezes vítimas também de uma infância problemática — oferecem um modelo de desorientação e tornam-se uma fonte contínua de medo para a criança, em vez de lhe propiciarem uma base segura. A criança sofre um "duplo insulto", sendo tragada pelo terror do pai ou da mãe e perdendo o relacionamento que, ao lhe assegurar segurança, poderia tê-la ajudado a sobreviver emocionalmente. Na fase adulta, quase sempre essas crianças veem seus relacionamentos mais íntimos como tempestuosos e caóticos; sua história com parceiros normalmente é repleta de emoções intensas e não raro termina em confusão e desastre.

10. Emily Fox Gordon, "In the Garden of Childish Delights", *Time*, 17 jan. 2005, p. A22.

11. Mary Ainsworth et al., *Patterns of Attachment*. Hillsdale: Erlbaum, 1978.

12. Sobre o circuito cerebral das brincadeiras, ver Jaak Panksepp, *Affective Neuroscience: The Foundations of Human and Animal Emotions*. Nova York: Oxford University Press, 1998.

13. Ibid.

14. Sobre brincadeiras e epigenética, ver Nakia Gordon et al., "Socially Induced Brain 'Fertilization': Play Promotes Brain-Derived Neurotrophic Factor Transcription in the Amygdala and Dorsolateral Frontal Cortex in Juvcnile Rats", *Neuroscience Letters*, v. 341, p. 17, 2003.

15. Jaak Panksepp, *Affective Neuroscience: The Foundations of Human and Animal Emotions*. Nova York: Oxford University Press, 1998.

16. Sobre cócegas, ver Jaak Panksepp et al., "Empathy and the Action-Perception Resonances of Basic Socio-Emotional Systems of the Brain", *Behavioral and Brain Sciences*, v. 25, pp. 43-4, 2002.

17. Sobre TDAH, ver Id., *Affective Neuroscience*. Nova York: Oxford University Press, 1998. A ideia de um vigoroso recreio com brincadeiras em lugar de medicamentos, Panksepp sugere, nunca foi testada com rigor e continua sendo uma especulação. No entanto, uma vez que o uso prolongado dos medicamentos normalmente receitados para o TDAH pode produzir mudanças duradouras no sistema de catecolamina da criança, intervenções sem uso de drogas, caso venham a se mostrar eficazes, seriam desejáveis.

18. Sobre carisma, ver ibid.

19. Sobre ponto emocional fundamental, ver R. J. Davidson e W. Irwin, "The Functional Neuroanatomy of Emotion and Affective Style", *Trends in Cognitive Neuroscience*, v. 3, pp. 11-21, 1999.

20. Como Davidson foi o primeiro a apontar, esses dados sugerem fortemente um vínculo entre a maneira como fomos criados e nossa felicidade ao longo da vida, mas de forma alguma conseguem prová-lo. Talvez signifique, por exemplo, que adultos felizes se recordem com mais facilidade dos bons momentos da infância do que dos maus momentos, e assim considerem os pais mais carinhosos do que realmente eram. Será necessário realizar um estudo longitudinal de muitas crianças no decorrer de décadas para estabelecer com maior precisão científica a relação entre o tipo de cuidados que recebemos quando crianças e a capacidade de sentir alegria do nosso cérebro na idade adulta.

21. Aqui os pais devem se assegurar de não negar nem descartar o medo ou a aflição da criança, mas sim demonstrar empatia por ela — e tomar providências de modo a não se deixar dominar pela armadilha do estado de ânimo da criança, confrontando a situação com uma noção reconfortante e otimista de que é possível fazer alguma coisa. Aproveitando os momentos de aflição como oportunidades para demonstrar empatia e criar intimidade, e para ajudar a criança a crescer e aprender, esses pais tornam-se treinadores na arte de lidar com os altos e baixos da vida. Indícios sugerem que essas atitudes por parte dos pais mudam não só o comportamento da criança, como também seu cérebro. Um sinal dessa mudança biológica é o fato de a fisiologia da criança desenvolver uma maior habilidade de se recuperar do estresse e das pressões adversas. Ver Daniel J. Siegel, op. cit.

22. Sobre crianças em idade pré-escolar e HPA, ver M. R. Gunnar et al., "Temperament, Social Competence, and Adrenocortical Activity in Preschoolers", *Developmental Psychobiology*, v. 31, pp. 65-85, 1997.

23. Para a criança, a lição decisiva resume-se a passar de um estado de aflição para um estado de calma. Desprovidas da capacidade de sair de imediato da aflição, as crianças podem aprender maneiras equivocadas de se sentirem pelo menos um pouco melhor. Algumas reagem de forma exagerada, sufocando a aflição em um rígido controle. Outras simplesmente tornam-se tomadas pela ansiedade. Se essas estratégias de defesa se tornarem habituais, podem enrijecer-se, gravando no cérebro manobras mentais vitalícias que serão empregadas para rechaçar disforias de todo tipo.

24. Sobre macacos-esquilo, ver Karen Parker et al., "Prospective Investigation of Stress Inoculation in *Young Monkeys*", *Archives of General Psychiatry*, v. 61, pp. 933-41, 2004.

PARTE IV

13. REDES DE APEGO [pp. 229-39]

1. Os três tipos distintos de amor são totalmente transparentes no nível bioquímico. De modo apropriado, os hormônios do sexo — androgênios e estrogênios — estimulam o desejo. A atração, condição sine qua non para o apego romântico, parece ser impulsionada por uma mistura de altos níveis de dopamina e norepinefrina (que aumentam o prazer e o relaxamento) e baixos níveis de serotonina (que confere um humor agradável). A química que faz um relacionamento durar estimula a bondade e impulsiona os cuidados, que se potencializam ou desaparecem de acordo com a variação dos níveis de oxitocina e vasopressina. Ver Helen Fisher, *Why We Love*. Nova York: Henry Holt, 2004 [Ed. bras.: *Por que amamos — a natureza química do amor romântico*. Rio de Janeiro: Record, 2008].

2. John Bowlby, *Attachment and Loss*, v. 1, 2. ed. Nova York: Basic Books, 1983 [Ed. bras.: *Apego e perda*, v. 1. São Paulo: Martins Fontes, 2002].

3. M. K. McClintock, "A Functional Approach to the Behavioral Endocrinology of Rodents" in D. Crews (Org.), *Psychobiology of Reproductive Behavior*. Englewood Cliffs: Prentice-Hall, 1987, pp. 176-203.

4. Sobre o olhar da mulher, ver Sarah-Jayne Blakemore e Uta Firth, "How Does the Brain Deal with the Social World?", *NeuroReport*, v. 15, pp. 119-28, 2004. Sobre as quatro faces, ver Knut Kampe et al., "Reward Value of Attractiveness and Gaze", *Nature*, v. 413, p. 589, 2001.

5. O clássico estudo do flerte foi realizado por Irenäus Eibl-Eibesfeldt, que usou uma câmera especial para captar sub-repticiamente imagens de casais românticos em Samoa, Brasil, Paris e Nova York. Ver Irenaus Eibl-Eibesfeldt, *Human Ethology*. Nova York: Aline de Gruyter, 1989.

6. Sobre os paralelos entre o flerte entre amantes e nos bebês, ver Jaak Panksepp, *Affective Neuroscience: The Foundations of Human and Animal Emotions*. Nova York: Oxford University Press, 1998.

7. Essa consideração desempenha um papel maior em como as mulheres avaliam um parceiro em potencial do que em relação a como os homens o fazem, o que talvez seja o motivo pelo qual as mulheres tendem a se apaixonar mais rapidamente do que os homens.

8. Sobre amor como dependência, ver Jaak Panksepp, *Affective Neuroscience*. Nova York: Oxford University Press, 1998.

9. Sobre dependência de drogas, ver R. Z. Goldstein, "Drug Addiction and Its Underlying Neurobiological Basis: Neuroimaging Evidence for the Involvement of the Frontal Cortex", *American Journal of Psychiatry*, v. 159, pp. 1642-52, 2002. Esse estudo mostra que, além do circuito subcortical, que, há muito se sabe, está envolvido na dependência, as áreas pré-frontais fornecem uma avaliação excessivamente positiva da droga e desativam as redes neuronais para a inibição dos impulsos.

10. Brenda e Bob são usados como exemplo em Eileen Kennedy-Moore e Jeanne C. Watson, *Expressing Emotion: Myths, Realities and Therapeutic Strategies*. Nova York: Guilford Press, 1999.

11. Sobre estilos de apego, ver Jude Cassidy e Phillip Shaver (Orgs.), *Handbook of Attachment Theory: Research and Clinical Applications*. Nova York: Guilford Press, 1999.

12. Judith Feeney, "Adult Romantic Attachment and Couple Relationships", in ibid. Feeney observa que existem tipologias diferentes para os estilos de apego, inclusive algumas com quatro tipos em vez de três, e que esses estilos não são necessariamente "congelados" — é possível adotar estilos diferentes sem modificar as experiências do relacionamento. Não existem fronteiras inflexíveis entre esses tipos; as pessoas podem misturá-los ou manifestar um com relação a algumas pessoas e outro, distinto, com outras pessoas.

13. Sobre parceiros seguros, ver Deborah Cohn et al., "Working Models of Childhood Attachments and Couple Relationships", *Journal of Family Issues*, v. 13, n. 4, pp. 432-49, 1992.

14. Sobre estilo de apego e mecanismo cerebral, ver Omri Gallath et al., "Attachment style Differences and Ability to Suppress Negative Thoughts: Exploring the Neural Correlates", *NeuroImage*, v. 28, n. 4, pp. 835-47, 2005.

15. O principal circuito neural para os estilos de apego parece percorrer importantes marcos da estrada principal e do atalho do cérebro social: a área orbitofrontal, a amígdala, o polo temporal anterior, o cingulado anterior e o hipocampo. A amígdala ativa o atalho durante sensações de medo, o eixo PTA e o cingulado durante a tristeza. A estrada principal se abre quando a área orbitofrontal

entra em ação, como quando tentamos refletir sobre nossos relacionamentos ou buscamos superar quaisquer emoções perturbadoras.

16. Essas estruturas são, todas, ativadas no lado direito do cérebro, que parece estar mais envolvido em emoções perturbadoras.

17. Essa recuperação da angústia foi sinalizada pela atividade intensificada em seu hipocampo, lado que entra em ação para a recuperação das lembranças em geral.

18. A área dorsal do cingulado monitora situações que exigem maior controle pelo córtex pré--frontal, como emoções inquietantes. Ver Matthew M. Botvinick et al., "Conflict Monitoring and Anterior Cingulate Cortex: An Update", *Trends in Cognitive Sciences*, v. 8, n. 12, pp. 539-46, 2004.

19. Sobre o estilo esquivo, ver Mario Mikulincer e Phillip Shaver, "The Attachment Behavioral System in Adulthood: Activation, Psychodynamics, and Interpersonal Processes", in Mark P. Zanna (Org.), *Advances in Experimental Social Psychology*, v. 35. San Diego: Academic Press, 2003, pp. 53-152.

20. Esses padrões de atividade cerebral parecem explicar descobertas feitas em estudos anteriores pelo grupo de Shaver. Por exemplo, quando pessoas em relacionamentos amorosos duradouros imaginavam com riqueza de detalhes que seu parceiro as estava trocando por outra pessoa, as que tinham o estilo de apego ansioso eram incapazes de interromper sua sucessão de pensamentos inquietantes, ao passo que as que eram mais seguras ou esquivas impediam prontamente esses pensamentos. Sobre eliminar a preocupação, ver R. C. Fraley e P. R. Shaver, "Adult Attachment and the Suppression of Unwanted Thoughts", *Journal of Personality and Social Psychology*, v. 73, pp. 1080-91, 1997. No entanto, embora sobrepujar essas preocupações seja fácil para pessoas seguras, eliminar aflições a respeito de relacionamentos demanda esforço mental constante por parte dos tipos esquivos. Ver Mario Mikulincer et al., "Attachment-Related Strategies During Thought--Suppression: Ironic Rebounds and Vulnerable Self-representations", *Journal of Personality and Social Psychology*, v. 87, pp. 940-56, 2004.

21. Sobre tipos esquivos, ver Judith Feeney, op. cit.

14. DESEJO: O DELE E O DELA [pp. 240-54]

1. Sobre imagens cerebrais enquanto se observa a fotografia do ser amado, ver Helen A. Fisher et al., "Early Stage Intense Romantic Love Activates Corticalbasal Ganglia Reward/ Motivation, Emotion, and Attention Systems", apresentação de pôster na reunião anual da Sociedade para a Neurociência, Nova Orleans, 11 nov. 2003.

2. Os dois centros são: o núcleo caudado e o septo.

3. Sobre sexo casual, ver Helen A. Fisher, *Why We Love*. Nova York: Henry Holt, 2004, p. 117.

4. Sobre características atraentes, ver David Buss, "Sex Differences in Human Mate Preference: Evolutionary Hypotheses Tested in 37 Cultures", *Behavioral and Brain Sciences*, v. 12, pp. 1-49, 1989.

5. Sobre o estudo da transpiração, ver Charles Wysocki, "Male Axillary Extracts Contain Pheromones that Affect Pulsatile Secretion of Luteinizing Hormone and Mood in Women Recipients", *Biology of Reproduction*, v. 68, pp. 2107-13, 2003.

6. Sobre a proporção busto-cintura-quadril, ver David Buss, op. cit.

7. Devendra Singh, "Female Mate Value at a Glance: Relationship of Hip-to-Waist Ratio to Health, Fecundity, and Attractiveness", *Neuroendocrinology Letters*, sup. 4 , pp. 81-91, 2002.

8. As principais áreas ativadas durante o amor romântico são a ínsula medial, o CCA, o núcleo caudado e o putâmen, todos em ambos os lados. Todas são ativadas durante a felicidade intensa. Igualmente importantes, porções do giro cingulado e da amígdala que se ativam durante a disforia foram desativadas. Ver Andrea Bartels e Semir Zeki, "The Neural Basis of Romantic Love", *NeuroReport*, v. 17, pp. 3829-34, 2000.

9. Sobre excitação sexual e circuito cerebral nos homens, ver Serge Stoleru et al., "Neuroanatomical Correlates of Visually Evoked Sexual Arousal in Human Males", *Archives of Sexual Behavior*, v. 28, pp. 1-21, 1999; S. L. Rauch et al., "Neural Activation During Sexual and Competitive Arousal in Healthy Men", *Psychiatry Research*, v. 91, pp. 1-10, 1999.

10. A fiação neural para o sexo inclui estruturas no cérebro límbico superior como a área do septo, o núcleo BNST (núcleo leito da estria terminal) e as áreas pré-ópticas, que se conectam, por meio do hipotálamo anterior, ao prosencéfalo medial do hipotálamo lateral. Ver Jaak Panksepp, *Affective Neuroscience: The Foundations of Human and Animal Emotions*. Nova York: Oxford University Press, 1998.

11. O circuito da agressão concentra-se nos lobos temporais, uma área que é mais ativa nos homens; o circuito dos cuidados ternos, concentrado na área cingulada, tende a ser mais ativo nas mulheres. Aqui, como em todas as partes do cérebro, o que acontece depende de detalhes específicos: exatamente como a testosterona afeta o desejo sexual nas mulheres difere com a dose; níveis moderados aumentam a libido, enquanto níveis muito altos a reduzem. Ver R. C. Gur et al., "Sex Differences in Regional Cerebral Glucose Metabolism During a Resting State", *Science*, v. 267, pp. 528-31, 1995.

12. A dopamina eleva os níveis de testosterona, assim como a classe de antidepressivos que elevam os níveis de dopamina muitas vezes aumenta também a libido. Ver J. P. Heaton, "Central Neuropharmacological Agents and Mechanisms in Erectile Dysfunction: The Role of Dopamine", *Neuroscience and Biobehavioral Reviews*, v. 24, pp. 561-9, 2000.

13. A vasopressina também pode incitar a agressão. A vasopressina e a oxitocina agem no cérebro tanto do homem quanto da mulher, uma possivelmente energizando o lado mais assertivo da maternidade nas mulheres, e a outra estimulando o lado mais suave da paternidade nos homens.

14. Esse relato simplificado da neuroquímica do amor é calcado em Jaak Panksepp, *Affective Neuroscience The Foundations of Human and Animal Emotions*. Nova York: Oxford University Press, 1998. Panksepp aponta que uma gama muito maior de substâncias químicas cerebrais entra em ação na sexualidade, mas ainda resta muito a entender sobre elas.

15. Sobre o pós-coito, ver C. Sue Carter, "Oxytocin and Sexual Behavior", *Neuroscience and Behavioral Reviews*, v. 16, pp. 131-44, 1992.

16. Sobre o jovem advogado e sua noiva, ver Mark Epstein, *Open to Desire*. Nova York: Gotham, 2005.

17. Anne Rice falou sobre suas fantasias sexuais em Katherine Ramsland, *Roquelaure Reader: A Companion to Anne Rice's Erotica*. Nova York: Plume, 1996.

18. Sobre temas comuns de fantasias, ver Harold Leitenberg e Kris Henning, "Sex Fantasy", *Psychological Bulletin*, v. 117, pp. 469-96, 1995.

19. Nem todas as fantasias sexuais envolvem uma cena elaborada; algumas são meramente pensamentos ou imagens de uma atividade romântica ou sexual. Para uma revisão do atual consenso em psicologia, ver ibid.

20. Sobre devaneios e fantasias, ver Sigmund Freud, "Creative Writers and Daydreaming", in James Strachey (Org.), *The Standard Edition of the Complete Psychological Works of Sigmund Freud*, v. 9. 1908; Londres: Hogarth Press, 1962, p. 146.

21. Sobre sonhar acordado, ver, por exemplo, G. D. Wilson e R. J. Lang, "Sex Differences in Sexual Fantasy Patterns", *Personality and Individual Differences*, v. 2, pp. 343-6, 1981.

22. Mas se a realidade da fantasia passa a ser imposta ao outro, sem seu consentimento, o Eu-Tu se evapora, transformando-se na realidade Eu-Isso: "Isso me excita" e não "Você me excita". As normas de etiqueta para navegar nessa fronteira entre consentimento e imposição aparentemente foram bem definidas na subcultura da submissão e da disciplina, em que a própria natureza das fantasias operativas pode facilmente descambar para o desastre interpessoal.

23. Michael J. Bader, *The Secret Logic of Sexual Fantasies*. Nova York: St. Martin's Press, 2002, p. 157.

24. Sobre narcisistas e atitudes sexuais, ver Brad J. Bushman et al., "Narcissism, Sexual Refusal, and Aggression: Testing a Narcissistic Reactance Model of Sexual Coercion", *Journal of Personality and Social Psychology*, v. 48, pp. 1027-40, 2003.

25. Sobre mulheres forçadas a sexo sob coerção, ver Edward O. Laumann et al., *The Social Organization of Sexuality: Sexual Practices in the United States*. Chicago: University of Chicago Press, 1994.

26. E. J. Kanin, "Date Rapists: Differential Sexual Socialization and Relative Deprivation", *Archives of Sexual Behavior*, v. 14, pp. 219-31, 1985.

27. Sobre sexo sob coerção como algo excitante ou desestimulante, ver Bethany Lohr et al., "Sexual Arousal to Erotic and Aggressive Stimuli in Sexually Coercive and Noncoercive Men", *Journal of Abnormal Psychology*, v. 106, pp. 230-42, 1997.

28. K. E. Dean e N. M. Malamuth, "Characteristics of Men Who Aggress Sexually and of Men Who Imagine Aggressing", *Journal of Personality and Social Psychology*, v. 72, pp. 449-55, 1997.

29. Sobre testosterona, ver Alan Booth e James Dabbs, Jr., "Testosterone and Men's Marriages", *Social Forces*, v. 72, n. 2, pp. 463-78, 1993.

30. Sobre excitação com imagens de estupro, ver Gordon Hall et al., "The Role of Sexual Arousal in Sexually Aggressive Behavior: a Meta-analysis", *Journal of Clinical and Consulting Psychology*, v. 61, pp. 1091-5, 1993.

31. Sobre a falta de empatia dos estupradores condenados, ver Diana Scully, *Understanding Sexual Violence*. Londres: HarperCollinsAcademic, 1990.

32. Sobre estupradores e mensagens negativas, ver Elizabeth C. McDonell e Richard M. McFall, "Construct Validity of Two Heterosocial Perception Skill Measures for Assessing Rape Proclivity", *Violence and Victims*, v. 6, pp. 17-30, 1991.

33. Evidências clínicas sugerem que os agressores sexuais se masturbam regularmente com fantasias de seu cenário favorito. Alguns presídios para pedófilos, estupradores e exibicionistas tentam reduzir o índice de repetição de reincidência de crimes sexuais após a libertação dos prisioneiros oferecendo programas de tratamento. Durante muitas décadas, o tratamento consistia em tentar mudar as fantasias do criminoso, por exemplo associando o cenário sexual durante a masturbação com um odor repugnante ou usando medicação bloqueadora de hormônios para extinguir o desejo perturbador. Hoje, contudo, esses enfoques em si são vistos como insuficientes se não forem acompanhados de outro método que também aumente a empatia do agressor com as vítimas. Dessa forma, os tratamentos podem incluir fazer com que o criminoso conheça vítimas reais de crimes como

os cometidos por ele, para que ele ouça a descrição que as vítimas fazem da dor e do sofrimento que sentiram. Os tratamentos atacam também a noção distorcida que o criminoso tem de como as vítimas os veem. Os exibicionistas, por exemplo, são confrontados com o fato de que as mulheres às quais eles se expõem normalmente os veem como patéticos, não como incríveis. A terapia também foca em acabar com o pensamento distorcido que permite a um agressor sexual racionalizar o crime como inofensivo. Por outro lado, tentar sufocar as perigosas fantasias pode ter um efeito paradoxal: elas podem se tornar mais fortes, em vez de diminuir, quanto mais se tenta evitá-las. Assim, nos programas mais eficazes, os criminosos aprendem a prevenir uma recaída detectando os primeiros sinais de fantasias perigosas e cortando pela raiz os hábitos que no passado os levaram a colocar em prática os cenários de suas fantasias. Ver Harold Leitenberg e Kris Henning, op. cit.

34. Ver, por exemplo, Neil Malamuth, "Predictors of Naturalistic Sexual Aggression", *Journal of Personality and Social Psychology*, v. 50, pp. 953-62, 1986.

35. Sobre desejo com empatia, ver Judith Jordan, "Clarity in Connection: Empathic Knowing, Desire, and Sexuality", in *Women's Growth in Diversity*. Nova York: Guilford, 1997. Sobre orgasmo do ego, ver, por exemplo, Masud Khan, "Ego-Orgasm in Bisexual Love", *International Review of Psychoanalysis*, v. 1, pp. 143-9, 1974.

15. A BIOLOGIA DA COMPAIXÃO [pp. 255-66]

1. A citação foi ligeiramente parafraseada de John Bowlby, *A Secure Base*. Nova York: Basic Books, 1988, p. 62.

2. Sobre parceiros amorosos, ver Brooke Feeny, "A Secure Base: Responsive Support of Goal Strivings and Exploration in Adult Intimate Relationships", *Journal of Personality and Social Psychology*, v. 87, n. 5, pp. 631-48, 2004.

3. Por outro lado, uma pessoa que não tem confiança em sua capacidade de lidar com o mundo talvez encontre forças em um parceiro que assuma o controle, aceitando de boa vontade suas intromissões como uma espécie de reconforto, sentindo-se aliviada por ter uma chance de ser dependente.

4. Sobre ansiedade do apego e cuidados, ver Mario Mikulincer et al., "Attachment, Caregiving and Altruism: Boosting Attachment Security Increases Compassion and Helping", *Journal of Personality and Social Psychology*, v. 89, pp. 817-39, 2005.

5. Sobre altruísmo egoísta, ver R. B. Cialdini et al., "Empathy-based Helping: Is It Selflessly or Selfishly Motivated?" *Journal of Personality and Social Psychology*, v. 52, pp. 749-58, 1987.

6. Os tipos seguros ofereciam-se para ajudar a mulher mesmo quando as dificuldades dela pareciam mais extremas: foram informados de que ela não apenas era desamparada, mas também tinha depressão profunda. Provavelmente continuaria deprimida ainda que eles a ajudassem, mas mesmo assim eles estavam dispostos a lhe dar auxílio. Isso parece refutar teorias de que as pessoas ajudam as outras para sentir o prazer de fazer alguém feliz — o que esses teóricos interpretam como um motivo "egoísta" para a compaixão.

7. Jack Nitschke et al., "Orbitofrontal Cortex Tracks Positive Mood in Mothers Viewing Pictures of Their Newborn Infants", *NeuroImage*, v. 21, pp. 583-92, 2004.

8. A oxitocina é produzida nos núcleos do hipotálamo, de onde flui para a hipófise e de lá é secretada na corrente sanguínea. Em outros caminhos do hipotálamo, a oxitocina atua em muitas

outras áreas, a exemplo da amígdala, os núcleos da rafe e o *locus coeruleus* (entre outros), bem como o líquido raquidiano.

9. Sobre roedores e oxitocina, ver C. Sue Carter, "Neuroendocrine Perspectives on Social Attachment and Love", *Psychoneuroimmunology*, v. 23, n. 8, pp. 779-818, 1998.

10. Sobre as complexas conexões entre oxitocina e testosterona, ver Helen Fisher, *Why We Love*. Nova York: Henry Holt, 2004.

11. Sobre alergias sociais, ver Michael R. Cunningham et al., "Social Allergies in Romantic Relationships: Behavioral Repetition, Emotional Sensitization, and Dissatisfaction in Dating Couples", *Personal Relationships*, v. 12, pp. 273-95, 2005. A passagem sobre as toalhas molhadas e o rolo de papel higiênico é extraída do filme de Rob Reiner, lançado em 2000, *A história de nós dois*.

12. Sobre sistemas neurais básicos, ver Jaak Panksepp, *Affective Neuroscience: The Foundations of Human and Animal Emotions*. Nova York: Oxford University Press, 1998.

13. Sobre atender a necessidades emocionais, ver John Gottman, *The Relationship Cure*. Nova York: Three Rivers Press, 2002.

14. Ver John Gottman, *What Predicts Divorce: The Relationship Between Marital Processes and Marital Outcomes*. Hillsdale: Erlbaum, 1993.

15. Sobre semelhança facial entre casais, ver R. B. Zajonc et al., "Convergence in the Physical Appearance of Spouses", *Motivation and Emotion*, v. 11, pp. 335-46, 1987.

16. S. M. Drigotas et al., "Close Partner as Sculptor of the Ideal Self", *Journal of Personality and Social Psychology*, v. 77, pp. 293-323, 1999.

17. Erik Filsinger e Stephen Thoma, "Behavioral Antecedents of Relationship Stability and Adjustment: A Five-Year Longitudinal Study", *Journal of Marriage and the Family*, v. 50, pp. 785-95, 1988.

18. Ver, por exemplo, John Gottman, *What Predicts Divorce: The Relationship Between Marital Processes and Marital Outcomes*. Hillsdale: Erlbaum, 1993.

19. Sobre casais idosos e prazeres, ver Robert W. Levenson et al., "The Influence of Age and Gender on Affect, Physiology, and Their Interrelations: A Study of Longterm Marriages", *Journal of Personality and Social Psychology*, v. 67, n. 1, pp. 56-68, 1994.

20. Sobre a proporção de cinco para um, ver John Gottman, *Relationship Cure*. Nova York: Three Rivers Press, 2002.

PARTE V

16. O ESTRESSE É SOCIAL [pp. 269-86]

1. Para a história do casamento de Tolstói, ver William L. Shirer, *Love and Hatred: The Stormy Marriage of Leo and Sonya Tolstoy*. Nova York: Simon and Schuster, 1994 [Ed. bras.: *Amor e ódio: o casamento tumultuado de Sônia e Tolstói*. São Paulo: Paz e Terra, 1997].

2. Sobre sobrevivência após insuficiência cardíaca congestiva, ver H. M. Krumholz et al., "The Prognostic Importance of Emotional Support for Elderly Patients Hospitalized with Heart Failure", *Circulation*, v. 97, pp. 958-64, 1988.

3. Os homens que relataram ter se sentido amados com mais intensidade tiveram os níveis mais baixos de doença coronariana. Se ter um parceiro amoroso propicia proteção, envolver-se

em um relacionamento tóxico pode ser prejudicial à saúde. Ver T. E. Seeman e S. L Syme, "Social Networks and Coronary Heart Disease: A Comparative Analysis of Network Structural and Support Characteristics", *Psychosomatic Medicine*, v. 49, pp. 341-54, 1987.

4. Sobre relacionamentos nocivos como risco à saúde, ver Janice Kiecolt-Glaser et al., "Marital Stress: Immunologic, Neuroendocrine, and Autonomic Correlates", *Annals of the New York Academy of Sciences*, v. 840, pp. 656-63, 1999.

5. Sobre relacionamentos e doenças, ver Teresa Seeman, "How Do Others Get Under Our Skin: Social Relationships and Health", in Carol Ryff e Burton Singer (Orgs.), *Emotion, Social Relationships, and Health*. Nova York: Oxford University Press, 2001.

6. A ativação do eixo HPA começa quando o hipotálamo libera o hormônio corticotropina (CRH), que por sua vez faz com que a hipófise secrete o hormônio adrenocorticotropina (ACTH), que, então, estimula o córtex adrenal a liberar cortisol, que inunda a corrente sanguínea e tem efeitos generalizados por todo o organismo. Ver Robert Sapolsky et al., "How Do Glucocorticoids Influence Stress Responses?", *Endocrine Reviews*, v. 21, pp. 55-89, 2000. O laboratório de Sapolsky foi um dos primeiros a documentar que o estresse prolongado pode danificar o hipocampo, região do cérebro essencial ao aprendizado e à memória. Seu trabalho apontou com grande precisão que os glicocorticoides, classe de hormônios esteroides secretados pela suprarrenal em momentos de estresse, são essenciais para tal neurotoxicidade. Ademais, a equipe de Sapolsky foi a primeira a demonstrar que os glicocorticoides prejudicarão a capacidade dos neurônios do hipocampo de sobreviver a uma série de doenças neurológicas, inclusive derrames e convulsões. Um dos principais focos do laboratório é examinar os eventos celulares e moleculares subjacentes à morte neural no hipocampo e identificar os componentes dessa morte que são agravados pelos glicocorticoides.

7. As áreas-chave encontram-se no córtex cingulado pré-límbico.

8. Por meio do cérebro social, nossas interações podem ser importantes biologicamente para a nossa resiliência diante das ameaças à saúde. Mas, no momento, os pesquisadores podem apenas esboçar rudimentos de um mapa dos mecanismos cerebrais específicos envolvidos. Em termos mais exatos, as informações sociais são processadas em primeiro lugar pelos sistemas sensoriais do neocórtex; e depois são alimentadas, via lobo temporal, à amídgala e ao hipocampo, que em seguida enviam sinais ao eixo HPA e aos sistemas noradrenérgico e serotoninérgico. Ver Teresa Seeman, "How Do Others Get Under Our Skin: Social Relationships and Health", in Carol Ryff e Burton Singer (Orgs.), *Emotion, Social Relationships, and Health*. Nova York: Oxford University Press, 2001.

9. Para o bem ou para o mal, o acúmulo constante dessas emoções ao longo dos anos é o que importa — não apenas de alguns episódios intensos, mas passageiros —, como se descobriu quando milhares de homens e mulheres foram monitorados durante dez anos em um estudo sobre estresse e doença cardíaca. Quando seus níveis de estresse se elevavam muito apenas no primeiro ano ou no décimo ano, a probabilidade de eles acabarem tendo problemas cardiovasculares era muito menor, porque o estresse era temporário, e não crônico. Mas as pessoas que tinham altos níveis de estresse no primeiro e no último ano — sugerindo que o estresse mais provavelmente era um aspecto constante de sua dieta emocional — vinham a ser as mais fortes candidatas ao desenvolvimento de doenças cardíacas. Ver James House et al., "Social Relationships and Health", *Science*, v. 241, pp. 540-5, 1989.

10. Sobre o caso de Elysa Yanowitz, ver Steven Greenhouse, "Refusal to Fire Unattractive Saleswoman Led to Dismissal, Suit Contends", *The New York Times*, p. A14, 11 abr. 2003.

11. As causas da hipertensão são, obviamente, complexas. A medicina pressupõe que sempre há uma predisposição genética em ação, embora os estresses da vida (bem como dieta e exercícios) também determinem a rapidez ou intensidade com que essa predisposição se transforma efetivamente em uma enfermidade. Nomear um agente específico como "causa" da hipertensão parece questionável.

12. Nadia Wager, George Feldman e Trevor Hussey, "Impact of Supervisor Interactional Style on Employees'Blood Pressure", *Consciousness and Experiential Psychology*, v. 6, 2001.

13. Embora ainda não haja um veredicto definitivo sobre a hipertensão de Elysa Yanowitz, os dados médicos sugerem que a desaprovação dos chefes teve pelo menos alguma relevância na elevação de sua pressão arterial. Saltos crônicos na pressão arterial podem aumentar o ponto no qual a pressão arterial volta a abaixar depois de se recuperar do pico, assim levando gradualmente à hipertensão. Em teoria, a epigenética significa que uma pessoa vulnerável à hipertensão pode efetivamente começar a sofrer de pressão alta em decorrência de circunstâncias perturbadoras e constantes como essas. Por outro lado, a simples hidráulica dos fluidos pode realizar a mesma coisa. Ver, por exemplo, B. D. Perry et al., "Persisting Psychophysiological Effects of Traumatic Stress: The Memory of States", *Violence Update*, v. 1, n. 8, pp. 1-11, 1991. No entanto, para ver uma revisão cética, ver Samuel A. Mann, "Job Stress and Blood Pressure: A Critical Appraisal of Reported Studies", *Current Hypertension Reviews*, v. 2, pp. 127-38, 2006.

14. S. P. Wamala et al., "Job Stress and the Occupational Gradient in Coronary Heart Disease Risk in Women", *Social Science and Medicine*, v. 51, pp. 481-98, 2000; M. G. Marmot e M. J. Shipley, "Do Socio-economic Differences in Mortality Persist after Retirement? 25 Year Follow-up of Civil Servants in the First Whitehall *Study*", *British Medical Journal*, v. 313, pp. 1177-80, 1996.

15. Sobre tratamento justo e chefes, ver M. Kivimaki et al., "Justice at Work and Reduced Risk of Coronary Heart Disease Among Employees: The Whitehall II Study", *Archives of Internal Medicine*, v. 165, pp. 2245-51, 2005.

16. Alguns já argumentaram que os maiores índices de doenças em pessoas que são das camadas mais baixas da sociedade derivam do fato de elas terem menos instrução, salários mais baixos, ou menor controle sobre como se saem no trabalho. Esses fatores certamente poderiam desempenhar papel influente. Porém, em análises abrangentes, a interação tóxica entre chefes e subordinados surgiu como a variável mais importante. Ver R. G. *Wilkinson, Unhealthy Societies: The Afflictions of Inequality*. Londres: Routledge, 1996.

17. Yiannis Gabriel, "An Introduction to the Social Psychology of Insults in Organizations", *Human Relations*, v. 51, pp. 1329-54, 1998.

18. Sobre status e pressão arterial, ver James Lynch, *The Broken Heart*. Nova York: Basic Books, 1979.

19. Sobre um maior risco de doença cardiovascular, ver, por exemplo, Sandra P. Thomas, "Women's Anger: Relationship of Suppression to Blood Pressure", *Nursing Research*, v. 46, pp. 324-30, 1997; T. M. Dembroski et al., "Components of TypeA, Hostility, and Anger-in: Relationship to Angiographic Findings", *Psychosomatic Medicine*, v. 47, pp. 219-33, 1985.

20. Sobre pressão arterial durante as interações, ver Julianne Holt-Lunstad et al., "Social Relationships and Ambulatory Blood Pressure: Structural and Qualitative Predictors of Cardiovascular Function During Everyday Social Interactions", *Health Psychology*, v. 22, n. 4, pp. 388-97, 2003.

21. Sobre falsa acusação e doença cardíaca, ver Jos A. Bosch et al., "Acute Stress Evokes Selective Motibliation of T Cells that Differ in Chemokine Receptor Expression: A Potential Pathway Linking Reactivity to Cardiovascular Disease", *Brain, Behavior and Immunity*, v. 17, pp. 251-9, 2003.

22. Isso levou as células T a atacar o endotélio, onde tem início a letal formação de placas. Esse recrutamento de células T, que inflamam o tecido em sua luta para rechaçar as bactérias invasoras, enquadra-se na recente compreensão do papel fundamental dessa inflamação no acúmulo de placas ateroscleróticas.

23. Cohen avaliou a qualidade emocional das interações sociais em um de seus grupos de voluntários nos dias que antecederam a ida deles ao laboratório. Interações desagradáveis, em especial conflitos prolongados (assim como nos níveis aumentados de cortisol), prognosticaram que uma pessoa estava mais propensa a ter uma gripe forte. Ver Sheldon Cohen, "Social Relationships and Susceptibility to the Common Cold", in Carol Ryff e Burton Singer, *Emotion, Social Relationships, and Health*. Nova York: Oxford University Press, 2001, pp. 221-44.

24. Sheldon Cohen et al., "Sociability and Susceptibility to the Common Cold", *Psychological Science*, v. 14, pp. 389-95, 2003. O estudo mediu interações sociais nas semanas anteriores à exposição ao rinovírus, e não nos dias durante e após a exposição (uma vez que os voluntários estavam então em quarentena), e por isso não responde se as interações agradáveis ou desagradáveis pouco antes ou no dia da exposição afetam as defesas imunológicas. Esse estudo ainda precisa ser feito.

25. A sociabilidade — buscar os outros de uma maneira amigável e saudável — foi associada a um melhor humor, melhor eficiência do sono e níveis mais baixos de cortisol, que, por sua vez, prognosticaram menor risco de resfriados. Mas, o dr. Cohen observa, a busca de uma conexão mais robusta poderia mostrar com maior exatidão de que maneira a sociabilidade poderia "entrar no corpo" — questão que continua sendo um mistério, em busca de uma solução mais rigorosa. Ver Sheldon Cohen, "Psychosocial Models of Social Support in the Etiology of Physical Disease", *Health Psychology*, v. 7, pp. 269-97, 1988. Relacionamentos com cônjuge, netos, vizinhos, amigos, voluntários ou pessoas da mesma religião indicam que uma pessoa será menos suscetível a resfriados quando exposta aos rinovírus. Ver Sheldon Cohen, "Social Relationships and Health", *American Psychologist*, pp. 676-84, nov. 2004.

26. Sobre meta-análise, ver Sally Dickerson e Margaret Kemeny, "Acute Stressors and Cortisol Responses: A Theoretical Integration and Synthesis of Laboratory Research", *Psychological Bulletin*, v. 130, pp. 355-91, 2004.

27. Alguns dos estudos também avaliaram os níveis de ACTH, outro hormônio do estresse ativado pelo eixo HPA. Os efeitos foram praticamente iguais, embora o ACTH aja mais rapidamente, chegando a seu pico cerca de dez a vinte minutos após a exposição ao estressor, enquanto o pico do cortisol ocorre depois, cerca de trinta a quarenta minutos após a primeira exposição. Há duas medidas científicas bastante usadas de cortisol: a quantidade que o corpo secreta e quanto tempo esses níveis levam para voltar ao normal. O tempo de recuperação varia muito de uma pessoa para a outra; algumas rapidamente se recuperam e saem de um momento estressante, ao passo que outras parecem ficar presas no mau humor.

28. Por algum motivo, pode ser que não consigamos perceber o tamanho do impacto do estresse social em nossa biologia. Subjetivamente, as pessoas classificaram o ruído como tão perturbador quanto a tarefa de subtração, apesar do pico muito maior de cortisol provocado pela subtração.

29. O estresse social tende a ativar as seguintes áreas neurais (todas elas de grande importância no cérebro social): córtex pré-frontal direito, amígdala, córtex cingulado anterior, hipocampo, ínsula.

30. Quando sentiram que estavam sendo avaliados durante os problemas de matemática, a elevação de seus níveis de cortisol foi, novamente, maior do que quando estavam fazendo os exercícios

sozinhos em uma sala. Ver Tara Gruenewald et al., "Acute Threat to the Social Self: Shame, Social Selfesteem, and Cortisol Activity", *Psychosomatic Medicine*, v. 66, pp. 915-24, 2004.

31. Quando um observador crítico fazia comentários humilhantes, as pessoas continuavam ruminando — e assim mantendo a elevação do estresse — durante um bom tempo. Mas não ficavam tão obcecadas se a provação fosse impessoal, como ficar chocado quando um programa de computador detectava que demoravam muito para apertar um botão toda vez que ouviam uma campainha. Ver Laura Glynn et al., "The Role of Rumination in Recovery from Reactivity: Cardiovascular Consequences of Emotional States", *Psychosomatic Medicine*, v. 64, pp. 714-26, 2002.

32. Sobre declínio, ver Teresa Seeman et al., "The Price of Adaptation: Allostatic Load and Its Health Consequences", *Archives of Internal Medicine*, v. 157, pp. 2259-68, 1997; Teresa Seeman et al., "Exploring a New Concept of Cumulative Biologic Risk: Allostatic Load and Its Health Consequences", *Proceedings of the National Academy of Sciences*, v. 98, pp. 4770-5, 2001.

33. Sobre o tom emocional cumulativo dos relacionamentos e da saúde, ver Carol Ryff e Singer, *Emotion, Social Relationships*. O impacto negativo dos relacionamentos sobre a saúde foi pior para homens do que para mulheres, particularmente porque os homens tendiam a ter leituras mais altas para indicadores de doenças cardíacas, ao passo que as mulheres afetadas adversamente mostraram leituras bastante elevadas de hormônios do estresse.

34. A zona dorsal superior esquerda do córtex pré-frontal, para ser preciso.

35. Sobre relacionamentos e função imunológica, ver Melissa A. Rosenkrantz et al., "Affective Style and In Vivo Immune Response: Neurobehavioral Mechanisms", *Proceedings of the National Academy of Sciences*, v. 100, pp. 11148-52, 2003.

36. Em sua pesquisa de como as mães ratas de laboratório tratavam seus filhotes, Michael Meaney descobriu que as diferenças nos cuidados parentais afetam genes no hipocampo que controlam a produção de HPA via glicocorticoide, um precursor do cortisol. Os glicocorticoides são esteroides que regulam as mudanças nos níveis de açúcar no sangue, o ritmo cardíaco e o funcionamento dos neurônios. Pesquisas genéticas sobre as formas complexas nas quais os próprios glicocorticoides são regulados mostram que eles sofrem pesada influência de interações sociais, sobretudo as estressantes. Na pesquisa de Meaney, os filhotes de mães que distribuíam mais lambidas e cuidados acabavam com genes que expressavam pouco do hormônio do estresse, ao passo que os filhotes que eram negligenciados os expressavam bem mais. Nos filhotes que recebiam mais atenção das mães, os genes que regulavam os hormônios do estresse eram duas vezes mais ativos do que nos filhotes negligenciados. A zona-chave da área frontal esquerda nos estudantes de ensino médio de Wisconsin parece ser idêntica à encontrada nos roedores de Meaney, sendo alterada pela quantidade de atenção e cuidados recebida das mães.

As pesquisas de Meaney identificaram os mecanismos precisos que vinculam a atenção à reação do corpo ao estresse. Sob estresse, a resposta do cérebro começa com as células no hipotálamo que secretam CRF (fator liberador de corticotrofina), que dá ao cérebro o sinal para se mobilizar. O CRF ativa células na hipófise que secretam ACTH no sangue, estimulando a suprarrenal a secretar glicocorticoides. Esses hormônios viajam até o cérebro, onde estimulam células no hipocampo que monitoram os níveis de CRF; tais células, por sua vez, sinalizam as células no hipotálamo a reduzir os níveis de CRF. Esse sistema regulador, que ajusta os níveis de CRF, está em constante operação. Como observa Meaney, a forma como esses genes são modificados durante a infância tem consequências para a vida toda: uma vez que seu nível de expressão se define, o padrão persiste ao longo da vida. A boa criação parental, na opinião de Meaney, produz genes que tornam o hipocampo melhor no monitoramento dos hormônios do estresse, de modo que os níveis ótimos são emitidos nas situações de estresse — tornando a pessoa mais resiliente. Nós, humanos, compartilhamos com todos os mamíferos, inclusive com os ratos de laboratório de Meaney, circuitos idênticos dos hormônios do estresse. Ver Michael Meaney, "Maternal Care, Gene Expression, and the Transmission of Individual Differences in Stress Reactivity Across Generations", *Annual Review of Neuroscience*, v. 24, pp. 1161-92, 2001.

37. Sobre Borden, ver Laura Hillenbrand, "A Sudden Illness — How My Life Changed", *The New Yorker*, 7 jul. 2003.

38. O grupo gira em torno de Janice Kiecolt-Glaser, psicóloga, e seu marido, Ronald Glaser, imunologista, e também incluiu William B. Malarkey, médico da Faculdade Estadual de Medicina de Ohio, e John T. Cacioppo, fundador da neurociência social, atualmente na Universidade de Chicago. Ver, por exemplo, John T. Cacioppo et al., "Autonomic, Endocrine, and Immune Response to Psychological Stree: The Reactivity Hypothesis", *Annals of the New York Academy of Sciences*, v. 840, pp. 664-73, 1998.

39. Sobre mulheres cuidadoras, ver William B. Malarkey et al., "Chronic Stress Down-Regulates Growth Hormone Gene Expression in Peripheral Blood Mononuclear Cells of Older Adults", *Endocrine*, v. 5, n. 1, pp. 33-9, 1996.

40. Sobre um estudo anterior com cuidadores de pessoas com a doença de Alzheimer, ver Janice Kiecolt-Glaser et al., "Slowing of Wound Healing by Psychological Stress", *Lancet*, v. 346, pp. 1194-6, 1995.

41. Sobre envelhecimento celular, ver Elissa Epel et al., "Accelerated Telomere Shortening in Response to Life Stress", *Proceedings of the National Academy of Science*, v. 101, n. 49, pp. 17312-5, 2004.

42. Suki Casanave, "Embracing this Imperfect Life", *Hope* (mar./abr. 2002), pp. 32-5.

17. ALIADOS BIOLÓGICOS [pp. 287-300]

1. Sobre escolher relacionamentos agradáveis, ver Robert W. Levenson et al., "The Influence of Age and Gender on Affect, Physiology, and Their Interrelations: A Study of Long-Term Marriages", *Journal of Personality and Social Psychology*, v. 67, n. 1, pp. 56-68, 1994.

2. Sobre apoio emocional e estresse biológico, ver Teresa Seeman et al., "Social Ties and Support and Neuroendocrine Function: MacArthur Studies of Successful Aging", *Annals of Behavioral Medicine*, v. 16, pp. 95-106, 1994. Estudos anteriores encontraram a mesma relação, o apoio emocional reduzindo o risco, em diversas outras medidas biológicas, inclusive redução da frequência cardíaca e colesterol, e diminuição da norepinefrina: Teresa Seeman, "How Do Others Get Under Our Skin?", in Carol Ryff e Burton Singer (Orgs.), *Emotion, Social Relationships, and Health*. Nova York: Oxford University Press, 2001.

3. Sobre idosos e complexidade emocional, ver Laura L. Carstensen et al., "Emotional Experience in Everyday Life Across the Lifespan", *Journal of Personality and Social Psychology*, v. 79, pp. 644-55, 2000.

4. Sobre um ambiente de apoio e habilidade cognitiva nos idosos, ver Teresa E. Seeman et al., "Social Relationships, Social Support, and Patterns of Cognitive Aging in Healthy, High-functioning Older Adults", *Health Psychology*, v. 4, pp. 243-55, 2001.

5. Sobre solidão e saúde, ver Sarah Pressman et al., "Loneliness, Social Network Size, and Immune Response to Influenza Vaccination in College Freshmen", *Health Psychology*, v. 24, pp. 297-306, 2005.

6. Sobre o fato de a engenharia social em lares para idosos acelerar a neurogênese, ver Fred Gage, "Neuroplasticity", trabalho apresentado na 12ª Reunião do Instituto Mente e Vida, Dharamsala, Índia, 18-22 out. 2004.

7. Sobre desentendimentos entre recém-casados, ver Janice Kiecolt-Glaser et al., "Marital Stress: Immunologic, Neuroendocrine, and Autonomic Correlates", *Annals of the New York Academy of Sciences*, v. 840, pp. 656-63, 1999.

8. Ibid., p. 657.

9. Houve pouca relação entre a luta verbal e as medidas endócrinas nos maridos mais velhos.

10. Tor Wagner e Kevin Ochsner, "Sex Differences in the Emotional Brain", *NeuroReport*, v. 16, pp. 85-7, 2005.

11. Sobre a importância dos relacionamentos interpessoais, ver Carol Ryff et al., "Elective Affinities and Uninvited Agonies: Mapping Emotion with Significant Others Onto Health", in Carol Ryff e Burton Singer, *Emotion, Social Relationships and Health*. Nova York: Oxford University Press. 2001. A partir da meia-idade, os homens dão ênfase.cada vez maior a seus relacionamentos, mas ainda menos do que as mulheres.

12. Sobre mulheres e cuidados, ver Ronald C. Kessler et al., "The Costs of Caring: A Perspective on the Relationship Between Sex and Psychological Distress", in Irwin G. Sarason e Barbara R. Sarason (Orgs.), *Social Support: Theory, Research and Applications*. Boston: Martinus Nijhoff, 1985, pp. 491-507.

13. Sobre o fato de as mulheres serem mais sensíveis, ver Marilee Corriel e Sheldon Cohen, "Concordance in the Face of a Stressful Event", *Journal of Personality and Social Psychology*, v. 69, pp. 289-99, 1995.

14. Sobre memórias e mudanças biológicas, ver Janice Kiecolt-Glaser et al., "Marital Stress: Immunologic, Neuroendocrine, and Autonomic Correlates", *Annals of the New York Academy of Sciences*, v. 840, pp. 656-63, 1999.

15. Inúmeros estudos revelaram que as mulheres apresentam reações imunológicas, endócrinas e cardiovasculares mais fortes às discussões no casamento do que os maridos. Ver, por exemplo, Janice Kiecolt-Glaser et al., "Marital Conflict in Older Adults: Endocrinological and Immunological Correlates", *Psychosomatic Medicine*, v. 59, pp. 339-49, 1997; T. J. Mayne et al., "The Differential Effects of Acute Marital Distress on Emotional, Physiological and Immune Functions in Maritally Distressed Men and Women", *Psychology and Health*, v. 12, pp. 277-88, 1997; T. W. Smith et al., "Agency, Communion, and Cardiovascular Reactivity During Marital Interaction", *Health Psychology*, v. 17, pp. 537-45, 1998.

16. Sobre mortes de mulheres em decorrência de doenças cardíacas, ver James Coyne et al., "Prognostic Importance of Marital Quality for Survival of Congestive Heart Failure", *American Journal of Cardiology*, v. 88, pp. 526-9, 2001.

17. Sobre a síndrome do coração partido, ver Ilan Wittstein et al., "Neurohumoral Features of Myocardial Stunning Due to Sudden Emotional Stress", *New England Journal of Medicine*, v. 352, pp. 539-48, 2005.

18. Sobre satisfação e saúde da mulher, ver Linda Gallo et al., "Marital Status and Quality in Middle-aged Women: Associations with Levels and Trajectories of Cardiovascular Risk Factors", *Health Psychology*, v. 22, n. 5, pp. 453-63, 2003.

19. Sobre dar as mãos, ver James A. Coan et al., "Spouse, But Not Stranger, Hand Holding Attenuates Activation in Neural Systems Underlying Response to Threat", *Psychophysiology*, v. 42, p. S44, 2005; James A. Coan et al., "Lending a Hand: Social Regulation of the Neural Response to Threat", *Psychological Science*, v. 17, n. 12, 2006.

20. O circuito engloba a ínsula, o hipotálamo, o córtex pré-frontal direito e o córtex cingulado anterior.

21. Sobre neuroendocrinologia e oxitocina, ver C. Sue Carter, "Neuroendocrine Perspectives on Social Attachment and Love", *Psychoneuroimmunology*, v. 23, pp. 779-818, 1998. Os dados sobre os benefícios à saúde propiciados pela oxitocina são fortes, mas, ao mapear os impactos biológicos dos relacionamentos, sem dúvida os pesquisadores descobrirão que existem também outros caminhos neuroendócrinos envolvidos.

22. Sobre os benefícios para a saúde, ver Kerstin Uvnäs-Moberg, "Oxytocin Linked Antistress Effects: The Relaxation and Growth Responses", *Acta Physiologica Scandanavica*, v. 161, pp. 38-42, 1997. Embora tenha uma meia-vida curta — mera questão de minutos —, a oxitocina parece disparar uma enxurrada de mecanismos secundários que têm amplas vantagens para a saúde.

23. Sobre pressão arterial e oxitocina, ver ibid.

24. Carole Radziwill, *What Remains: A Memoir of Fate, Friendship, and Love*. Nova York: Scribner's, 2005.

25. Sobre mulheres e estresse, ver Shelley E. Taylor et al., "Female Responses to Stress: Tend-and-Befriend, not Fight-or-Flight", *Psychological Review*, v. 107, pp. 411-29, 2000. Veja também Shelley E. Taylor, *The Tending Instinct*. Nova York: Times Books, 2002.

26. Sobre relacionamentos como reguladores emocionais, ver Lisa Diamond e Lisa Aspinwall, "Emotion Regulation Across the Life Span: An Integrative Perspective Emphasizing Self-Regulation, Positive Affect, and Dyadic Processes", *Motivation and Emotion*, v. 27, n. 2, pp. 125-56, 2003.

27. Alguns argumentam que nosso padrão geral de atividade cardiovascular e neuroendócrina varia, em grau significativo, em função das condições emocionais de nossos principais relacionamentos. Ver, por exemplo, John Cacioppo, "Social Neuroscience: Autonomic, Neuroendocrine, and Immune Responses to Stress", *Psychophysiology*, v. 31, pp. 113-28, 1994.

28. Sobre estresse e contágio, ver Brooks Gump e James Kulik, "Stress, Affiliation, and Emotional Contagion", *Journal of Personality and Social Psychology*, v. 72, n. 2, pp. 305-19, 1997.

29. Sobre pacientes e cirurgia, ver James Kulik et al., "Stress and Affiliation: Hospital Roommate Effects on Preoperative Anxiety and Social Interaction", *Health Psychology*, v. 12, pp. 118-24, 1993.

30. Nesse sentido, a rede de pessoas que se importam profundamente com o bem-estar do paciente é um recurso de saúde subutilizado.

31. Sobre a atividade cerebral em pacientes minimamente conscientes, ver N. D. Schiff et al., "fMRI Reveals Large-scale Network Activation in Minimally Conscious Patients", *Neurology*, v. 64, pp. 514-23, 2005.

32. Mark Pettus, *The Savvy Patient*. Richmond: Capital Books, 2004.

18. UMA RECEITA DE PESSOAS [pp. 301-16]

1. Sobre os índices de exaustão, ver Sameer Chopra et al., "Physician Burnout", *Student JAMA*, v. 291, p. 633, 2004.

2. Sobre o cirurgião cardíaco que se tornou paciente, ver Peter Frost, "Why Compassion Counts!" *Journal of Management Inquiry*, v. 8, pp. 127-33, 1999. A saga do cirurgião cardíaco contada por Frost baseia-se na história de Fitzhugh Mullan, que escreveu sobre sua transição de médico a paciente de câncer em *Vital Signs: A Young Doctor's Struggle with Cancer*. Nova York: Farrar, Straus and Giroux, 1982. Por meu turno, modifiquei e encurtei ligeiramente a versão de Frost.

3. David Kuhl, *What Dying People Want*. Garden City: Doubleday, 2002.

4. Sobre conexão e processos judiciais, ver W. Levinson et al., "Physician-Patient Communication: The Relationship with Malpractice Claims Among Primary Care Physicians and Surgeons", *JAMA*, v. 277, pp. 553-9, 1997.

5. Fabio Sala et al., "Satisfaction and the Use of Humor by Physicians and Patients", *Psychology and Health*, v. 17, pp. 269-80, 2002.

6. Sobre satisfação do paciente, ver Debra Roter, "Patient-centered Communication", *British Medical Journal*, v. 328, pp. 303-4, 2004.

7. Os médicos não são os melhores em julgar o quanto seus pacientes os compreendem. Quando os pacientes que estão sendo tratados de infarto do miocárdio ou pneumonia foram questionados sobre seus planos de tratamento pós-hospitalar, apenas 57% responderam ter compreendido os planos. Mas quando a mesma pergunta foi feita aos próprios médicos que desenvolveram os planos e os explicaram a seus pacientes, 89% responderam que haviam compreendido. Essa diferença manifestou-se novamente quando apenas 58% dos pacientes alegaram saber quando poderiam retomar as atividades normais, enquanto os médicos garantiram que o número de pacientes que sabiam chegava a 95%. Ver Carolyn Rogers, "Communications 101", *American Academy of Orthopedic Surgeons' Bulletin*, v. 147, pp. 5, 147, 1999.

8. Sobre as entrevistas na alta, ver ibid.

9. Sobre estudantes do segundo ano de medicina, ver Nancy Abernathy, "Empathy in Action", *Medical Encounter*, p. 6, 2005.

10. Sobre segurança e compaixão, ver Omri Gillath et al., "An Attachment-Theoretical Approach to Compassion and Altruism", in Paul Gilbert (Org.), *Compassion: Conceptualizations, Research, and Use in Psychotherapy*. Londres: Routledge and Kegan Paul, 2004.

11. Para o fluxograma sobre cuidados, ver "Caring for the Caregivers: Patterns of Organizational Caregiving", *Administrative Science Quarterly*, v. 38, pp. 539-63, 1993.

12. Lyndall Strazdins, "Emotional Work and Emotional Contagion", in Neal Ashkanasy et al. (Org.), *Managing Emotions in the Workplace*. Armonk: M. E. Sharpe, 2002.

13. Para um estudo detalhado de excelência em liderança no setor médico e nas profissões de serviço em geral, ver Lyle Spencer e Signe Spencer, *Competence at Work: Models for Superior Performance*. Nova York: John Wiley, 1993.

14. Sobre tornar suportável o insuportável, ver Kenneth B. Schwartz, "A Patient's Story," *Boston Globe Magazine*, 16 jul. 1995.

15. O Centro Kenneth B. Schwartz tem o site: <www.theschwartzcenter.org/>. Acesso em: 28 jan. 2019.

16. Essas mesas-redondas podiam tratar de qualquer tópico pertinente aos aspectos pessoais dos cuidados ao paciente, desde como lidar com um paciente ou familiar difícil ou hostil a lidar com a sobrecarga emocional do tratamento de pacientes com doenças graves. São realizadas regularmente no Hospital Geral de Massachusetts (como é conhecido o hospital mais famoso da Escola de Medicina de Harvard) e foram adotadas por mais de setenta outros hospitais. O Centro Schwartz oferece ajuda a outros hospitais interessados em adotar os mesmos procedimentos.

17. Mack Lipkin et al., *The Medical Interview*. Nova York: Springer-Verlag, 1995.

PARTE VI

19. O PONTO IDEAL PARA O SUCESSO [pp. 319-39]

1. Amy Arnsten, "The Biology of Being Frazzled", *Science*, v. 280, pp. 1711-3, 1998.

2. Isso sugere a sabedoria da concepção da natureza em situações extremas — pelo menos para pessoas que podem apoiar-se em sua própria competência e conhecimentos especializados. O problema surge quando essa mesma reação é desencadeada em circunstâncias nas quais não há ameaça de vida — apenas os perigos simbólicos da vida moderna. Na maior parte dos casos, nessas situações precisamos recorrer ao centro executivo do cérebro, não a nossos hábitos primordiais. Para funcionar em nosso nível máximo, o atalho precisa apoiar a estrada principal — não comandá-la.

3. Sobre a intensidade do estresse e os danos por ele causados, ver J. T. Noteboom et al., "Activation of the Arousal Response and Impairment of Performance Increase with Anxiety and Stressor Intensity", *Journal of Applied Physiology*, v. 91, pp. 2039-101, 2001.

4. Embora essa disfunção se aplique aos centros executivos do cérebro temporariamente danificados, o cérebro ainda faz uma aposta pouco arriscada que pode dar certo. Consideremos os estudos de pessoas em situações de estresse extremo em contextos como incêndios, unidades de combate e times de basquete. Sob pressão muito grande, os líderes mais tarimbados se saíram melhor utilizando os hábitos e competência adquiridos ao longo dos anos. Um capitão do Corpo de Bombeiros, por exemplo, poderia orientar seus subordinados em meio à incerteza caótica e ao terror de um incêndio confiando em intuições forjadas em uma longa história de situações semelhantes. Enquanto os mais experientes sabem instintivamente o que fazer em momentos de alta intensidade, para um novato até a melhor teoria pode falhar. Ver Fred Fiedler, "The Curious Role of Cognitive Resources in Leadership", in Ronald E. Riggio et al. (Orgs.), *Multiple Intelligences and Leadership*. Mahwah: Erlbaum, 2002.

5. Sobre os correlatos da tristeza e da alegria no cérebro, ver António Damásio et al., "Subcortical and Cortical Brain Activity During the Feeling of Self-Generated Emotions", *Nature Neuroscience*, v. 3, pp. 1049-56, 2002.

6. Sam Intrator, *How Teaching Can Inspire Real Learning in the Classroom*. New Haven: Yale University Press, 2003.

7. Estados de ânimo positivos, por exemplo, podem deixar as pessoas mais realistas; quando estão se sentindo bem e têm um objetivo importante a alcançar, as pessoas podem buscar informações potencialmente úteis, mesmo que essas informações sejam negativas e causem transtornos. Ver, por exemplo, L. G. Aspinwall, "Rethinking the Role of Positive Affect in Self-Regulation", *Motivation*

and Emotion, v. 22, pp. 1-32, 1998. Por outro lado, o estado de ânimo elevado não é necessariamente melhor para todas as tarefas: estar frivolamente alegre demais não é nada bom, por exemplo, para uma tarefa detalhada, como verificar um contrato. Na verdade, os estados de ânimo negativos às vezes podem tornar nossas percepções mais realistas, em vez de pintar um mundo exageradamente cor-de-rosa. Nos momentos certos, vale a pena manter a seriedade. Para uma análise mais detalhada, ver Neal M. Ashkanasy, "Emotions in Organizations: A Multi-level Perspective", in Neal Ashkanasy et al. (Orgs.), *Emotions in the Workplace: Research, Theory, and Practice*. Westport: Quorum Books, 2000.

8. Sobre diagnósticos de radiologistas, ver Carlos A. Estrada et al., "Positive Affect Facilitates Integration of Information and Decreases Anchoring in Reasoning Among Physicians", *Organizational Behavior and Human Decision Processes*, v. 72, pp. 117-35, 1997.

9. Quanto mais dificuldade tivermos na execução de uma tarefa, mais difuso e desfocado será o padrão de locais ativos no cérebro. Um cérebro ativado de forma difusa ocorre, por exemplo, quando estamos entediados, sonhando acordados, ou extremamente ansiosos. O padrão de ativação do cérebro durante o pico de eficiência cognitiva parece ser bastante específico para a tarefa à mão. Imagens cerebrais obtidas enquanto a pessoa está executando uma dada tarefa mostram que o cérebro mobilizou os locais mais pertinentes àquela atividade, e não a outras que são irrelevantes (e, portanto, representam uma ação ou distração alheia à tarefa). A eficiência cognitiva demanda que ferramentas específicas do cérebro contribuam de maneira bem orquestrada para a tarefa em pauta.

10. A ansiedade corrói a eficiência cognitiva. Por exemplo, estudantes com ansiedade para a matemática têm menos capacidade na memória de trabalho quando estão diante de um problema de matemática. Sua ansiedade ocupa o espaço de atenção de que eles precisam para a matemática, o que prejudica sua capacidade de resolver problemas de matemática ou compreender novos conceitos. Ver Mark Ashcroft e Elizabeth Kirk, "The Relationship Among Working Memory, Math Anxiety, and Performance", *Journal of Experimental Psychology*, v. 130, n. 2, pp. 224-7, 2001.

11. Esse argumento, em termos do "sistema X" e do "sistema C" (que corresponderiam ao atalho e à estrada principal, respectivamente), é articulado por Matthew Lieberman et al., "A Pain by Any Other Name (Rejection, Exclusion, Ostracism) Still Hurts the Same: The Role of Dorsal Anterior Cingulate Cortex in Social and Physical Pain", in J. Cacioppo et al. (Orgs.), *Social Neuroscience: People Thinking About Thinking People*. Cambridge: MIT Press, 2005.

12. Sobre cortisol e o U invertido, ver Heather C. Abercrombie et al., "Cortisol Variation in Humans Affects Memory for Emotionally Laden and Neutral Information", *Behavioral Neuroscience*, v. 117, pp. 505-16, 2003.

13. O estresse moderado intensifica a atenção enfocada. Ver Eran Chajut e Daniel Algom, "Selective Attention Improves Under Stress: Implications for Theories of Social Cognition", *Journal of Personality and Social Psychology*, v. 85, pp. 231-48, 2003.

14. Sobre ansiedade e memória de trabalho, ver Mark Ashcroft e Elizabeth Kirk, "The Relationship Among Working Memory, Math Anxiety, and Performance", *Journal of Experimental Psychology*, v. 130, pp. 224-7, 2001.

15. Ver, por exemplo, Mario Mikulincer et al., "Attachment, Caregiving and Altruism: Boosting Attachment Security Increases Compassion and Helping", *Journal of Personality and Social Psychology*, v. 89, pp. 817-39, 2005.

16. Mihalyi Csikszentmilhalyi e Reed Larson, Being Adolescent: *Conflict and Growth in the Teenage Years*. Nova York: Basic Books, 1984.

17. Sobre gerentes mal-humorados, ver Jennifer M. George e Arthur P. Brief, "Motivational Agendas in the Workplace", *Research in Organizational Behaviour*, v. 18, pp. 75-109, 1996.

18. Ao descrever a relação entre estado de ânimo e desempenho em termos do U invertido, estou simplificando bastante as coisas. Toda emoção de grande importância tem sua nítida influência sobre nossa maneira de pensar. Nossos humores fazem oscilar nossos julgamentos; quando estamos de mau humor, temos maior tendência a rapidamente desgostar do que vemos; por outro lado, quando estamos animados e otimistas, é mais fácil perdoarmos e apreciarmos mais as coisas. Ver Neal M. Ashkanasy, "Emotions in Organizations: A Multi-level Perspective", in Neal Ashkanasy et al. (Orgs.), *Emotions in the Workplace: Research, Theory, and Practice*. Westport: Quorum Books, 2000. Embora o bom humor ocasione muitos benefícios, as emoções negativas podem ser úteis em situações específicas. O "mau" humor é capaz de melhorar certos tipos de desempenho, como por exemplo uma revisão meticulosa em busca de erros ou fazer uma análise criteriosa de uma gama de opções. Esse ajuste da tarefa ao estado de ânimo foi mapeado pormenorizadamente por John Mayer, Universidade de New Hampshire. Para uma revisão de como os humores afetam o desempenho, ver David Caruso et al., The *Emotionally Intelligent Manager*. San Francisco: Jossey Bass, 2004. Os neurocientistas começaram a mapear as formas específicas nas quais os diferentes estados emocionais podem estimular diversas habilidades intelectuais. Pelo menos na faixa média de humor, os estados de ânimo podem facilitar tarefas específicas — e, em uma faixa limitada de tarefas específicas, os humores negativos às vezes ajudam e os humores positivos às vezes fazem mal. Por exemplo, a ansiedade (pelo menos nos níveis suscitados ao se assistir a um trecho de um filme de horror) parece melhorar a execução de tarefas processadas em larga medida pelo córtex pré-frontal direito, como o reconhecimento de um rosto. A alegria (induzida por uma comédia) intensifica tarefas do hemisfério esquerdo, como o desempenho verbal. Ver Jeremy R. Gray et al., "Integration of Emotion and Cognition in the Lateral Prefrontal Cortex", *Proceedings of the National Academy of Sciences*, v. 199, pp. 4115-20, 2002.

19. Sobre estresse social e debilitação da memória de trabalho, ver Bernet Elizuya e Karin Rochlofs, "Cortisol-Induced Impairments of Working Memory Requires Acute Sympathetic Activation", *Behavioral Neuroscience*, v. 119, pp. 98-103, 2005.

20. A destruição do hipocampo resulta no fim da habilidade de aprender; pacientes neurológicos com lesões no hipocampo vivem cada momento como se o último não tivesse acontecido. Algumas condições — marcadamente traumas e depressão crônica — encolhem o hipocampo ao matar suas células. Quando os pacientes se recuperam delas, seu hipocampo gradualmente volta a ter seu tamanho original.

21. Sobre cortisol e o U invertido, ver Heather C. Abercrombie et al., op. cit.

22. Richard Alpert e Ralph N. Haber, "Anxiety in Academic Achievement Situations", *Journal of Abnormal* and *Social Psychology*, v. 61, pp. 207-15, 1960.

23. Sian Beilock e Thomas Carr, "When High-powered People Fail: Working Memory and 'Choking Under Pressure' in Math", *Psychological Science*, v. 16, pp. 101-5, 2005.

24. Jeanne Nakamura, "Optimal Experience and the Uses of Talent", in Mihalyi Csikzentmihalyi e Isabella Csikzentmihalyi (Orgs.), *Optimal Experience: Psychological Studies of Flow in Consciousness*. Nova York: Cambridge University Press, 1988.

25. Estranhamente, a combinação de boas notícias transmitidas com uma expressão melancólica e sombria foi percebida de maneira ainda mais negativa do que as más notícias apresentadas com

um tom de desalento. Sobre os efeitos de uma expressão facial positiva nos gerentes, ver Michael T. Newcombe e Neal M. Ashkanasy, "The Code of Affect and Affective Congruence in Perceptions of Leaders: An Experimental Study", *Leadership Quarterly*, v. 13, pp. 601-4, 2002.

26. Thomas Sy et al., "The Contagious Leader: Impact of the Leader's Mood on the Mood of Group Members, Group Affective Tone, and Group Processes", *Journal of Applied Psychology*, v. 90, pp. 295-305, 2005.

27. M. T. Dasborough, "Cognitive Asymmetry in Employee Emotional Reactions to Leadership Behaviours, *Leadership Quarterly*, v. 17, pp. 163-78, 2006.

28. Neal Ashkanasy et al., "Managing Emotions in a Changing Workplace," in Neal Ashkanasy et al., *Emotions in the Workplace: Research, Theory, and Practice*. Westport: Quorum Books, 2000.

29. James Harter, Gallup Organization, relatório inédito, dez. 2004.

30. A pesquisa é citada em Amy Zipkin, "The Wisdom of Thoughtfulness", *The New York Times*, p. c5, 31 maio 2000.

31. Os alunos tendem a sentir que fazem parte das coisas na escola à proporção que seus professores os apoiam e demonstram preocupação com eles, e quanto maior a quantidade de bons amigos e de atividades extracurriculares com as quais se envolvem lá. Ver a edição especial do *Journal of School Health*, v. 74, n. 7, set. 2004.

32. Para o estudo sobre estilo do professor e desempenho do aluno, ver Bridget Hamre e Robert Pianta, *Child Development*, v. 76, pp. 949-67, 2005.

33. K. Wentzel, "Are Effective Teachers Like Good Parents? Teaching Styles and Student Adjustment in Early Adolescence", *Child Development*, v. 73, pp. 287-301, 2002.

34. Joseph Durlak e Roger Weisberg, "A Major Meta-Analysis of Positive Youth Development Programs", apresentação realizada na Reunião Anual da Associação Norte-Americana de Psicologia, Washington, D.C., ago. 2005.

35. Sobre os benefícios educacionais de um ambiente atencioso, ver, por exemplo, Karen F. Osterman, "Students' Needs for Belonging in the School Community", *Review of Educational Research*, v. 70, pp. 323-67, 2000.

36. Ver, por exemplo, a edição especial do *Journal of School Health*, set. 2004 sobre conexões na escola.

20. O CORRETIVO DA CONEXÃO [pp. 340-54]

1. O ex-superintendente John Tindall, citado em 1949 pelo *St. Louis Dispatch* em um relatório da Annie E. Casey Foundation, *Small Is Beautiful*, Divisão de Serviços para a Juventude do Missouri, 2003. Meu relato do sistema do Missouri baseia-se nesse relatório.

2. Sobre índices de reincidência, ver ibid. Contudo, as comparações entre os estados devem ser vistas com cautela; talvez não reflitam medidas idênticas. Uma comparação melhor incluiria todos os estados, monitorando de maneira idêntica os ex-presos. Esses dados ainda não existem.

3. Sobre lesões pré-frontais, ver Adriane Raine et al., "Brain Abnormalities in Murderers Indicated by Positron Emission Tomography", *Biological Psychiatry*, v. 42, pp. 495-508, 1997.

4. Adriane Raine et al., "Reduced Prefrontal Gray Matter Volume and Reduced Autonomic Activity in Antisocial Personality Disorder", *Archives of General Psychiatry*, v. 57, pp. 119-27, 2000.

Muitas pessoas violentas apresentam atrofia da amígdala; ver Richard J. Davidson, Katherine M. Putnam, Christine L. Larson, "Dysfunction in the Neural Circuitry of Emotion Regulation – A Possible Prelude to Violence", *Science*, v. 289, pp. 591-4, 2000.

5. Sobre lobo pré-frontal e controle cognitivo, ver Earl. K. Miller e Jonathan. D. Cohen, "An Integrative Theory of Prefrontal Cortex Function", *Annual Review of Neuroscience*, v. 24, pp. 167-202, 2001.

6. Essa linha do tempo neurológica foi a base de uma decisão da Suprema Corte de 2005 contra a permissão para a execução de adolescentes, pois os cérebros dos jovens ainda não amadureceram e suas habilidades decisórias e de controle de impulsos não se encontram no mesmo nível que as dos adultos.

7. Em âmbito nacional, o custo anual desse vasto sistema carcerário ultrapassou 60 bilhões de dólares em 2002. Sobre a população carcerária, ver Secretaria de Estatísticas de Justiça, Departamento de Justiça dos EUA, nov. 2005.

8. Sobre custos e índice de reincidência, ver Patrick Langer e David Levin, "Recidivism of Prisoners Released in 1994", relatório da Secretaria de Estatísticas de Justiça, NCJ 193427, jun. 2002.

9. Coalizão para Justiça Criminal do Condado de Kalamazoo, "A Plan for Integrating Prevention, Intervention, Corrections, and Reintegration Programs in the Kalamazoo County Criminal Justice System", 15 set. 2004.

10. Sobre conexão e crime, ver dr. Felton Earls, entrevista de Dan Hurley, "On Crime as Science (A Neighbor at a Time)", *The New York Times*, p. C1, 6 jan. 2004.

11. Sobre análise dos bairros, ver Robert J. Sampson et al., "Neighborhoods and Violent Crime: A Multi-level study of Collective Efficacy", *Science*, v. 277, pp. 918-24, 1997.

12. A criação de uma maior coesão é um experimento social que ainda espera para ser bem excutado.

13. Nancy Guerra e Ronald Slaby, "Cognitive Mediators of Aggression in Adolescent Offenders: 2. Intervention", *Developmental Psychology*, v. 26, pp. 269-77, 1990.

14. Sobre presos mais jovens, ver "Childhood on Trial: The Failure of Trying and Sentencing Youth in Adult Criminal Court", Coalition For Juvenile Justice, Relatório Anual de 2005.

15. Esses circuitos continuam um tanto quanto maleáveis ao longo da vida; se uma pessoa, de qualquer idade, tem motivação para aprender, ela consegue fazê-lo com certo sucesso, contanto que tenha acesso ao modelo de aprendizado adequado. No entanto, depois que essa janela se fecha, aos vinte e poucos anos de idade, moldá-los exige mais tempo e mais esforço – e, portanto, exige que a pessoa esteja ainda mais motivada e receba uma ajuda mais individualizada. Sobre o modelo de aprendizagem apropriado, ver a Parte II em Daniel Goleman et al., *Primal Leadership*. Boston: Harvard Business School Press, 2002. Ver também "Best Practices", disponível em: <www.eiconsortium.org/ >. Acesso em: 30 jan. 2019.

16. Sobre reabilitação na prisão, ver James McGuire (Org.), *What Works: Reducing Reoffending*. Nova York: John Wiley, 1995; James McGuire, *Offender Rehabilitation and Treatment*. Nova York: John Wiley, 2002.

17. Sobre programas de aprendizagem social e emocional, ver: <casel.org/>. Acesso em: 30 jan. 2019.

18. Sobre incidência mais baixa, Wendy Garrard, "Does Conflict Resolution Education Reduce Antisocial Behavior in Schools? The Evidence Says Yes", trabalho apresentado na reunião anual da Comissão de Resolução de Litígios e Gestão de Conflitos de Ohio, Columbus, Ohio, nov. 2005.

19. O Projeto Nacional de Alfabetização Emocional para Jovens em Risco é um programa-piloto que adapta habilidades sociais e emocionais para a população carcerária de jovens (www.lionheart.org). Outro programa-piloto ensina habilidades de inteligência social a jovens infratores nas prisões de Connecticut — por exemplo, eles aprendem competências para a resolução de problemas e maneiras de expressar a raiva. Ver Zak Stambor, "Can Teaching Troubled Teens Social Problem-solving Keep Them Out of Trouble?", *Monitor on Psychology*, v. 36, n. 11, pp. 90-1, 2005.

20. Sobre maior reincidência entre os prisioneiros mais jovens e aqueles com maior número de antecedentes criminais, ver Secretaria de Estatísticas de Justiça, 2005.

21. Sobre a reunião do Condado de Bucks, ver Laura Mirsky, "Directing Burning Bridges, a Documentary About a Restorative Conference". Disponível em: <www.iirp.edu/eforum-archive/directing-burning-bridges-a-documentary-about-a-restorative-conference> Acesso em: 30 jan. 2019.

22. Sobre justiça restaurativa, ver Gerry Johnstone, *Restorative Justice*. Londres: Willan Publishers, 2001.

23. Ver Kathleen Kenna, "Justice for All", *Greater Good Magazine*, 1 mar. 2005.

24. Sobre reincidência na terapia multissistêmica, ver C. M. Boruin et al., "Multisystemic Treatment of Serious Juvenile Offenders: Long-term Prevention of Criminality and Violence", *Journal of Consulting and Clinical Psychology*, v. 63, pp. 569-78.

25. Ibid.

26. Sobre a idade dos prisioneiros, ver Paige Harrison e Alan J. Beck, "Prisoners in 2003", *Bulletin*, Secretaria de Estatísticas de Justiça, Washington, D.C., nov. 2004.

21. DELES PARA NÓS [pp. 355-70]

1. O africânder e Anne foram testemunhados por Peter Senge e narrado em Peter Senge et al., *Presence: Human Purpose and the Field of the Future*. Cambridge, Massachusetts: Society for Organizational Learning, 2004.

2. Sobre Nós-Eles, ver Walter Kaufmann, prólogo in Martin Buber, *I and Thou*. 1937; Nova York: Simon and Schuster, 1990, p. 13.

3. Sobre semelhança e choques, ver, por exemplo, Dennis Krebs, "Empathy and Altruism; An Examination of the Concept and a Review of the Literature", *Psychological Bulletin*, v. 73, pp. 258-302, 1970; C. Daniel Batson, *The Altruism Question: Toward a Scientific Answer*. Hillsdale: Erlbaum, 1991.

4. Elie Wiesel fez esses comentários por ocasião do 60º aniversário da liberação de Auschwitz. Ver *Jerusalem Post*, 25 jan. 2005.

5. Por exemplo, dados do Teste de Associação Implícita sugerem que, nos Estados Unidos, a maior parte dos brancos e cerca de metade dos negros associam mais rapidamente termos positivos como "alegria" aos brancos e negativos como "bomba" aos negros. Até mesmo as pessoas que defendem posturas antirracistas ficam desapontadas ao constatar que são positivas sobre os brancos e negativas sobre os negros.

6. Sobre o Teste de Associação Implícita, ver Anthony Greenwald et al., "Measuring Individual Differences in Implicit Cognition: The Implicit Association Test", *Journal of Personality and Social Psychology*, v. 74, pp. 1464-80, 1998.

7. T. Andrew Poehlman et al., "Understanding and Using the Implicit Association Test: III. Meta-analysis of Predictive Validity", *Journal of Personality and Social Psychology*, v. 97, n. 1, pp. 17-41, 2009.

8. Imagens cerebrais revelam que quanto mais forte for o preconceito sutil, mais ativa é a amígdala enquanto a pessoa examina a fotografia de alguém no grupo-alvo, seja um grupo de brancos, mulheres cientistas ou idosos. Ver Alan Hart et al., "Differential Response in the Human Amygdala to Racial Outgroup versus Ingroup Face Stimuli", *NeuroReport*, v. 11, pp. 2351-5, 2000; Elizabeth Phelps e Mahzarin R. Banaji, "Performance on Indirect Measures of Race Evaluation Predicts Amygdala Activation", *Journal of Cognitive Neuroscience*, v. 12, pp. 729-38, 2000. E, quando imagens de rostos em um grupo de Eles são mostradas rapidamente (ou mascaradas), de modo que a mente consciente não tem ideia do que viu, a amígdala reage mais fortemente a essas imagens do que às que são vistas conscientemente. Ver também William A. Cunningham et al., "Separable Neural Components in the Processing of Black and White Faces", *Psychological Science*, v. 15, pp. 806-13, 2004.

9. Irene V. Blair, "The Malleability of Automatic Stereotypes and Prejudice", *Personality and Psychology Review*, v. 202, pp. 242-61, 2002.

10. Sobre redução dos estereótipos, ver Nilanjana Dasgupta e Anthony Greenwald, "On the Malleability of Automatic Attitudes: Combating Automatic Prejudice with Images of Admired and Disliked Individuals", *Journal of Personality and Social Psychology*, v. 81, pp. 800-14, 2001.

11. Sobre métodos para reduzir vieses implícitos, ver Irene V. Blair, "The Malleability of Automatic Stereotypes and Prejudice", *Personality and Psychology Review*, v. 202, pp. 242-61, 2002.

12. De maneira intrigante, as pessoas que se aferram à resolução de suprimir estereótipos negativos são capazes de fazê-lo contanto que estejam cientes do momento em que veem uma pessoa no grupo-alvo. Mas quando a exposição a essa pessoa é subliminar (um piscar de olhos, apenas 33 milissegundos), o viés implícito permanece. Ver ibid.

13. Sobre atividade pré-frontal e da amígdala, ver Matthew Lieberman et al., "A Pain by Any Other Name (Rejection, Exclusion, Ostracism) Still Hurts the Same: The Role of Dorsal Anterior Cingulate Cortex in Social and Physical Pain", in J. Cacioppo et al., (Orgs.), *Social Neuroscience: People Thinking About Thinking People*. Cambridge, Massachusetts: MIT Press, 2005.

14. Esse estudo sugere também por que os demagogos sempre insuflaram medo e raiva na mistura com hostilidade em relação a Eles. A noção de segurança do grupo representa ameaça a uma coisa: preconceito.

15. Sobre estudos entre grupos, ver Thomas Pettigrew e Linda Tropp, "A Meta-analytic Test of Intergroup Contact Theory", *Journal of Personality and Social Psychology*, v. 90, n. 5, pp. 751-83, 2006.

16. O contato casual conta menos do que os relacionamentos que as pessoas consideram importantes. Ver Rolf van Dick et al., "Role of Perceived Importance in Intergroup Conflict", *Journal of Personality and Social Psychology*, v. 87, n. 2, pp. 211-27, 2004.

17. Sobre divisões étnicas na Europa, ver Thomas Pettigrew, "Generalized Intergroup Contact Effects on Prejudice", *Personality and Social Psychology Bulletin*, v. 23, pp. 173-85, 1997.

18. Sobre alemães e preconceito, ver Ulrich Wagner et al., "Ethnic Prejudice in East and West Germany: The Explanatory Power of Intergroup Contact", *Group Processes and Intergroup Relations*, v. 6, pp. 22-36, 2003.

19. Sobre afeto versus categorias cognitivas, ver Thomas Pettigrew e Linda Tropp, op. cit.

20. Sobre a divisão das diferentes categorias, ver Susan Rakosi Rosenbloom e Niobe Way, "Experiences of Discrimination Among African American, Asian American and Latino Adolescents in an Urban High School", *Youth & Society*, v. 35, pp. 420-51, 2004.

21. Elliot Aronson, *Nobody Left to Hate*. Nova York: W. H. Freeman, 2000, p. 15.

22. Ver Mean Twenge et al., "Social Exclusion and the Deconstructed State: Time Perception, Meaninglessness, Lethargy, Lack of Emotion, and Self-Awareness", *Journal of Personality and Social Psychology*, v. 85, pp. 409-23, 2003.

23. Centro Nacional de Prevenção de Doenças Crônicas e Promoção da Saúde, Divisão de Saúde do Adolescente e da Escola, *School Connectedness: What We Know That Makes a Difference in Students' Lives*. Atlanta, 2004.

24. Sobre a diminuição da memória de trabalho, ver Toni Schmader e Michael Johns, "Converging Evidence that Stereotype Threat Reduces Working Memory Capacity", *Journal of Personality and Social Psychology*, v. 85, pp. 440-52, 2003.

25. Samuel Gaertner et al., "The Contact Hypothesis", in Judith Nye e Aaron Brower, *What's Social about Social Cognition?* Thousand Oaks: Sage, 1996.

26. Sobre a carta, ver Elliot Aronson, op. cit., p. 151.

27. Sobre o presente, ver Joseph Berger, "A Muslim Santa's Gift to an Interfaith Group: Free Rent", *The New York Times*, p. B3, 24 dez. 2004.

28. O perdão, é claro, vem mais prontamente quando a pessoa que ofende apresenta um pedido de desculpas autêntico. Como propôs um israelita, um líder em qualquer um dos lados do conflito entre israelenses e palestinos poderia dar uma desculpa do tipo "Vocês passaram por tanta coisa por nossa causa. Sentimos muito. Sentimos muito porque não tínhamos a intenção de machucá-los, queríamos apenas construir uma nação". Isso talvez ajudasse o processo de paz. Ver Lucy Benjamin, "Impasse: Israel and Palestine", conferência na Universidade Columbia, Nova York, 20 nov. 2004.

29. Sobre a fisiologia do perdão, ver Fred Luskin, *Forgive for Good*. San Francisco: Harper-Collins, 2001.

30. Sobre perdão na Irlanda do Norte, ver ibid.

31. O rabino Lawrence Kushner foi entrevistado em Jonathan Cott, *On a Sea of Memory*. Nova York: Random House, 2005, p. 153.

32. O produtor do *New Dawn* é George Weiss, La Benevulencija Productions, Amsterdã. O site do Rwanda Project está disponível em: <www.Heal-reconcile-Rwanda.org>.

33. Ervin Staub, *The Roots of Evil*. Nova York: Cambridge University Press, 1992.

34. Ervin Staub e Laurie Anne Pearlman, "Advancing Healing and Reconciliation in Rwanda and Other Post-conflict Settings", in Laura Barbanel e Robert Sternberg (Orgs.), *Psychological Interventions in Times of Crisis*. Nova York: Springer-Verlag, 2006.

EPÍLOGO: O QUE REALMENTE IMPORTA [pp. 371-81]

1. Sobre a esteira hedonista, ver Daniel Kahneman et al., "A Survey Method for Characterizing Daily Life Experience: The Day Reconstruction Method", *Science*, v. 306, pp. 1776-80, 2004.

2. Os outros fatores fortes na criação de infelicidade consistem em estar deprimido e não dormir bem — às vezes, ambos podem ser medidas indiretas dos relacionamentos.

3. Sobre relacionamentos vibrantes, ver Ryff e Singer, "The Contours of Positive Human Health", *Psychological Inquiry*, v. 9, pp. 1-28, 1988.

4. Sobre coisificação, ver James Gustafson, "G. H. Mead and Martin Buber on the Interpersonal Self", in Ulric Neisser, op. cit.

5. Sobre inteligência social aperfeiçoada, ver George Herbert Mead, *Mind, Self, and Society*. Chicago: University of Chicago Press, 1934, p. 310.

6. Carl Marci, do Hospital Geral de Massachusetts, propôs ensinar empatia por meio do logaritmo fisiológico e (trabalhando junto com colegas do Media Lab, do MIT) já construiu um protótipo para um dispositivo de monitoramento familiar.

7. Embora o rei do Butão tenha declarado essa prioridade nacional décadas atrás, somente em 2004 a ideia ganhou força suficiente para inspirar uma conferência internacional, realizada em Thimbu, capital do país. Atas de um seminário anterior foram publicadas em 1999 pelo Centro para Estudos Butaneses com o título *Gross National Happiness: A Set of Discussion Papers* [Felicidade Nacional Bruta: um conjunto de documentos de discussão], Thimbu, Butão.

8. Uma proposta para uma medida do bem-estar nacional incluiria fatores de satisfação na vida como confiabilidade e relacionamentos agradáveis, como uma avaliação mais abrangente das consequências das políticas públicas. Para o índice do bem social, ver: <www.neweconomics.org>. Acesso em: 30 jan. 2019.

9. David Myers, *The Pursuit of Happiness*. Nova York: William Morrow, 1992.

10. Colin Camerer et al., "Neuroeconomics: How Neuroscience Can Inform Economics", *Journal of Economic Literature*, v. 43, pp. 9-64, 2005.

11. Alvin Weinberg foi, durante várias décadas, diretor de um dos maiores laboratórios de ciência nuclear dos Estados Unidos em Oak Ridge, Tennessee, e foi também conselheiro político de dois presidentes. O laboratório que ele dirigia encabeçou o movimento "espadas em arados", que buscava encontrar aplicações pacíficas para a tecnologia nuclear e tecnologias afins — desbravando o campo da medicina nuclear, fontes alternativas de energia, estudos sobre o clima global, genética e ensaios biomédicos, entre outras áreas. Ver Alvin Weinberg, *Reflections on Big Science*. Cambridge: MIT Press, 1967. Por acaso, Alvin Weinberg é meu tio.

12. Sobre violência estrutural, ver Paul Farmer, *Pathologies of Power*. Berkeley: University of California Press, 2003.

13. Para informações sobre programas de educação dos pais, ver, por exemplo, <www.families-first.org/>. Acesso em: 30 jan. 2019. Sobre aprendizagem social e emocional, inclusive dados sobre a eficácia desses programas e seus benefícios para o desempenho acadêmico, ver: <www.casel.org>. Acesso em: 30 jan. 2019.

14. Susan Alberts, bióloga da Universidade Duke, é citada em "Social Baboons Make Better Mums", *New Scientist*, nov. 2003.

APÊNDICE A: A ESTRADA PRINCIPAL E O ATALHO: UMA NOTA [pp. 382-3]

1. Para uma discussão mais completa desses sistemas, ver Colin Camerer, "Neuroeconomics: How Neuroscience Can Inform Economics", *Journal of Economic Literature*, v. 43, pp. 9-64, 2005.

2. Lieberman propõe como candidatos para a fiação neural do sistema X a amígdala, os gânglios de base, o córtex temporal lateral, o córtex pré-frontal ventromedial e o córtex cingulado anterior

dorsal. Propõe que o modo de controle envolve o córtex cingulado anterior, o córtex pré-frontal lateral, o córtex pré-frontal posterior e o hipocampo, entre outros. Ver: Matthew D. Lieberman, "The Xand C-systems: The Neural Basis of Automatic and Controlled Social Cognitions", em E. Harmon-Jones e P. Winkielman, *Social Neuroscience*. Nova York: Guilford Press, 2006. Daniel Siegel sugere uma dicotomia "estrada principal-atalho", usando o termo "principal" para indicar um aparato social e emocional intacto e em bom funcionamento, e "atalho" como um modo prejudicado. Ver Daniel Siegel, *The Developing Mind*. Nova York: Guilford Press, 1999.

3. Alguns teóricos cognitivos argumentariam que muitas reações emocionais envolvem um misto de cognição e afeto, ambos até certo ponto automáticos e controlados — outra forma em que essa dicotomia simplifica excessivamente as complexidades.

APÊNDICE B: O CÉREBRO SOCIAL [pp. 384-91]

1. Leslie Brothers, "The Social Brain: A Project for Integrating Primate Behavior and Neurophysiology in a New Domain", *Concepts in Neuroscience*, v. 1, pp. 27-51, 1990.

2. Por exemplo, outro mapeamento experimental do cérebro social foi apresentado por Preston e De Waal na revisão da neuroanotomia da empatia. Ver Stephanie D. Preston e Frans B. M. de Waal, "Empathy: Its Ultimate and Proximate Bases", *Behavioral and Brain Sciences*, v. 25, pp. 1-20, 2002.

3. Ibid.

4. Sobre o circuito mínimo, ver Marco Iacoboni e Gian Luigi Lenzi, "Mirror Neurons, the Insula, and Empathy", *Behavioral and Brain Sciences*, v. 25, pp. 39-40, 2002.

5. Sobre ressonância social, ver Marco Iacoboni, "Understanding Intentions Through Imitation", in Scott Johnson (Org.), *Taking Action: Cognitive Neuroscience Perspectives on Intentional Acts*. Cambridge: MIT Press, 2003, pp. 107-38.

6. Sobre circuitos encadeados e independentes, ver James R. Blair e Karina S. Perschardt, "Empathy: A Unitary Circuit or a Set of Dissociable Neuro-Cognitive Systems?" *Behavioral and Brain Sciences*, v. 25, pp. 27-8, 2002.

7. Sobre repugnância, ver Anthony Atkinson, "Emotion-specific Clues to the Neural Substrate of Empathy", *Behavioral and Brain Sciences*, v. 25, pp. 22-3, 2002.

8. Sobre julgamento moral e empatia, ver Paul J. Eslinger et al., "Emotional and Cognitive Processing in Empathy and Moral Behavior", *Behavioral and Brain Sciences*, v. 25, pp. 34-5, 2002; Marco Iacoboni e Gian Lenzi, op. cit.

9. Sobre o cérebro emocional e relacionamentos, ver Reuven Bar-On et al., "Exploring the Neurological Substrates of Emotional and Social Intelligence", *Brain*, v. 126, pp. 1790-800, 2003.

10. Sobre marcadores somáticos, ver António Damásio, *Looking for Spinoza: Joy, Sorrow, and the Feeling Brain*. Nova York: Harcourt, 2003 [Ed. bras.: *Em busca de Espinosa: prazer e dor na ciência dos sentimentos*. São Paulo: Companhia das Letras, 2004].

11. Sobre o papel da ínsula, ver Marco Iacoboni e Gian Lenzi, op. cit.

12. Sobre momentos constrangedores, ver S. Berthoz et al., "An fMRI Study of Intentional and Unintentional Embarrassing Violations of Social Norms", *Brain*, v. 125, pp. 1696-708, 2002.

13. Sobre a neurologia dos processos decisórios sociais, ver Antoine Bechara, "The Neurology of Social Cognition", *Brain*, v. 125, pp. 1673-5, 2002.

APÊNDICE C: REPENSANDO A INTELIGÊNCIA SOCIAL [pp. 392-8]

1. Stephanie D. Preston e Frans B. M. de Waal, "Empathy: Its Ultimate and Proximate Bases", *Behavioral and Brain Sciences*, v. 25, pp. 1-20, 2002.

2. Quanto maior o número de membros de um bando primata em uma espécie, maior o neocórtex em relação ao resto do cérebro. Ver T. Sawaguchi e H. Kudo, "Neocortical Development and Social Structures in Primates", *Primates*, v. 31, pp. 283-9, 1990.

3. Sarah-Jayne Blakemore e Uta Firth, "How Does the Brain Deal with the Social World?", *NeuroReport*, v. 15, pp. 119-28, 2004.

4. Sobre as origens sociais da inteligência, ver Denise Cummins, *Human Reasoning: An Evolutionary Perspective*. Cambridge: Bradford/MIT Press, 1997.

5. Sobre neuroeconomia, ver Colin Camerer et al., Neuroeconomics: How Neuroscience Can Inform Economics", *Journal of Economic Literature*, v. 43, pp. 9-64, 2005.

6. Juntamente com seus colegas, Mayer, psicólogo da Universidade de New Hampshire, definiu o padrão para a teoria e pesquisas na área. Conforme a definição de Peter Salovey e Mayer (e de outros, inclusive eu) para inteligência emocional, o conceito se sobrepõe ao de inteligência social. Por exemplo, ver John D. Mayer e Peter Salovey, "Social Intelligence", in Christopher Peterson e Martin E. P. Seligman (Orgs.), *Character Strengths and Virtues: A Handbook* and *Classification*. Nova York: Oxford University Press, 2004.

7. David Wechsler, *The Measurement and Appraisal of Adult Intelligence*, 4. ed. Baltimore: Williams and Wilkins, 1958, p. 75.

8. J. P. Guilford, The *Nature of Intelligence*. Nova York: McGraw-Hill, 1967.

9. Ver, por exemplo, Robert Hogan, "Development of an Empathy Scale", *Journal of Consulting and Clinical Psychology*, v. 33, pp. 307-16, 1969; Robert Sternberg, Beyond IQ: *A Triarchic Theory of Human Intelligence*. Nova York: Cambridge University Press, 1985; Howard Gardner, Multiple Intelligences: *The Theory in Practice*. Nova York: Basic Books, 1993.

10. Sobre o que torna uma pessoa inteligente, ver Robert Sternberg et al., "People's Conceptions of Intelligence", *Journal of Personality and Social Psychology*, v. 41, pp. 37-55, 1981.

11. Sobre as altas correlações com QI, ver, por exemplo, Ronald Riggio et al., "Social and Academic Intelligence: Conceptually Distinct but Overlapping Domains", *Personality and Individual Differences*, v. 12, n. 7, pp. 695-702, 1991.

12. David H. Silvera et al., "The Tromso Social Intelligence Scale", *Scandinavian Journal of Psychology*, v. 42, pp. 313-9, 2001.

13. Em outro estudo, quando se solicitou a psicólogos, todos especialistas em inteligência, que desenvolvessem uma lista semelhante, eles ignoraram as habilidades sociais práticas em favor de habilidades cognitivas mais abstratas, como aptidões verbais e competências na resolução de problemas. Ver Robert Sternberg et al., "People's Conceptions of Intelligence", *Journal of Personality and Social Psychology*, v. 41, pp. 37-55, 1981.

14. Até recentemente os psicometristas consideravam os testes tradicionais com papel e caneta mais convenientes, e por isso os aspectos da inteligência passíveis de ser avaliados nesse formato predominaram. Talvez este tenha sido um fator oculto na dominância das habilidades cognitivas como o padrão-ouro atual na avaliação da inteligência social. O atalho, sem dúvida, logo passará a fazer parte das medidas de inteligência social, com o avanço implacável das mídias digitais.

15. Colwyn Trevarthen, "The Self Born in Intersubjectivity: *The Psychology of Infant Communicating*, in Ulric Neisser, op. cit., pp. 121-73.

16. O PONS é uma dessas medidas não verbais cujo uso é generalizado. A medida de Paul Ekman, baseada na internet e que avalia a capacidade de detectar microemoções, já é um novo meio de avaliar a capacidade de alguém de demonstrar empatia no nível não cognitivo, um pré-requisito para a sintonia emocional. Alguns testes de inteligência emocional (que se sobrepõe à inteligência social), como o MSCEIT, já fazem uso de algumas medidas não cognitivas; ver, por exemplo, John Mayer et al., "Emotional Intelligence: Theory, Findings, and Implications", *Psychological Inquiry*, v. 60, pp. 97-215, 2004. A avaliação das microemoções proposta por Ekman pode ser encontrada em: <www.paulekman.com>. Acesso em: 30 jan. 2019. De forma promissora, a avaliação de Ekman revela também que o cérebro social é um ávido aprendiz da leitura de microemoções, sugerindo que algumas habilidades-chave da inteligência social podem ser fortalecidas por treinamento via meios eletrônicos.

17. O modelo de inteligência social que proponho aqui é heurístico e tem a intenção de instigar e preparar novas formas de pensar sobre a inteligência social. Pressuponho que o modelo será questionado e revisado, de preferência com base em dados gerados por novas teorias. Às habilidades já conhecidas dos modelos existentes de inteligência social esta lista acrescenta quatro que, até onde sei, ainda não são encontradas em nenhum levantamento: empatia primordial, sintonia, sincronia e preocupação. Elas serão motivo de controvérsia entre algumas pessoas no campo de medição da inteligência. Ao meu ver, a inteligência social deve refletir as aptidões interpessoais do cérebro social — e a lógica neural não monitora necessariamente a sabedoria convencional. Mesmo assim, já existem diversos testes e escalas que avaliam vários aspectos dessas habilidades "brandas". Nenhum, até o momento, abrange todas elas. A melhor medida cobriria o espectro de inteligência social e identificaria expoentes interpessoais, ao mesmo tempo que apontaria os déficits sociais. Ver John Kihlstrom e Nancy Cantor, op. cit.

18. Ibid.

Índice remissivo

1ª EDIÇÃO [2019] 5 reimpressões

ESTA OBRA FOI COMPOSTA PELA ABREU'S SYSTEM EM INES LIGHT
E IMPRESSA EM OFSETE PELA LIS GRÁFICA SOBRE PAPEL PÓLEN DA
SUZANO S.A. PARA A EDITORA SCHWARCZ EM JULHO DE 2024